Ulf Mühlhausen

# Über Unterrichtsqualität ins Gespräch kommen

Szenarien für eine Virtuelle Hospitation mit multimedialen Unterrichtsdokumenten und Eigenvideos

Begleit-DVD mit Hannoveraner Unterrichtsbildern, Videoszenen und Online-Übungen zur Unterrichtsanalyse

Schneider Verlag Hohengehren GmbH

**Umschlaggestaltung:**
PE-Mediendesign, Elke Boscher, 88524 Uttenweiler-Dieterskirchen

Gedruckt auf umweltfreundlichem Papier (chlor- und säurefrei hergestellt).

---

**Bibliografische Information der Deutschen Nationalbibliothek**

Die Deutsche Nationalbibliothek verzeichnet diese Publikation in der Deutschen Nationalbibliografie; detaillierte bibliografische Daten sind im Internet über ›http://dnb.d-nb.de‹ abrufbar.

---

ISBN: 978-3-8340-0936-4
Schneider Verlag Hohengehren, 73666 Baltmannsweiler
Homepage: www.paedagogik.de

Alle Rechte, insbesondere das Recht der Vervielfältigung sowie der Übersetzung, vorbehalten. Kein Teil des Werkes darf in irgendeiner Form (durch Fotokopie, Mikrofilm oder ein anderes Verfahren) ohne schriftliche Genehmigung des Verlages reproduziert werden.
© Schneider Verlag Hohengehren, Baltmannsweiler 2011.
Printed in Germany. Druck: Djurcic, Schorndorf

# Widmung

Dieses Buch ist meinen akademischen Mentoren Hans Martin Hüne und Roland Narr gewidmet.

Hans Martin Hüne

Schulpädagoge und Leiter des Zentrums für schulpraktische Studien an der Universität Hannover von 1982 bis 2001

Roland Narr (1940 - 2008)

Schulpädagoge und Unterrichtsforscher an der Universität Hannover 1974 bis 2006

# INHALT

*1* *Lehrersein heißt nicht perfekt sein — Der lange Weg zum Guten Unterricht* ..................................................................................................*13*
  1.1  Die überschätzte Bedeutung der Didaktischen Konstruktion...........13
      1.1.1  Unübersichtliche Vielfalt von z.T. widersprüchlichen Empfehlungen zur didaktischen Konstruktion ............................................................................14
      1.1.2  Vermittlung von Unterrichtskonzepten ohne Erfahrungsbezug...................15
      1.1.3  Die begrenzte Prägekraft der Didaktischen Konstruktion ..........................19
  1.2  Lehrersein heißt nicht perfekt sein: Die Suche nach *Gutem Unterricht* als berufslebenslange Aufgabe................................................20
  1.3  Die *Virtuelle Unterrichtshospitation* als Anregung, um über Unterrichtsqualität ins Gespräch zu kommen .....................................21
      1.3.1  *Virtuelle Unterrichtshospitation* mit multimedialen Unterrichtsdokumenten auf der Basis von ‚Eigenvideos' ...................................................................23
      1.3.2  *Virtuelle Unterrichtshospitation* mit multimedialen Unterrichtsdokumenten auf der Basis von Fremdvideos ....................................................................23
      1.3.3  Die *Virtuelle Unterrichtshospitation* als besondere Variante von Fallstudienarbeit..........................................................................................24
      1.3.4  Die *Virtuelle Unterrichtshospitation* als unverzichtbarer Bestandteil der Lehrerausbildung .......................................................................................26
      1.3.5  Die *Virtuelle Unterrichtshospitation* als Fortbildungskonzept ...................29
      1.3.6  Die *Virtuelle Unterrichtshospitation* als Anreiz, um im Kollegium über Unterrichtsqualität ins Gespräch kommen ..................................................30
  1.4  (Aus)probieren geht über Studieren.................................................32
  1.5  Aufbau der DVD, Aufruf der Multimedia-Dokumente, Hard- und Softwarevoraussetzungen ...............................................................32

*2* *Kontroverse Vorstellungen über die Ziele schulischer Bildung*...........*35*
  2.1  Divergierende Auffassungen über den Zweck von Schule ..........35
  2.2  Fachübergreifende Ziele schulischer Bildung.................................38
  2.3  Bildungsstandards und Vergleichsarbeiten — Eine verkürzte Sichtweise vom schulischen ‚Output'................................................43
  2.4  Facettenreiche demokratische Persönlichkeitsbildung....................45

*3* *Kontroversen über die Gestaltung von Unterricht*................................*47*
  3.1  Divergierende Empfehlungen, produktive Kontroversen und unfruchtbare Polarisierungen ...........................................................47
      3.1.1  (Un-) Produktive Kontroversen über *Offenen Unterricht* und über den Stellenwert von Frontalunterricht.................................................................49
      3.1.2  Bedeutungsverlust *Didaktischer Modelle*..................................................50
      3.1.3  Fragwürdige Phasen-Schemata..................................................................51
  3.2  Schüleraktivierendes, konstruktives Lernen — Die Zauberformel für guten Unterricht?.........................................................................52
      3.2.1  Aktiv-konstruktives versus rezeptives Lernen — Eine Pseudokontroverse ..56

        3.2.2    Zum Verhältnis von aktivem und rezeptivem Lernen — Sechs Präzisierungen ............................................................................................. 60
   3.3   Qualitätssicherung durch Unterrichtsinspektionen? ......................... 68
        3.3.1    Warum Unterrichtsinspektionen unbrauchbare Ergebnisse liefern ............... 69
        3.3.2    Warum Unterrichtsinspektionen kontraproduktiv für eine Verbesserung von Unterrichtsqualität sind ............................................................... 71
        3.3.3    Warum Unterrichtsinspektionen von Kultusministerien geschätzt werden .... 74
   3.4   Ist Unterrichtsqualität messbar? — Methodische Schwachstellen von Unterrichtsqualitätsstudien ............................................................. 76
        3.4.1    Unzureichende Modellannahmen über Bedingungsfaktoren von Unterrichtsqualität ............................................................................ 79
        3.4.2    Unpräzise Definitionen und fragwürdige ‚Messungen' mutmaßlicher Erfolgsmerkmale ................................................................................ 84
        3.4.3    Kontextabhängige Gültigkeit einiger Merkmale ............................... 89
        3.4.4    Der geringe Ertrag von UQ-Studien für Lehrer/innen ...................... 91

**4   *Unstetiger Unterricht, überraschte Lehrer und ein übersehenes Merkmal von Unterrichtsqualität* ................................................................ *97***
   4.1   Unstetigkeit — Ein konstitutives Merkmal von Unterricht ............. 98
   4.2   Unstetigkeit von Unterricht — Randständiges Thema in Didaktik und Lehrerbildung ................................................................................ 101
   4.3   Unstetigkeit von Unterricht — Begriffliche Präzisierung eines Phänomens .............................................................................................. 104
        4.3.1    Vom unstetigen Unterricht zum überraschten Lehrer ...................... 105
        4.3.2    Der überraschte Lehrer — Gruppierung unstetiger Phänomene nach Auslösern .......................................................................................... 106
        4.3.3    Der überraschte Lehrer — Empirische Unschärfen ........................ 107
        4.3.4    Bedingungsanalyse unstetiger Unterrichtssituationen ..................... 111
   4.4   Wie bewältigen Lehrer unstetige Unterrichtssituationen? Widersprüchliche empirische Befunde und Erklärungsansätze ..... 116
   4.5   Unstetige Unterrichtssituationen als Lernchancen ........................... 118
   4.6   Angemessen reagieren in unstetigen Unterrichtssituationen: übersehenes Merkmal von Unterrichtsqualität .................................. 121

**5   *Unterrichtsqualität in ganzheitlicher Sicht* ........................................... *125***
   5.1   Von einer segmentierenden zur ganzheitlichen Betrachtung von Unterrichtsqualität ................................................................................. 125
   5.2   Unstetiger Unterricht und *Situative Planungsfähigkeit*: Desiderat in Didaktik und Lehrerbildung ............................................................. 128
   5.3   Fünf Komponenten *Situativer Planungsfähigkeit* ............................ 131
   5.4   Förderung *Situativer Planungsfähigkeit* — (Schwierige) Aufgabe der Lehrerbildung .................................................................................. 140
        5.4.1    Szenarien zur Förderung *Situativer Planungsfähigkeit* ................... 140
        5.4.2    Was der Förderung *Situativer Planungsfähigkeit* entgegensteht ...... 143

**6 Merkmale und Besonderheiten der Virtuelle Unterrichtshospitation mit multimedialen Unterrichtsdokumenten und ‚Eigenvideos'..........147**
   6.1   Die *Virtuelle Unterrichtshospitation*: Grundlage anspruchsvoller Unterrichtsbetrachtung..........147
   6.2   Unterrichtsvideos: Kernelement multimedialer Unterrichtsdokumente..........147
   6.3   Der Mehrwert multimedialer Unterrichtsdokumente gegenüber ‚nackten' Unterrichtsvideos..........151
   6.4   *Hannoveraner Unterrichtsbilder*: Prototyp multimedialer Unterrichtsdokumente..........153
   6.5   Szenarien für die *Virtuelle Unterrichtshospitation* im Überblick..155

**7 Unterrichtsvorhaben am eigenen Anspruch messen — Die Gelenkstellen-Analyse (Szenarium F1)..........157**
   7.1   Grundidee der Gelenkstellen-Analyse..........157
   7.2   Die vier Schritte der Gelenkstellen-Analyse..........158
         7.2.1   Von der leitenden didaktischen Idee zum Unterrichtsentwurf..........158
         7.2.2   Die ‚Inszenierung' des Unterrichtsentwurfs als unstetiger Prozess..........158
         7.2.3   Vom realen Unterrichtsverlauf zu den Resultaten..........159
         7.2.4   Vergleich der Resultate mit den laut Konzept erwarteten Ergebnissen..........160
   7.3   Fragestellungen für die Gelenkstellen-Analyse..........160
   7.4   Beispiel für eine Gelenkstellen-Analyse..........162
   7.5   Anregungen für Gelenkstellen-Analysen..........168
         7.5.1   Fokus „Schülerexperimente im naturwissenschaftlichen Unterricht Sekundarstufe I"..........169
         7.5.2   Fokus „Schülerexperimente im Sachunterricht — Grundschule"..........170
         7.5.3   Fokus „Erste eigene Unterrichtsversuche im Schulpraktikum"..........171
         7.5.4   Fokus: Ausbildungsunterricht in der II. Phase..........172
         7.5.5   Fokus: Unterricht, der *Selbstständiges Lernen* zu fördern beansprucht..........174
         7.5.6   Fokus: Unterricht berufserfahrener Lehrkräfte mit minimalistischer Vorbereitung..........175
         7.5.7   Fokus: Unterricht berufserfahrener Lehrkräfte nach ausgewiesenem fachdidaktischem Konzept..........178

**8 Unterricht anhand externer Kriterien beurteilen (Szenarium F2)..........181**
   8.1   Die Grundidee..........181
   8.2   Fragestellungen und Vorgehen..........181
   8.3   Analysebeispiel: „Schüleraktivierung"..........182
   8.4   Der mögliche Ertrag..........185

**9 Risiko-Analyse von Unterrichtsentwürfen (Szenarium F3)..........187**
   9.1   Grundidee der Risiko-Analyse..........187
   9.2   Vorgehen und Fragestellungen für die Risiko-Analyse..........189
   9.3   Zwei Beispiele für gemeinsam im Seminar erarbeitete Risiko-Analysen..........193

    9.3.1    Risiko-Analyse zum Unterrichtsentwurf „Was ist Freundschaft?"
7. Klasse Deutsch (HUB 20) ..................................................................194
9.4 Der besondere Reiz von Risiko-Analysen anhand bereits realisierter Entwürfe ..................................................................201

## 10 Unstetige Unterrichtssituationen bewältigen (Szenarium F4) ............203
10.1 Die Grundidee ..................................................................203
10.2 Einführung ..................................................................203
10.3 Schwierige Anfangssituationen bewältigen ..................................................................207
    10.3.1    Wenn die Schüler nicht anfangen wollen ..................................................................207
    10.3.2    Anfangsprobleme erfahrener Lehrer/innen ..................................................................210
    10.3.3    Beispiel für eine Reflexion über „Anfangsprobleme erfahrener Lehrer/innen" ..................................................................211
10.4 Wenn Lehrern herabwürdigende Bemerkungen rausrutschen ..................214
    10.4.1    Beispiel für eine Reflexion zu „Rätselhafte Farbumschläge" ..................215
10.5 Schüler unbeabsichtigt blamieren ..................................................................217
    10.5.1    Beispiel für eine Reflexion zu „Unbeabsichtigte Blamage" ..................217
10.6 Lehrerinterventionen bei Konflikten, verspäteten Schülern und anderen Überraschungen ..................................................................219
10.7 Der mögliche Ertrag einer videobasierten Beschäftigung mit Lehrerreaktionen in unstetigen Unterrichtssituationen ..................222

## 11 Unterricht im Querschnitt am Beispiel Unterrichtseinstiege (Szenarium F5) ..................................................................225
11.1 Die Grundidee ..................................................................225
11.2 Der Unterrichtseinstieg als typische didaktische Anforderung ......226
11.3 Unterrichtseinstiege auf dem Prüfstand ..................................................................227
    11.3.1    Wie wirken Unterrichtseinstiege auf Schüler? ..................................................................229
    11.3.2    Der Wirkung von Unterrichtseinstiegen nachgehen ..................233
11.4 Unterricht im Querschnitt — Weitere mögliche Analyseschwerpunkte ..................................................................233

## 12 Unterricht beobachten lernen (Szenarium F6) ..................................................................235
12.1 Grundidee des Szenariums „Unterricht beobachten" ..................235
12.2 Die Tücken der Unterrichtsbeobachtung ..................................................................235
12.3 Einmaliges Beobachten ohne spezifischen Beobachtungsauftrag ..240
12.4 Gezieltes Beobachten mit expliziten Aufträgen ..................................................................241
12.5 Die Beobachtungsfähigkeit ausdifferenzieren: Beobachten in mehreren Durchgängen ..................................................................245
    12.5.1    Unterrichtsbeobachtung in drei Durchgängen - Ein Beispiel ..................246
12.6 Mit Beobachtungsübungen das Vorverständnis von schulpädagogischen Begriffe klären ..................................................................254
    12.6.1    Ein schüleraktivierendes Chemieexperiment? ..................................................................255
    12.6.2    *Selbstständiges Lernen* an Stationen im Mathematikunterricht? ................257

12.7 Der Ertrag von Beobachtungsübungen für Anfänger und für berufserfahrene Lehrer .................................................................. 259

## 13 Über Unterricht reflektieren lernen (Szenarium F7) ..................... 261
13.1 Die Grundidee ............................................................................ 261
13.2 Der Spagat zwischen angeleiteter Analyse und echter Reflexion .. 261
13.3 Ein Szenarium zur selbstständigen, mehrschrittigen Unterrichtsreflexion .................................................................. 262
    13.3.1 Der Ablauf: Individuelle und gemeinsame Reflexion in drei Durchgänge . 263
    13.3.2 Der mögliche Ertrag ........................................................ 264
13.4 Ein Kriterienraster zur Beurteilung von Reflexionsqualität ............ 265
13.5 Der Stellenwert von selbstständiger Unterrichtsreflexion im Ausbildungsgang ........................................................................ 269

## 14 Web-basierte Übungen zur Unterrichtsanalyse (Szenarium F8) ........ 271
14.1 Grundidee der WBA-Übungen ..................................................... 271
14.2 Aufbau und Ziele der WBA-Übungen ........................................... 271
14.3 Nutzung der WBA-Übungen ........................................................ 273
14.4 Auswertung der WBA-Übungen ................................................... 275
14.5 Zugang zu den WBA-Übungen .................................................... 275
14.6 WBA-open — Ein Angebot für Seminarleiter/innen ..................... 276

## 15 Vier Szenarien zur Virtuellen Unterrichtshospitation mit ‚Eigenvideos' .................................................................................. 277
15.1 ‚Eigenvideos' als wenig genutzte Chance für die Lehrerbildung .. 277
15.2 ‚Eigenvideos' in der Lehrerausbildung — Nutzungsmöglichkeiten im Überblick .............................................................................. 280
15.3 Unterrichtsbesprechungen auf der Grundlage videografierten Ausbildungsunterrichts — Vorzüge und Hemmschwellen ............ 283
15.4 Videoaufzeichnungen von Unterrichtssimulationen ..................... 290
    15.4.1 Erprobung in der Lehrerrolle Typ 1: Unterrichtssimulation mit allen Teilnehmern ohne Rollenscript und vergnüglichem Arbeitsauftrag ........... 292
    15.4.2 Unterrichtssimulation Typ 2: Micro-teaching mit wenigen ‚Schülern' - Adressaten-angemessenes Problem - keine Rollenscripts ..................... 295
    15.4.3 Unterrichtssimulation Typ 3: Unterrichtsnahes Drehbuch für d. ‚Lehrer/in' und Rollenscripts für die ‚Schüler' ................................... 301
    15.4.4 Der Vorzug einer Durchführung der drei Simulations-Typen im Verbund. 306
    15.4.5 (Selbst-)Reflexion der Unterrichtssimulationen als unverzichtbarer Abschluss ........................................................................ 307
    15.4.6 Unterrichtssimulationen zwischen Freiwilligkeit und Zwang .............. 311
15.5 ‚Eigenvideos' — Ein Blick in den Spiegel ..................................... 312

## 16 Vom ‚Eigenvideo' zum Hannoveraner Unterrichtsbild ..................... 315
16.1 Die Grundidee ............................................................................ 315

16.2 Die didaktische Rekonstruktion eines Unterrichtsvorhabens als Lernprozess mit Lehrintention ................................................................. 315
16.3 Wechselseitige Beratung von Tandem-Gruppen mittels selbst erstelltem HUB ........................................................................................... 317
16.4 Die multimediale Unterrichtsdokumentation als Beratungsinstrument in der II. Phase ................................................... 321
16.5 Entwicklung, Erprobung und multimediale Dokumentation eines Unterrichtsvorhabens als Seminarkonzept ..................................... 322
16.6 Erstellung multimedialer Unterrichtsdokumente als Ausbildungskonzept ................................................................................ 323

## *17 Lehrer/innen auf dem Weg zum selbst verantworteten, guten Unterricht ........................................................................................................... 325*
17.1 Unterricht zwischen didaktischer Konstruktion und situativer Unstetigkeit ............................................................................................... 325
17.2 Lehrerbildung ohne multimediale Unterrichtsdokumente — eine verschenkte Chance ................................................................................ 327
17.3 Lehrerausbildung ohne ‚Eigenvideos' — ein Anachronismus ........ 329
    17.3.1 Unterrichtsvideografie in der deutschen Lehrerausbildung: Eine ernüchternde Bestandsaufnahme ................................................................................ 330
    17.3.2 Ein Blick in die Zukunft der Lehrerausbildung: Unterrichtsvideos als Portfolio-Bestandteile ........................................................................................ 336
17.4 Technisch-organisatorische und seminardidaktische Voraussetzungen für die *Virtuelle Unterrichtshospitation* ........... 337
    17.4.1 Der organisatorisch-technische Rahmen für die *Virtuelle Unterrichtshospitation* ........................................................................................ 337
    17.4.2 Sensible Gesprächsmoderation - Voraussetzung für eine erfolgreiche *Virtuelle Unterrichtshospitation* ........................................................................ 339

## *18 Das letzte Wort ................................................................................................ 341*
## *19 Literatur ........................................................................................................... 343*

# TABELLEN
**Tab. 1:** Unterrichtsanalyse und -reflexion– Eine Abgrenzung .................... 27
**Tab. 2:** *Virtuelle Hospitation* und Vor-Ort-Hospitation im Vergleich ........ 31
**Tab. 3:** Ist Schüleraktivierung beobachtbar durch äußere Anzeichen? ...... 54
**Tab. 4:** Wandel des Lernens (nach Reich) ................................................... 55
**Tab. 5:** Die relative Gültigkeit von Weltwissen .......................................... 57
**Tab. 6:** Aktivierung als neurologisch-kognitionswissenschaftlicher und als didaktischer Begriff ..................................................................... 59
**Tab. 7:** Der unterschiedliche Stellenwert des materialen Ergebnisses beim aktivierenden und beim rezeptiven Lernen ............................ 62

**Tab. 8:** Dieselben Themen — einmal aktiv erarbeitet, einmal instruktiv vermittelt..................63
**Tab. 9:** Reziproke ‚Arbeitsteilung' im aktivierenden und im instruktiv-rezeptiven Unterricht..................64
**Tab. 10:** Merkmale guten Unterrichts nach Helmke (2003) und nach Meyer (2004)..................77
**Tab. 11:** Korrelationswerte aus der SCHOLASTIK-Studie..................83
**Tab. 12:** Klarheit des Unterrichts nach Helmke (2003) und nach Meyer (2004)..................86
**Tab. 13:** Aufbau der *Hannoveraner Unterrichtsbilder*..................154
**Tab. 14:** Übersicht über die Szenarien zur *Virtuellen Unterrichtshospitation*..................156
**Tab. 15:** Veröffentlichte Entwürfe in der HUB-Reihe..................193
**Tab. 16:** 11 Videografierte Unterrichtseinstiege aus der Primarstufe..................228
**Tab. 17:** 14 Videografierte Unterrichtseinstiege aus der Sekundarstufe..................229
**Tab. 18:** Selbstüberschätzung — Beobachtungsfallen — Bewertungshypertrophie..................237
**Tab. 19:** Unterrichtsbeobachtung auf Videobasis - Pro und Contra..................239
**Tab. 20:** Divergierende Auffassungen über Schüleraktivierung..................256
**Tab. 21:** Divergierende Auffassungen über *Selbständiges Lernen*..................257
**Tab. 22:** Antworten von 15 Kultusministern zur Videografie in der Lehrerausbildung..................332
**Tab. 23:** Auf die Moderation kommt es an!..................339

# ABBILDUNGEN

**Abb. 1:** Welche Ziele hat die Regelschule? Ein strittiges Thema!..............36
**Abb. 2:** Ein Quiz zum schulischen Bildungsauftrag..................43
**Abb. 3:** Zwei exklusive und zwei inklusive Bedingungen für gelungenes aktives und gelungenes rezeptives Lernen..................66
**Abb. 4:** Idealtypische Verteilung von Werten bei verschieden starken Korrelationen..................81
**Abb. 5:** Unterrichtsprofile in den sechs Klassen mit den höchsten Mathematikzuwächsen..................84
**Abb. 6:** Woraus resultieren unstetige Unterrichtssituationen?..................115
**Abb. 8:** Worauf gründet Unterrichtserfolg? — Eine ganzheitliche Betrachtung..................127
**Abb. 9:** Fünf Komponenten *Situativer Planungsfähigkeit*..................139
**Abb. 10:** Analyse eines Unterrichtsvorhabens von den Leitvorstellungen

|  |  |
|---|---|
| bis zu den Resultaten | 161 |
| **Abb. 11:** Kriterien zur Beurteilung der Qualität von Unterrichtsreflexion | 266 |
| **Abb. 12:** Video und Wortprotokoll aus einer WBA-Übung „Analyse von Gruppenarbeit" | 272 |
| **Abb. 13:** Ausschnitt aus einem WBA-Aufgabenformular „Analyse eines Unterrichtsgesprächs" | 274 |
| **Abb. 14:** Beispiel für eine Unterrichtssimulation vom Typ 1 | 293 |
| **Abb. 15:** Szenenfotos von einer Unterrichtssimulation vom Typ 1 | 294 |
| **Abb. 16:** Drei Beispiele für Unterrichtssimulationen vom Typ 2 (Micro-teaching) | 298 |
| **Abb. 17:** Szenenfoto aus einer Micro-teaching-Simulation (Typ 2) | 299 |
| **Abb. 18:** Zwei Beispiele für Unterrichtssimulationen vom Typ 3 | 303 |
| **Abb. 19:** Szenenfoto aus einer Klassenraum-Simulationen vom Typ 3 (Insekten) | 304 |
| **Abb. 20:** Fragen zur Einschätzung der videografierten Unterrichtssimulationen | 307 |
| **Abb. 21:** Fragebogen zur Videografie in der Lehrerausbildung 1/2011 | 331 |

# ANHANG - VERZEICHNIS

Anhang 1 *Hannoveraner Unterrichtsbilder* Übersicht Stand 6/2011 ........355
Anhang 2 Krefelder Vereinbarung zur Unterrichtsvideografie in der II. Phase ........363
Anhang 3 Webseiten zur Unterrichtsvideografie in der Lehrerbildung ........367
Anhang 4 Hinweise zum einmaligen Setup, zur Nutzung und zum Aufbau der Hannoveraner Unterrichtsbilder ........369

# 1 Lehrersein heißt nicht perfekt sein — Der lange Weg zum *Guten Unterricht*

## 1.1 Die überschätzte Bedeutung der Didaktischen Konstruktion

Nach dem unbefriedigenden Abschneiden deutscher Schüler/innen bei internationalen Vergleichsstudien in den letzten Jahren wird — wieder einmal — Kritik an der Qualität des Unterrichts in deutschen Schulen geäußert. Und wieder einmal gibt es eine Flut von Vorschlägen in der schulpädagogischen und fachdidaktischen Ratgeberliteratur, wie Unterricht verbessert werden könnte. Damit ist die Schuldfrage schon mal geklärt: Es sind die Lehrer/innen, denen es überwiegend nicht gelingt, guten Unterricht zu machen, weil sie nicht mit den richtigen Konzepten arbeiten. Bemerkenswerterweise fühlen sich ausgerechnet diejenigen dazu berufen, diesen Missstand mit dem Anempfehlen von Konzepten und Modellen zu beheben, die seit Jahren, oft seit Jahrzehnten Lehrer/innen nach eben diesen Konzepten und Modellen aus- und fortbilden. Viele der aktuell beworbenen Unterrichtskonzepte, Lehrmethoden und pädagogisch-psychologischen Empfehlungen sind nicht gerade neu; etliche kann man schon in Lehrbüchern aus den 50er und 60er Jahren des letzten Jahrhunderts nachlesen. Schon vor der Initialzündung für eine Reform der deutschen Bildungslandschaft durch den Bildungsrat Ende der 60er Jahre füllten Empfehlungen zur didaktischen Konstruktion von Lernprozessen in den erziehungswissenschaftlichen Bibliotheken meterweise Regale. Viele der vorgeblich neuen Konzepte zur Differenzierung, zum Umgang mit Heterogenität, zum Classroom-Management, zur individuellen Förderung und Lernstandsdiagnostik sind ‚alte Hüte', die schon vor einem halben Jahrhundert in der Lehrerbildung Standardthemen waren und zuvor sogar schon in den 20er Jahren des letzten Jahrhunderts in etlichen Reformschulen praktiziert wurden. In den letzten Jahrzehnten sind viele Regalmeter mit vielen ‚aufgewärmten' und wenigen neuen Vorschlägen hinzu gekommen, die offenbar auch nur wenig zur Verbesserung von Unterricht beigetragen haben. Ironisch resümierte 2005 der Leiter der deutschen PISA-Studie Andreas Schleicher in einem ZEIT-Interview: „Deutschland ist Weltmeister im Entwickeln didaktischer Konzepte." Ob und wie sie in der Schule ankommen, sei ungewiss.

Offensichtlich verhindern wirkmächtige Faktoren, dass das Ensemble der Empfehlungen zur didaktischen Konstruktion eine gute Unterrichtspraxis befördert. Eduard Spranger hat schon vor fast 50 Jahren ein „Gesetz der ungewollten Nebenwirkung" in der Pädagogik ausgemacht (Spranger 1962), das wohlmeinende Absichten durchkreuzt und erzieherische Prozesse nicht so verlaufen lässt, wie erwünscht.

Für diese ‚Sperrigkeit' der pädagogischen Praxis gegen vermeintlich erfolgversprechende Unterrichtskonzepte gibt es mehrere Gründe. Mitverantwortlich sind zu einem gewissen Teil die Rahmenbedingungen für schulisches Lernen, die eine Realisierung geeigneter Konzepte erschweren oder gänzlich verhindern.

Allerdings wäre es zu einfach, nur die äußeren Bedingungen dafür verantwortlich zu machen, dass Konzepte wenig greifen. Insgesamt gesehen haben sich die Ausstattung von Schulen und die Personalsituation in den letzten Jahrzehnten im Vergleich zu den 60er Jahren durchaus verbessert, von den Einsparmaßnahmen in der letzten Dekade einmal abgesehen.

Die geringe Prägekraft von Konzepten hat vornehmlich drei andere Ursachen:
1. Ein inflationäres Nebeneinander konkurrierender Ansätze, die in ihrer Gesamtheit ein Konglomerat widersprüchlicher Empfehlungen darstellen.
2. Eine unzureichende Vermittlung von Unterrichtskonzeptionen, die deren Bewährung im Unterrichtsalltag nicht in den Blick nimmt.
3. Ein allen Konzepten innewohnendes, strukturelles Defizit, das bei der Vermittlung nicht thematisiert wird, während des Unterrichts aber deutlich zu Tage tritt.

### 1.1.1 Unübersichtliche Vielfalt von z.T. widersprüchlichen Empfehlungen zur didaktischen Konstruktion

In Ausbildungsverordnungen und weiten Teilen der (fach-)didaktischen Literatur wird als Hauptaufgabe von Lehrern genannt, Lernprozesse durch gut durchdachte didaktische Konstruktionen anzuregen. Getragen von der naiven Vorstellung, Lehrer könnten Schüler durch planmäßiges Arrangieren ‚lernen machen', liegt der Schwerpunkt im Ausbildungscurriculum vorrangig auf der planmäßigen Gestaltung von Unterricht. Angehende Lehrer/innen [1] werden im Rahmen ihrer Ausbildung mit unterschiedlichsten Empfehlungen zur didaktischen Konstruktion konfrontiert, etwa mit fachdidaktischen und

---

[1] Da bislang keine befriedigende Konvention etabliert ist, wird im Folgenden ein schematisches Vorgehen bei männlich-/weiblichen Sammelformen ebenso vermieden wie „ideologische Korrektheit": In bunter Mischung werden die weibliche oder männliche Schreibweise ebenso verwendet wie gelegentlich die „/"-Schreibweise und das große „I" oder die androgyne Fassung „Lehrperson" bzw. „Lehrkraft".

unterrichtsfachübergreifenden Ansätzen, didaktischen Modellen, Unterrichtsprinzipien, allgemeinen Merkmalen zur Unterrichtsgestaltung, Phasenlehren u.a.m. Diesen konkurrierenden Konstruktionsempfehlungen liegen oft ganz verschiedene Zielvorstellungen zugrunde, aus ihnen folgen nicht selten gegensätzliche Vorgehensweisen und mitunter fallen Formulierungsunschärfen und andere Ungereimtheiten auf (s. dazu ausführlicher Kapitel 2 und 3).

Welches (fach-)didaktische Konzept man als angehende/r Lehrer/in kennenlernt, hängt davon ab, welches zufällig gerade am jeweiligen Ausbildungsstandort favorisiert wird. Dabei kann es vorkommen, dass ein kurz zuvor im Seminar X als state-of-the-art empfohlener Ansatz dem Leiter von Seminar Y nicht mal bekannt ist. Weil angehende Lehrer/innen in den verschiedenen Abschnitten ihrer Ausbildung mit immer anderen Ausbildern zu tun haben, bleibt auf Dauer nicht verborgen, dass viele Konzepte bei weitem nicht so bekannt und auch nicht so relevant sind, wie in der Literatur oder von Ausbilderseite oft suggeriert wird.

### 1.1.2   Vermittlung von Unterrichtskonzepten ohne Erfahrungsbezug

Der zweite Grund für die geringe Prägekraft (fach-) didaktischer Konzepte liegt in ihrer nicht empirisch fundierten Vermittlung. Angehenden Lehrern ist es selten vergönnt, die Bewährung (fach-)didaktischer Unterrichtskonzepte im Schulalltag zu erleben. Noch weniger können sie mangels eigener Erprobungserfahrung und angesichts ‚handwerklicher Fehler', die bei ihren Unterrichtsversuchen die Umsetzung von Konzepten beeinträchtigen, prüfen, ob ein didaktisches Konzept für sie geeignet ist. In Vorlesungen und Seminaren werden Unterrichtskonzepte meist nur als Empfehlungen auf Papier dargeboten. Ob und wie sie sich im Unterrichtsalltag bewähren, steht nicht zur Diskussion. Akademische Lehrer bilden ihre Klienten für eine Schulpraxis aus, die die meisten nur aus der eigenen Schulzeit kennen und mit der viele Dozent(inn)en an Hochschulen erklärtermaßen auch nichts zu tun haben wollen[2]. Obwohl die Bedeutung betreuter Schulpraktika wegen ihrer „Brückenfunktion" zwischen Theorie und Praxis in der Ausbildungsliteratur oft unterstrichen wird (z.B. Arnold, K.-H. u.a. 2011, 89), ist nicht zu übersehen, dass Schulpraktika in Deutschland (im Unterschied zu Österreich und der Schweiz) in der I. Ausbildungsphase ‚seltene Einsprengsel' ohne curriculare

---

[2] So haben z.B. Erziehungswissenschaftler der Universität Frankfurt/Main ein „Forschungsbezogenes Schulpraktikum" konzipiert, das ihnen diese Distanz zum Schulalltag sichert; vgl. http://www.apaek.uni-frankfurt.de/angebote/doz/arbeitsprogramm.html [am 1.3.2011]

Einbettung sind (vgl. Arnold, K.-H. u.a., 29)[3]. Inzwischen empfindet es eine zunehmende Anzahl universitärer Lehrerausbilder/innen als Zumutung, Studierende bei deren Unterrichtsversuchen zu begleiten und den gemeinsam miterlebten Unterricht zu besprechen. Dementsprechend erleben Studierende in ihren wenigen Schulpraktika eine Unterrichtswirklichkeit, die mit den Unterrichtsbildern, die ihre akademischen Lehrer zeichnen, wenig gemein hat.

Diese Facette des Theorie-Praxis-Dilemmas ist eine seit langem beklagte Schwachstelle der deutschen Lehrerausbildung (z.B. Terhart 2000), die nach der Umstellung auf BA- und MA-Abschlüsse noch stärker durchschlägt. Der Bolonga-Prozess war für viele Universitäten ein willkommener Vorwand, um sich aus der schulpraktischen Ausbildung gänzlich zu verabschieden. In Rheinland-Pfalz, Nordrhein-Westfalen und anderen Bundesländern werden viele Schulpraktika nicht einmal mehr von den Hochschulen organisiert, geschweige denn betreut. Die wenigen Hochschullehrende, die an einer kontinuierlichen Begleitung und Beratung festhalten möchten, sind mit einer zunehmend ungünstigeren Betreuungsrelation konfrontiert.[4] Faktisch ist diese Aufgabe inzwischen nahezu vollständig auf Lehrer/innen übergegangen, die an den Ausbildungsschulen als Mentor(inn)en Studierende betreuen.

Der Rückzug aus der schulpraktischen Ausbildung ist auch eine Folge des Generationswechsels in der Hochschullehrerschaft und einer damit einhergehenden, hochschulgesetzlich erzwungenen Veränderung in der universitären Personalstruktur. In den letzten 10 Jahren ist eine Generation von Lehrerbildner abgetreten, von denen viele selbst noch in der seminaristischen Tradition Pädagogischer Hochschulen ausgebildet wurden. Nicht wenige von ihnen hatten sich bis zuletzt erfolgreich bemüht, einige der Vorzüge dieser praxisnahen Ausbildungstradition in die universitäre Lehrerausbildung hinüberzuretten. Mittlerweile sind die meisten dieser Hochschullehrer nicht mehr im

---

[3] Noch drastischer heißt es in einer kürzlich erschienenen Expertise über die schulpraktische Ausbildung in Deutschland, Schulpraktika seien als „Fremdköper an Universitäten" gering geschätzt und allenfalls geduldet, sie hätten weder einen systematischen Bezug zu Lehrveranstaltungen noch würden die verschiedenen Schulpraktika aufeinander bezogen sein (Weyland & Wittmann 2010).

[4] Der Autor hat bei seinem ersten Allgemeinen Schulpraktikum 1981 zwei Studierende in einer Klasse betreut; 15 Jahre später waren es schon 12, später gelegentlich bis zu 16 Studierende in vier verschiedenen Schulen. Inzwischen gibt es Ausbildungsstandorte, an denen die Relation 1:30 und mehr beträgt. Unterrichtshospitationen oder gar videobasierte Besprechungen von Praktikumsunterricht (s. Kapitel 16) sind unter solchen Bedingungen allenfalls sporadisch möglich.

Amt und die klassischen Mittelbau-Stellen (akademische Räte, Oberräte und Direktoren auf Lebenszeitstellen, auf deren Schultern ein Großteil der Lehre, Studienberatung und Prüfungstätigkeit ruhte), sind flächendeckend abgeschafft. Ersetzt wurden sie durch Mitarbeiter/innen neuen Typs, die auf befristeten, oft halben oder gar gedrittelten Zeitstellen gezwungen sind, sich mit spezialisierten Forschungsfragen zu qualifizieren, um in einem für die meisten aussichtslosen Wettbewerb um die wenigen unbefristeten Professorenstellen zu konkurrieren. Diesem universitären Nachwuchs bleibt meist nichts anderes übrig, als ihre Spezialinteressen aus dem eigenen Forschungsfeld ins Zentrum ihrer (wenigen!) Lehrveranstaltungen zu rücken.

Hochschulseitig betreute Schulpraktika sind ein unverzichtbarer Bestandteil der Lehrerausbildung — zumindest sollten sie es sein, auch wenn die Hochschulen ihre Betreuungspflicht nur allzu gern vernachlässigen (Böhmann & Schäfer-Munro 2005).

Aber für eine fundierte und theoriebezogene Analyse und Reflexion von Unterricht unter konzeptionellen Kriterien sind Schulpraktika aus mehreren Gründen eher ungeeignet:

- Bei der Besprechung von Ausbildungsunterricht, bei dem ein Studierender aus der Seminargruppe unterrichtet und die anderen mit d. Mentor/in sowie ggfs. d. Hochschultutor/in hospitieren, stehen in der Regel die singulären Besonderheiten der Vorführstunde im Vordergrund; Diskussionsanlass bieten die jeweils beobachteten Stärken und Schwächen d. Unterrichtenden, nur in zweiter Linie die erprobten Unterrichtskonzepte als solche.
- Eine Würdigung der Stärken und Schwächen eines Konzepts als solchem ist unter diesen Bedingungen kaum möglich, weil die Umsetzung oft überlagert wird durch Planungs- und Inszenierungsfehler.
- Besprechungen erfolgen meist unter Zeitdruck und auf der Basis vager Beobachtungseindrücke oder lückenhafter schriftlichen Notizen.
- Bei Blockpraktika sind die Auszubildenden in einem ständigen Handlungsdruck, weil schon die nächsten Stunden vorzubereiten sind, noch bevor die gerade erteilte Stunde ‚verdaut' wurde.

Daher sind Forderungen nach einer Erhöhung des zeitlichen Umfangs von Schulpraktika oder nach einem Praxissemester zweischneidig zu bewerten. So wertvoll Gelegenheiten zur Erprobung des eigenen Könnens sind, ohne Möglichkeiten eines Feedbacks und ohne Zeit zur Reflexion könnten sich ungünstige Routinen einschleichen, eine Scheinsicherheit in Hinblick auf die eigene Eignung (oder Nichteignung) einstellen und einem gedankenlosen Schlendrian schon zu Beginn der Lehrerkarriere Vorschub geleistet werden,

den Herbart erst am Ende eines 70jährigen Dorfschullehrerdaseins vermutet hatte.

Auch in der II. Phase wirken sich die o.g. Widrigkeiten kontraproduktiv auf eine erfahrungsbezogene Auseinandersetzung mit Unterrichtskonzepten aus. Hinzu kommen zwei weitere Facetten des Theorie-Praxis-Dilemmas, die Studienanwärtern und Referendaren ihren Weg in den Lehrerberuf erschweren. Während eigene Praxiserfahrungen in der I. Phase selten sind, haben Anwärter in der II. Phase zu wenig Gelegenheit, die zur Genüge gemachten eigenen Praxiserfahrungen theoretisch zu durchdringen. In der II. Phase herrscht noch immer „Vorbereitungshypertrophie" (Bettelhäuser 1980): Die didaktische Konstruktion des eigenen Unterricht verschlingt den Löwenanteil an Energie; die Ausarbeitung von Unterrichtsentwürfen steht im Vordergrund. Zur Reflexion und Analyse des realisierten Unterrichts bleibt vergleichsweise wenig Zeit. Nachbesprechungen erfolgen meist unter Zeitdruck und die Gesprächsteilnehmer — vor allem die Ausbilder — bewegen sich angesichts der emotionalen Involviertheit der Unterrichtenden auf einem recht schmalen Grat zwischen dem Risiko, diese durch Kritik zu verletzen, und der Notwendigkeit, Probleme anzusprechen und Entwicklungsperspektiven aufzuzeigen.

Eine dritte Facette des Theorie-Praxis-Dilemmas ist für viele angehende Lehrer/innen, dass sie in Studien- und Ausbildungsseminaren der II. Phase Empfehlungen zur didaktischen Strukturierung ihres Unterrichts erhalten, mit denen sie in ihren Ausbildungsschulen ‚ins offene Messer' laufen. In der Zeitschrift PÄDAGOGIK Ausgabe 9/2009 berichtet eine Referendarin von einer aus ihrer Sicht typischen double-bind-Situation (Wolfram 2009, 19f):

„Einmal wöchentlich wird man weiterhin aus der realen Welt herausgerissen und von Fachleitern sanft oder unsanft auf Methodenvielfalt, offene Unterrichtsformen, soziale Lernziele etc. hingewiesen. Dies geschieht alles gut begründet, meist unter Bezug auf die »Bibel der Referendare« von *Hilbert Meyer* (2004). Auch *Heinz Klippert* wird gerne und oft zitiert." ……

„Während wir im Seminar immer neuen theoretischen »Input« bekamen, den wir in der »schulischen Realität« mit Leben füllen sollten, wurde die Situation an der Schule immer absurder. Eines Tages hatte ich einige Ordner mit den Aufschriften »Stationenlauf Ägypten« und »Lerntheke ss/ß« auf meinem Platz stehen. In einem stillen Moment wurde ich vom Schulleiter beiseite genommen und gebeten, die Ordner doch bitte unter den Tisch zu stellen. Auf meinen verstörten Blick hin erklärte er mir, dass sich einige Kollegen beschwert hätten, die sich durch solche Ordner unter Druck gesetzt sähen. Wenngleich alles in mir rebellierte, war mir nur allzu bewusst, dass von Seiten der Schule noch ein Gutachten anstünde, mit hohem Gewicht für die Endnote. Also stellte ich die Ordner unter den Tisch!"

Angesichts einer solchen Ausbildungspraxis ist es nicht verwunderlich, dass die Lehrerausbildung nach und nach Strich eine Abstinenz gegenüber

Unterrichtstheorie erzeugt (Arnold, R. 2003), eine Haltung zur Reflexionsverweigerung fördert (Griese 2004) und ein großteils gerechtfertigtes Misstrauen gegenüber Empfehlungen zur didaktischen Konstruktion jeglicher Art produziert, das sich in Sprüchen wie „Wenn ich nur jede dritte Unterrichtsreform mitmache, ist mein Unterricht immer noch aktuell genug!" äußert. Es gibt wohl keinen anderen akademischen Berufsstand, der als Effekt der Ausbildung (quasi als ihr heimliches Lehrziel!) eine so große Distanz zu seinen Bezugswissenschaften entwickelt, wie der Lehrerberuf gegenüber seiner Kerndisziplin.

### 1.1.3 Die begrenzte Prägekraft der Didaktischen Konstruktion

Die unter Lehrern ausgeprägte Skepsis gegenüber werbewirksam aufpolierten Unterrichtskonzepten wird nach der Ausbildung im Verlauf der beruflichen Tätigkeit noch verstärkt. Lehrer bemerken an ihrem eigenen Unterricht, dass Konzepte bei weitem nicht so wichtig für Unterrichtserfolg sind, wie von vielen Seiten suggeriert wird. Der schulpädagogische Mythos von der Prägekraft didaktischer Konstruktionen für reale Unterrichtsprozesse läuft jeglicher Unterrichtsempirie zuwider. Es gibt keine Unterrichtsstunde, die planmäßig verläuft. Häufiger als ihnen lieb ist, werden Lehrer/innen aus den unterschiedlichsten Gründen mit Entwicklungen konfrontiert, die sie nicht erwartet haben. Während des Unterrichts stellen unerwartete Entwicklungen Lehrkräfte vor unvorhergesehene Anforderungen und veranlassen sie zu vorab nicht eingeplanten Reaktionen. Überraschungen treten in schier erstaunlicher Vielfalt auf (Mühlhausen 1994). Auslöser können — vor allem bei Berufsanfängern — Mängel in der Vorbereitung oder Schwachstellen beim Versuch der ‚Inszenierung'[5] des Vorgeplanten sein; Ursachen also, die bei entsprechendem Feedback leicht abzustellen sind. Andere Überraschungen sind selbst durch gründliche Vorab-Planung nicht vermeidbar, z.B. weil sie aus verdeckten Schwächen im didaktischen Konzept resultieren oder durch Ereignisse ausgelöst werden, die mit dem Unterrichtsvorhaben selbst nichts zu tun haben.

---

[5] Die in der Literatur gebräuchlichen und auch hier verwendeten Umschreibungen wie ‚Inszenierung' oder ‚Umsetzung' eines Konzepts bzw. Entwurfs verfehlen ein grundlegendes Merkmal des Unterrichtsprozesses: Denn anders als im Theater sind Schüler keine Darsteller, die so mitspielen, wie vom Regisseur vorgesehen. Einige wollen vielleicht, können aber nicht; andere entziehen sich der Rolle, die ihnen laut Skript zugedacht ist; wieder andere spielen nach ihrem eigenen Skript ein ganz anderes Stück.

Das Umgehen mit und die Bewältigung von unerwarteten Entwicklungen ist eine ständige Anforderung beim Unterrichten. Lehrer/innen sollten darauf eingestellt sein und lernen, mit ihnen klar zu kommen, sie u.U. sogar für den weiteren Unterrichtsverlauf produktiv zu nutzen. Daher ist es eine zentrale Aufgabe der Lehrerbildung, auch auf den Umgang mit solchen Situationen vorzubereiten, in denen der Ausgangsplan bzw. das dem Unterrichtsvorhaben zugrunde liegende didaktische Konzept keine Handlungsanweisung parat hat.

## 1.2 Lehrersein heißt nicht perfekt sein: Die Suche nach *Gutem Unterricht* als berufslebenslange Aufgabe

Ob Unterricht gelingt, hängt von vielen Faktoren ab. Konzepte sind eine Sache, ihre Realisierung in wechselhaften, oft unübersichtlichen Unterrichtssituationen eine andere. Das macht Konzepte nicht überflüssig, relativiert aber ihre Bedeutung. Dreh- und Angelpunkt bleibt, wie Lehrer/innen sie situationsangemessen umsetzen und dabei mit den situativ aufspringenden Anforderungen pädagogisch akzeptabel umgehen.

Um das Potenzial von Empfehlungen zur didaktischen Konstruktion auf Stärken und Schwächen einschätzen zu können, benötigen Lehrer/innen Gelegenheit, sich damit auseinanderzusetzen, ob und wie sich empfohlene Konzepte im Unterrichtsalltag bewähren. Welche Konzepte geeignet sind, welche Merkmale Priorität haben sollten, das kann nur die einzelne Lehrkraft unter Berücksichtigung der Gegebenheiten vor Ort entscheiden. Dabei spielen auch die Vorerfahrungen, Vorlieben und Abneigungen des Lehrers und der Schüler eine Rolle. Auch für eine angemessene Bewältigung unerwarteter Situationen gibt es keine allgemeingültigen Rezepte im Sinne erfolgversprechender Interventionstechniken oder kopierbarer Bewältigungsstrategien. Aber die Beschäftigung mit überraschenden Unterrichtssituationen kann dazu beitragen, die Sensibilität für solche Situationen zu erhöhen und ihnen mit Fingerspitzengefühl zu begegnen. Die Vorbereitung auf die „Unstetigkeit" pädagogischer Vorgänge (Bollnow 1959, 24f.) mittels Förderung einer *Situativen Planungsfähigkeit* ist ein Desiderat der gesamten Lehrerbildung (s. ausführlich Kapitel 4).

Es gibt keine allgemeingültige Antwort auf die Frage, was Unterrichtsqualität ausmacht. Der einzige Weg zu einer selbst verantworteten Praxis *Guten Unterrichts* führt über eine kontinuierliche, theoriegeleitete Auseinandersetzung mit den Erfahrungen, die man selbst oder andere Lehrer bei der Erprobung von vermeintlich guten Konzepten im Unterrichtsalltag machen. Diese Auseinandersetzung beginnt in einem frühen Stadium der Lehrerausbildung und begleitet einen Lehrer idealerweise ein Berufsleben lang.

„Lehrersein heißt nicht perfekt sein."[6] Die Suche nach dem *Guten Unterricht* wird niemals abgeschlossen sein, die erarbeiteten Lösungsmöglichkeiten bleiben immer vorläufig. In gewisser Weise ähnelt die Tätigkeit eines Lehrers dem Bemühen des Barons von Münchhausen, sich am eigenen Zopf aus dem Sumpf zu ziehen.

## 1.3 Die *Virtuelle Unterrichtshospitation* als Anregung, um über Unterrichtsqualität ins Gespräch zu kommen

Guter Unterricht gründet darauf, einerseits ein Unterrichtsvorhaben gut vorzuplanen und mit Geschick ‚in Szene' zu setzen, andererseits dabei auf unerwartete Entwicklungen pädagogisch angemessen zu reagieren und sie nach Möglichkeit für bildungswirksames Lernen zu nutzen. Zur Beurteilung der Qualität eines Unterrichtsvorhabens sind daher das jeweilige Konzept, das Bemühen um seine Umsetzung und die erzielten Ergebnisse zu untersuchen. Um anspruchsvolle Diskussionen über Unterrichtsqualität in Seminaren, Fortbildungskursen und Kollegien anzuregen, bedarf es eines gemeinsamen Blicks auf konkret nachvollziehbares Unterrichtsgeschehen. Wenn Auseinandersetzungen über vermeintlich attraktive Unterrichtskonzepte, über didaktische Prinzipien, wünschenswerte Regeln oder fragwürdige Lehrerinterventionen nicht abstrakt bleiben sollen, müssen sie ‚in Aktion' erlebt werden. Anhand bloßer Schilderungen oder verschriftlicher Beispiele wird man sich oberflächlich leicht einig, ob man z. B. einen Lehrer als rigide oder einfühlsam bezeichnet, einen Schüler für lustlos oder begriffsstutzig erklärt, eine Methode als effektiv einschätzt oder als Spielerei abqualifiziert. Doch erst der gemeinsame Blick auf reales Unterrichtsgeschehen zeigt, wie unterschiedlich ein- und dieselbe Szene, Person oder Methode von mehreren Betrachtern beurteilt wird.

Diesen gemeinsamen Blick auf Unterricht ermöglichen Unterrichtsvideografien. Videografierter Unterricht ist in den letzten 15 Jahren zu einem zunehmend stärker genutzten Medium in der Lehrerausbildung und teilweise auch in der Lehrerfortbildung geworden. Inzwischen gibt es im deutschsprachigen Raum eine Vielzahl von Quellen, über die Unterrichtsvideos bezogen werden können (s. einige Beispiele in Anhang 3). Eine ausführlich kommentierte Übersicht über das Angebot an Unterrichtsvideos in Form von Publika-

---

[6] Diesen Titel hat mein ehemaliger Kollege und Mentor, der Hannoveraner Schulpädagoge Hans Martin Hüne, seiner Abschiedsvorlesung gegeben.

tionen, Weblinks auf Videoportalen und anderer Quelle enthält der Band „Unterrichtsqualität und Lehrerprofessionalität" (Helmke 2009).

Allerdings ist der Rückgriff auf Unterrichtsvideografie in der deutschen Lehrerausbildung — im Unterschied zu Schweiz, Österreich und Großbritannien — längst noch nicht so verbreitet, wie das wünschenswert wäre. Dafür dürften zum einen administrative Hindernisse (siehe 17.3.1) und Vorbehalte von Ausbilderseite verantwortlich sein. Zum anderen fehlen seminardidaktische Anregungen, wie die Unterrichtsvideografie in der Lehrerausbildung und in Fortbildungskursen einbezogen werden kann.

In diesem Band werden Szenarien zur *Virtuellen Unterrichtshospitation* vorgestellt, bei denen videografierte Unterrichtsbeispiele die Grundlage bilden. Unterrichtsvideos versetzen Betrachter in die Lage, Unterricht annährend so nachzuvollziehen, wie er sich unmittelbar anwesenden Beobachtern dargeboten hätte. Die Betrachtung videografierten Unterrichts macht es Diskussionsteilnehmern möglich, ihr individuelles Verständnis von *Gutem Unterricht*, von didaktischen Prinzipien und Unterrichtskonzepten auf der Folie konkreter, gemeinsam erlebter Unterrichtsbilder wechselseitig zu erläutern. Sie bieten einen starken Anreiz, um ertragreiche Gespräche darüber zu initiieren, was Unterrichtsqualität auszeichnet.

Die vorgestellten Szenarien weisen bei aller Unterschiedlichkeit eine Gemeinsamkeit auf: Sie verzichten aus gutem Grund auf eine Werbung für bestimmte didaktische Konstruktionen, also Vorgehensweisen, mit denen *Guter Unterricht* vorgeblich herstellbar ist. Stattdessen stiften sie an zum gemeinsamen Nachdenken, zum Streiten über kontroverse Einschätzungen und lassen Raum für eigene Entscheidungen. Welche Ergebnisse mit diesen Szenarien erzielt werden können, zeigen in den jeweiligen Kapiteln exemplarisch Resultate aus der Arbeit in Aus- und Fortbildungsseminaren.

Der Mehrzahl der in diesem Band vorgestellten Szenarien liegen Unterrichtsvideografien zugrunde, die andernorts aufgezeichnet worden sind und Lehrer zeigen, die im Teilnehmerkreis unbekannt sind. Daneben werden in Kapitel 15 auch vier Szenarien zur *Virtuellen Unterrichtshospitation* mit Eigenvideos vorgestellt, wobei der im Video zu sehende Lehrer selbst an der Diskussionsrunde teilnimmt. Die Unterscheidung zwischen ‚Fremdvideos' und ‚Eigenvideos' verweist auf die unterschiedlichen Entstehungsbedingungen, ist aber auch bedeutsam, weil sie für ganz unterschiedliche Zwecke einsetzbar sind und jeweils andere Vor- und Nachteile haben, die vor der Entscheidung für ein bestimmtes Szenarium sehr genau beachtet werden sollten.

### 1.3.1 *Virtuelle Unterrichtshospitation* mit multimedialen Unterrichtsdokumenten auf der Basis von ‚Eigenvideos'

In der Regel sind ‚Eigenvideos' für den sofortigen Gebrauch bestimmt, meist für ein Gespräch über den aufgenommenen Unterricht noch am selben Tag. Daher ist es fast ausgeschlossen, dass diese Videos zwischenzeitlich bearbeitet werden (Szenenschnitt, Untertitelung u.a.). ‚Eigenvideos' werden in der Regel exklusiv nur von einer einzigen Seminargruppe betrachtet, der die bzw. der Unterrichtende angehört. Eine darüber hinaus gehende Verwendung ist meistens unerwünscht und wird durch vorausgehende Vereinbarungen ausgeschlossen. Aufgrund der unmittelbaren und einmaligen Nutzung ist es kaum möglich (und wäre zudem ineffizient), ‚Eigenvideos' durch weitere multimediale Unterrichtsdokumente anzureichern. Allenfalls liegen die im Unterricht genutzten Arbeitsblätter und Folien sowie ggfs. ein Unterrichtsentwurf in gedruckter Form vor.

### 1.3.2 *Virtuelle Unterrichtshospitation* mit multimedialen Unterrichtsdokumenten auf der Basis von Fremdvideos

‚Fremdvideos' stehen als ‚Konserve' zur häufigen, wiederholten Nutzung in diversen Seminarkontexten zur Verfügung. Solche Unterrichtsaufnahmen mit unbekannten Lehrern können bei sorgfältiger Vorbereitung und gründlicher Auswertung ergänzt werden mit weiteren Dokumenten, die ungleich genauer Auskunft über ein Unterrichtsvorhaben geben, als nur die Videoaufzeichnung an sich. Die zusätzlichen multimedialen Unterrichtsdokumente enthalten Informationen über Voraussetzungen und Ergebnisse des Unterrichts, die ein unmittelbar anwesender Beobachter nur Ausnahmefällen und dann allenfalls unvollständig bekommt, z.B.:

* die für den gezeigten Unterricht bedeutsamen Rahmenvorgaben: **Lehrplanvorgaben**, **Schulbuchanregungen**, ggfs. der zugrunde gelegte **fachdidaktische Ansatz** und **leitende pädagogische Ideen**;
* die dem Unterricht zugrunde gelegte **Planung** einschließlich der **vorgesehenen Medien** (z.B. Arbeitsblätter, Buchauszüge, Folien, Fotos, Audiodokumente wie Musikstücke oder Hörspiele);
* den **Unterrichtsverlauf in Videoszenen** mit möglichst detailgetreuem **Wortprotokoll**;
* die **Resultate des Unterrichts**, d.h. zum einen die von den Schülern erbrachten Arbeitsergebnisse, zum anderen Einschätzungen zum Unterricht von Lehrer- und Schülerseite.

Die Aufbereitung von ‚Fremdvideos' durch nachträgliche Videobearbeitung und ihre multimediale Anreicherung mit weiteren Unterrichtsdokumenten erfordern zwar einen hohen Zeitaufwand. Aber dafür bieten so ‚eingekleidete' Fremdvideos' im Vergleich zu ‚nackten' ‚Fremd-' und ‚Eigenvideos' ungleich mehr Möglichkeiten zur Unterrichtsanalyse und -reflexion. Virtuelle Unterrichtshospitationen auf dieser Grundlage ermöglichen ein qualitativ hochwertiges *Forschendes Lernen* unter verschiedenen Fragestellungen (siehe die Kapitel 7 bis 11).

### 1.3.3 Die *Virtuelle Unterrichtshospitation* als besondere Variante von Fallstudienarbeit

Das „Lernen am Fall" (Fischer 1982, 233) ist in der Lehrerbildung ein bewährtes methodisches Prinzip, um durch Analyse exemplarischer „Fälle und Unfälle der Erziehung" (Ertle & Möckel 1981) verallgemeinerbare Erkenntnisse zu gewinnen. Die Analyse erfolgt je nach Präferenz einer ‚hausgemachten' Heuristik (z.B. Narr 1982) oder ist strengen Interpretationsleitlinien unterworfen (z.B. Wernet 2006). Als Grundlage für fallbezogenes Arbeiten dienen vorwiegend Beschreibungen von Unterrichtsszenen und Protokollauszüge. Die videogestützte Fallarbeit ist noch nicht so etabliert (vgl. die Übersicht bei Helmke 2009 und als ein Beispiel für die fachdidaktische Arbeit mit videobasierten Fallstudien Kupetz 2007). Die Bevorzugung von Fallbeschreibungen in Textform dürfte damit zusammenhängen, dass Kurztexte leicht ‚herzustellen' sind und es wenig Mühe macht, sie im Seminar mittels Folie oder vervielfältigt zu präsentieren. Gespräche darüber können durchaus anregend, manchmal auch in produktiver Weise kontrovers sein. Trotzdem hat dieser mediale Zugang drei entscheidende Nachteile.

(1) Seminarteilnehmer haben es nicht mehr mit einer vielschichtigen Realsituation zu tun, sondern mit einem sprachlich abstrahierten Kondensat. In Situationsschilderungen ist die Komplexität von Unterricht im Medium der Sprache eingedampft und in Hinblick auf den beabsichtigten Analysezweck konstruiert. Textsurrogate legen Interpretationen nahe. Da der Unterrichtsprozess unbekannt ist, kann der Rezipient sich der bevormundenden immanenten Deutung nicht entziehen und muss ihr — sozusagen blind und taub — vertrauen.

(2) Nachteilig ist außerdem, dass eine auf Kurztexte reduzierte Unterrichtsempirie Seminarteilnehmern die Mühe der eigenen Beobachtung abnimmt und sie so um eine Anforderung ‚prellt', der jeder Lehrer während des Unterrichts ständig ausgesetzt ist. Unterschiedliche Fokussierungen innerhalb derselben Szene sind bei Schilderungen ausgeschlossen, Beobachtungs-

fehler bleiben unentdeckt. Auf diese Weise wird zwar die Wahrscheinlichkeit von Interpretationsdifferenzen erheblich verringert, aber diese Komplexitätsreduktion hat ihren Preis: Mit welchen Beobachtungs- und Interpretationsproblemen man in realen Unterrichtssituationen konfrontiert ist, kann nicht einmal erahnt werden.

(3) Vor allem aber kann allein auf der Grundlage von Szenenbeschreibungen oder Protokollauszügen die Qualität eines Unterrichtsvorhabens nicht beurteilt werden, ebenso wenig wie die Qualität einer Sinfonie auf Grundlage der Rezension eines Musikkritikers.

Bei der *Virtuellen Unterrichtshospitation* ist die individuelle Beobachtung und Interpretation eines Unterrichtsvideos Voraussetzung für die Arbeit am Fall. Zwar ist auch im Video die Komplexität im Vergleich mit dem realen Unterrichtsgeschehen reduziert:

- o durch die Kameraperspektive (so, wie auch ein Lehrer bzw. ein Beobachter die eigene Perspektive willkürlich wählt und ständig ändert);
- o durch die Auswahl der Szenen mit Blick auf die Fragestellung;
- o ggfs. durch vorausgehende Erläuterungen und Aufgabenstellungen, die eine Fokussierung nahe legen.

Dennoch ist die Komplexität einer Videoszene im Vergleich zu ihrer Schilderung ungleich höher. Sie verlangt Teilnehmern eine eigenständige Decodierung ab und fördert Beobachtungs- und Interpretationsdifferenzen zwischen Teilnehmern zu Tage. Viele (nicht alle!) Beobachtungsdifferenzen können im nachträglichen Gespräch geklärt werden, weil mit dem Video ein Korrektiv zur Verfügung steht, mit dem die Güte der Beobachtung geprüft werden kann. Daher sind auch Beobachtungsübungen auf Videobasis eine ideale Vorbereitung auf die Anforderungen der Unterrichtsbeobachtung während des Unterrichtens (s. Szenarium F6 „Unterricht beobachten lernen"). Die Auseinandersetzung mit Unterricht auf der Basis von Unterrichtsvideografie hat allerdings auch Nachteile, die möglicherweise mit verantwortlich dafür sind, warum sie in der Lehrerausbildung so selten praktiziert wird. Die Besprechung von Videoszenen ist zeitaufwändiger, weil schon die Beobachtungen der Teilnehmer aufgrund unterschiedlicher Sehgewohnheiten zu divergenten Ergebnissen führen, die dann anhand des Videomaterials abzuklären sind. Auch als Seminarleiter wird man ein ums andere Mal davon überrascht, Ereignisse anders gesehen oder gehört zu haben als viele andere Seminarteilnehmer, und muss dann bei näherer Prüfung feststellen, dass man selbst danebenlag. Die Komplexität des empirischen Ausgangsmaterials macht auch ‚anfälliger' für unterschiedliche Interpretationen und Bewertungen, über die ebenfalls zu diskutieren ist.

| **Der ‚Pferdefuß' der *Virtuellen Unterrichtshospitation*** |
|---|
| In Kauf zu nehmen sind einige gewollte ‚Nachteile':<br>* Unterschiedliche Seh- und Interpretationsgewohnheiten der Seminarteilnehmer führen zu verschiedenen Beobachtungsergebnissen und Deutungen ein- und derselben Szene.<br>* Die Klärung von Beobachtungsdifferenzen und die Diskussion von Interpretationsdifferenzen kosten Zeit (erheblich mehr als bei einer Arbeit mit Textbeispielen).<br>* Die Seminararbeit beschert nicht selten unerwartete Ergebnisse (die meist als Bereicherung erfahren werden).<br>* Auch Seminarleiter/Ausbilder haben bestimmte Sehgewohnheiten, entdecken an sich ‚blinde Flecken' und gehen ihrer gewohnten Deutungshoheit verlustig. |

Anders als bei geschilderten Szenen, deren Auswahl und redaktioneller Zuschnitt eine Interpretation nahe legt, gibt es bei der Besprechung von Videoszenen keine Garantie, dass am Ende alle Teilnehmer die Szene in derselben Weise interpretieren. Dieser mit der *Virtuellen Unterrichtshospitation* verbundene Verlust von Deutungshoheit ist schmerzlich und nicht jedermanns Sache.

### 1.3.4 Die *Virtuelle Unterrichtshospitation* als unverzichtbarer Bestandteil der Lehrerausbildung

Angehende Lehrer/innen möchten sich im Unterricht möglichst oft selbst erproben. Eigene Unterrichtserfahrungen sind wichtig und kommen in der I. Phase deutschen Lehrerausbildung viel zu kurz. Allerdings ist es zur fortwährenden Verbesserung der Unterrichtsbefähigung ebenso notwendig, Unterricht selbstkritisch zu reflektieren und unter Rückgriff auf didaktische Kategorien und Unterrichtskonzepte analysieren zu können. Eine solche theoriebezogene Auseinandersetzung mit Unterricht empfinden Berufsanfänger oft als wenig gewinnbringend, weil die theoretischen Kategorien sperrig sind und zu den eigenen Unterrichtserfahrungen nicht zu passen scheinen. Diese mangelnde Anschlussfähigkeit kann mit der *Virtuellen Unterrichtshospitation* überwunden werden. Indem pädagogische Praxis anschaulich ‚hineinversetzbar' präsentiert wird, eröffnen sich attraktive Möglichkeiten zur theoriegeleiteten Auseinandersetzung mit Unterricht — und zwar sowohl zur analytischen Aufarbeitung als auch zur selbstständigen Unterrichtsreflexion. Die Unterscheidung zwischen einem analytischen und einem reflexiven Zugang bei der Unterrichtsaufarbeitung ist in Hinblick auf die Entwicklung einer selbstbewussten Haltung gegenüber der eigenen Unterrichtstätigkeit von herausragender Bedeutung (vgl. Mühlhausen 2007b, 18f)[7]. In der erziehungswissenschaftlichen Literatur werden beide Vorgehensweisen oft gleichgesetzt oder vermengt (z.B. Arnold, K.-H. u.a. 2011, 83) und sie werden vor allem in der Ausbildungspraxis zu wenig beachtet.

| Unterrichtsanalyse | Unterrichtsreflexion |
|---|---|
| Analyse unter zuvor festgelegten Aspekten (z.B. Gesprächsführung, Methodenrepertoire, Stundenstruktur) mit methodisch ausgewiesenem Vorgehen | Interessierende Aspekte werden erst während der Reflexion festgelegt. |
| Gegenstand sind nur die Phasen und Schichten des Unterrichts, die für die in Frage stehenden Aspekte aussagekräftig sind. Das konkrete Geschehen gilt als Fall bzw. Typus im Sinn der angelegten Theorie und wird nur diesbezüglich ausgewertet. | Gegenstand ist erst mal das Gesamtgeschehen einer Episode als Fall. Die Episode soll vom Betrachter soweit möglich in ganzheitlicher Qualität anschaulich nachvollzogen werden können. |
| Die persönliche Involviertheit des Betrachters in das Unterrichtsgeschehen ist für eine Analyse unerheblich und eher hinderlich. | Der Betrachter versucht, sich in den Unterricht hineinzuversetzen und fasst ihn als ein von ihm selbst zu bewältigendes Geschehen auf. |
| Geprüft wird, ob die Aspekte einem theoretisch definierten Typ entsprechen. Eine Bewertung des Unterrichts bzw. Lehrerhandelns darüber hinaus ist nicht bezweckt. | Im Vordergrund steht die Frage, wieweit der Betrachter die Episode für gelungen hält. |

Tab. 1: Unterrichtsanalyse und -reflexion– Eine Abgrenzung

Angehende Lehrer/innen benötigen einerseits Anregungen zur Unterrichtsanalyse in Form von Kriterienrastern, Fragenkatalogen und didaktischen Kategorien. Andererseits sollten sie auch Gelegenheit zum selbstständigen Reflektieren über Unterricht ohne Vorgaben erhalten, um die Fähigkeit zur „Reflexion von Lehr- und Lernprozessen" (eine in den „Standards für die Lehrerbildung" der Kultusministerkonferenz 2004 an erster Stelle genannte

---

[7] Im allgemeinen Sprachgebrauch meint Reflektieren ein Nachdenken, das seinen Ausgang in der Person des Betrachters nimmt und letztlich darauf zurückwirken soll, um zukünftiges Handeln zu verbessern (Re-flex = Rück-Beugung). In diesem Sinn wird Reflexion vor allem in Professionen praktiziert, bei denen das berufliche Handeln ähnlich wie bei Lehrern besonders von der Persönlichkeit mitgeprägt ist (Ärzte, Therapeuten und Seelsorger). Dementsprechend zielt Unterrichtsreflexion darauf ab, erlebten oder mitgeteilten Unterricht *nach selbst gewählten Gesichtspunkten* einzuschätzen. Ein solches selbstständiges Reflektieren ohne externe Vorgabe von Fragen oder Kriterien findet zumeist jenseits vom Ausbildungskontext statt, z.B. wenn Berufsanfänger ‚privat' über selbst erteilten oder gerade erlebten Unterricht nachdenken.

„Kompetenz") überhaupt entwickeln zu können. Eine Unterrichtsreflexion ist ergebnisoffen: Das gemeinsame Gespräch über Unterricht wirkt im Idealfall auf die Betrachter zurück, in dem jeder daraus Konsequenzen für sein zukünftiges Handeln zu ziehen versucht – u. U. jeder andere. Es geht nicht um ein Belehren oder Instruieren, sondern um einen wechselseitig anregenden Austausch von Einschätzungen.

In diesem Band wird ein Szenarium vorgestellt, das ausschließlich zur selbstständigen Unterrichtsreflexion anregt (Kapitel 13 „Über Unterricht reflektieren lernen"). Zwei Szenarien zielen ab auf eine ausschließlich analytische Auseinandersetzung mit Unterricht (Kapitel 14 „Webbasierte Übungen zur Unterrichtsanalyse" und Kapitel 15 Abschnitt 4 „Unterrichtssimulationen"). Die anderen Szenarien ermöglichen je nach Akzentuierung sowohl ein eher analytisches als auch ein eher reflexives Arbeiten.

Die *Virtuelle Unterrichtshospitation* ist kein ‚Notnagel', um die strukturellen Schwächen der Lehrerausbildung zumindest teilweise zu kompensieren. Die Auseinandersetzung mit multimedialen Unterrichtsdokumenten und ‚Eigenvideos' ist auch kein notdürftiger Ersatz für die unzureichende schulpraktische Ausbildung in der I. Phase.

Wie die ungleich größere Verbreitung von Unterrichtsvideografie in der Schweiz und in Österreich zeigt, wird sie gerade an solchen Ausbildungsstandorten, an denen eine im Vergleich zu deutschen Verhältnissen eindrucksvoll intensive Betreuung von Schulpraktika geleistet wird, als dritte Säule der Lehrerausbildung genutzt (s. die Beispiele in Reusser 2005; Schaub 2005; Weiser 2005 und Helmke 2009). Selbst wenn der zeitliche Umfang der schulpraktischen Ausbildung in Deutschland erheblich ausgedehnt würde, wenn eine Betreuung und Beratung seitens der Hochschulen stattfände, die diesen Namen verdient, und wenn es gelänge, die konkreten schulpraktischen Erfahrungen von Studierenden in der Seminararbeit aufzugreifen und unterrichtstheoretisch zu durchleuchten, wäre damit eine Auseinandersetzung mit medial dokumentiertem Unterricht (sowohl auf der Basis von ‚Eigenvideos', als auch auf der Basis von ‚Fremdvideos') nicht überflüssig.

Im Gegenteil: Die *Virtuelle Unterrichtshospitation* mit multimedialen Unterrichtsdokumenten und ‚Eigenvideos' ist ein notwendiges, dringend überfälliges Bindeglied, um dem zu recht beklagten Theorie-Praxis-Dilemma entgegenzuwirken. Die Analyse und Reflexion von Unterricht auf dieser Grundlage ermöglicht ein *Forschendes Lernen*, wie es anhand von schriftlichen Unterrichtsdokumentationen in der Regel nicht möglich ist. Die in den nachfolgenden Kapiteln vorgestellten Ergebnisse aus Seminararbeiten der I.

und II. Phase zeigen, dass eine theoriegeleitete Auseinandersetzung mit Unterrichtsvideos zu ungleich genauerem Hinsehen nötigt und differenziertere Einschätzungen hervorbringt. Auch in der II. Phase ist diese Form der Auseinandersetzung mit Unterricht daher eine wertvolle Ergänzung zu den zur Genüge gemachten eigenen Unterrichtserfahrungen, deren Aufarbeitung oft zu kurz kommt.

### 1.3.5 Die *Virtuelle Unterrichtshospitation* als Fortbildungskonzept

Auch für bereits im Beruf tätige Lehrer/innen eröffnet die *Virtuelle Unterrichtshospitation* attraktive Möglichkeiten zur Auseinandersetzung mit Fragen der Unterrichtsgestaltung. Insbesondere drei Szenarien eignen sich für die Arbeit in der Lehrerfortbildung:

- *„Wie bewähren sich vorgeblich gute Unterrichtskonzepte im Schulalltag?"* (Szenarium F1, s. Kapitel 6) Gegenstand der Betrachtung sind ausgewählte Unterrichtsvorhaben, die unter dem Anspruch geplant und durchgeführt wurden, ‚prominente' Unterrichtskonzepte (z.B. Projektunterricht, Wochenplanarbeit, Stationenlernen) oder geschätzte Prinzipien (z.B. Differenzierung, Entdeckendes Lernen, Schüleraktivierung, Selbstständiges Lernen, Förderung von Kooperationsfähigkeit) zu verwirklichen. Untersucht wird, ob das Bemühen um ‚Inszenierung' eines singulären Unterrichtsvorhabens dem jeweils zugrunde gelegten Konzept/Prinzip gerecht wird, ob sie mit Mängeln behaftet ist, die mit dem Konzept selbst nichts zu tun haben, oder ob sie Schwächen des Konzepts offen legt. Die Auseinandersetzung mit diesen Fragen trägt nicht zuletzt auch zur Klärung bei, was die Kernidee des jeweiligen Konzepts/Prinzips ist.

- *„Wie reagieren Lehrer/innen in unerwarteten Unterrichtssituationen?"* (Szenarium F4, s. Kapitel 10) Gegenstand der Betrachtung sind kurze Videoszenen, in denen Lehrer überrascht werden und darauf mal mehr, mal weniger angemessen reagieren. Die Lehrerreaktionen regen an zum Nachdenken in der Fortbildungsgruppe mit Rückbezug auf die eigene Person (Ist mir das auch schon mal passiert bzw. könnte mir das u.U. passieren? Wie habe ich mich gefühlt/würde ich mich dann fühlen?) und zum Austausch über Reaktionsalternativen.

- *„Unterricht im Querschnitt: Beispielhafte Gestaltung ‚typischer Problemzonen' im Unterricht"* Gegenstand sind diverse Videoszenen, in denen Lehrer/innen jeweils ein- und dieselbe, häufig wiederkehrende Anforderung bzw. Unterrichtsphase (z.B. das Erläutern eines Arbeitsauftrags, die Einteilung von Gruppenarbeit, ein Auswertungsgespräch mit divergierenden Ergebnissen) auf unterschiedliche Weise realisieren. Am Beispiel von zwei Dutzend „Unterrichtseinstiegen" regt Szenarium F5 (Kapitel 11) an, Einstiegsvarianten auf ihre Vorzüge und Nebenwirkungen zu untersuchen.

### 1.3.6 Die *Virtuelle Unterrichtshospitation* als Anreiz, um im Kollegium über Unterrichtsqualität ins Gespräch kommen

Die drei Szenarien sind auch für eine Form der Fortbildung geeignet, die wünschenswert, aber bei Lehrern nicht sonderlich beliebt ist: Die kollegiumsinterne Fortbildung. Speziell im Anschluss an die Ergebnisse der internationalen Vergleichsstudien sind Lehrerkollegien durch kultusministerielle Vorgaben aufgefordert zur „Schul- und Unterrichtsentwicklung im Team". Gespräche über Qualitätsmaßstäbe von Unterricht werden jedoch in vielen Kollegien nur mit zurückhaltender Begeisterung geführt, weil es sich dabei nicht vermeiden lässt, über konkreten Unterricht zu diskutieren. Aber Gespräche über Unterricht im Kollegium sind heikel. Über den eigenen Unterricht spricht man lieber nicht — über den der Kollegin auch nur, wenn diese nicht dabei ist. Als Instrument der Schulentwicklung wird für sog. *Kollegiale Hospitationszirkel* auf Webseiten und in Veröffentlichungen geworben (z.B. Kempfert & Ludwig 2008; Buhren 2010). Dabei unterrichtet wechselnd immer ein Lehrer, während andere hospitieren; nach dem Unterricht erfolgt eine gemeinsame Besprechung. Im Laufe eines Schuljahrs sollten alle Teilnehmer eines Zirkels mindestens einmal ihren Unterricht vorgestellt haben. Nur an wenigen Schulen in Deutschland sind solche kollegialen Hospitationszirkel etabliert; nicht nur, weil sie stundenplantechnisch schwer zu organisieren sind und immer nur wenige Lehrkräfte eines Kollegiums teilnehmen können. Eine weitere Hürde ist noch schwerer zu überwinden, wie eine Befragung von Lehrkräften zeigt (Mühlhausen 1991). Erforderlich ist ein hohes Maß an wechselseitigem Vertrauen, denn der Unterrichtende verschafft Hospitierenden Einblicke in seine Persönlichkeit und setzt sich ungeschützt der Kritik von Kolleg(inn)en aus. Bei Unterrichtsbesprechungen geht es oft um sensible Fragen, die das Selbstverständnis der einzelnen Lehrkraft berühren. Der Unterrichtende gerät leicht in eine unangenehme Verteidigungshaltung. Die Thematisierung kritischer Aspekte gerät so zum schwierigen Balanceakt oder fällt der kollegialen Rücksichtnahme zum Opfer.

Die Nachteile von Unterrichtsbesprechungen auf der Basis von Vor-Ort-Hospitation, wie sie im Rahmen von Ausbildungsunterricht und kollegialen Unterrichtshospitationen praktiziert werden, können umgangen werden mit *Virtuellen Unterrichtshospitationen* auf der Basis multimedialer Unterrichtsdokumente (siehe Tab. „*Virtuelle Hospitation* und Vor-Ort-Hospitation im Vergleich").

| Virtuelle Hospitation mit multimedialen Unterrichtsdokumenten | Vor-Ort-Hospitation |
| --- | --- |
| Die für eine Reflexion notwendige Distanz zum Unterricht bzw. Unterrichtenden ist gegeben. | Ein offenes Gespräch ist aufgrund der emotionalen Involviertheit der Beteiligten erschwert oder kommt wegen ungünstiger gruppendynamischer Konstellationen gar nicht erst in Gang. |
| Die Betrachter können über ‚fremden' Unterricht ohne strategische Rücksichtnahme sprechen, weil der Unterrichtende weder anwesend noch bekannt ist. | Es ist kaum zu vermeiden, dass der Unterrichtende bei der Besprechung seines Unterrichts in die Defensive gerät. |
| Besprechungen basieren auf AV-Aufzeichnungen; strittige Szenen können jederzeit wiederholt werden. | Besprechungen basieren auf vagen Beobachtungseindrücken oder lückenhaften schriftlichen Notizen. |
| Zwecks individueller Vor- und/oder Nachbereitung können Teilnehmer die Dokumente jederzeit unabhängig voneinander betrachten. | Eine medial gestützte Vor- und/oder Nachbreitung ist nicht möglich. |
| Virtuelle Hospitation und Besprechung können gleichzeitig erfolgen; der Zeitpunkt ist beliebig festlegbar/verschiebbar. | Die nachträgliche Besprechung muss in einem zeitlich engen Zusammenhang zur Hospitation stehen. |
| Divergierende Beobachtungen und Interpretationen sind gleichrangig, sofern die Aufzeichnung ihre Plausibilität nicht widerlegt. | Da unterschiedliche Beobachtungen und Interpretationen nicht mehr am Geschehen überprüft werden können, ist ein diskursiver Austausch u. U. gefährdet durch eine auf den Status gestützte Deutungshoheit. |

Tab. 2: *Virtuelle Hospitation* und Vor-Ort-Hospitation im Vergleich

Mit multimedialen Unterrichtsdokumenten kann der Spagat gemeistert werden, bei der gemeinsamen Unterrichtsreflexion im Kollegium auch sensible Fragen anzusprechen, die das Selbstverständnis von Lehrkräften berühren, dabei aber eine gewisse Distanz zu wahren, weil sich die Diskussion an ‚fremdem Unterricht' entzündet.

Unlängst haben Trautmann & Sacher vorgeschlagen, kollegiumsinterne Unterrichtsvideografien zur Verbesserung der Unterrichtsqualität zu nutzen, weil dann die Analyse und Reflexion direkt am eigenen Unterricht ansetzen könnte (Trautmann & Sacher 2010). Die Beiträge von Lehrer/innen in dem Band, die an diesem Projekt beteiligt waren, belegen, wie ertragreich eine solche ‚kooperative Selbstreflexion' über den eigenen Unterricht auf Videobasis sein kann. Allerdings hatte dieses Projekt einen Sonderstatus, weil es als Forschungsprojekt an einer Universität (Bielefeld) angesiedelt war, nur freiwillige und interessierte Lehrer/innen beteiligt waren und diese aus verschiedenen Kollegien kamen. Für eine kollegiumsinterne Diskussion dürfte diese Variante einer kollegialen Hospitation auf Basis von ‚Eigenvideos' nur in Ausnahmefällen geeignet sein, weil auch auf sie die beiden erstgenannten Nachteile der Vorort-Hospitationen zutreffen.

## 1.4 (Aus)probieren geht über Studieren

Auch die in diesem Band vorgestellten Szenarien sind didaktische Konzepte — in diesem Fall nicht Empfehlungen zur Konstruktion von Schulunterricht, sondern von Lehr-Lernsituationen in der Aus- und Fortbildung. Insofern treffen auf sie alle Einwände und Einschränkungen zu, die vorstehend gegenüber Unterrichtskonzepten gemacht worden sind.

Vermutlich ist der besondere Charme, den eine Auseinandersetzung mit Unterrichtsqualität auf der Grundlage multimedialer Unterrichtsdokumente und ‚Eigenvideos' hat, in einem Buch nur schwer zu vermitteln. Auch der Hinweis, dass die meisten Szenarien nicht nur vom Autor, sondern von etlichen Kolleg/innen, die in der I. und II. Phase tätig sind, erprobt wurden (an einigen Stellen sind deren Ergebnisse und Einschätzungen eingearbeitet), ist noch kein Gütesiegel. Letztlich kommt kein Fortbildner oder Ausbilder daran vorbei, die beworbenen Szenarien selbst auszuprobieren, um Vorzüge (wie Nachteile!) zu entdecken. Die Möglichkeit dazu besteht, denn die Begleit-DVD enthält alle erforderlichen Unterrichtsdokumente.

## 1.5 Aufbau der DVD, Aufruf der Multimedia-Dokumente, Hard- und Softwarevoraussetzungen

Die Begleit-DVD zu diesem Band enthält Videoszenen, Text- und Bilddokumente; WBA-Online-Übungen zur multimedialen Unterrichtsanalyse und sechs *Hannoveraner Unterrichtsbilder*.

Die Videos, Dokumente und Übungen sind ausschließlich für Veranstaltungen der Lehrerausbildung und der Lehrerfortbildung vorgesehen. Beim Start einer DVD ist eine Verpflichtungserklärung abzugeben, die DVD insgesamt bzw. einzelne Dateien daraus in keinem anderen Zusammenhang als vorstehend beschrieben zu verwenden.

Aus dem Anfangsmenü der DVD gelangt man zu Untermenüs, aus denen alle Dokumente aufgerufen werden können. Wenn das Anfangsmenü nach dem Einlegen der DVD nicht erscheint, ist die „Autorun"-Funktion auf Ihrem PC deaktiviert. In dem Fall kann das Anfangsmenü durch Doppelklicken auf die Datei „index.htm" gestartet werden.

**Die DVD enthält**
- im Pfad /dokumente das Bildungs-Quiz (s. Kapitel 2) und den niedersächsischen Unterrichtsinspektions-Bogen (Kapitel 3)
- im Pfad /simulation: alle Dokumente für die in Kapitel 15 beschriebenen Unterichtssimulationen
- im Pfad /einstiege_primarstufe bzw. /einstiege_sekundarstufe: 11 bzw. 14 videografierte Unterrichtseinstiege aus der Primar- bzw. Sekundarstufe (zu Kapitel 11)
- im Pfad /wba-uebungen: zwei Webbasierte Übungen zur Unterrichtsanalyse (zu den Kapiteln 12 und 14)
- im Pfad /szenarium_f4: Videoszenen mit unstetigen Unterrichtssituationen (zu Kapitel 10)
- sieben *Hannoveraner Unterrichtsbilder* 19, 20, 23, 30, 38, 39 und 47
- Hinweise zum Setup und zur Nutzung der HUB (siehe die LIES-MICH.DOC) sowie eine Setup-Datei im Pfad /setup_HUB
- ein digitales Formular zur Kontaktaufnahme via email bei Fragen.

Zur Nutzung der DVD ist ein PC (mindestens Pentium III oder vergleichbar) mit einem Windows-Betriebssystem ab XP/SE erforderlich.
Die Videos liegen vor in drei Formaten:
⇒ als MPEG-1 (Dateiendung .mpg),
⇒ als Windows[8] Media Video 8 bzw. 9 (Dateiendung .wmv)
⇒ und als flash (Dateiendung .flv).

---

[8] Microsoft Windows (= Windows), Microsoft Word (= Word, Winword, Word für Windows), Microsoft Office (= Office, Office-Paket), Windows Media Player (= Media Player) sowie Internet Explorer sind eingetragene Warenzeichen der Microsoft Corporation. Adobe Acrobat Reader und Adobe flash sind eingetragene Warenzeichen der Adobe Corporation.

Sofern im Text auf *Hannoveraner Unterrichtsbilder* und einzelne Videoszenen Bezug genommen wird, die auf der Begleit-DVD enthalten sind, ist das jeweils mit einem Symbol gekennzeichnet:

Die Texte, Fotos und Grafiken liegen vor im Adobe-Acrobat-Reader Format (Dateiendung „.pdf") und in den *Hannoveraner Unterrichtsbildern* als WORD-2003-Dateien.

Als Softwareausstattung muss vorhanden sein:
⇒ ein MediaPlayer, der die o.a. Videoformate abspielen kann, z.B. Windows MediaPlayer ab Version 8 oder ein vergleichbarer Medien-Abspieler mit den entsprechenden Codecs;
⇒ das Programm Adobe Acrobat Reader;
⇒ Zum Aufrufen der *Hannoveraner Unterrichtsbilder* eine WORD-Version (aus Office-XP/2003 oder Office-2000; nicht Open Office).

Hinweise und Tipps zur Arbeit mit den *Hannoveraner Unterrichtsbildern* enthält Anhang 4.

# 2 Kontroverse Vorstellungen über die Ziele schulischer Bildung

Ganz allgemein wird man wohl darin übereinstimmen, dass Unterricht gut ist, wenn er Schülern Lernfortschritte bringt und ihr Interesse am Weiterlernen dabei nicht verloren geht. Aber an welchen Zielen und Kriterien bemisst man Lernfortschritt? Und wie muss Unterricht aussehen, der solche Ziele erreicht und gleichzeitig die Motivation für zukünftiges Lernen erhält? Darüber gehen die Meinungen unter Lehrern, Eltern, Bildungspolitikern und Erziehungswissenschaftlern weit auseinander.

## 2.1 Divergierende Auffassungen über den Zweck von Schule

Umstritten ist bereits, wie der Bildungsauftrag der Regelschule lautet und welche Ziele sie zu verfolgen hat. Die Frage, wozu Schule da ist, wird je nach Standpunkt von Bildungspolitikern, Schulexperten, Verbandsvertretern und nicht zuletzt von Lehrern selbst höchst unterschiedlich beantwortet. Exemplarisch für die Kontroverse über den Zweck von Schule ist die Auseinandersetzung zwischen dem Göttinger Politikdidaktiker Hermann Giesecke und dem Bielefelder Erziehungswissenschaftler Hartmut von Hentig. Während Giesecke die Auffassung vertritt, Lehrer sollten sich auf den Fachunterricht als ihr ‚Kerngeschäft' konzentrieren (Giesecke 1995), sieht von Hentig eine umfassende Persönlichkeitsbildung als Aufgabe der Schule an (von Hentig 1993). Nach Ansicht des Marburger Erziehungswissenschaftlers Wolfgang Klafki (1985) sollten Schüler Gelegenheit erhalten, sich mit gesellschaftlich drängenden Gegenwarts- und Zukunftsproblemen, von ihm sog. „Schlüsselprobleme" wie Friedenssicherung, gerechte Verteilung von Arbeit und Reichtum, partnerschaftliche Sexualität, Sicherung der ökologischen Lebensgrundlagen u.a. auseinanderzusetzen. Wenn sich Vertreter von Berufsverbänden zu Unterrichtszielen äußern, werden mal Kulturtechniken genannt (elementare wie Schreiben, Rechnen und Lesen sowie erweiterte, z.B. Fremdsprachen und PC-Nutzung), mal fachübergreifende Schlüsselqualifikationen, wie z.B. Kooperations-, Kommunikationsfähigkeit und Problemlösekompetenzen (Schmidt-Wulffen 1998). Einige Lernpsychologen halten einen aktiven, selbstständigen Wissenserwerb und intelligente Lernstrategien für das zentrale Ziel schulischer Bildung (z.B. Stern 2006). Der Oldenburger Schulpädagoge Hilbert Meyer sieht als Hauptziel eine Persönlichkeitsbildung, die Schüler zur aktiven Teilhabe am Leben in einer demokratischen Gesellschaft befähigt (Meyer 2004, 13). Vor allem an Gymnasien verstehen sich viele Lehrer als Bewahrer einer ‚abendländischen' Kultur, die vermittels eines verbindlichen inhaltlichen Bildungskanons zu tradieren ist. Fürsprecher einzelner Unterrichtsfächer wiederum legen Wert auf Wissenschaftspropädeutik, worunter wiederum ganz Unterschiedliches verstanden wird.

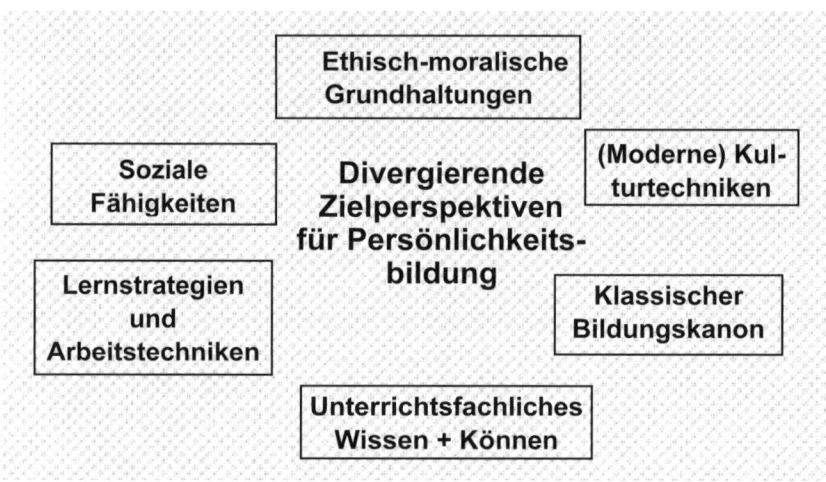

Abb. 1: Welche Ziele hat die Regelschule? Ein strittiges Thema!

Die Auffassungen über den Zweck von Schule variieren ganz erheblich, je nachdem, wer mit welchem persönlichen, beruflichen oder politischen Interesse Schule in den Blick nimmt.

Umstritten ist vor allem, ob schulische Bildung auch Werteerziehung einschließen sollte, und wenn ja, welche Werte zu vermitteln sind. Nach Giesecke haben Lehrer keine erzieherischen Aufgaben und sollten es angesichts der Wertepluralität unserer demokratischen Gesellschaft tunlichst unterlassen, eigene Wertvorstellungen zu vermitteln. Diese Ansicht findet auch politischen Zuspruch.

So forderte der damalige niedersächsische Ministerpräsident Christian Wulff anlässlich des Kopftuchstreits, Schule habe wertneutral zu sein (in der Hannoverschen Allgemeine Zeitung am 23.1. 2005) — als Jurist sollte er das niedersächsische Schulgesetz eigentlich kennen. Fünf Jahre später setzt er sich dann vehement für eine Werteerziehung auf christlicher Grundlage ein. Genötigt dazu wird er durch einen Vorschlag seiner gerade von ihm selbst designierten Sozialministerin, einer Muslimin türkischer Abstammung, die sich noch vor ihrem Amtsantritt dafür ausspricht, alle Kreuze aus niedersächsischen Schulen zu entfernen. Nach einem Eklat nicht nur in der niedersächsischen CDU maßregelt Wulf seine Ministerin gleich zu ihrem Amtsantritt, die Kreuze würden in den Schulen nicht abgehängt, denn sie unterstrichen die besondere Bedeutung der christlichen Werte (HAZ vom 26.4. 2010). Davon ist jedoch im niedersächsischen Schulgesetz mitnichten die Rede, dort heißt es (Niedersächsisches Kultusministerium 1998):

„Die Schule soll im Anschluß an die vorschulische Erziehung die Persönlichkeit der Schülerinnen und Schüler auf der Grundlage des Christentums, des europäischen Humanismus und der Ideen der liberalen, demokratischen und sozialen Freiheitsbewegungen weiterentwickeln."

Es geht demnach um eine Schnittmenge von Wertvorstellungen aus mehreren ideengeschichtlichen Strömungen.

---

**Demokratischer Bildungsauftrag und christliche Werte**

Auf christliche Werte berufen sich viele Gruppierungen, die das gesamte politische Spektrum repräsentieren, von faschistischen Sekten bis zur mittel- und südamerikanischen Befreiungstheologie mit kommunistischen Idealen. Wer sich auf christliche Werte beruft, sollte also schon genauer angeben, welche Werte er meint.

Gerade nicht exklusiv christlich sind die in den 10 Geboten zum Ausdruck kommenden alttestamentarischen Werte, denn auf sie berufen sich ausdrücklich auch Moslems und Juden. Zudem sind die meisten dieser Gebote auch in anderen Religionen und selbst für Atheisten Grundlage des Zusammenlebens.

Andere Gesellschafts- und Menschenbild-Annahmen im Alten Testament sind unvereinbar mit dem Demokratie-Verständnis des Grundgesetzes. Mit christlichen Werten wurden im Laufe der letzten 2000 Jahre Kreuzzüge, Versklavungen, Zwangsmissionierungen, Inquisitionen, Frauenverfolgungen und Religionskriege gerechtfertigt. Die Diskriminierung von Frauen und die Verfolgung von Minderheiten sind bis heute erklärte Politik des Vatikans. In der Bundesrepublik wurden bis 1958 verheiratete Frauen unter Berufung auf christliche Werte von christlichen Parteien per Gesetz diskriminiert (das „Letztentscheidungsrecht des Ehemanns in allen Eheangelegenheiten" hatte zur Folge, dass eine verheiratete Frau ohne schriftliche Genehmigung ihres Ehemanns keinen Arbeit aufnehmen, kein Konto eröffnen und keinen Führerschein machen durfte). Die Verfolgung und Ausgrenzung von Homosexuellen war sogar bis zum 11.6.1994 gesetzlich vorgeschrieben (§ 175 stellte den Geschlechtsverkehr zwischen Erwachsenen gleichen Geschlechts unter Strafe). Sowohl die Diskriminierung von Frauen als auch die Strafverfolgung von Homosexuellen verstößt gegen die Kernidee der bundesdeutschen Verfassung von 1949.

Das Grundgesetz beruft sich ausdrücklich nicht auf exklusiv-christliche Werte. Vielmehr liegen dem Grundgesetz die transreligiösen Wertvorstellungen zugrunde, die ganz wesentlich von der Aufklärungsphilosophie des 17. und 18. Jahrhunderts und von den daran anknüpfenden Bürgerrechtsbewegungen geprägt sind. Sie zielen darauf ab, Menschen mit unterschiedlichen Religionen und Weltanschauungen ein Zusammenleben nach den Prinzipien von Toleranz und Vernunft zu ermöglichen.

Welche christlichen Werte im Einzelnen gemeint sind, wird im niedersächsischen Schulgesetz nicht erläutert und bleibt auch in den Schulgesetzen der anderen Bundesländer nebulös. Ob es überhaupt exklusive christliche Werte gibt, die mit dem durch die Verfassung vorgegebenen demokratischen Bildungsauftrag vereinbar sind, ist fraglich (s. Kasten „Demokratischer Bildungsauftrag und christliche Werte").

## 2.2 Fachübergreifende Ziele schulischer Bildung

Der Streit um die Relevanz von Werteerziehung ist eine Schein-Kontroverse, denn in den Schulgesetzen der 16 Bundesländer ist ein Auftrag zur Persönlichkeitsbildung vorgegeben, der Werteerziehung ausdrücklich einschließt. Die Eckpfeiler dieses Bildungsauftrags ergeben sich aus dem deutschen Grundgesetz, speziell aus den Verfassungsartikeln 1 bis 7, auf die sich alle 16 Länderschulgesetze beziehen müssen. Wer schulische Bildung auf unterrichtsfachliches Wissen reduziert, ignoriert das demokratische Fundament des hiesigen Schulwesens. Es ist daher bedenklich, wenn Bildungspolitiker, Erziehungswissenschaftler und auch Lehrer sich aus Unkenntnis oder Ignoranz über diesen Bildungsauftrag hinwegsetzen und ihre ‚private' Auffassung vom Zweck schulischer Bildung als allgemeinverbindliche Norm ausgeben, wobei sie je nach Gusto dabei ganz Unterschiedliches in den Vordergrund rücken.

Einzuräumen ist allerdings, dass es innerhalb der 16 Länderschulgesetze z.T. erhebliche Unterschiede bei der Interpretation des vom Grundgesetz vorgegebenen, demokratischen Bildungsauftrags gibt. Insgesamt werden 94 Zielaspekte angeführt (vgl. Reuter 2003). Nicht nur die Anzahl der aufgeführten Zielaspekte variiert von Bundesland zu Bundesland ganz erheblich (zwischen sechs im bayerischen Schulgesetz und mehr als 30 Einzelaspekten im Schulgesetz Brandenburgs). Noch bemerkenswerter sind die Unterschiede in den 16 Länderschulgesetzen im Hinblick auf die inhaltliche Ausrichtung von Persönlichkeitsbildung.

Erhebliche Unterschiede gibt es insbesondere in Hinblick auf vier politisch und parteipolitisch neuralgische Reibungspunkte:

- ❖ Die ideengeschichtliche Grundorientierung
- ❖ Die Stellung des Einzelnen in der Gesellschaft
- ❖ Die Auslegung des Toleranz-Begriffs
- ❖ Die Beziehung zwischen Männern und Frauen

### → Die ideengeschichtliche Grundorientierung

Die ideengeschichtliche Grundorientierung, auf die sich die Schulgesetze berufen, variiert beträchtlich:

Genannt werden – in z.T. wechselnden Kombinationen – die Antike, das Christentum, der Humanismus, die freiheitlich-sozialen Bewegungen des 19. Jahrhunderts, die allgemeinen Menschenrechte, der europäische Kulturkreis, die Demokratie allgemein sowie das Grundgesetz speziell:

* In **Bayern** und **Baden-Württemberg** wird die christliche Religion als einzige ideengeschichtliche Strömung erwähnt, deren Wertvorstellungen zu übernehmen seien (B-W: die Schüler sind zu erziehen „in Verantwortung vor Gott, im Geiste christlicher Nächstenliebe").

* Im Schulgesetz **Niedersachens** wird (wie in vielen anderen) das Christentum als eine von mehreren Quellen genannt, aus denen die zu vermittelnden Werte hervorgehen (die Persönlichkeit der Schüler/innen ist weiterzuentwickeln „auf der Grundlage des Christentums, des europäischen Humanismus und der Ideen der liberalen, demokratischen und sozialen Freiheitsbewegungen").

* In zwei Bundesländern (**Brandenburg**, **Bremen**) enthalten die Schulgesetze weder einen Gottesbezug noch einen Verweis auf die christliche Religion.

Entsprechend verschieden sind die Vorstellungen darüber, was unter religiöser Persönlichkeitsbildung verstanden wird. Für den Gesetzgeber in **Bayern** ist das gleich an erster Stelle die „Ehrfurcht vor Gott". Demgegenüber fordern andere Bundesländer ausdrücklich ein Verständnis für Menschen mit anderen Überzeugungen, z.B. **Sachsen-Anhalt**: „Verantwortung gegenüber Andersdenkenden", „Anerkennung und Bindung an ethische Werte", „Achtung religiöser Überzeugungen". Die Spannung zwischen der verbindlichen Orientierung auf christliche Werte und einem Toleranzgebot gegenüber anderen Religionen führt im Schulgesetz des **Saarlands** zur Kompromissformel: „Die Schule unterrichtet und erzieht die Schüler bei gebührender Rücksichtnahme auf die Empfindungen anders denkender Schüler auf der Grundlage christlicher Bildungs- und Kulturwerte."

### → Die Stellung des Einzelnen in der Gesellschaft

Strittig ist auch, ob Heranwachsende ihren Platz in einer als ideal gedachten Gesellschaft einzunehmen haben oder ob sie das Vorgefundene als veränderungsfähig oder gar veränderungsbedürftig erfahren sollen. In den Schulgesetzen, in denen der Bildungsauftrag ausdrücklich anknüpft an den in der Aufklärung entwickelten Bildungsbegriff, soll schulische Bildung die Heranwachsenden in die Lage versetzen, einen Beitrag zur Weiterentwicklung einer noch nicht als ideal angesehenen Gesellschaft zu leisten:

* Ausdrücklich fordert das **Berliner** Schulgesetz, Heranwachsende in die Lage zu versetzen, ihrerseits das Vorgefundene zu prüfen und ggfs. nach eigenen Interessen zu verändern. Die Schule wird verpflichtet, die „Notwendigkeit einer fortschrittlichen Gestaltung der gesellschaftlichen Verhältnisse" zu vermitteln. Schüler/innen sollen lernen, „ihre Entscheidungen selbstständig zu treffen und selbstständig weiterzulernen, um berufliche und persönliche Entwicklungsaufgaben zu bewältigen, das eigene Le-

ben aktiv zu gestalten, am sozialen, gesellschaftlichen, kulturellen und wirtschaftlichen Leben teilzunehmen und die Zukunft der Gesellschaft mitzuformen."
In den Schulgesetzen, in denen der Bildungsauftrag ausdrücklich aus dem Christentum begründet wird, hat Schule die Schüler dazu zu befähigen, ihren Platz in der Gesellschaft (die als solche nicht in Frage gestellt wird) einzunehmen:
* **Baden-Württemberg**: Schule habe „auf die Wahrnehmung ihrer verfassungsmäßigen staatsbürgerlichen Rechte und Pflichten vorzubereiten und die dazu notwendige Urteils- und Entscheidungsfähigkeit zu vermitteln, auf die Mannigfaltigkeit der Lebensaufgaben und auf die Anforderungen der Berufs- und Arbeitswelt mit ihren unterschiedlichen Aufgaben und Entwicklungen vorzubereiten."
* **Rheinland-Pfalz**: Schüler/innen seien „zur Erfüllung der Aufgaben in Staat, Gesellschaft und Beruf zu befähigen".
* Auch die in **Bayern** anzustrebenden Tugenden „Selbstbeherrschung, Verantwortungsgefühl, Verantwortungsfreudigkeit und Hilfsbereitschaft" akzentuieren die Ein- und Unterordnung gegenüber dem Vorgefunden.
* Wie ein vager Kompromiss klingt die in **Hessen** (und ähnlich in **Sachsen**) verwendete Formulierung, die Schüler/innen sollen „ihre Persönlichkeit in der Gemeinschaft entfalten".

→ **Toleranz-Begriff und Anti-Diskriminierungs-Gebot**
In vielen Bundesländern wird das Respektieren von Andersartigkeit gefordert. Einige Schulgesetze greifen dabei zu interpretationsbedürftigen Formulierungen, z.B.:
* **Niedersachsen**: „die Grundrechte für sich und jeden anderen wirksam werden zu lassen, die sich daraus ergebende staatsbürgerliche Verantwortung zu verstehen und zur demokratischen Gestaltung der Gesellschaft beizutragen"; „nach ethischen Grundsätzen zu handeln sowie religiöse und kulturelle Werte zu erkennen und zu achten" ; „ihre Beziehungen zu anderen Menschen nach den Grundsätzen der Gerechtigkeit, der Solidarität und der Toleranz sowie der Gleichberechtigung der Geschlechter zu gestalten."

Demgegenüber wird in vier Bundesländer von Schülern ausdrücklich eine Bereitschaft zum uneigennützigen, ggfs. sogar riskanten, weil u.U. nicht mehrheitsfähigen Engagement verlangt — bis hin zum aktiven Eingreifen bei inner- oder außerschulischen Diskriminierungen:
* **Hamburg**: Angehen gegen „politische Intoleranz";
* **Bremen**: „religiöser, politischer oder weltanschaulicher Intoleranz ist entgegenzuwirken"; „Minderheiten sind in ihren Eigenarten zu respektieren"; „der Ausgrenzung behinderter Mitschüler ist entgegenzuwirken", „sich für eine Integration ausländischer Mitschüler einsetzen";
* **Mecklenburg-Vorpommern**: „Ursachen und Gefahren totalitärer und autoritärer Herrschaft zu erkennen, ihnen zu widerstehen und entgegenzuwirken";
* **Brandenburg**: „jeder Benachteiligung wg. Rasse, Hautfarbe, Religion, Herkunft und sexueller Identität ist aktiv entgegenwirken"; und auch gegen „nationalsozialistische Ideologie". Brandenburg ist das einzige Bundesland, dass sexuelle Beziehungen

nicht durch Normalitäts-Unterstellung reduziert auf die ‚normale' Geschlechtsbeziehung zwischen Männern und Frauen, sondern eine „sexuelle Identität" hervorhebt.

➔ **Die Beziehung zwischen Männern und Frauen**
Auch wenn die Gleichberechtigung zwischen Männern und Frauen als unhintergehbare Vorgabe aus der Verfassung in allen Schulgesetzen angesprochen wird, so gibt es offensichtlich recht unterschiedliche Annahmen darüber, inwieweit dieses Ziel schon erreicht ist bzw. welche Anstrengungen auf dem Weg dahin unternommen werden müssen:
* Als faktisch erfüllt wird die Gleichberechtigung im Schulgesetz in **Bayern** angesehen (die merkwürdige Formulierung lautet: „Oberste Bildungsziele sind Ehrfurcht vor ..... und vor der Gleichberechtigung von Männern und Frauen.").
* In **Niedersachsen** werden Schüler/innen angehalten „ihre Beziehungen zu anderen Menschen nach den Grundsätzen der ...... sowie der Gleichberechtigung der Geschlechter zu gestalten".

Demgegenüber weisen andere Schulgesetze ausdrücklich auf bestehende Benachteiligungen hin und fordern dazu auf, diesen entgegenzuwirken.
* **NRW:** „... achtet den Grundsatz der Gleichberechtigung der Geschlechter und wirkt auf die Beseitigung bestehender Nachteile hin."
* **Mecklenburg-Vorpommern:** „... für die Gleichstellung von Frauen und Männern einzutreten"
* **Berlin:** „... die Gleichstellung von Mann und Frau auch über die Anerkennung der Leistungen der Frauen in Geschichte, Wissenschaft, Wirtschaft, Technik, Kultur und Gesellschaft zu erfahren,"
* **Brandenburg:** „... sich für die Gleichberechtigung von Mann und Frau einzusetzen und den Wert der Gleichberechtigung auch über die Anerkennung der Leistungen von Frauen in Geschichte, Wissenschaft, Kultur und Gesellschaft einzuschätzen".

Ganz gleich, in welchem Bundesland Lehrer/innen arbeiten, das jeweilige Gesetz bürdet ihnen eine große Verantwortung jenseits ihrer fachunterrichtlichen Ziele auf. Aber diese fächerübergreifenden Ziele im jeweiligen Schulgesetz sind selbst etlichen Lehrern nicht bekannt. Auch für sie scheint der gesetzlich vorgegebene Bildungsauftrag ähnlich unbedeutend zu sein wie für den einen oder anderen Erziehungswissenschaftler und Bildungspolitiker.

Wenn man das umseitige *Quiz zum schulischen Bildungsauftrag* in Lehrerfortbildungskursen in Niedersachsen einsetzt, raten die meisten Teilnehmer/innen, welche Zielformulierungen dem niedersächsischen Schulgesetz entstammen, welche Formulierungen in Schulgesetzen aus anderen Bundesländern stehen und welche bloß erfunden sind. Letzteres wird bei den meisten vermutet, obwohl alle Formulierungen aus dem einen oder anderen Länderschulgesetz stammen.

## LEGENDE:

| | | | | | | | | | |
|---|---|---|---|---|---|---|---|---|---|
|  | Im niedersächsischen Schulgesetz |  | In einem der anderen 15 Schulgesetze |  | Erfindung von Ulf M. | ☺ | Stehe ich hinter | ☹ | Für mich nicht akzeptabel |

| Die Schule soll hinwirken auf bzw. erziehen zu …… Die Schüler/innen sollen insbesondere lernen …. |  |  |  | ☺ | ☹ |
|---|---|---|---|---|---|
| 1) zum Verständnis für die Eigenart und das Existenzrecht anderer Völker sowie ethnischer Minderheiten und Zuwanderer in unserer Gesellschaft und für die Notwendigkeit friedlichen Zusammenlebens | | | | | |
| 2) Kreativität und Eigeninitiative zu entwickeln sowie ständig lernen zu können | | | | | |
| 3) zur Achtung der Werte anderer Kulturen sowie der verschiedenen Religionen | | | | | |
| 4) Ehrfurcht vor Gott | | | | | |
| 5) zur Bereitschaft, Minderheiten in ihren Eigenarten zu respektieren, sich gegen ihre Diskriminierung zu wenden und Unterdrückung abzuwehren | | | | | |
| 6) Informationen kritisch zu nutzen | | | | | |
| 7) sich eigenständig an Werten zu orientieren und entsprechend zu handeln | | | | | |
| 8) Wahrheit zu respektieren und den Mut zu haben, sie zu bekennen | | | | | |
| 9) eigene Rechte zu wahren und die Rechte anderer auch gegen sich selbst gelten zu lassen | | | | | |
| 10) Pflichten zu akzeptieren und ihnen nachzukommen | | | | | |
| 11) bei gebührender Rücksichtnahme auf die Empfindungen anders denkender Schüler auf der Grundlage christlicher Bildungs- und Kulturwerte | | | | | |
| 12) Das als richtig und notwendig Erkannte zu tun | | | | | |
| 13) Toleranz gegenüber den Meinungen und Lebensweisen anderer zu entwickeln und sich sachlich mit ihnen auseinander zu setzen | | | | | |
| 14) jeder Benachteiligung wg. Rasse, Hautfarbe, Religion, Herkunft und sexueller Identität aktiv entgegenwirken | | | | | |

## 2 KONTROVERSEN ÜBER ZIELE

| Die Schule soll hinwirken auf bzw. erziehen zu ......<br>Die Schüler/innen sollen insbesondere lernen .... | 🐎 | 🦅 | 👤 | ☺ | ☹ |
|---|---|---|---|---|---|
| 15) selbstkritisch selbstbewusst zu werden | | | | | |
| 16) ihre Wahrnehmungs-, Empfindungs- und Ausdrucksfähigkeit zu entfalten | | | | | |
| 17) eigenständig wie auch gemeinsam Leistungen zu erbringen | | | | | |
| 18) Den Wert der Gleichberechtigung von Mann und Frau auch über die Anerkennung der Leistungen von Frauen in Geschichte, Wissenschaft, Kultur und Gesellschaft einzuschätzen | | | | | |
| 19) die Notwendigkeit einer fortschrittlichen Gestaltung der gesellschaftlichen Verhältnisse zu vermitteln ... und die Zukunft der Gesellschaft mitzuformen | | | | | |
| 20) auf die Mannigfaltigkeit der Lebensaufgaben und auf die Anforderungen der Berufs- und Arbeitswelt mit ihren unterschiedlichen Aufgaben und Entwicklungen vorzubereiten | | | | | |

**Abb. 2:** Ein Quiz zum schulischen Bildungsauftrag

Dieses ‚Quiz' zum schulischen Bildungsauftrag befindet sich als WORD-Datei auf der Begleit-DVD (im Pfad „Dokumente") und kann nach Bedarf in Hinblick auf die Vorgaben in anderen Bundesländern abgewandelt werden. Ertragreich ist eine gemeinsame Auswertung dieses ‚Quiz' mit den Teilnehmern, da sie zur Diskussion kontroverser Auffassungen und Auslegungen provoziert.

### 2.3 Bildungsstandards und Vergleichsarbeiten — Eine verkürzte Sichtweise vom schulischen ‚Output'

Persönlichkeitsbildung gerät als Aufgabe von Schule zunehmend aus dem Blickfeld, seit große internationale Schulvergleichsstudien (TIMMS, PISA, IGLU) den Wert von Schule nur an fachlichen Leistungen bemessen. Zur Vernachlässigung von Persönlichkeitsbildung tragen inzwischen auch die Kultusminister selbst maßgeblich bei, indem sie Schulerfolg festmachen an fälschlicher Weise so genannten „Bildungsstandards", die sich gerade dadurch auszeichnen, dass sie die zentralen fachübergreifenden Bildungsziele von Schule systematisch ausblenden (vgl. Jürgens 2005). Mit der aus der Ökonomie entlehnten Bezeichnung ‚Outputorientierung' ist diese Bildungsverwahrlosung treffend beschrieben. Konsequent wird schulischer ‚Output' ausschließlich an fachlichen Teilleistungsaspekten festgemacht, die bundesweit mittels schriftlicher VERgleichsArbeiten (VERA) abgetestet werden.

Der unbestreitbare Vorzug von VERA gegenüber herkömmlichen Klassenarbeiten ist es, einige wenige schulische Leistungsaspekte mit sorgfältig konstruierten und erprobten Testaufgaben zu erheben, die Tests unter vergleichbaren Bedingungen durchzuführen und bei der Auswertung viele Fehlerquellen auszuschließen (Bremerich-Vos, Granzer & Köller 2008). Aber VERA reduzieren schulische Bildung
- auf wenige Fächer (bislang nur Mathematik und Deutsch, zukünftig vorgesehen sind auch Englisch und ggfs. später noch das eine oder andere Fach);
- innerhalb dieser wenigen Fächer nur auf kognitive Leistungen;
- innerhalb der kognitiven Leistungen nur auf solche Teilleistungen, die als schriftliche Ergebnisse in testähnlicher Form ausgedrückt werden können.

VERA ignorieren nicht nur fachübergreifende Ziele, sondern lassen auch viele unterrichtsfachliche Ziele unbeachtet, bei denen es um Fähigkeiten geht, die nicht mit ‚Papier-und-Stift-Tests' überprüfbar sind:

➤ Unberücksichtigt bleiben ‚flüchtige' Aktivitäten mit Prozess-Charakter (Aussprache des ‚th' im Englischen; betonter Gedichtvortrag; Baggern und Pritschen beim Volleyball; Temperaturkontrolle am Bunsenbrenner; das mit der Flöte vorgespielte Stück).

➤ Unberücksichtigt bleiben Fähigkeiten, bei denen die Produkte nichtschriftlicher Art sind (die dramaturgische Inszenierung einer Kurzgeschichte in einem selbst konstruierten Hörspiel; die Zeichnung; das herauspräparierte Objekt).

➤ Unberücksichtigt bleiben so komplexe Ergebnisse des Lernens wie die Ausdifferenzierung ästhetischer Empfindungsfähigkeit, das Gefühlslernen und die Veränderung von Einstellungen und Werthaltungen (die sich mitnichten erschöpft im „Bewerten von Wissen").

➤ Abgetestet werden nur individuelle Leistungen, so dass Fähigkeiten unberücksichtigt bleiben, die nur in sozialer Interaktion erbracht werden können (Streitschlichtung, gemeinsame Problemlösung und alles, was man nur zu zweit oder in Gruppen machen kann, wie z.B. Rollenspiele, Mannschaftssport, gemeinsames Musizieren).

VERA blenden somit den größten Teil der Ziele aus, um die es in der Schule laut Bildungsauftrag und Kerncurricula gehen soll. Mit diesem kultusministeriell verfügten ‚Tunnelblick' ignorieren Bildungspolitiker wesentliche Leistungen von Schule, die Lehrer/innen täglich Anstrengungen abverlangen.

## 2.4 Facettenreiche demokratische Persönlichkeitsbildung

Ganz gleich, ob sich Lehrer/innen mit ‚ihrem' jeweiligen Schulgesetz eingehender beschäftigt haben oder nicht, und ganz gleich, in welchem Bundesland sie beruflich tätig sind, werden sie ständig mit Fragen konfrontiert sein, die für ihre Schüler — je nach Alter in anderer Weise — von essentieller Bedeutung sind:

⇒ Entwickeln einer eigenen Identität bei gleichzeitigem Tolerieren von Andersartigkeit (einerseits Angst vor dem Fremden und Vorurteile gegenüber dem Andersartigsein überwinden; andererseits keine distanzlose Orientierung an vermeintlichen Vorbildern, sog. ‚Idolen');

⇒ Gesundheitsbildung; auf den eigenen Körper achten (mit vielen Facetten und Bezügen zu verschiedenen Fächern: z.B. Körpererfahrung; Hygiene; Ernährung; Verringerung von Gefährdungen, etwa in Hinblick auf Rauschmittel oder die Lautstärke von Kopfhörern oder in der Disco; Chemie in Lebensmitteln);

⇒ Umgehen lernen mit eigenen Schwächen, mit dem Erleben von Lernschwierigkeiten, mit einer begrenzten Leistungskraft; mit Enttäuschungen wie z.B. Ausgrenzungen durch Andere;

⇒ die eigenen Aggressionen beherrschen lernen, gerade mit der zunehmenden körperlichen Kraft in der Pubertät;

⇒ sich seiner Sexualität bewusst werden (i.S. von ‚sexuelle Identität finden' — nicht das Klischee ‚Geschlechtsrolle'!); Liebesbeziehungen eingehen; den Gegenüber als Menschen mit sexuellen Bedürfnissen achten;

⇒ sich streiten, ohne den Gegenüber zu verletzen;

⇒ Umgehen lernen mit eigenen Ängsten (Versagensängste, Ängste des Verlassenwerdens).

Lehrer können nicht verhindern, mit diesen Fragen konfrontiert zu werden, denn sie brechen oft unvermittelt auf, z.B. anlässlich eines Streits unter Schülern. Auch Lehrer, die sich nicht dazu berufen fühlen, in ihrem Unterricht Werthaltungen zu thematisieren, werden auf die eine oder andere Weise zum Ausdruck bringen, welche ethischen Grundhaltungen sie selbst vertreten. In leicht abgewandelter Form gilt eine Kernaussage von Paul Watzlawick über das Kommunizieren: Lehrer können es nicht vermeiden, sich zu Werthaltungen zu positionieren und sie beeinflussen damit ihre Schüler — ganz gleich, ob sie das wollen oder nicht.

Zwar ist die gesellschaftliche Auseinandersetzung darüber, was im Kern demokratische Werte sind, niemals abgeschlossen. Aber mit der Verfassung ist ein Rahmen vorgegeben, der nicht x-beliebige Auffassungen zulässt. Der

Verweis auf „Pluralistische Werte" ist ein fragwürdiges Deckmäntelchen, um sich aus dieser pädagogischen Verantwortung zu stehlen. Mit einem demokratischen Bildungsverständnis ist es unvereinbar, dass Lehrer sich weigern, die Wertvorstellungen des Grundgesetzes und die damit verbundenen ethischen Prinzipien im Unterricht zu thematisieren. Wie sie das machen, dafür haben sie erfreulicher Weise einen erheblichen Auslegungsspielraum (s. Kasten „Auslegungsbedürftiger Bildungsauftrag"; die Empfehlung von Remmers gilt selbstredend auch für die anderen Bundesländer).

---

**Auslegungsbedürftiger Bildungsauftrag**

Der damalige niedersächsische Kultusministers Werner Remmers (CDU) wurde Anfang der 80er Jahre danach gefragt, wie denn die recht offen formulierten Ziele im Bildungsauftrags des niedersächsischen Schulgesetzes zu interpretieren seien. Er antwortete damals, dass die Ziele deshalb nicht haarklein vorgeschrieben seien, damit Lehrer selbst noch einen Auslegungsspielraum haben. Auf die Rückfrage, wie das denn wohl zu verstehen sei, bemerkte er treffend: „Das müssen Sie schon selbst auslegen!"

---

Es ist das hohe Gut einer demokratischen Gesellschaft, dass Lehrern nicht vorgeschrieben werden kann, Werteerziehung als doktrinäre Beeinflussung zu betreiben, etwa mittels vermeintlich identitätsstiftender chauvinistischer Rituale wie dem morgentlichen Fahnenappell, dem inbrünstigen Absingen der Nationalhymne und der Beschimpfung nationaler Feinde im Chor.

# 3 Kontroversen über die Gestaltung von Unterricht

Wenn schon die Frage nach dem Ziel von Schule so kontrovers beantwortet wird, dann ist nicht überraschend, dass es auch auf die Frage, wie guter Unterricht zu gestalten ist, höchst unterschiedliche Antworten gibt.

## 3.1 Divergierende Empfehlungen, produktive Kontroversen und unfruchtbare Polarisierungen

Anregungen zur Unterrichtsgestaltung gibt es im Überfluss. Lehrer werden seit Jahrzehnten mit einer Vielzahl von *Didaktischen Modellen*, Unterrichtskonzepten und fachdidaktischen Ansätzen konfrontiert. Empfohlen werden z. B. Konzepte wie Wochenplanarbeit, Projektunterricht, Stationenlernen, aber jüngst auch wieder Frontalunterricht), Unterrichtsprinzipien (Differenzierung, Entdeckendes Lernen, Kooperatives Lernen, Anschaulichkeit u. v. a.) sowie diverse Methoden. Für alle Unterrichtsfächer in allen Schulstufen gibt es ein großes Angebot an fachdidaktischen Ansätzen, von denen viele nur eine kurze Halbwertszeit haben. So spricht z.B. seit Jahren schon kein Mathematikdidaktiker mehr von der „neuen Mengenlehre" mit ALEF, einem Programm, an dem Ende 70er/Anfang der 80er Jahre kein angehender Grundschullehrer vorbeikam. Anspruchsvolle Sachunterrichtsprogramme aus den 70er Jahren, deren Elaboriertheitsgrad die heutigen Sachunterrichtskonzepte weit in den Schatten stellen, werden in der neueren fachdidaktischen Literatur nicht mal mehr erwähnt. Fibelkonzepte zum Lesen und Schreibenlernen wechseln so schnell, dass man mit dem Notieren kaum nachkommt. Diese Aufzählung ließe sich ohne Mühe fortsetzen.

Bei einigen unterrichtskonzeptionellen Streitfragen hat ein Überangebot an divergierenden Empfehlungen dafür gesorgt, dass diese bei der didaktischen Konstruktion aus dem Zentrum der Aufmerksamkeit gerückt sind. Das gilt für *Artikulationsstufen-Schemata*, mit denen Generationen von Lehrern über Jahrzehnte traktiert wurden und die heute in der Ausbildung kaum noch Relevanz haben. Das gilt insbesondere für *Didaktische Modelle*, die in gleichem Maß unwichtig wurden, in dem ihre Anzahl zunahm.

Die entstandenen Leerstellen wurden allerdings schnell wieder durch andersartige Empfehlungen gefüllt. Im Gefolge von PISA wird verstärkt für Lerntechniken geworben, mit denen Schüler in die Lage versetzt werden sollen, sich möglichst selbstständig Informationen zu beschaffen, zu verarbeiten, zu dokumentieren und zu präsentieren (Klippert 2006, Endres 2006).

Nicht mehr ganz taufrisch, aber unlängst wiederentdeckt sind auch *Merkmale guten Unterrichts*, die angeblich unabhängig vom gewählten (fach-) didaktischen Konzept oder vom bevorzugten Unterrichtsprinzip Lernerfolg garantieren (z.B. Brophy 2000; Helmke 2003; Meyer 2004). Nachzulesen sind alle diese Merkmale schon in der didaktischen Literatur der 50er und 60er Jahre. Empirische Evidenz für die behauptete Erfolgsträchtigkeit dieser Merkmale gibt es bis heute nicht — für sie sprechen allenfalls dieselben Plausibilitätserwägungen, die schon vor einem halben Jahrhundert angeführt wurden. Dass sie in der Diskussion über Unterrichtsqualität überhaupt so stark beachtet werden, liegt an ihrer fragwürdigen schulpolitischen Instrumentalisierung durch die Kultusminister, die sie bei Unterrichtsinspektionen als Indikatoren für Unterrichtsqualität zugrunde legen (s. ausführlicher 3.3).

Für Lehrkräfte ist es angesichts dieses nur schwer überschaubaren, ständig wachsenden Konglomerats an Empfehlungen für vorgeblich attraktive Konzepte, lernwirksame Methoden sowie angeblich Erfolg versprechende Merkmale zur Unterrichtsgestaltung nicht einfach, den richtigen Weg zum guten Unterricht zu finden. Konfrontiert sind sie dabei mit Kontroversen über die Grundausrichtung von Unterricht, für die es keine eindeutig richtigen Antworten gibt, sondern die nur kontextabhängig von jedem Lehrer selbst entschieden werden können, etwa in Hinblick auf

- den Grad von Offenheit bzw. Geschlossenheit des Unterrichts;
- die Verzahnung von Frontalunterricht mit differenzierendem Unterricht;
- ein ausgewogenes Verhältnis zwischen aktiv-konstruktiven und passiv-rezeptiven Lernphasen.

Solche Auseinandersetzungen sind produktiv, wenn sie dazu beitragen, das Verhältnis zwischen konträren Positionen zu klären. Solche Auseinandersetzungen sind wenig hilfreich, wenn sie in unfruchtbaren Polarisierungen stecken bleiben, wobei die Exklusivität der jeweils bevorzugten Position behauptet und der jeweils anderen Position die Existenzberechtigung abgesprochen wird.

## 3 KONTROVERSEN ÜBER DIE GESTALTUNG

### 3.1.1 (Un-) Produktive Kontroversen über *Offenen Unterricht* und über den Stellenwert von Frontalunterricht

Zeitweise mit unproduktiver Häme geführt wurde die Debatte über „Offenen Unterricht", die Brügelmann (1972) mit einem Plädoyer für *Offene Curricula* ausgelöst hat. Gerichtet war dieser Vorstoß gegen ein Übermaß an Festlegung durch Unterrichtsprogramme (damals „Curricula"), die Lehrern und Schülern keinen Spielraum für eigene Entscheidungen bei der Unterrichtsgestaltung ließen. Diese Forderung hat in der Folgezeit manche Polemik auf den Plan gerufen. So spottete der spätere Vorsitzende der DGFE Dieter Lenzen, *Offene Curricula*, das sei der „Leidensweg einer Fiktion" (Lenzen 1976). Die Kontroverse um den Grad von Offenheit bzw. Geschlossenheit von Unterricht dauert inzwischen fast 40 Jahre an. Sie hat die (fach-) didaktische Diskussion bereichert mit einer Vielzahl von Veröffentlichungen und hat etliche Forschungsprojekte angeregt[9]. Rückblickend wird man wohl resümieren können, dass diese Debatte zu einer fruchtbaren Präzisierung des Verhältnisses von Vorgaben (von Seiten des Unterrichtsprogramms und des Lehrers) und Offenheit insbesondere gegenüber Interessen und Wünschen von Schülerseite beigetragen hat (Peschl 2006).

Lange Zeit unfruchtbar waren in diesem Zusammenhang auch Kontroversen über das Für und Wider von Frontalunterricht. Diese in deutschen Schulen am häufigsten praktizierte Unterrichtsform wird kritisiert wegen ihrer Lehrerdominanz, einer erzwungenen Passivität der Schüler und wegen eines gleichschrittigen Vorgehens, das die einen über- und die anderen unterfordert. Auch wenn diese Vorwürfe oft zutreffen, rechtfertigt das keine Fundamentalkritik an der Existenz von Frontalunterricht. Frontalunterricht ist unentbehrlich, weil nur mit ihm wichtige didaktische Funktionen erfüllt werden können:

⇒ das Besprechen gemeinsamer Anliegen;
⇒ die Einführung in ein neues Arbeitsgebiet, Vorstellung eines neuen Vorhabens;
⇒ die Präsentation von Sachverhalten, Problemen und Fragestellungen aus Lehrersicht;
⇒ das Zusammenführen und Besprechen von Arbeitsergebnissen.

---

[9] Wie holzschnittartig das Für und Wider *Offenen Unterrichts* diskutiert wurde, zeigt Wallrabenstein (1997) mit einer Zusammenstellung der Einschätzungen von Befürwortern und Gegnern.

Auch für Differenzierung und Individualisierung ist Frontalunterricht unverzichtbar, wobei sein Anteil und seine didaktische Funktion je nach Konzept variiert (vgl. Mühlhausen & Wegner 2010, 192). Zur Rehabilitierung von Frontalunterricht haben zwischenzeitlich prominente Befürworter von differenzierenden Unterrichtsformen und Projektarbeit beigetragen (z.B. Gudjons 2007; Meyer 2005). Aber selbst wenn Frontalunterricht inzwischen nicht mehr mit einem Makel belegt ist, bleibt es für Lehrer/innen eine anspruchsvolle Daueraufgabe, in ihrem Unterricht die Anteile zwischen frontalen und differenzierenden Phasen in ein günstiges Verhältnis zu bringen.

### 3.1.2 Bedeutungsverlust *Didaktischer Modelle*

In der aktuellen Diskussion über guten Unterricht spielen didaktische Modelle, dereinst quasi die ‚Königsdisziplin' der Schulpädagogik, keine Rolle mehr. Auch in den Ausbildungs- und Studienseminaren steht die Frage, welches *Didaktische Modell* der Unterrichtsplanung zugrunde gelegt werden soll, schon längst nicht mehr im Vordergrund. Verantwortlich für diesen Bedeutungsverlust dürfte die inflationäre Konstruktion von *Didaktischen Modellen* sein. War die Lage in den 60er Jahren mit vier Hauptrichtungen (bildungstheoretische, lerntheoretische, kybernetische und kommunikative D.) gut überschaubar, zählte Kron 2004 bereits 40 *Didaktische Modelle* — in der Auflage von 2008 sind es schon 46[10]. Geringfügige Akzentuierungen waren Anlass, die schulpädagogische Diskussion durch immer neue didaktische Modelle zu ‚bereichern' (systemtheoretisch, konstruktivistisch, integrativ, handlungsorientiert, ganzheitlich, subjektiv u.v.a.m.). Welchen Erkenntnisgewinn diese Produktdiversifikation bringt, erschließt sich mittlerweile nicht einmal mehr der Fachwelt. Bönsch (2006, 222) formuliert nach einer systematischen Sichtung der Entwicklung der Allgemeinen Didaktik seine Kritik konstruktiv: „Wiederholungen und der Weiterentwicklung harrende Konzepte sind dabei zu finden. Wer sie unter dem leitenden Interesse, Lehren und Lernen zu optimieren, betrachtet, wird auf ‚Bekanntes' zurückgeworfen und auf ‚Unerledigtes' hingewiesen." Deutlicher wird Heursen (1995, 500), der *Didaktischen Modellen* attestiert, dass mit ihrer zunehmenden praktischen Bedeutungslosigkeit für die Unterrichtsgestaltung im Schulalltag auch eine theoretische Bedeutungslosigkeit einher gehe, „aufzeigbar an dem fortschreitenden Prozeß der Margi-

---

[10] Unlängst war der Autor mit der Bitte konfrontiert, als 47. Modell eine ‚Überraschungs-Didaktik' beizusteuern, mochte sich aber diesem Ansinnen nicht anschließen.

nalisierung einer Disziplin, die ursprünglich einmal im Mittelpunkt des pädagogischen Interesses stand."

Schmerzlicher Nebeneffekt dieses Bedeutungsverlusts ist eine damit einhergehende Abstinenz gegen Unterrichtstheorie an sich. Seit den 90er Jahren ist eine Arbeitsblatt- und Folien-'Didaktik' auf dem Vormarsch, die es (inzwischen ausgebaut zur Weblink- und Powerpoint-‚Didaktik') schon als Zumutung empfindet, Fragen nach der Relevanz von Themen (Klafki), dem „Implikationzusammenhang zwischen Zielen, Themen, Methoden und Medien" oder nach dem emanzipatorischen Gehalt von Unterricht (Schulz) überhaupt zu stellen. Mit dem Ziel, solche unterrichtstheoretischen Grundfragen wieder in den Blick zu nehmen, haben Kiper und Mischke die Kernaussagen wichtiger didaktischer Konzepte zu einer „Integrativen Didaktik" zusammengeführt (2004) und daraus Handreichungen zur Unterrichtsplanung entwickelt (2009).

Zum Bedeutungsverlust *Didaktischer Modelle* tragen ungewollt auch Kultusminister mit unpräzisen „Kompetenz"-Anforderungen in den Standards für die Lehrerbildung/Bildungswissenschaften (2004) bei, die dann mit derselben Unschärfe in die Vorgaben einzelner Bundesländer einfließen. So wird in der derzeit in Niedersachsen gültigen Ausbildungsverordnung für Lehrämter der I. Phase („Verordnung über Masterabschlüsse für Lehrämter in Niedersachsen" 2007) gleich an erster Stelle der Kompetenzauflistung verlangt, die Absolvent(inn)en „erläutern didaktische Planungsmodelle sowie deren bildungstheoretische Begründungen und führen Unterricht, der mit Bezug auf didaktische Modelle/Konzepte geplant worden ist, in exemplarischen Sequenzen durch und analysieren ihn planungsbezogen" (s. Anlage 1 „Schulformübergreifende Standards für die bildungswissenschaftlichen Kompetenzen"; aaO., 493). Wie viele von den derzeit 46 (+x) Planungsmodellen zu erläutern sind und vor allem welche, das ist dem Ministerium offensichtlich egal. Da von Standort zu Standort und von Dozent/in zu Dozent/in andere Auffassungen über die Bedeutsamkeit derartiger Modelle bestehen, ist diese Vorgabe letztlich inhaltsleer und könnte getrost gestrichen werden (wie übrigens viele andere Kompetenz-Formulierungen in dieser Verordnung).

### 3.1.3 Fragwürdige Phasen-Schemata

Von fragwürdigem Nutzen sind auch die verschiedenen unterrichtsmethodischen Empfehlungen zum schematischen Aufbau des Unterrichts. Generationen von Lehrern wurden genötigt, den Stundenverlauf ihrer Vorführstunden entsprechend einem genau vorgegebenen Ablauf zu strukturieren. Je nachdem, welchem Seminar man zufällig zugeteilt war, hatte man sich am sechsstufigen Phasenmodell von Heinrich Roth oder am siebenstufigen Modell von Benjamin Bloom oder an einem anderen der mehr als zwei Dutzend gängigen Phasenschemata oder an einem seminarinternen Misch-Modell zu orientieren (vgl. Mühlhausen 2007a). Da es bis weit in die 90er Jahre üblich war, sich während der Ausbildung solchen rigiden Strukturierungsvorgaben unterwerfen zu müssen, dürfte ein Großteil der heute noch unterrichtenden Lehrer mit solchen Phasenlehren Bekanntschaft gemacht haben.

Zweifellos ist es sinnvoll, sich über den Aufbau seines Unterrichts Gedanken zu machen und dabei verschiedene (!) Möglichkeiten kennen zu lernen und auszuprobieren. Aber die Forderung, Unterrichtsstunden in immer gleicher Weise nach welchem Phasenschema auch immer zu gliedern, ist grober Unfug (so sinngemäß Hilbert Meyer im Doppelband „Unterrichtsmethoden", der erstmals 1987 erschien). Viele Ausbilder haben lange an ‚ihrem' Phasenschema festgehalten — sei es, weil sie selbst nur ein Schema kannten, sei es (was auch nicht allzu selten der Fall war), weil sie damit zur Beurteilung der Unterrichtsproben ihrer Auszubildenden auf ein zwar nichtssagendes, aber wenigstens leicht feststellbares Kriterium zurückgreifen konnten; nämlich ob die Gliederung des Unterrichtsentwurfs und die Phasen im realen Verlauf der abverlangten Idealstruktur entsprachen.

## 3.2 Schüleraktivierendes, konstruktives Lernen — Die Zauberformel für guten Unterricht?

In vielen neueren (fach-)didaktischen Publikationen wird Schüleraktivierung als Patentrezept für *Guten Unterricht* beworben. So zeigt ein Werbe-Flyer des Verlags Neue Deutsche Schule eine fröhlich lächelnde Junglehrerin, die für eine 2009 erschienene Broschüre mit dem Titel „Erfolgreich unterrichten durch Schüleraktivierung" als „unentbehrlichen Ratgeber für den Schulalltag" wirbt.

Die Protagonisten dieser vorgeblich neuen und angeblich erfolgreichen Form des Lernens haben allerdings große Mühe, deutlich zu machen, was sie mit „Aktivierung" meinen. Im ‚Angebot' sind vier Definitionsversuche:

1) Am häufigsten anzutreffen sind Auflistungen von vorgeblich aktivierenden Unterrichtsmethoden (Bauer 1997; Brüning & Saum 2006; Janssen 2008; Mattes 2002). Damit wird eine Definition von Schüleraktivierung umgangen. Einig sind sich viele Autoren in der irrigen Meinung, Frontalunterricht würde Schüleraktivierung in jedem Fall verhindern.

2) Eine Umschreibung mit „Aktive Lernzeit" (z.B. Helmke 2003, 105) trägt ebenfalls nicht zur Klärung bei. Auch wenn man weiß, dass von der ge-

samten Unterrichtszeit, die laut Lehrplan z.B. für ein bestimmtes Fach in einer bestimmten Klassenstufe zur Verfügung stehen sollte, faktisch nur ein kleiner Teil überhaupt für aktives Lernen nutzbar ist, weiß man deshalb immer noch nicht, was damit gemeint ist. Eine Umschreibung von „Aktiviert sein" als „Aufmerksamkeit" (Helmke 2009, 81) ist für jeden Unterricht wünschenswert, charakterisiert also gerade nicht eine besondere Art des Lernens. Aufmerksam können auch Schüler sein, die einem 30-minütigen Lehrervortrag lauschen.

3) An anderer Stelle im selben Band schlüsselt Helmke vier Aspekte von „Aktivierung" auf (Helmke 2009, 205f), von denen die ersten drei auf methodische Prinzipien verweisen, mit denen Schüler vorgeblich zu aktivieren sind (durch Kooperationslernen zur *Sozialen Aktivierung* , durch Mitplanung zur *aktiven Teilnahme* und durch Bewegungsanforderungen zur *körperlichen Aktivierung*). Auf alle drei trifft der unter (1) genannte Einwand zu und insgesamt bleibt unklar, worin das Gemeinsame dieser Aspekte besteht, das eine Subsummierung unter der Bezeichnung *Aktivierung* rechtfertigt. Als vierten Aspekt führt Helmke eine *kognitive Aktivierung* i.S. einer Nutzung von Strategien zum selbstgesteuerten Lernen an. Die darunter genannten Fähigkeiten (u.a. zum selbstständigen Wissenserwerb, zur Problemlösung und zum Meta-Lernen) können für Schüler hilfreich sein, um aktives Lernen in dem hier favorisierten Verständnis im Anschluss an Stöcker (1960) zu praktizieren. Dennoch tragen sie nicht zur Präzisierung des Begriffs *Schüleraktivierung* bei, weil sie keine Alleinstellungsmerkmale sind, sondern auch in allen anderen Lernsituationen nützlich sein können (dazu ausführlicher Abschnitt 3.2.2).

4) Schließlich ist der Versuch, Schüleraktivierung durch äußere Anzeichen von beobachtbarem Lehrer- oder Schülerhandeln zu definieren (Meyer 2004, 40) ein unbrauchbarer Zirkelschluss: Der Festlegung solcher Indikatoren müsste zunächst eine definitorische Klärung vorausgehen. Aber selbst auf der Grundlage einer begrifflich eindeutigen Definition ist es schwer, beobachtbare Indikatoren zu finden, die ein zweifelsfreies Urteil darüber zulassen, ob aktiv gelernt wird. Tabelle 3 enthält einige Indikatoren, die eher auf ein aktives Lernen im Sinn des folgend dargelegten Verständnisses hindeuten (vgl. 3.2.2). Etliche sind keine Alleinstellungsmerkmale für einen aktivierenden Unterricht, sondern treffen günstigenfalls auf jedweden Unterricht zu. Die diskussionswürdigen Einschätzungen darüber, ob sie überhaupt durch Beobachtung ermittelt werden können, stammen aus Seminaren mit Lehramtsstudierenden. Sie können bei Analysen zu Szenarium 2 (s. Kapitel 8) herangezogen werden.

| Indikatoren für „aktiv-konstruktives Lernen" | eindeutig beobachtbar? | |
|---|---|---|
| | ja | nein |
| ⇨ S. sind mit Freude und Eifer dabei / begeistert / haben Lust am Lernen / bringen sich ein / machen mit | x | |
| ⇨ S. werden zum Nachdenken angeregt | | x |
| ⇨ S. zeigen „Vorfreude" auf den Unterricht. | | x |
| ⇨ Gestik, Mimik; aufrechte, dem Unt. zugewandte Körperhaltung; S. folgen dem Unt., auch mit den Augen | x | |
| ⇨ Viele Meldungen / überdurchschnittlich intensive Mitarbeit / lebhafte Diskussionen | x | |
| ⇨ S. beziehen sich aufeinander, auf vorher Gesagtes | x | |
| ⇨ S. befolgen Arbeitsaufträge | x | |
| ⇨ S. arbeiten über das verlangte Pensum hinaus | x | |
| ⇨ S. stellen von sich aus Resultate vor | x | |
| ⇨ S. bringen [gute] Ideen bzw. ihre Alltagserfahrungen ein | x | |
| ⇨ S. stellen weiterführende Fragen | x | |
| ⇨ S. reden mit Nachbarn / tauschen s. bzw. Unterlagen aus | | x |
| ⇨ S. antworten, ohne sich gemeldet zu haben, angemessen | x | |
| ⇨ S. arbeiten länger ohne Anweisungen (L. im Hintergrund) | x | |
| ⇨ S. arbeiten länger still vor sich hin (z.B. selbstvergessenes Lesen; im Atlas blättern) | x | |
| ⇨ S. blicken nicht auf die Uhr | | x |
| ⇨ S. empfinden Klingelzeichen als Störung / arbeiten in der Pause weiter | x | |
| ⇨ S. geht es nicht um die Note, sondern um das Ergebnis | | x |
| ⇨ S. lassen sich durch ‚falsche' Antwort nicht entmutigen | x | |
| ⇨ S. erkennen Fehler des Lehrers | x | |
| ⇨ S. erklären Mitschülern Unverstandenes | | x |
| ⇨ S. kommen vorbereitet in den Unterricht | x | x |
| ⇨ S. versuchen auch andere Schüler zu begeistern | x | |
| ⇨ S. trauen sich, ihre Meinung zum Unterricht zu äußern | | x |

**Tab. 3:** Ist Schüleraktivierung beobachtbar durch äußere Anzeichen?

Auch wenn die vier Definitionsversuche keine präzise begriffliche Klärung leisten, so stimmen sie zumindest darin überein, dass aktives bzw. aktivierendes Lernen (was immer das sein mag) günstiger sei als ein passiv-

## 3 KONTROVERSEN ÜBER DIE GESTALTUNG

rezeptives Lernen. Begründet wird die Notwendigkeit eines aktivierenden Lernens in neueren Veröffentlichungen mit einer sogenannten konstruktivistischen Auffassung von Lernen. Danach ist Lernen kein passives Einverleiben von unverrückbar feststehenden Wissenstatbeständen, sondern grundsätzlich ein aktiver Vorgang, bei dem ein Lernender sich das Weltwissen selbsttätig durch Neu- und Umkonstruieren aneignet und dabei individuell zuschneidet (z.B. Reich 1996, Kösel 1997). Das, was Schüler X auf diese Weise durch Eigenkonstruktion erwirbt, sei nicht identisch mit dem, was Schüler Y aus derselben Stunde mit nach Hause nimmt. ‚Jeder lernt anders und jeder lernt etwas Anderes' — so das Credo der Konstruktivisten. Daher dürfe Unterricht Schüler nicht zu passiven Befehlsempfängern der Lehrerinstruktionen machen und nicht zur bloß rezeptiven Aufnahme des dargebotenen Stoffs drängen. Vehement kritisiert werden lernpsychologische Konzepte, die auf behavioristischen Lernmodellen aufbauen, jeglicher Frontalunterricht im Allgemeinen und rezeptives Lernen im Besonderen (z.B. Krauthausen 1998). In einer stark an Schwarz-Weiß-Malerei erinnernden Gegenüberstellung dieser beiden Varianten wird der herkömmliche Unterricht unter der Überschrift „Alte Sichtweisen" mit finsteren Umschreibungen porträtiert, während die „Neue konstruktivistische Sichtweise" ein Lernparadies verspricht, das alle Attribute des Wahren, Guten und Schönen vereint (s. Tab. 4 „Wandel des Lernens" aus Reich 2005, 6).

| Alte Sichtweisen | Neue konstruktivistische Sichtweise |
|---|---|
| - lehrerzentriert | - lernerzentriert |
| - Frontalunterricht | - multimodaler Unterricht |
| - an Experten objektiviert | - an Handlungen objektiviert |
| - von Experten vorgegeben | - partizipativ erarbeitet |
| - bürokratisiert | - selbst organisiert |
| - Vollständigkeitspostulat | - Viabilitätspostulat |
| - rationalisiert | - beziehungsorientiert |
| - textorientiert | - multimedial |
| - kontrollorientiert | - wachstumsorientiert |
| - lineare Sichtweise | - systemische Sichtweise |
| - individualisiert | - subjektiv im Team |
| - reproduktiv oberflächlich | - konstruktiv handelnd |
| - risikoarm und angepasst | - risikobereit und rebellisch |
| * dahinter steht ein überwiegend kausaler Lernbegriff, der auf Abbildung, Reiz-Reaktion, instruktiver Übertragung basiert | * dahinter steht ein situierter Lernbegriff, der auf Handlung, Wachstum, konstruktivem Lernen in angemessener Lernumgebung basiert |

Tab. 4: Wandel des Lernens (nach Reich)

Auf den ersten Blick scheint eine solche konstruktivistische Vorstellung von Lernen gut zu einem demokratischen Bildungsauftrag zu passen, der den mündigen, selbstständigen Schüler als Ziel vor Augen hat. In den Schulgesetzen einiger (längst nicht aller!) Bundesländer wird ausdrücklich gefordert, die Heranwachsenden in die Lage zu versetzen, ihrerseits das Vorgefundene daraufhin zu prüfen, ob es veränderungsbedürftig ist, und sie zu befähigen, es nach eigenen Interessen zu verändern. Dazu müssten Schüler Gelegenheit erhalten, zunehmend unabhängiger von Lehrervorgaben zu arbeiten. Schüler sollten keine bestehende Weltsicht übernehmen, wie sie in Lehrbüchern tradiert wird oder nach Lehrerauffassung gültig ist, sondern sich ihre Weltsicht selbst erarbeiten. Dieser Zielsetzung gemäß ist in der neueren didaktischen Literatur oft die Forderung anzutreffen, Unterricht müsse Schülern ein aktives Lernen ermöglichen, um zu eigenen Sichtweisen zu gelangen.

Aber diese auf den ersten Blick sympathisch ‚fortschrittliche' Auffassung von Lernen bedarf genauerer Betrachtung, sowohl im Hinblick auf die Frage, was das Ergebnis des Lernens sein sollte, als auch in Hinblick auf die Frage, auf welchem Weg dieses Ergebnis erworben wird.

### 3.2.1 Aktiv-konstruktives versus rezeptives Lernen — Eine Pseudokontroverse

Wenn die Behauptung „Jeder lernt auf andere Weise etwas Anderes" so pauschal zutreffen würde, wäre die Erde von lauter Autisten bevölkert, die sich nicht untereinander verständigen könnten. Verständigung setzt ein hohes Maß an Übereinstimmung im Denken und Handeln voraus. Deshalb ist es die Aufgabe von Schule, das kulturelle Erbe in Sprache, Wissenschaft und Kunst zu tradieren. Unterricht muss daher immer beides leisten: Sowohl substantielles Wissen vermitteln als auch die Voraussetzung dafür schaffen, tradierte Sichtweisen in Frage zu stellen. Daher ist ungleich präziser anzugeben, wo Erkenntnisdivergenzen sinnvoll sind und wo nicht.

Wenn man das im Unterricht behandelte Weltwissen etwas grob schematisiert in fünf Wissenstypen unterteilt (s. Tabelle 5 aus Mühlhausen 2008a), dann ist für individuelle Sichtweisen und Deutungsvarianten bei vier dieser fünf Typen (a bis d) kein Platz. Hier sind Schüler gut beraten, sich dieses Wissen so anzueignen, wie es gesellschaftlich eingeführt ist und vom Lehrer dargeboten wird — ggfs. auf unterschiedlichen Wegen und in verschiedenem Tempo, aber im Ergebnis gleich. Der Lehrer kann bei diesen Wissenstypen eindeutig (im Rahmen der genannten Vorgaben und Konventionen) entscheiden, was falsch und was richtig ist. Dagegen sollte bei Interpretationen von

## 3 KONTROVERSEN ÜBER DIE GESTALTUNG

Ereignissen, Texten und Bildern, beim Deuten von Beobachtungen, bei der Beschäftigung mit Begriffen, Konzepten und Theorien, die nicht selten selbst unter Wissenschaftlern strittig sind, Unterricht so angelegt sein, dass kreative Akte des Neuentdeckens oder Uminterpretierens möglich sind.

| Weltwissen als unterrichtsfachlicher Lerngegenstand: | Aussagen über *falsch* und *richtig* sind .... |
|---|---|
| a) axiomatisch aufgebaute Konzepte: Mathematik und Logik | ... eindeutig möglich |
| b) per Konvention vereinbarte Systeme zur wechselseitigen Information: Sprachen und andere Zeichensysteme wie Noten, Zahlen | ... eindeutig möglich (aber gebunden an veränderbare Konventionen, z.B. Aussprache, Rechtschreibung) |
| c) Verfahren und Instrumente zur Gewinnung von Daten: z.B. Messvorschriften, -methoden und Messgeräte; Versuchsanordnungen | ... eindeutig möglich (aber gebunden an Verfahren, die veränderbar sind, z.B. verbesserte Messmethoden) |
| d) Aussagen über Gegenstände vom Typ I: Faktenwissen, technisches Wissen (z.B. Aufbau von Maschinen, physikalische Geografie, Geschichtsfakten) | ... relativ eindeutig möglich |
| e) Aussagen über Gegenstände vom Typ II: Interpretationen von Texten, Bildern – Deutungen von Beobachtungen, Auseinandersetzung mit Konzepten, Theorien | ... nicht eindeutig möglich, sondern einem ständigen Wandel unterworfen |

**Tab. 5:** Die relative Gültigkeit von Weltwissen

Im Unterricht sollten in Anlehnung an einen Vorschlag des Geschichtsdidaktikers Klaus Bergmann (2000) drei Prinzipien beachtet werden, die für die wissenschaftliche Auseinandersetzung in jeder Disziplin konstitutiv sind:

⇒ „Perspektivität": Wissen (i.S. von Aussagen über Wirklichkeit) ist immer eine von einer Perspektive aus interpretierte Wirklichkeit.
⇒ „Multiperspektivität": Es gibt immer mehrere Perspektiven innerhalb einer Disziplin und diese ändern sich ständig.
⇒ „Kontroversität": Streit über Deutungen ist in der Wissenschaft konstitutiv, nicht akzidentiell.

Bergmann zeigt exemplarisch, wie Geschichtsunterricht gestaltet werden kann, der anhand von historischem Quellenmaterial den Perspektivwechsel übt, die im Zeitverlauf wechselnden Interpretationen von geschichtlichen Sachverhalten thematisiert und aktuelle geschichtswissenschaftliche Kontroversen im Unterricht behandelt. Obgleich Bergmann diese Prinzipien ausdrücklich nur in Kritik an und mit Blick auf seine Disziplin, die Geschichtsdidaktik, formuliert, zeigen die vorstehenden Ausführungen, dass auch andere Fachdidaktiken sich angesprochen fühlen sollten. In einigen Fachdidaktiken wird diese schöpferische Auseinandersetzung mit Unterrichtsgegenständen bereits ausdrücklich eingefordert (z.B. in der ästhetischen Bildung und im (fremd-)sprachlichen Unterricht bei der Literaturrezeption). Einem solchen Unterricht steht allerdings entgegen, dass Lehrer sich gelegentlich als Verkünder von Wahrheiten verstehen (auch wenn sie nicht immer die fachlichen Experten sind, für die sie sich halten).

Die Polarisierung von hier ‚gutem aktiv-konstruktivem Lernen' und dort ‚schlechtem passiv-rezeptivem Lernen' ist in der Didaktik seit mehr 50 Jahren als Scheinkontroverse enttarnt. Wie Stöcker bereits 1960 eindrucksvoll nachweist, sind aktiv-konstruktives Lernen und rezeptives Lernen aufeinander angewiesen. In einer neueren Einführung in die Pädagogische Psychologie wird diese Auffassung mit neuen Beispielen unterstrichen (Hasselhorn & Gold 2009). Instruktion und Konstruktion sind keine Gegensätze, sondern ergänzen einander. Unverzichtbar seien beim schulischen Lernen

* sowohl diverse Varianten eines Instruktionslernens, die auf lernpsychologischen Modellen des Imitationslernen und des Verstärkungslernens beruhen (z.B. Lernen durch Instruktion, Darstellender Unterricht, Lernen durch Üben und Wiederholen);
* als auch Varianten eines aktiven Lernens, bei denen Schüler durch selbständiges Erarbeiten zu Erkenntnissen gelangen (u.a. entdeckendes und problemlösendes Lernen).

Hasselhorn & Gold weisen darauf hin, dass die verschiedenen Lehr-/Lernkonzepte auf unterschiedliche, für sich genommen jeweils wertvolle Lehrziele ausgerichtet sind und daher in der Schule alle einen legitimen Platz haben. Allerdings grenzen sie die beiden Typen mit den jeweils darunter subsummierten Lehr-Lernkonzepten definitorisch nicht präzise genug gegeneinander ab. Erschwert wird eine definitorische Abgrenzung, weil zwei völlig verschiedene Bedeutungen von „Aktivierung" durcheinander gehen. Einerseits fassen sie darunter in einem didaktischen Sinn Unterrichtskonzepte und Lernsettings, in denen Schüler nicht nach detaillierten Vorgaben arbeiten, sondern „eigentätig" sind (aaO., 244). Was genau mit „eigentätig" gemeint ist, wird begrifflich auch nicht näher präzisiert (genau genommen ist das eine Tautologie). Andererseits definieren sie „aktiv" in einem neurologisch-kognitionspsychologischen Sinn mit der Bemerkung, selbst das Zuhören eines Schülers sei ein aktiver Vorgang (aaO., 244). Zwar ist es aus kognitionswissenschaftlicher Sicht nachvollziehbar, „Hören", „Lesen" und „Schreiben" als aktive Prozesse zu bezeichnen. Irreführend ist jedoch, die

"Aktivierung von Großhirnprozessen" mit dem didaktischen Attribut „schüleraktivierend" gleichzusetzen. Damit würde der didaktische Begriff nicht mehr zur Diskriminierung beider Formen des Lernens taugen, weil jedwede bewusste Tätigkeit eines Schülers gleichbedeutend mit seiner Aktivierung wäre! Eigenaktive Schülerleistungen wären dann das Ablesen eines Arbeitsauftrags vom Arbeitsblatt, das Mitmurmeln neuer englischer Vokabeln im Chor und sogar das Abschreiben unverstandener Merksätze von der Tafel.

| Aktivierung — neurologisch / kognitionswissenschaftlich | Schüleraktivierung — didaktisch |
|---|---|
| Aktivierung als Großhirntätigkeit:<br>* als aktive Mustererkennung beim Lesen und Hören<br>* als aktiver Einsatz motorischer Scripts beim Schreiben | Aktivierung als Art der Auseinandersetzung mit einer Aufgabe, einem Problem:<br>* als eigenständige Problemlösung (individuell, in der Kleingruppe oder der gesamten Lerngruppe)<br>* keine inhaltlichen Vorgaben und Steuerungsversuche des Lehrers; keine Bewertung (weder Tadel, noch Lob!) |

Tab. 6: Aktivierung als neurologisch-kognitionswissenschaftlicher und als didaktischer Begriff

Der auch in anderen konstruktivistischen Beiträgen anzutreffende Zwitter-Begriff von „Aktivierung" verhindert eine stimmige Einteilung in eher aktiv-konstruktive und eher instruktive Lehr-Lern-Konzepte. Diese ist nur möglich, wenn man zwischen einem neurologischen und einem didaktischen Verständnis von Aktivierung klar unterscheidet (s. Tabelle 6).

Zudem sind einige der von Hasselhorn & Gold vorgenommenen Zuordnungen aus didaktischer Sicht auch deshalb fragwürdig, weil Unterrichtskonzepte und experimentelle lernpsychologische Settings nebeneinander gestellt werden, die nur bedingt Entsprechungen mit einer (fach-)didaktischen Systematik aufweisen (s. auch die Kritik von Helmke 2009, 206). So wirft die Zuordnung von *Kooperationslernen* (von ihnen definiert als Lernen in Gruppen) zum aktiv-eigenständigen Lernen mehrere Probleme auf: Aus didaktischer Sicht ist schon die Definition fragwürdig, denn jede Form von Unterricht ist auf Kooperation angewiesen und kann Kooperation fördern. Etliche Unterrichtskonzepte zielen ausdrücklich ab auf eine Förderung von Fähigkeiten zur Zusammenarbeit — ganz ohne Gruppenarbeit: Bei einigen wird Kooperation ausschließlich im gemeinsamen Unterrichtsgespräch angestrebt (z.B. im *Neosokratischen Frontalunterricht* nach Nelson/Heckmann und im *Genetischen Unterricht* nach Wagenschein). In anderen Konzepten soll Kooperation über Einzelarbeit initiiert werden, indem Einzelbeiträge zu einem gelingenden Ganzen zusammengetragen werden — z.B. im *Produktionsorientierten Deutschunterricht* nach Spinner (2005), im Kunstunterricht nach Staudte (1993) oder im fremdsprachlichen Literaturunterricht nach Bredella (1987). Bei wieder anderen Unterrichtskonzepten sind ständig wechselnde Sozialformen kooperationsfördernd (z.b. *Projektunterricht, Werkstattlernen, Stationenarbeit*). Unzureichend ist das Label ‚Kooperationslernen' auch, weil es keinen Unterricht gibt, der nur durch dieses Merkmal hinreichend beschrieben wäre. Anders als bei lernpsychologischen Versuchsanordnungen, in denen man die Qualität der Zusammenarbeit von Gruppenmitgliedern unabhängig vom Inhalt zu prüfen trachtet, geht es im Unterricht immer um ein gemeinsames Lernen an Gegenständen, das in der einen oder anderen Weise zwangsläufig kooperativ erfolgt. Zusammenzuarbeiten lernen Schüler nicht nur im Rahmen eher aktiv-konstruktiver Unterrichtskonzepte, sondern auch bei vielen Varianten eines auf Instruktion basierenden Unterrichts.

Falsch ist auch die Zuordnung des *Lehrzielorientierten Unterrichts* zum eher instruktiven Typus von Lehren und Lernen. Die Lehrzieltaxonomie nach Bloom u.a. (1972) ist ein ganz allgemeiner Vorschlag zur Präzisierung und Systematisierung von Zielformulierungen (Mühlhausen & Wegner 2010, 91 f.). Auf welchen Unterrichtswegen solche Ziele erreicht werden können, steht auf einem ganz anderen Blatt. Zwar gingen Bloom u.a. bei ihren Unterrichtsbeispielen in den Veröffentlichungen der 60er und frühen 70er Jahre von einem lehrerzentrierten Frontalunterricht aus, aber ihre Taxonomie ist ebenso heranzuziehen für differenzierende und individualisierende Unterrichtskonzepte, für entdeckendes oder problemlösendes Lernen.

Indem sie die Bedeutung von Instruktion, darstellendem Unterricht und übend-wiederholendem Lernen unterstreichen, relativieren Hasselhorn und Gold die Bedeutung aktiv-konstruktiven Lernens. Die von ihnen vorgenommene Dichotomisierung von Lehr-Lernkonzepten bedarf allerdings weiterer Präzisierungen, um die Besonderheiten beider Varianten des Lehrens und Lernens gegeneinander abzugrenzen.

### 3.2.2 Zum Verhältnis von aktivem und rezeptivem Lernen — Sechs Präzisierungen

Der Schulpädagoge Karl Stöcker hat bereits vor 50 Jahren einen Begriff von Schüleraktivierung entwickelt, der herangezogen werden kann, um die unfruchtbare Pseudo-Kontroverse zwischen aktiv-konstruktivem und instruktionsbasiert-rezeptivem Lernen zu überwinden (Stöcker 1960). Stöcker versteht unter Aktivierung eine ‚Ent-Didaktisierung' des Lernens: Während herkömmlicher Unterricht mit seiner didaktischen Zurichtung von Unterrichtsgegenständen darauf zielt, Lernenden den Zugang zum Stoff so leicht wie möglich zu machen, zielt das Aktivitätsprinzip auf das Gegenteil:

„Der Schüler selbst soll mit Hilfe seiner Arbeitsmittel die Schwierigkeiten möglichst allein zu meistern versuchen, er soll lernen sich durchzubeißen, soll mit dem Stoff ringen, soll Irrwege gehen und Niederlagen erleiden, weil gerade auch darin der bildende Wert dieser Methoden liegt, daß nicht alle Steine von vornherein aus dem Wege geräumt werden." (aaO., 72)

Aufgabe des Lehrers sei es, dabei helfend, beratend und fördernd zur Seite stehen, aber er solle nur „Hilfe zur Selbsthilfe" geben (ähnlich wie Maria Montessoris „Hilf mir, es selbst zu tun!").

**1. Präzisierung: Der entscheidende Unterschied zwischen beiden Varianten des Lernens besteht darin, in welcher Weise die Schüler mit ihrer Tätigkeit dem Ziel zuarbeiten.**

Eine begriffliche Abgrenzung zwischen einem eher aktiv-konstruktiven und einem eher rezeptiv-instruktionsbasierten Lernen ist unmöglich, solange man allein die Tätigkeit der Schüler als solche betrachtet. In den Blick zu nehmen ist vielmehr auch das Ziel, das sich bei den beiden Typen grundlegend unterscheidet.

Das aktiv-konstruktive Lernen ist in einem materialen Sinn ergebnisoffen entsprechend dem Wissenstyp e (s. Tabelle 7), im Vordergrund stehen fächerübergreifende und prozessuale Ziele, z.B.:

* eigenständiges Problemlösen;
* selbstständige Lerntechniken;
* mit Anderen zusammenarbeiten;
* Problemsichten Anderer würdigen;
* exploratives und kreatives Arbeiten.

Das rezeptiv-instruktionsbasierte Lernen ist im materialen Sinn ergebnisdeterminiert. Im Vordergrund stehen genau festgelegte inhaltliche Ziele, die den Wissenstypen a bis d (s. Tabelle 5 auf S.57) entsprechen, z.B.:

* pragmatische Fertigkeiten;
* spezielle Kenntnisse und substantielles Wissen;
* automatisierte Fähigkeiten wie Lesen, Schreiben, (fremd-)sprachliche Artikulation, Kopfrechnen.

| Schüleraktivierendes Lernen ist ergebnisoffen: | Rezeptives Lernen ist ergebnisdeterminiert: |
|---|---|
| * Ergebnisse werden selbstständig erarbeitet<br>* Arbeitswege werden nicht genau vorgegeben<br>* Ergebnisse entsprechen nicht unbedingt bestimmten Vorgaben und können sich voneinander unterscheiden<br>* ist angezeigt bei Unterrichtsgegenständen vom Wissenstyp e) sowie bei Unterrichtsgegenständen vom Wissenstyp a) bis d), wenn die selbstständige Erarbeitung in Richtung auf ein Ergebnis wichtiger ist als der Erhalt des richtigen Ergebnisses (z.B. beim *Lesen-Durch-Schreiben* nach Reichen, 1982) | * die Aufgabe/Darbietung nimmt das Ergebnis vorweg<br>* der Lernweg ist weitgehend vorgegeben<br>* das Ergebnis entspricht genau definierten Vorstellungen<br>* ist angezeigt, wenn der Unterrichtsgegenstand vom Wissenstyp a) bis d) ist und in jedem Fall ein richtiges Ergebnis erworben werden soll. |

Tab. 7: Der unterschiedliche Stellenwert des materialen Ergebnisses beim aktivierenden und beim rezeptiven Lernen

Bei vielen Themen kann die Erarbeitung sowohl auf eher aktiv-konstruktive Weise als auch auf eher rezeptiv-instruktionsbasierte Weise erfolgen (siehe die Beispiele in Tabelle 8). Beide Vorgehensweisen können für bestimmte Lerngruppen oder in bestimmten Entwicklungsphasen didaktisch wertvoll sein. Welchem Weg der Vorzug gegeben wird, hängt vor allem davon ab, welche Ziele Priorität haben.

| Aktivierendes Lernen | Rezeptives Lernen |
|---|---|
| Im Grundschul-Sachunterricht wird der elektrische Gleichstrom behandelt: ||
| Die Lehrerin hat die Schüler gebeten, ihre Fahrräder mitzubringen und auf defekte Lichtanlagen hin zu untersuchen, die anschließend von Schülergruppen repariert werden. | Auf einem Arbeitsblatt sind eine Batterie, ein Schalter und eine Glühlampe zu sehen, verbunden durch ein als Linie dargestelltes Stromkabel, das an zwei Stellen unterbrochen ist (im Schalter und zwischen Schalter und Glühbirne). Die Schüler sollen den Stromkreis in der Zeichnung mit einem Bleistiftstrich an den beiden 'didaktischen Lücken' schließen, so dass die virtuelle Glühbirne glühen kann. |
| Schüler einer 5. Klasse ||
| haben eine Woche lang zuhause Müll gesammelt und machen damit im Klassenzimmer Verrottungs- und Recyclingversuche (z.B. Biokompost, Papierherstellung aus Altpapier). | sehen einen Film über das Problem des zunehmenden Müllanfalls und lernen dabei verschiedene Recyclingverfahren kennen. |
| Schüler der Sekundarstufe II ||
| nehmen an einem stark verschmutzten Fluss in der Umgebung Gewässerproben, analysieren sie im Chemie- | beschäftigen sich mit der Schadstoffbelastung des Trinkwassers durch Industrie-, |

## 3 KONTROVERSEN ÜBER DIE GESTALTUNG

| | |
|---|---|
| labor der Schule und versuchen anschließend zu ermitteln, welche Verursacher dafür jeweils in Betracht kommen. Sie beginnen einen Briefwechsel mit potentiellen Verursachern, in dem sie nach Möglichkeiten der Schadensbegrenzung und nach alternativen Verfahren fragen. | Landwirtschafts- und Haushaltsabwässer in drei Gruppen. Jede Gruppe analysiert anhand von Texten und Tabellen charakteristische Merkmale ihres "Verschmutzers" und erstellt für die Klasse einen Bericht. |
| Ein Pädagogik-Oberstufenkurs untersucht die Entwicklung von Werthaltungen im Kindesalter, | |
| indem die Kursteilnehmer Kinder beobachten und deren Eltern befragen. Anschließend vergleichen sie ihre Vermutungen mit entwicklungspsychologischen Theorien. | indem einschlägige entwicklungspsychologische Theorien referiert werden. |
| In einem Seminar über Projektunterricht | |
| hospitieren die Teilnehmer jeweils in Kleingruppen bei Projektwochen in verschiedenen Grundschulen und arbeiten anschließend Gemeinsamkeiten und Unterschiede des jeweils zugrunde liegenden Projektverständnisses im Vergleich mit Projektdefinitionen in der Literatur heraus. | werden die wesentlichen Projektdefinitionen aus der Literatur in Form von Projektmerkmalen und idealtypischen Projektphasen auf Folien zusammengefasst und erläutert. |
| In einem schulpädagogischen Seminar wird das Unterrichtskonzept 'Lernen an Stationen' | |
| darüber vermittelt, dass die Teilnehmer selbst einen Stationen-Lernparcours für eine 4. Klasse zum Thema 'Experimente mit Wasser' entwerfen, diesen in einer 4. Klasse mithilfe der Lehrerin erproben, die Erprobung dokumentieren (Dias, Videomitschnitte, Schülerbefragungen und Protokolle) und anhand dieser Dokumentation die Schwächen und Stärken des Konzepts herausarbeiten. | von einer damit vertrauten Grundschullehrerin - als externer Expertin - per Diavortrag vorgestellt. |

Tab. 8:   Dieselben Themen — einmal aktiv erarbeitet, einmal instruktiv vermittelt

## 2. Präzisierung: Lehrer- und Schülertätigkeiten stehen in umgekehrt reziproker Beziehung zueinander.

Lehrer und Schüler tauschen bei diesen Varianten von Lehren und Lernen in gewisser Weise die Rollen:

* Beim aktiv-konstruktiven Lernen steckt der Lehrer nur einen Rahmen mit weiten Vorgaben ab und ist danach zurückhaltend; er ist quasi re-aktiv tätig als Berater und Moderator. Die Schüler übernehmen die Initiative, lernen explorativ und selbstständig, ohne dass ein genau festgelegtes inhaltliches Ergebnis erreicht werden muss (s. Tabelle 9). Die Schüler ringen um Einsichten und Erkenntnisse auf eigenen Lernwegen in selbst bestimmtem Tempo. Der Lehrer vermeidet eine inhaltliche Lenkung und jegliche Form von Bewertung. Er lässt Umwege, selbst Irrwege zu.

* Beim rezeptiv-instruktionsbasierten Lernen macht der Lehrer dezidierte Vorgaben, übernimmt die inhaltliche Führung und gibt lenkende Impulse. Die Schüler lernen quasi re-aktiv, imitierend bzw. reproduktiv. Sie verarbeiten rezeptiv Aufgenommenes durch Reproduzieren, Imitieren und Anwenden. Irrwege und Umwege sind zu vermeiden. Korrekturen und Bewertungen gibt der Lehrer unmittelbar.

| Schüleraktivierendes Lernen | Rezeptives Lernen |
|---|---|
| Die Schüler lernen aktiv-produktiv, suchen Lösungen, ringen um Einsichten auf eigenen Lernwegen in selbst bestimmtem Tempo, ‚konstruieren' eigene Ergebnisse | Der Lehrer macht verbindliche inhaltliche Vorgaben mittels Information bzw. Instruktion |
| Der Lehrer hält sich zurück, agiert re-aktiv; er vermeidet eine inhaltliche Lenkung und jegliche Art von Bewertung; er lässt Umwege, selbst Irrwege zu | Schüler nehmen Wissen passiv-rezeptiv auf, imitieren, üben und reproduzieren; Fehler u. Umwege sind ungünstig |
| Beispiele u.a.:<br>* Schüler erproben im Eigenversuch, wie Steinzeitmenschen gelebt haben<br>* zu einem bekannten Roman schreibt jeder Schüler sein eigenes Schlusskapitel<br>* Schüler/innen bemühen sich mit möglichst präzisen Anweisungen, einen Lehrer dazu zu bringen, an der Tafel ein Quadrat zu zeichnen<br>* Schüler/innen wollen herausbekommen, wie oft Hände geschüttelt werden, wenn jeder in der Klasse (der Schule, der Stadt) jedem anderen genau einmal die Hand schüttelt<br>* Schüler suchen individuell nach einer Erklärung für eine rätselhafte Passage in einem Gedicht<br>* gruppenweise entwickeln Schüler Hypothesen für Vulkanausbrüche, präsentieren sie und wägen sie gegeneinander ab<br>* Schüler wählen Musikinstrumente, um damit die Figuren in „Peter und der Wolf" selbst klanglich auszudrücken | Beispiele u.a.:<br>* Informierender Unterricht (Filmdokumentation, Schülerreferat; Lehrervortrag z.B. L. erläutert das Periodensystem, die Herstellung von Kleisterfarbe, den Unterschied zwischen aktivem und rezeptivem Lernen)<br>* Darstellend-demonstrierender Unterricht (Bewegungsfolgen vormachen, Aussprache lautieren, Handhabung des Bunsenbrenners vorführen)<br>* Übend-wiederholender Unterricht (S. probieren Bewegungen oder die richtige Aussprache bis zur Automatisierung; drill & practice) |

Tab. 9: Reziproke ‚Arbeitsteilung' im aktivierenden und im instruktiv-rezeptiven Unterricht

Angelegt sind diese zwei Varianten des Lernens schon in den zwei Erfahrungstypen („Primärerfahrung" und „stellvertretende Erfahrung"), mit denen John Dewey sein Konzept eines ‚*learning by doing*' erläutert.[11] In ähnlicher Weise regen viele älterer und neurer Vorschläge zur aktiven Auseinandersetzung mit Lerngegenständen an: z.B. die Arbeit in *Lernateliers* (Freinet 1957/1979), das *Entdeckende Lernen* (Bruner 1970), der *Interpretative Englischunterricht* (Bredella 1987), das *Werkstattlernen* (Reichen 1991), der *Neosokratischer Mathematikunterricht* (Loska 1995) und der *Produktionsorientierte Literaturunterricht* (Spinner 2005). Diese Unterrichtskonzepte sind keine „Methoden" im engeren Sinn, denn ihre Besonderheit ist es gerade, weder eine kleinschrittige Methodisierung des Lernwegs vorzugeben, noch dem Lehrer eine detaillierte Lehrstrategie vorzuschreiben.

**3. Präzisierung: Sowohl bei aktivierendem wie auch bei rezeptivem Lernen ist das Gelingen des Unterrichts an zwei Bedingungen geknüpft: bildungswirksames Lernen aus Interesse am Gegenstand**

Sowohl aktives wie auch rezeptives Lernen verdienen das Prädikat *Guter Unterricht* nur dann, wenn noch zwei weitere Bedingungen erfüllt sind: Wenn drittens die Schüler mit Interesse an der Sache aus eigenem Antrieb lernen und wenn viertens das Lernen bildungswirksam ist, d.h. die Schüler im Sinne des Bildungsauftrags in ihrer Persönlichkeitsentwicklung voran bringt (siehe S. 38f).

---

[11] Grundgedanke des ‚learning by doing' nach Dewey ist, dass der Lernende bei der Untersuchung eines Sachverhalts den Weg der Erkenntnis von seinen Anfängen bis zum fortgeschrittenen Stand selbst nachgeht (Dewey 1963, 283): „Der Weg zum Verständnis eines verwickelten Produkts führt durch das Studium seines Werdegangs ... Indem wir es im Werden studieren, wird manches für unser Verständnis zugänglich, das heute zu verwickelt ist, um unmittelbar erfaßt zu werden."

Gelungener Unterricht zeichnet sich durch zwei exklusive und zwei inklusive Bedingungen für aktives bzw. rezeptives Lernen aus.

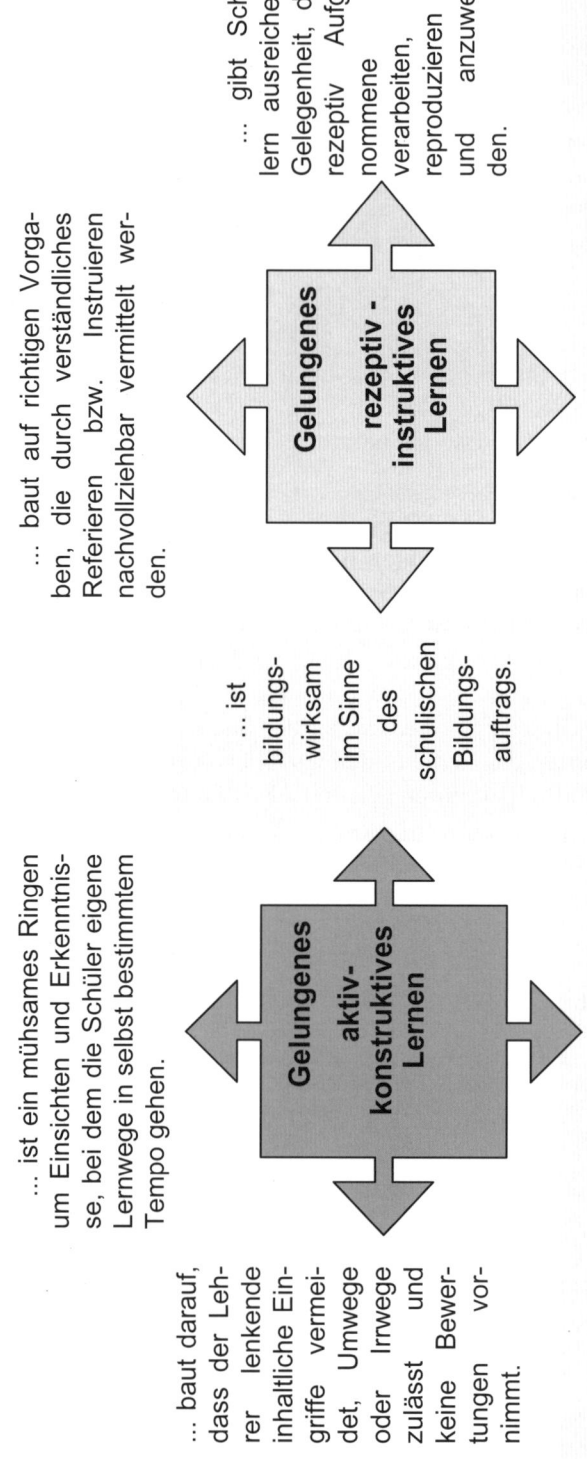

Abb. 3: Zwei exklusive und zwei inklusive Bedingungen für gelungenes aktives und gelungenes rezeptives Lernen

**4. Präzisierung: Aktivierendes Lernen ist nicht gebunden an bestimmte Sozialformen**

Aktivierendes Lernen ist weder zwangsläufig angewiesen auf Gruppen- oder Einzelarbeit noch zwangsläufig unverträglich mit Frontalunterricht. Aktivierendes Lernen kann in Gruppenarbeit erfolgen, in Einzelarbeit, Partnerarbeit oder auch frontal im gemeinsamen Unterrichtsgespräch.

**5. Präzisierung: Aktives und rezeptives Lernen bedingen einander.**

Eine Schwarz-Weiß-Malerei von angeblich guter Schüleraktivierung und angeblich schlechtem Instruktionslernen ist unangebracht. Die strenge Unterscheidung dieser zwei Typen von Lehr-/Lernkonzepten ist ohnehin nur idealtypisch. Es gibt kein Unterrichtskonzept, das ausschließlich einem Typ entspricht. Erst recht gibt es keine realen Unterrichtsprozesse, die so dichotom klassifiziert werden könnten. Phasen aktiven Lernens und Phasen passiv-rezeptiven Lernens greifen oft ineinander. Lernen ist auch angewiesen auf Instruktion, auf Nachmachen sowie auf ein Üben und Wiederholen. Unterricht ist immer SOWOHL — ALS AUCH.

Gelegentlich wechseln in derselben Stunde ganz unvermittelt rezeptive und aktivierende Phasen ab:

---

**Unterrichtsbeispiel „Wie sahen Dinosaurier wirklich aus?"**

Schüler/innen einer 3. Klasse schreiben Steckbriefe für die von ihnen gebastelten Saurier nach Stichpunkten, die die Lehrerin an der Tafel notiert hat. Sie beginnen mit großem Elan, Informationen zu ‚ihrem' jeweiligen Saurier aus den Büchern holen. Bald müssen sie enttäuscht feststellen, dass viele Angaben zu Größe, Form, Farbe, Gewicht, Lebensraum und Alter strittig sind. Die Lehrerin improvisiert ein Kreisgespräch, um Vermutungen darüber auszutauschen, warum die Bücher widersprüchliche Angaben enthalten. Der Ideenreichtum der Schüler ist verblüffend. Sie kommen auf alle Hypothesen, die auch Erwachsenen einfallen würden, und lernen so eine wichtige Lektion über den Charakter von Wissenschaft: Wissenschaftler kommen mit verschiedenen Methoden und unterschiedlichen Ausgangsmaterialien zu unterschiedlichen Ergebnissen — und müssen damit leben! Wissenschaftler können sich sogar irren! Gute Wissenschaftler sind nicht buchgläubig; sie bleiben skeptisch gegenüber fremden und eigenen Ergebnissen. Angesichts dieser Erkenntnis war es ein Gewinn, dass die Schüler über widersprüchliche Angaben in den Büchern ‚gestolpert' sind.

---

Oft ist eine gründliche Instruktion die unentbehrliche Grundlage für ein aktivierendes Lernen in dem hier definierten Sinn:

> **Unterrichtsbeispiel „Kreative Postergestaltung mit selbst hergestellter Kleisterfarbe" (HUB 31)**
>
> Im Rahmen des Unterrichtsthemas „Körper sprechen – Symbolisierung von Körpersprache in der Kunst" werden die Schüler anfangs im Stuhlkreis ausführlich instruiert, was Kleisterfarbe ist. Der Lehrer demonstriert ihnen, wie sie aus Pigmentpulver, Kleister und Wasser anrühren können. Anschließend stellt jeder Schüler nach diesem Verfahren Kleisterfarbe in einem Farbton seiner Wahl her, um diese dann in Partnerarbeit auf jeweils einem Poster aufzutragen. Den Zweiergruppen sind sowohl ihr Vorgehen als auch ihre Resultate freigestellt. Parallel dazu vervollständigen immer zwei Schüler unter Anleitung des Lehrers ein großes Fensterbild, das Anleihen bei Keith Haring nimmt, und imitieren so dessen Symbolisierung von Körpersprache.

Ob Unterricht ein schüleraktivierendes Lernen im hier definierten Verständnis anregt, muss daher für jede Etappe des Unterrichts einzeln geprüft werden.

**6. Präzisierung: Ob aktivierend gelernt wird, hängt letztlich vom einzelnen Schüler ab.**

Aktivierendes Lernen findet nicht ‚automatisch' statt, wenn der Lehrer seinen Schülern entsprechende Angebote macht. Die Schüler müssen sich auch darauf einlassen. Unterrichtsanalysen zeigen, dass es nahezu ausgeschlossen ist, immer alle Schüler mit einem solchen Angebot zum aktivkonstruktiven Lernen zu veranlassen. Auch hat es der Lehrer nicht in der Hand, dass Schüler durchgängig in dieser Weise arbeiten. Es ist demnach Skepsis angesagt, wenn für Unterrichtskonzepte geworben wird, in denen Aktivierung anscheinend ohne Wenn-und-Aber gelingt. Dasselbe gilt für passiv-rezeptives Lernen.

Mit diesen sechs Präzisierungen ist es möglich, sowohl didaktische Ansätze auf dem Papier als auch reale Unterrichtsprozesse darauf hin zu untersuchen, in welchem Verhältnis aktivierende und rezeptive Formen des Lernens zueinander stehen und mit welchen Einschränkungen es gelingt, sie in Unterrichtsvorhaben zu realisieren (s. Kapitel 8 ⇨ Szenarium F2).

## 3.3 Qualitätssicherung durch Unterrichtsinspektionen?

Mehr Irritationen als produktive Anstöße zur Verbesserung von Unterrichtsqualität gehen seit einigen Jahren von sog. Schulinspektionen aus, die

die Kultusministerien fast aller Bundesländern (außer Schleswig-Holstein) durchführen lassen. Im mehrjährigen Turnus werden die Lehrer/innen einer Schule von sog. Schulinspektoren unangemeldet im Unterricht besucht. Diese schätzen die Unterrichtsqualität mit einer Checkliste ein, die 20 bis 25 Kriterien enthält, jeweils erläutert durch 4 bis 8 Indikatoren. Somit muss ein Inspektor auf etwa 150 Aspekte achten, um die ca. zwei Dutzend Kriterien auf einer vierstufigen Skala zu bewerten [12]. Für diese Qualitätsanalyse benötigt ein Inspektor je nach Bundesland zwischen einer halben und einer ganzen Unterrichtsstunde (von 22 bis zu 45 Minuten), so dass er an einem Vormittag fünf bis zehn Stunden bzw. Lehrer zu begutachten, d.h. mit 100 bis 200 Kreuzen einzuschätzen hat. Die erhobenen Daten werden zentral gespeichert und ausgewertet.

### 3.3.1 Warum Unterrichtsinspektionen unbrauchbare Ergebnisse liefern

Ein solcher Unterrichts-TÜV am Fließband ist die Karikatur einer seriösen Unterrichtsanalyse. Diese Vorgaben zum Qualitätscheck von Unterricht ignorieren die Ergebnisse von 140 Jahren wahrnehmungspsychologischer Forschung und fallen zurück hinter die Erkenntnisse der Unterrichtsforschung aus den letzten 50 Jahren. Ein unumstrittenes Ergebnis der Wahrnehmungspsychologie ist die Erkenntnis, dass die menschliche Wahrnehmung täuschungsanfällig ist. Das gilt bereits für anscheinend auf den ersten Blick ganz simple Beobachtungen. Erfahrene Maurer sind Experten in Längenschätzung (auf den Millimeter genau). Dennoch nehmen sie zur Überprüfung ihrer Schätzung immer noch einmal eine Messung mit dem Zollstock vor, weil sie wissen, wie leicht das Auge getäuscht werden kann. Unterricht ist ungleich schwieriger zu beobachten, weil das Geschehen sehr komplex ist, sich innerhalb von Sekunden verändert und viele Handlungsstränge gleichzeitig ablaufen. Selbst der qualifizierteste Beobachter ist schon mit vergleichsweise einfachen Beobachtungsaufträgen hoffnungslos überfordert. Fünf Fehlerquellen beeinträchtigen die Wahrnehmung (vgl. Hüne & Mühlhausen 2007):

1) Rahmung (eine plausible Geschichte wird erfunden, in die die wahrgenommenen Einzelheiten gut reinpassen; Ergänzung eines unvollständigen Puzzles; Ausfüllen von Lücken, Verdrehen der Reihenfolge)

---

[12] Den niedersächsischen Inspektionsbogen für allgemeinbildende Schulen (Primarbereich und Sekundarstufe 1) enthält die Begleit-DVD 1 im Pfad /Dokumente).

2) Stereotypien (=Voreinstellungen) prägen den Blick (die „gute Lehrerin", die „schlechte Lehrerin")
3) Beobachtungslücken und Auslassungen („Aufnahmekapazität" ist überfordert)
4) Vermengen von Beobachtung — Interpretation — Bewertung
5) Wahrnehmungen ‚zurecht rücken', damit das Selbstbild nicht gestört wird

Mit diesen Fehlern kann ein Unterrichtsinspektor bei Vor-Ort-Hospitationen wunderbar leben, weil er sie mangels eines Korrektivs gar nicht erst bemerkt.

Weil Unterricht so komplex und die menschliche Wahrnehmung so täuschungsanfällig ist, hat die Unterrichtsforschung bis in die 70er Jahre (bevor allmählich Film- und Videoaufzeichnungen üblich wurden und Unterricht beliebig oft wiederholt betrachtet werden konnte) mit ganz bescheidenen Beobachtungsinstrumenten gearbeitet. Zu achten war in den Instrumenten (z.B. von Bellack und Bales) ausschließlich auf solche Tätigkeiten, die recht eindeutig beobachtbar sind (Lehrer fragt, Schüler antwortet / Lehrer informiert, lobt, tadelt / L. schaut aus dem Fenster / L. schreibt an die Tafel u.s.w.). Selbst solche scheinbar banalen Ereignisse im Verlauf von 45 Minuten präzise zu ermitteln, ist außerordentlich schwierig und erfordert längeres Beobachtungstraining.

Diese Erfahrungen aus jahrzehntelanger Unterrichtsforschung hat man in den Kultusministerien souverän ignoriert:

* In den Checklisten sind als angeblich beobachtbare Merkmale komplexe didaktische Begriffe angeführt (z.B. inhaltliche Klarheit, Zielorientierung, Methodenvielfalt, Schüleraktivierung, Umgang mit Störungen), die durch schlichte teilnehmende Beobachtung nicht festgestellt werden können. Für sie gibt es keine eindeutigen Indikatoren (mal ganz abgesehen davon, dass sie in der didaktischen Literatur in ganz unterschiedlicher Weise definiert werden). Sinnvolle Aussagen darüber sind nur in Form ausführlicher Interpretationen möglich. Hanebüchen ist, dass Inspektoren ihre Einschätzungen dann auch noch in einer vierstufigen Zensur ausdrücken, obwohl ihnen als Pädagogen eigentlich die „Fragwürdigkeit der Zensurengebung" (Ingenkamp 1995, Erstaufl.1974) bekannt sein sollte.
* Bei seriösen Unterrichtsbeurteilungen, wie sie etwa in der Lehrerausbildung üblich sind, wäre es undenkbar, über eine Unterrichtsstunde zu urteilen, von der keinerlei Kontextinformationen (z.B. Unterrichtsplanung, Klassensituation, Ergebnisse) vorhanden sind.

* Was die Schüler lernen, interessiert die Inspektoren nicht. Während die Kultusminister an anderer Stelle nicht müde werden, auf ihre neue Strategie der „Output-Orientierung" hinzuweisen, ist der Output bei Unterrichtsinspektionen vollkommen egal.
* Die Inspektoren können scheinbar omnipotent jedwede Stunde in jedweder Klassenstufe in jedem Fach und zu jedem Thema auch ohne fachliche oder fachdidaktische Kompetenz bewerten. Ihnen scheint Beurteilungskompetenz qua Amt zuzuwachsen. Das ist schon für die Inspektoren erstaunlich, die als ehemalige Schulaufsichtsbeamte oder abgeordnete Lehrer ja nur qualifiziert sind für 2 bis 3 Fächer in jeweils einer Schulform. Noch erstaunlicher ist das mit Blick auf das Inspektionspersonal aus obskuren privatwirtschaftlichen Agenturen ohne Unterrichtserfahrung, gelegentlich sogar ohne Lehramtsausbildung.

Neben diesen grundlegenden Schwachpunkten gibt es weitere Ungereimtheiten, u.a.:

* Zu einigen Kriterien/Indikatoren in der Checkliste kann ein Inspektor unmöglich Einschätzungen geben, wenn er nur die erste bzw. nur die zweite Hälfte einer Stunde anwesend ist. So sind z.B. im niedersächsischen Inspektionsbogen Noten zu vergeben für folgende ‚Beobachtungsmerkmale':
  - „Die Lehrkraft sorgt dafür, dass die Ziele des Unterrichts bzw. die erreichten Ergebnisse deutlich werden."
  - „Der Lernprozess ist deutlich strukturiert, die Lernschritte sind sinnvoll verknüpft."
  - „Die Lehrkraft nimmt den Lernfortschritt der Schülerinnen und Schüler wahr und meldet ihn zurück."
  - „Der Unterricht führt erkennbar zu einem Lernzuwachs bei den Schülerinnen und Schülern."
* In den Inspektionsbögen wird ein lehrerzentrierter, gleichschrittiger Frontalunterricht unterstellt. Spezifische Kriterien für differenzierenden Unterricht und selbständige Schülerarbeit gibt es nicht.

### 3.3.2 Warum Unterrichtsinspektionen kontraproduktiv für eine Verbesserung von Unterrichtsqualität sind

Angeblich dienen Inspektionen der Beratung von Schulen. Das wäre begrüßenswert, denn Schwächen im deutschen Schulsystem resultieren u.a. auch aus den bislang mangelhaften Formen von Unterrichtsevaluation und darauf gegründeter Beratung. Allerdings werden die Schwächen bisheriger schulaufsichtlicher Beratung mit dem vorliegenden Verfahren noch weiter ‚ausgebaut'. Weder in dem unmittelbar im Anschluss an die Inspektion angesetzten Gespräch mit der Schulleitung und wenigen ausgewählten Funktionsstelleninhabern noch im später zugestellten Bericht erfahren die einzelnen

Lehrer etwas darüber, wie die Inspektoren ihren jeweiligen Unterricht beurteilt haben. Die Qualität der Rückmeldung ist genauso kümmerlich wie die Qualität der Erhebung: Kursorisch wird dem gesamten Lehrkörper z.B. mitgeteilt, er praktiziere ausreichend Schüleraktivierung (oder zuwenig Schüleraktivierung), bewältige Störungen meist sicher und zügig (oder nicht schnell und nicht konsequent genug) und der Unterricht sei (für die Schüler oder die Inspektoren!?) nachvollziehbar aufgebaut (oder aber nicht klar strukturiert). Damit Unterrichtsinspektionen den inspizierten Lehrern gezielt Anstöße für ein Nachdenken über den eigenen Unterricht geben können, wäre eine gemeinsame kommunikative Validierung der Inspektionsergebnisse Voraussetzung, also Gespräche zwischen Inspektor und Lehrer über das Beobachtete und dessen Bewertung. Gerade das scheuen Inspektoren aber — und sicher zurecht, weil dann die Ungenauigkeit ihrer Beobachtungen und die Fragwürdigkeit ihrer Interpretationen ans Licht kämen.

Da Unterrichtsinspektoren ihr fragwürdiges Vorgehen vor niemandem rechtfertigen müssen und da es für niemanden eine Möglichkeit zur nachträglichen Überprüfung ihrer willkürlichen Einschätzungen gibt, sind sie noch unfehlbarer als der Papst.

Kein anderer akademischer Berufsstand würde sich derartige Simpelevaluationen gefallen lassen. Man stelle sich einen Neurochirurgen vor, in dessen 6-stündige Hirntumor-Operation für 22 Minuten ein Zahnarzt reinplatzt, um ihn abzuchecken. Oder einen Richter, dessen Prozessführung in einer Mordsache ein Fachanwalt für Steuerrecht nach 22 Minuten Prozessbeobachtung bewertet. Oder einen Erziehungswissenschaftler, von dessen Lehrqualität sich ein Kollege aus dem Fach Maschinenbau nach 22 Minuten ein Urteil anmaßt. Das einzige, was dieses Verfahren wirkungsvoll leistet, ist die Reproduktion eigener Vorurteile. Dazu bräuchten Inspektoren aber keine 22 Minuten: Wie zuverlässige wissenschaftliche Untersuchungen zeigen, bilden Menschen sich schon innerhalb von 3 Sekunden ein (Vor-)Urteil über Mitmenschen, mit dem sie dann problemlos alt werden können (Myers 2002).

Unterstützung, um die von den Inspektoren angekreideten Missstände abzustellen, erhalten die Schulen nicht, denn es fehlt an Mitteln. Wenn eine Unterrichtsinspektion in einer Schule z.B. zu wenig Methodenvielfalt festgestellt zu haben meint, wird die Schule angewiesen, ihre Lehrkräfte einzeln oder kollegiumsweise zum „Methodentraining" zu schicken. Konjunktur haben obskure Fortbildungsangebote, in denen Lehrer völlig losgelöst von Unterrichtszielen und Inhalten darauf ‚getrimmt' werden, ihren Schülern angeblich effektive Lerntechniken beizubringen.

## 3 Kontroversen über die Gestaltung

2004 ließ das niedersächsische Kultusministerium im Hörsaal der ehemaligen Pädagogischen Hochschule Hannover vor gut 400 Sekundarstufenlehrern, viele aus Gymnasien, den Lehrerfortbildner Heinz Klippert die Werbetrommel für ein solches längerfristig angelegtes Fortbildungskonzept rühren: Exemplarisch wurde demonstriert, was in einer über mehrere Sitzungen konzipierten Fortbildungsmaßnahme den teilnehmenden Lehrkräften vermittelt werden würde, damit diese es dann an ihre Schülern weitergeben können: Die Lehrer/innen erhielten Arbeitsbögen mit kurzen Texten, an denen gezeigt wurde, wie Schüler sich den Inhalt aneignen können: Durch Gilben von Schlüsselwörtern, durch Unterstreichen und durch Ausschneiden und Neuzusammensetzen von Textstellen. Als Beobachter musste man erstaunt feststellen, dass die große Mehrheit der anwesenden Sekundarstufen-Lehrer/innen diese offensichtlich gänzlich unbekannten Arbeitstechniken dankbar zur Kenntnis nahmen.

Welche Nebenwirkungen ein derart sinnleeres Methodentraining zeitigt, wenn es die Schulen erreicht, karikiert eine Glosse in der Wochenzeitschrift DIE ZEIT vom 15.5. 2008 aus der Feder eines leidtragenden Schülers.

> **Spielend zum Abi**
> **Wie Lehrer mit kreativen Lehrmethoden Oberstufenschüler zur Weißglut bringen.**
> Im Biologieunterricht einer engagierten Lehrerin ist Ausschneiden, Kleben, Basteln und Spielen nichts Ungewöhnliches. Wir Schüler der elften Klasse schneiden Abbildungen der DNA aus, die wir später korrekt aufkleben müssen. In einer anderen Stunde malen wir Zeichnungen vom Zellkern aus und basteln Mitochondrien aus Teebeuteln. Guter Unterricht ist kreativer Unterricht, so haben es vor allem unsere jungen Lehrer auf Fortbildungen gelernt. Nur scheint ihnen keiner gesagt zu haben, welche Klassenstufe welches Bastelausmaß am besten verkraftet. Was in der Grundschule für Begeisterung sorgt, schafft in der Oberstufe Unmut. »Man behält den Stoff besser, wenn man aktiv mit ihm konfrontiert wird«, argumentieren die Lehrer auf genervtes Nachfragen. Deshalb erläutern sie uns mit leuchtenden Augen das »Ballonspiel«, in dem wir entscheiden sollen, welche politischen Sparten wir als Erstes aus einem sinkenden Heißluftballon werfen würden, weil sie am unwichtigsten sind. Später wird gepuzzelt, selbstverständlich in Gruppenarbeit, der effektivsten Arbeitsform schlechthin. Die Schüler freut es: Wer arbeiten möchte, kann arbeiten, wer nicht, lässt die anderen ran. Nur: Auf Dauer werden die Kindergartenmethoden zum echten Ärgernis, vor allem wenn sämtliche Gedanken ums Abi kreisen, um Studium und Beruf. Wenn Lehrer aber aus Seminaren für vermeintlich besseren Unterricht Arbeitsblätter in die Klassen tragen, auf denen Anweisungen stehen wie: »Stellt eure Stühle leise zusammen. Denkt daran, sie hochzuheben«, dann wird es den Schülern irgendwann lieber sein, dass sie einfach bleiben, was sie mal waren: gute Lehrer, die etwas von ihrem Handwerk verstehen und erprobte Methoden einsetzen, die echtes Interesse wecken. Sobald aber Schule nur noch lächerlich erscheint, ist schlechte Laune programmiert. Und am besten lernt man doch bei guter Laune, oder was genau sagen die Fortbilder dazu?
>
> *Der Autor ist Schüler einer elften Klasse in Hamburg*

Es ist jedoch unzweifelhaft ein Verdienst Klipperts, die Schwächen der deutschen Lehrerausbildung schonungslos aufgedeckt zu haben: Wenn es in einer sechs- bis siebenjährigen Ausbildung nicht gelingt, angehende Lehrkräfte mit derart trivialen Arbeitstechniken vertraut zu machen und ihnen zu vermitteln, bei welchen Themen und in welcher Klassenstufe sie angebracht sind (und wo nicht), dann ist diese Lehrerausbildung noch viel schlechter als ihr ohnehin schon ramponierter Ruf.

### 3.3.3 Warum Unterrichtsinspektionen von Kultusminiserien geschätzt werden

Unterrichtsinspektionen haben für Kultusministerien einen unschätzbaren Vorzug. Durch ihren methodischen Zuschnitt machen sie allein den einzelnen Lehrer verantwortlich für den Erfolg oder Misserfolg von Unterricht. Das ist bildungspolitisch wohlfeil, denn es lenkt ab von Verantwortlichkeiten für Missstände auf anderer Ebene:

* Ein Schulsystem mit frühem Selektionsdruck

* Ungünstige Rahmenbedingungen für das Lernen (viel Stoff in kurzer Zeit; „Turboabitur")
* Unterrichtsausfall, der sich nicht selten über die gesamte Schulzeit bis zu einem ganzen Schuljahr addiert
* Ungünstige Rahmenbedingungen für die Unterrichtsarbeit (fünf und mehr Zeitstunden ohne Pause, die diese Bezeichnung verdient; kein Arbeitszimmer in der Schule, wie das in einigen anderen europäischen Ländern selbstverständlich ist)
* eine Gleichverteilung von Stunden- und Ressourcenkapazitäten ohne Berücksichtigung der Bedingungen im schulischen Umfeld (z.b. schulische Problemzonen speziell in Ballungsgebieten)
* Eine drastische Kürzung bei der Schulpsychologie (z.B. in kommt Niedersachsen ein Schulpsychologe auf 30000 Schüler, statt der UN-Empfehlung von 1:5000)
* Eine in den letzten Jahrzehnten nicht besonders reformfreudige Schulaufsicht, die allzu oft eher als Bremser gewirkt hat (z.B. beim Computereinsatz in Grundschulen, differenzierenden Unterrichtskonzepten, Integrativem Unterricht) anstatt engagierte Lehrer/innen bei ihren ohnehin mühsamen Reformversuchen zu unterstützen.
* Drastische Kürzungen bei den Aufwendungen für Lehrerfortbildung
* Eine anachronistisch in zwei Phasen aufgeteilt Lehrerausbildung mit einer praxisfernen I. Phase, übermäßig viel Praxis in der II. Phase und ohne Abstimmung untereinander[13]
* Eine kultusministeriell verordnete Ausbildung von Lehrern als ‚Einzelkämpfer' (das gilt unter BaMa-Vorzeichen verschärft), deren Kooperationsunfähigkeit dann von eben diesen Kultusministern beklagt wird

Unterrichtsinspektionen gebührt der zweifelhafte Verdienst, dass solche schul- und bildungspolitischen Widrigkeiten nicht aufs Tableau kommen. Die Mängelzuschreibung fokussiert auf die einzelne Lehrerin und Schule.

---

[13] Dass es auch anders geht, zeigt ein Blick auf Nachbarländer. So dauert z.B. in der Zentralschweiz die einphasige Ausbildung von Kindergarten-/Unterstufen- und Primarlehrern — einschließlich mehrerer von der Pädagogischen Hochschule Luzern intensiv betreuter Schulpraktika — insgesamt drei, von Sekundarstufen-1-Lehrern viereinhalb Jahre. Sie ist einschl. einer berufsspezifischen Eignungsabklärung mit Beratungen und Beurteilungen im ersten Berufsjahr kürzer, billiger und gemessen an den PISA-Ergebnissen auch noch erfolgreicher als die deutsche Lehrerausbildung.

## 3.4 Ist Unterrichtsqualität messbar? — Methodische Schwachstellen von Unterrichtsqualitätsstudien

Die Kultusminister setzen bei den fragwürdigen Unterrichtsinspektionen auf Beobachtungsinstrumente, die in Anlehnung an Studien über Unterrichtsqualität entwickelt wurden. Angeblich wurde mit diesen Studien empirisch bewiesen, dass Unterrichtserfolg abhängig sei von Merkmalen, die mittels Unterrichtbeobachtung ‚gemessen' werden könnten.

Der Landauer Unterrichtsforscher Andreas Helmke hat in seinem viel beachteten Band „Unterrichtsqualität erfassen, bewerten, verbessern" (2003) mehr als zwei Dutzend vorwiegend amerikanische und deutsche Studien aus den letzten 40 Jahren vorgestellt, in denen insgesamt über 100 Merkmale daraufhin untersucht worden sind, in welcher Weise sie zum Unterrichtserfolg beitragen. Die große Mehrheit dieser Untersuchungen sind sog. large-scale-Studien, in denen versucht wurde, den Zusammenhang zwischen Unterrichtserfolg und der Art der Unterrichtsgestaltung in einer großen Anzahl von Klassen mit zumeist 10 oder mehr Merkmalen quantitativ zu berechnen. Die Aggregierung dieser Merkmale zu einem überschaubaren Bündel ist schwierig, weil sich z.T. Merkmale mit unterschiedlichen Bezeichnungen in ihrer Bedeutung überlappen. Helmke hebt acht aus seiner Sicht besonders wichtige Merkmale für Unterrichtsqualität hervor (vorgestellt auf mehreren Tagungen, u.a. in Soest am 27.11.2003; im Jahr 2004 abrufbar von der Webseite http://www.uni-landau.de/~helmke). In dem o.a. Band weist er darüber hinaus auf die Bedeutung von unterrichtsfachlicher und fachdidaktischer Expertise hin, zwei Merkmale, die allerdings nur in wenigen Studien berücksichtigt wurden (s. auch Helmke 2009, 115).

Einflussreich für die Diskussion über Unterrichtsqualität war im Anschluss an die ‚PISA-Schmach' auch der Band „Was ist guter Unterricht?" des Oldenburger Schulpädagogen Hilbert Meyer (2004), der die Ergebnisse empirischer Studien über Unterrichtsqualität zu einer gut lesbaren Darstellung von Empfehlungen für die Unterrichtsgestaltung zusammenfasst. Meyer beruft sich dabei ausdrücklich auch auf die in Helmkes Band dargestellten Ergebnisse – bezieht sich vor allem aber auf Untersuchungen des amerikanischen Unterrichtsforschers Jere Brophy (2000).

Trotz eines überwiegend gemeinsamen Fundaments sind die Übereinstimmungen zwischen den von beiden Autoren aufgeführten Merkmale geringer als die Unterschiede (s. Tabelle 10 aus Mühlhausen 2008a, 33).

| Merkmale guten Unterrichts – Von Helmke und Meyer genannt: ||
|---|---|
| Hoher Anteil echter Lernzeit – Aufgabenorientierung – Leerlaufvermeidung ||
| Klarheit (einschl. Strukturierung) bzw. Klare Strukturierung / Inhaltliche Klarheit ||
| Vielfalt der genutzten Unterrichtsmethoden ||
| Lernförderliches Klima ||
| **Nur von Helmke genannt:** | **Nur von Meyer genannt:** |
| Passung und Adaptivität (bezogen auf den individuellen Lernstand) | Individuelles Fördern |
| Förderung aktiven Lernens durch schüleraktivierende Arbeitsformen | Transparente Leistungserwartungen |
| Konstruktiver Umgang mit Fehlern | Intelligentes Üben |
| Orientierung an anspruchsvollen Zielen | Vorbereitete Umgebung |
|  | Sinnstiftendes Kommunizieren |

Tab. 10:   Merkmale guten Unterrichts nach Helmke (2003) und nach Meyer (2004)

Subsumiert werden unter der neutralen Sammelbezeichnung „Merkmal" ganz verschiedene Aspekte:
* beobachtbare Aspekte der Unterrichtsgestaltung (z.B. *Individuelles Fördern, Leerlaufvermeidung*);
* komplexe Konstrukte wie z.B. *Konstruktiver Umgang mit Fehlern, Methodenvielfalt;*
* prinzipiell nicht direkt beobachtbare Resultate innerpsychischer Prozesse (*Klarheit, Transparente Leistungserwartungen*) bzw. sozialpsychologischer Prozesse (*Klima*);
* schulische Rahmenbedingungen, die Lehrer mit ihrer Unterrichtsgestaltung nur bedingt beeinflussen können (*Vorbereitete Umgebung*).

Bei vielen Aspekten ist es schwierig, wenn nicht unmöglich, Indikatoren zu finden, mit denen ihre Ausprägungsstärke mittels Beobachtung eindeutig ermittelt werden kann. Das von Meyer angeführte Merkmal *Sinnstiftendes Kommunizieren* dürfte in keiner der large-scale-Studien jemals untersucht worden sein.

Beide Merkmalsauflistungen haben eine beachtliche Resonanz gefunden, nicht nur im Zusammenhang mit den Unterrichtsinspektionen. Sie stehen seit einigen Jahren im Zentrum der Betrachtung, wenn es auf Tagungen oder in Aus- und Fortbildungsseminaren um Unterrichtsqualität geht. Es gibt kaum eine neuere fachdidaktische oder schulpädagogische Veröffentlichung zu diesem Thema, in der sie nicht referiert werden als endlich gefundene Antwort auf die seit langem ungeklärte Frage, was guten Unterricht auszeichnet. Im Klappentext zu Meyers Band heißt es gar: „Die Unterrichtsforschung hat in den letzten Jahren erhebliche Fortschritte gemacht. Wir wissen nun, was Lernen fördert und was es stört." Beide Beiträge haben der Diskussion über Unterrichtsqualität wertvolle Impulse gegeben. Rückblickend ist allerdings die große und nahezu ausschließlich positive Resonanz dieser beiden Studien aus zwei Gründen auch erstaunlich:

(1) Fast alle in der Tabelle angeführten Merkmale werden seit Jahrzehnten in der didaktischen Einführungsliteratur empfohlen und in der Lehrerausbildung behandelt. So findet man schon in Karl Stöckers „Neuzeitliche Unterrichtsgestaltung" (1960) ausführliche Abhandlungen zu „Differenzierung", „abwechselnden Methoden", „durchdachtem Unterrichtsaufbau", innerer Ordnung und Klassenführung", „sinnhaftem Lernen", „psychologisch fundiertem Üben", „Schüleraktivierung" u.a.m.. In Stöckers Einleitung heißt es, die Klagen über mangelnde Schulleistungen machten es erforderlich, über eine Verbesserung der Unterrichtsqualität intensiv nachzudenken (sic!). Hält man als kleinsten gemeinsamen Nenner der Ergebnisse 40-jährigen Bemühens der Unterrichtsforschung fest:

Die Chancen für erfolgreiches Lernen sind dann besonders hoch, wenn:
1. Der Lehrer sich verständlich machen kann.
2. Der Lehrer fachlich versiert und gut vorbereitet ist.
3. Der Klassenraum reichhaltig ausgestattet ist.
4. Möglichst viel Zeit für Lernen genutzt wird.
5. Die Aufgabenschwierigkeit den unterschiedlichen Lerner-Niveaus angemessen ist.
6. Der Lehrer abwechslungsreiche Methoden nutzt.
7. Das Klima in der Klasse gut ist.
8. Der Lehrer Störungen schnell unterbindet.

… so dürfte dieser Ertrag selbst für pädagogische Laien wenig überraschend sein. Verblüffend ist vielmehr, dass mit aufwändigen Forschungsvorhaben immer wieder dieselben Ergebnisse zu Tage gefördert werden, deren Umsetzung im Schulalltag aber ganz offensichtlich häufig misslingt. Weitaus interessanter zu erforschen wäre daher, warum es Lehrern offenbar schwer fällt, die hinlänglich bekannten und jeweils für sich genommen durchaus plausiblen Merkmale bei ihrer Unterrichtsgestaltung zu beachten.

(2) Es gibt bis heute keine über Common-sense-Argumente hinausgehende empirische Fundierung dieser altbekannten Empfehlungen. Weder ältere noch neuere Untersuchungen erbringen einen schlüssigen Nachweis, dass

Unterrichtserfolg zwingend auf irgendeines der obigen Merkmale oder auf bestimmte Merkmalsbündel zurückgeführt werden kann. Die Behauptung, in den letzten Jahren hätten empirische Studien neue, schlagende Beweise dafür geliefert, dass bestimmte Unterrichtsmerkmale Erfolg garantieren, trifft nicht zu. Speziell die in der deutschsprachigen Literatur oft zitierte SCHOLASTIK-Studie[14] konnte keinerlei Nachweis erbringen, was für Unterrichtserfolg ausschlaggebend ist. Die Korrelationen der untersuchten Merkmale mit Testleistungszuwächsen in Mathematik und Rechtschreibung (nur an diesen beiden Kriterien wurde Unterrichtserfolg festgemacht!) sind durchweg niedrig und lassen keine Rückschlüsse zu, worauf diese Zuwächse gründen. Gefunden wurden sowohl erfolgreiche Klassen bzw. Lehrer, bei denen einige als besonders erfolgsträchtig vermutete Merkmale kaum ausgeprägt waren, als auch erfolglose Klassen bzw. Lehrer, bei denen diese Merkmale stärker ausgeprägt waren. Auch konnten keine Merkmalsbündel für *Guten Unterricht* identifizieren werden, wie das später in vielen Veröffentlichungen fälschlich kolportiert wird. Die Autoren der Studie räumen ein, dass

„bei den unterrichtlichen Determinanten der Leistungsentwicklung im Fach Mathematik [*die Rechtschreib-Korrelationen sind noch niedriger; sie liegen fast alle nahe bei Null — U.M.]* von notwendigen Bedingungen kaum die Rede sein kann. **Es scheint eine ganze Reihe sehr unterschiedlicher Wege zum gleichen Ziel zu geben. Dies zeigt, wie problematisch es wäre, in präskriptiver Absicht von "Schlüsselmerkmalen" oder notwendigen Bedingungen eines erfolgreichen Unterrichts zu sprechen.**" (Helmke & Weinert 1997, 258). [Hervorhebung von U.M.]

Mit der SCHOLASTIK-Studie — so die klare Aussage der Autoren — ist es demnach nicht gelungen, Merkmals-Profile für erfolgreiche bzw. weniger erfolgreiche Lehrer auszumachen.

### 3.4.1 Unzureichende Modellannahmen über Bedingungsfaktoren von Unterrichtsqualität

‚Large-scale'-Studien (mit vielen Klassen und Lehrern) basieren auf äußerst schlichten Modellannahmen über die Bedingungen von Unterrichtserfolg: Danach ist dieser ausschließlich abhängig von Merkmalen, die sich mit einfacher Unterrichtsbeobachtung, gelegentlich ergänzt durch Lehrer-

---

[14] Die SCHOLASTIK(=Schulorganisierte Lernangebote und Sozialisation von Talenten, Interessen und Kompetenzen)-Studie wurde unter Federführung von Andreas Helmke und Franz Emanuel Weinert zwischen 1987 und 1993 im Münchner Raum durchgeführt. Oft zitiert werden die Ergebnisse einer auf zwei Jahre angelegten Teiluntersuchung mit anfangs 54 Grundschulklassen und 1150 Schülern im 3. und 4. Schuljahr (Helmke & Weinert 1997).

und Schülerbefragungen, quantitativ erfassen lassen. Unterstellt wird eine Ursache-Wirkungs-Beziehung zwischen dem „Unterrichtserfolg" als *Abhängige Variable* (AV) und per Beobachtung/Befragung geschätzten Merkmalen als *Unabhängigen Variablen* (UV1, UV2, UV3 u.s.w.), von denen im Voraus angenommen wird, dass sie Unterrichtserfolg mit bedingen. Weil es bei diesem Typus von Qualitätsstudie erklärtes Ziel ist, rechnerische Zusammenhänge festzustellen, müssen alle Merkmale jeweils in einem Messwert erfasst werden (so, wie das wider besseren Wissens auch bei der Zensurengebung geschieht). Erforderlich sind dafür Quasi-Messvorschriften, mit denen Hilfspersonal in einer großen Anzahl von Klassen nach kurzer Testeinweisung bzw. Beobachterschulung Messwerte für die Merkmalsausprägungen angeben kann. An diesem schlichten Konzept hat sich seit der ersten großen Videostudie von Jacob Kounin (1970, deutsch 1976) wenig geändert:

* Unterrichtserfolg als die AV wird erfasst als der in einem Zeitintervall ermittelte Leistungszuwachs der Schüler einer Klasse in schriftlichen Tests (meist Rechtschreibung und reproduktive Mathematikaufgaben, weil leicht abtestbar). Damit wird der größte Teil des Zielspektrums schulischer Bildung (siehe Kapitel 2) aus messtechnischen Gründen ausgeblendet.
* Als mutmaßliche Erfolgsursachen werden zuvor festgelegte Unterrichtsmerkmale von einem Beobachter ‚gemessen', der im Unterricht hospitiert (ein- oder auch mehrmals) bzw. die Beteiligten zu einem Merkmal befragt und seine Einschätzung in Hinblick auf das jeweilige Merkmal jeweils mit einem Kreuz auf einer Skala (z.B. von 1= ‚sehr ausgeprägt' bis 5= ‚nicht vorhanden') ausdrückt. Darüber hinaus werden in einigen Studien Lernvoraussetzungen der Schüler wie fachspezifische Vorkenntnisse und Intelligenz erhoben. Die Anzahl der zu ‚messenden' Unterrichtsmerkmale variiert in den diversen Studien ebenso wie deren Operationalisierung (d.h. die Hinweise, worauf beim jeweiligen Merkmale zu achten ist). Selbst wenn sich ab und an Bezeichnungen für einzelne Merkmale ähneln, wird darunter Unterschiedliches verstanden und erhoben. Unsensibel sind UQ-Studien für unterrichtsfachliche, fachdidaktische und interaktionsspezifische Besonderheiten. Ausgeblendet bleiben Kriterien, wie sie etwa bei Unterrichtsanalysen im Rahmen der Ausbildung von besonderem Interesse sind, z.B. die fachdidaktische Qualität des Unterrichts sowie die manchmal in subtilen Interaktionen zum Ausdruck kommende Besonderheit der Lehrer-Schüler-Beziehung.
* Wie sehr ein ‚gemessenes' Beobachtungsmerkmal den Unterrichtserfolg (gemessen als Testleistungszuwachs) bestimmt, wird schließlich mit einem Korrelationskoeffizient (i. d. Regel Pearsons r) berechnet.

# 3 KONTROVERSEN ÜBER DIE GESTALTUNG

Dazu ein kleiner Exkurs in die Statistik:

Korrelationskoeffizienten können Werte zwischen -1,0 und +1,0 annehmen (Abb. 4 zeigt Grafiken aus Clauß & Ebner 1974, 107):

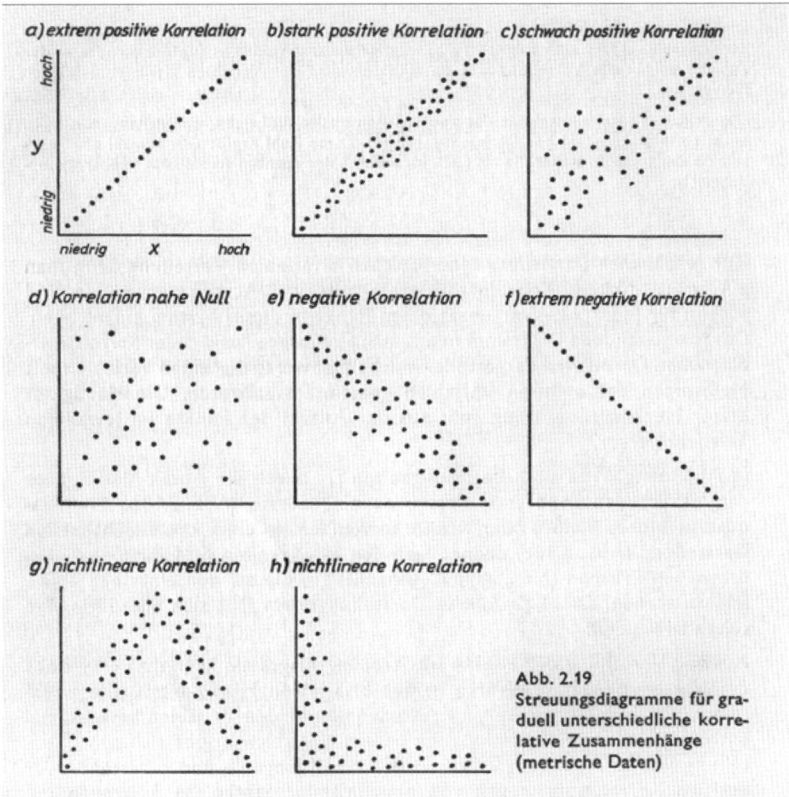

Abb. 4: Idealtypische Verteilung von Werten bei verschieden starken Korrelationen

+ 1,0: Es besteht ein eindeutiger positiver linearer Zusammenhang zwischen den beiden Variablen (wenn der Wert der einen Variablen bekannt ist, kann daraus der Wert der zweiten eindeutig abgelesen werden (s. Diagramm a).

0,0: Es besteht kein Zusammenhang zwischen den beiden Variablen, d.h. sie sind voneinander unabhängig (s. Diagramm d).

- 1,0 : Es besteht ein eindeutiger negativer linearer Zusammenhang zwischen beiden Variablen (s. Diagramm f).

In diversen UQ-Studien korrelieren die unterschiedlichen ‚Beobachtungs'merkmale mit den jeweiligen Testleistungszuwächsen meist nur schwach. Selten sind die Werte größer als 0,3 (vgl. Weidenmann & Krapp 2006). Die Punkteverteilungen der Wertepaare sehen in etwa aus wie in den umseitigen Grafen c oder d.

Nicht nur für Statistiklaien sind solche Korrelationswerte schwer zu interpretieren (was heißt schon „hoch" oder „niedrig"). Einen Anhaltspunkt zur Interpretation von Korrelationswerten liefert das Konzept vom „Anteil der erklärten Varianz": In einem idealen mathematischen Modell gibt das Quadrat des Korrelationskoeffizienten das Ausmaß in Prozent an, mit dem die Varianz einer als abhängig vermuteten Variablen AV zurückgeführt werden kann auf die Varianz der als unabhängig deklarierten Variable UV. Dieser Prozentsatz wird als „Anteil der erklärten Varianz" bezeichnet.

Ein Beispiel: Wenn man das Gewicht aller Kinder und Jugendlichen bis 18 Jahre in Deutschland mit ihrem Alter korrelieren würde, erhielte man vermutlich einen recht hohen Korrelationskoeffizienten von beispielsweise 0,8. Diesen Wert kann man vorsichtig dahingehend deuten, dass das Körpergewicht zu 64 % auf das Alter zurückzuführen ist und zu 36% auf andere Faktoren (z.B. Geschlecht, Ernährungsgewohnheiten u.s.w).

Von solchen Einflussstärken sind die UQ-Studien weit entfernt. Speziell in der SCHOLASTIK-Studie sind die Korrelationen zwischen dem Zuwachs im Mathematik- bzw. Rechtschreibtest und den 27 ‚unspezifischen' Unterrichtsmerkmalen allesamt niedrig, wie die Tabelle 11 (aus Helmke & Weinert aaO., 248) zeigt. Die wenigen, in der Studie kommentierten Korrelationswerte liegen gerade mal zwischen -0.2 und +0.36. ‚Spitzenreiter' unter diesen schwachen Korrelationen sind die Merkmale *Klassenführung (*mit Mathe: .36 / mit Rechtschreibung: .26), *Motivierungsqualität* und *Klarheit*. Das Merkmal *Klarheit* ist mit weniger als 12% für die Varianz im Mathematiktest verantwortlich (.34) und gar nur mit 3% für die Varianz im Rechtschreibtest (.17). D.h. für die Unterschiede in den Rechtschreibwerten sind zu 97% andere Gründe verantwortlich; die Unterschiede in den Mathematikwerten resultieren zu 88% aus anderen Faktoren (den mit Abstand größten Einfluss haben dabei die Mathematik-Vorkenntnisse der Schüler).

Aus diesen niedrigen Werten folgt, dass es unter „erfolgreicheren" Lehrern sowohl einige gibt, deren Unterricht überdurchschnittlich ‚klar' eingeschätzt wurde, aber vereinzelt auch solche, deren eher ‚unklarer Unterricht' zu überdurchschnittlichem Zuwachs im Mathematiktest führte — wie immer man das deuten mag!? Schwer zu erklären sind auch die Werte für die Merkmale *Variabilität der Instruktion* und *Förderungsorientierung*. Beide

## 3 KONTROVERSEN ÜBER DIE GESTALTUNG

korrelieren schwach positiv mit dem Mathematiktest und ganz leicht negativ mit dem Rechtschreibtest.

| Unterrichtsmerkmale [x] | Leistungszuwachs [y] (residualisierte Nachtestwerte) | |
|---|---|---|
| | Mathematik | Rechtschreiben |
| Klassenführung | .36** | .26 |
| Strukturiertheit | .28* | .17 |
| Individuelle fachliche Unterstützung | .32* | .16 |
| Förderungsorientierung | .17 | -.02 |
| Variabilität der Instruktion | .28* | -.04 |
| Soziales Klima | .18 | .02 |
| Klarheit | .34* | .17 |
| Motivierungsqualität | .35* | .27* |

Tab. 11: Korrelationswerte aus der SCHOLASTIK-Studie

[x] *berechnet als Durchschnittswert pro Klasse über die Schätzwerte aus allen Beobachtungen in der 3. und 4. Klasse (N = 51 Schulklassen);*

[y] *berechnet als Individual-Differenzwert zwischen einem Test vom Anfang der 3. Klasse und einem Test in der 4. Klasse, statistisch ‚bereinigt' um die Klassenunterschiede in den Eingangsvoraussetzungen;*

*\* bzw. \*\* Angaben über eine „statistische Signifikanz", die aufgrund der großen Anzahl erreicht wird, aber zur Interpretation wenig beiträgt.*

Welche Schlussfolgerungen lassen diese Befunde in Hinblick auf die Frage zu, was *Guten Unterricht* ausmacht? Keine! Zu diesem Schluss kommen Weinert und Helmke selbst in ihrem Resümee. Sie fragen (aaO., 250): „Finden wir bei den "Meisterlehrern" ein relativ gleichförmiges Muster, zum Beispiel im Sinne einer überdurchschnittlichen Ausprägung aller Variablen der Unterrichtsqualität, **die zuvor als besonders effektiv ermittelt worden waren?**" [Hervorhebung von U.M. - „besonders effektiv" ist schon ein fragwürdiges Attribut angesichts der niedrigen Korrelationswerte!]

Wie umseitige Abbildung (aaO., 250) zeigt, lautet die Antwort darauf: Nein. Ein solches gleichförmiges Muster wurde nicht gefunden, im Gegenteil. Ganz offensichtlich führen verschiedene Wege zum (Unterrichts-)Erfolg — präziser: zu Leistungszuwächsen bei Mathematik- und Rechtschreibaufgaben in diesen 52 Grundschulklassen!

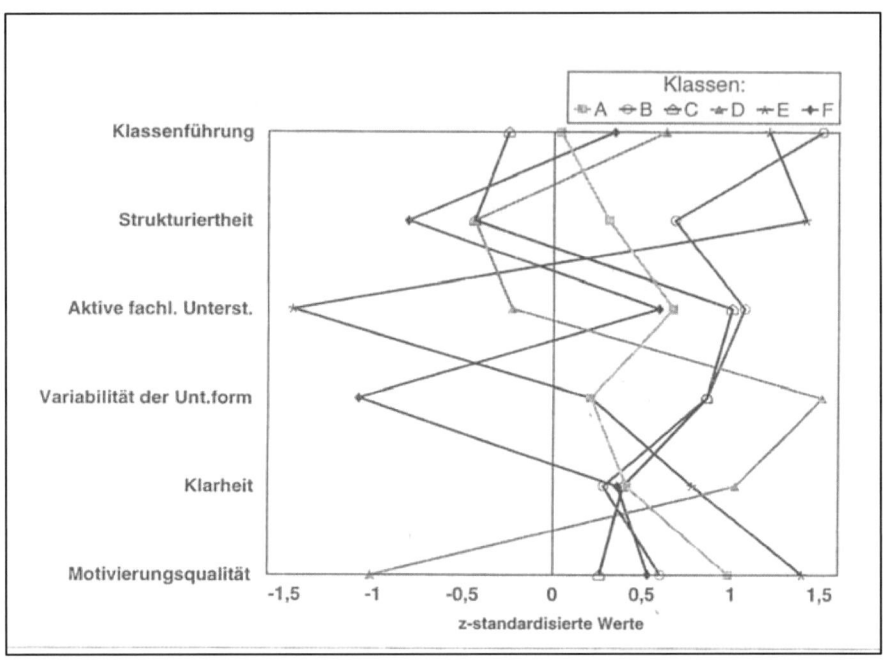

**Abb. 5:** Unterrichtsprofile in den sechs Klassen mit den höchsten Mathematikzuwächsen

Welche Wege eher zum Erfolg führen und welche weniger, darüber kann anhand der Ergebnisse der SCHOLASTIK-Studie keine verallgemeinerbare Aussage gemacht werden.

### 3.4.2 Unpräzise Definitionen und fragwürdige ‚Messungen' mutmaßlicher Erfolgsmerkmale

Dass dieser Typus von UQ-Studie wenig zur Aufklärung von Bedingungsfaktoren für Unterrichtserfolg beizutragen vermag, dürfte vor allem den sehr einfachen Modellannahmen geschuldet sein. Erstaunlich ist aber doch, dass selbst ein Kriterium wie *Klarheit*, das als Gelingensbedingung für Unterrichtserfolg nicht gerade als abwegig erscheint, einen gemessen an den Korrelationswerten offenbar geringen Einfluss hat.

Diese und die anderen niedrigen Korrelationswerte dürften auch eine Folge der methodischen Schwierigkeiten beim Versuch einer empirischen Erfassung mutmaßlich erfolgreicher Merkmale sein. In der SCHOLASTIK-Studie musste ein Beobachter während des laufenden Unterrichts die meisten der 27

Merkmale auf einer fünfstufigen Skala einschätzen („trifft vollkommen zu / trifft ziemlich zu / trifft mittelmäßig zu / trifft weniger zu / trifft gar nicht zu") sowie einige auf einer siebenstufigen Skala aufgrund von Befragungen schätzen. Das Zensieren einer Stunde „on the fly" in Hinblick auf überwiegend hochkomplexe Merkmale erfordert vom Beobachter ein ‚Multitasking' zulasten validen Urteilens: Während man das facettenreiche Unterrichtsgeschehen beobachtet, muss man — gestützt auf vage Hinweise — ständig überlegen, wie stark jedes einzelne der 27 z.T. hochkomplexen Merkmale auf der 5er-Skala ausgeprägt ist (zu den Problemen solcher Unterrichtsbeobachtungen siehe Kapitel 12 in diesem Band). Ab und zu muss man dann auch mal ein Kreuz machen. Das Nachdenken darüber, wo man diese 27 Kreuze setzen will, und das Ankreuzen selbst lenken ab von der Beobachtung. Selbst erfahrene Beobachter dürften damit überfordert sein, eine Unterrichtsepisode mittels 27 Zensuren valide zu beurteilen.

Das führt zur Frage, welchem Personal diese Aufgabe bei UQ-Studien in der Regel angetragen wird, denn es leuchtet unmittelbar ein, dass die Qualität solcher Studien am seidenen Faden der Fähigkeiten dieser Beobachter und der Validität ihrer Urteile hängt. Die Angaben dazu sind in der SCHOLASTIK-Studie sehr knapp. Wie die Helfer rekrutiert wurden, welche Qualifikationen sie hatten und wie sie ausgebildet wurden, wird nicht beschrieben. Mal werden sie als „geschulte Beobachter" (aaO., 242) bezeichnet, mal heißen sie „trainierte Urteiler" (aaO., 510) — mehr wird nicht verraten. Es muss also gerätselt werden! Als ‚Gelegenheitsbeobachter' fungieren bei pädagogischen und psychologischen Forschungsvorhaben in der Regel studentische und wissenschaftliche Hilfskräfte, meist Lehramtsstudierende sowie angehende Diplompädagogen und -psychologen; u.U. auch mal Doktoranden. Die wenigsten von ihnen dürften längere Unterrichtserfahrung oder Erfahrungen mit Grundschülern haben.

Woran machen Beobachter mit mutmaßlich geringer unterrichtsanalytischer Erfahrung im Verlauf einer Unterrichtsstunde fest, dass die *Variabilität der Unterrichtsformen* die Zensur ‚1' verdient, die *Strukturiertheit* des Unterrichts eine ‚5'? Können externe Beobachter, die in kürzester Zeit in vielen Klassen hospitieren, ohne Schüler und Lehrer genauer zu kennen das *Klassenklima*, die *Motivierungsqualität* oder die *Klarheit* so einfach mit einer Zensur festschreiben? Das ist bei derart komplexen didaktischen und psychologischen Konstrukten recht problematisch, wie nachfolgend anhand der Merkmale *Klarheit* und *Methodenvielfalt* gezeigt wird.

**Das Merkmal *Klarheit***

Unzweifelhaft ist *Klarheit* eine essentielle Voraussetzung für gelingenden Unterricht. Wenn es den Unterrichtsbeteiligten (Lehrern wie Schülern!) nicht gelingt, sich wechselseitig verständlich zu machen, wird sich Lernerfolg schwerlich einstellen. Daher wird diesem Aspekt von Unterricht seit jeher große Aufmerksamkeit gewidmet, sowohl in der Literatur wie auch in der Ausbildungspraxis. Es ist ein Verdienst von Helmke und Meyer, die vielen Empfehlungen, wie ein Lehrer zur *Klarheit* seines Unterrichts beitragen kann, jeweils übersichtlich zusammenzufassen. Dabei gibt es neben etlichen Gemeinsamkeiten (grau unterlegt) wieder einige beachtenswerte Unterschiede (s. Tabelle 12 aus Mühlhausen 2008a, 35).

| *Klarheit* nach Helmke | *Inhaltliche Klarheit* nach Meyer |
|---|---|
| Akustische Klarheit | Klarheit der Ergebnisse: Zusammenfassung und Wiederholungen / Fehlerkorrekturen / saubere Tafel- und Heftarbeit / klare und fehlerfreie Lehrersprache |
| Präzision und (gedankliche und sprachliche) Korrektheit – teilweise überlappend mit Verständlichkeit; s.u. | |
| Verständlichkeit:<br>- einfache Sprache (Wörter, Satzstrukturen)<br>- Übersichtlichkeit und Geordnetheit der Textinhalte<br>- Kürze und Prägnanz<br>- zusätzliche Stimulans (wörtliche Rede und lebensnahe Beispiele) | Verständliche Arbeitsaufträge/Aufgaben |
| Fachliche Kohärenz | Verbindlichkeit der Ergebnisse: Verbindliche schriftliche und mündliche Mitteilungen des L. / verbindliche Absprachen zwischen L. und Schülern / Gewissenhaftigkeit, mit der Ergebnissicherung betrieben wird |
| Strukturiertheit:<br>- Verständnishorizont mittels advanced organizer aufspannen<br>- Überblick über angestrebte Ziele und Ergebnisse geben | Plausibilität des thematischen Gangs: „Roter Faden", u.a. mittels informierendem Unterrichtseinstieg |
| - neues Material in Beziehung zu vorhandenen Kenntnissen setzen | *Klare Strukturierung* nach Meyer |
| - den Lernenden Antworten entlocken | Ziele, Methoden und Inhalte sind stimmig |
| - Hauptpunkte zusammenfassen<br>- Aufgaben, in denen Gelerntes zusammengefasst und auf Neues übertragen wird | Regelklarheit *(behandelt Helmke unter „Effiziente Klassenführung")* |
| | Rollenklarheit |

**Tab. 12:** Klarheit des Unterrichts nach Helmke (2003) und nach Meyer (2004)

Für sich genommen sind alle diese Aspekte durchaus plausibel — nur dürfte kaum ein Lehrer zu finden sein, dem es gelingt, sie alle zu beherzigen. Und selbst dann könnte er nicht sicher sein, ob er damit bei seinen Schülern *Klarheit* ‚hervorruft'. Wenn ein Schüler seinen Walkman im Ohr hat oder sich angeregt mit einem Mitschüler unterhält, kann sich ein Lehrer noch so klar ausdrücken — sein Bemühen wird vergeblich bleiben.

Zudem ist *Klarheit* eine individualpsychologische Kategorie, die durch Außenbeobachtung nicht erfassbar ist. Was einem Schüler klar, muss anderen durchaus nicht klar sein. Unterrichtsbeobachter können daher nur mutmaßen, ob und was einzelnen Schülern klar ist oder nicht.

Angesichts des eindrucksvollen Ensembles von Empfehlungen an Lehrer, für *Klarheit* im Unterricht zu sorgen, ohne damit die Gewähr zu haben, dass diese Bemühungen Früchte tragen, stellt sich die Frage, wie dieses Merkmal in UQ-Studien ‚gemessen' werden kann.

In der SCHOLASTIK-Studie wurden die 9- bis 11-jährigen Grundschüler einfach gefragt, ob ihnen der Unterricht klar war (aaO., 516 „Wie oft kommt es vor, dass du im Unterricht nicht genau mitbekommst, was du tun sollst?"). Die einzelnen Schülerantworten wurden dann auf einer 7er-Skala als „individuelle Klarheitswerte" verbucht und aus diesen ein Klarheits-Mittelwert des jeweiligen Lehrers in der jeweiligen Stunde gebildet.

Gewagt ist es, die Befragung von Schülern allein als Indikator für die Bemühungen von Lehrerseite um Klarheit heranzuziehen. Noch fragwürdiger ist es, solche Aussagen in eine ‚individuelle Klarheitszensur' umzudeuten, diese dann klassenweise (?!) zu mitteln und das quasi als ‚Lehrer-Klarheits-Mittelwert' auszugeben. Daher überrascht nicht, dass die SCHOLASTIK-Studie beim Merkmal *Klarheit* nur mäßig (Mathematik: .34) bzw. schwach (Rechtschreiben: .17) ausgeprägte Korrelationswerte zu Tage gefördert hat.

**Das Merkmal *Methodenvielfalt***

In vielen UQ-Studien wird die Bedeutung von *Methodenvielfalt* für schulischen Leistungszuwachs betont (vgl. Helmke 2003). Das ist auch nicht abwegig, denn so ganz allgemein dürfte jedermann einleuchten, dass man Schüler mit einem monotonen Unterricht nicht unbedingt begeistern kann. Inzwischen wird *Methodenvielfalt* meist an erster Stelle genannt, wenn hierzulande über Unterrichtsqualität diskutiert wird[15].

---

[15] Das Merkmal „Methodenvielfalt" hat eine besonders hohe ‚gefühlte' Bedeutung. Nach Unterrichtsinspektionen wird Lehrern oft unter die Nase gerieben, dass ihr Unterricht schlecht, weil

Ausgerechnet dieses Merkmal taucht aber unter den angeführten Korrelationswerten im SCHOLASTIK-Beitrag von 1997 nicht auf. Stattdessen ist mal von *Variabilität der Instruktion* (s. Tabelle 11) und mal von einer *Variabilität der Unterrichtsform* (s. Abbildung 5) die Rede. Darunter wird in der (Fach-) Didaktik Verschiedenes verstanden und beides zusammen umfasst bei weitem nicht alle Aspekte von Unterrichtsmethoden.

Diese begriffliche Unschärfe macht neugierig darauf, was die SCHOLASTIK-Beobachter eigentlich beobachten sollten und was sie faktisch ‚gemessen' haben könnten. Diesbezügliche Hinweise sind knapp. Im Anhang der Studie heißt es zur Erläuterung lediglich: „Variabilität von Unterrichtsformen: Häufige Variation der Form des Unterrichts" (aaO., 511).

---

*Ist Methodenvielfalt mittels Beobachtung ‚messbar'?*

Nach welchen Kriterien Unterrichtsbeobachter eine Zensur für die *Variabilität der Unterrichtsform* geben können, ist rätselhaft; zumal, wenn ihr Instrumentarium keine genaueren Hinweise gibt. Vermutlich bleibt einem Beobachter nichts anders üblich, als notgedrungen seine ‚private' Definition von *Unterrichtsform* zugrunde zu legen und dann schlicht zu zählen, wie oft ‚seine' Form(en) in einer von ihm beobachteten Stunde wechseln. Aber welche Aussagekraft hat ein so ausgezählter Wert?

* Warum sind fünf ‚Formen' pro Stunde — welche auch immer das sein mögen — besser als zwei?
* Zählt ein Wechsel der Arbeitsform genauso viel wie ein Wechsel der Sozialform, der Gesprächsform oder in der Phasierung?
* Zählen schlichte Arbeitsformen wie Tafelarbeit oder Einzelarbeit am Arbeitsblatt genauso viel wie aufwändigere (etwa Rollenspiele oder Schülerexperimente)? Wie werden **Formen** in differenzierenden Lernumgebungen wie Wochenplan oder Stationenlernen quantifiziert, bei denen einzelne Schüler in kürzester Zeit diverse Wechsel bei Arbeits- und Sozialformen vornehmen?

---

Unterrichtsmethoden sind eines der interessantesten und anspruchvollsten Themen in der Didaktik. Der Schulpädagogik ist es bislang nicht gelungen, eine zufrieden stellende Definition von *Unterrichtsmethode* zu geben[16]. Diese

---

methodisch monoton sei. Wenn ein Zusammenhang mit Unterrichtserfolg auch nicht empirisch belegt ist, so leuchtet doch jedem irgendwie ein, dass „Methodenwechsel" etwas Gutes ist. So auch dem damaligen niedersächsischen Ministerpräsidenten Christian Wulf, der auf der Titelseite der Hannoverschen Allgemeinen Zeitung vom 5. Februar 2008 ‚seinen' Gymnasiallehrern als Mittel gegen die von den Unterrichtsinspektoren landesweit ermittelte Methodenmonotonie an Gymnasien empfiehlt, sie sollten doch mal mehr Projektunterricht machen. Aber manchmal ist auch das Gegenteil richtig: Guter Frontalunterricht ist allemal besser als schlecht organisierte Differenzierung (so Andreas Helmke auf der CEBU-Tagung in Hildesheim 2005).

[16] siehe z.B. Altrichter, Posch & Welte: Unterrichtsmethoden. In: CD-ROM der Pädagogik, Ausgabe 1996, Schneider Verlag, Hohengehren.

Schwierigkeit resultiert auch daraus, dass es mehr als ein Dutzend Aspekte von *Unterrichtsmethode* gibt, die auf ganz unterschiedlichen Abstraktionsebenen liegen (z.B. Unterrichtsphasierung / Arbeitsformen/ Sozialformen/ Urteilsformen/ Unterrichtsstile/ Prinzipien/ Konzepte/ Moderationsverfahren/ Großformen wie Lehrgang oder Projektunterricht/ Selbstlerntechniken). Ungeachtet dieser Definitionsschwierigkeit ist unstrittig, dass Ziele, Methoden und Inhalte von Unterricht in einem stimmigen Zusammenhang stehen sollten — so eine Kernaussage der Berliner Didaktik, die Hilbert Meyer bei seiner Erläuterung des Merkmals *Klare Strukturierung* aufgreift (Meyer 2004, 26). Das ist leichter gesagt als getan. Keinesfalls aber kann mit einer simplen Zensur abgeklärt werden, ob dieser didaktische „Implikationszusammenhang" (Schulz 1965) gegeben ist. Es bedarf fundierter (fach-)didaktischer Expertise, um zu beurteilen, ob eine solche Stimmigkeit in einer Unterrichtsstunde erreicht wurde.

Wenn Beobachter nur ihr naives Vorverständnis von einem „häufigen Wechsel der Form des Unterrichts" bei ihren ‚Messungen' zugrunde legen können, dann ist eine so ‚ermittelte' Ziffer zwischen ‚1' und ‚5' als „Messwert" für *Variabilität der Unterrichtsformen* (bzw. für *Variabilität der Instruktionen*) bedeutungslos. Dass ein solches Vorgehen ungeeignet ist, die Beziehung zwischen *Methodenvielfalt* und Unterrichtserfolg aufzuklären, ist evident und erklärt die unbefriedigenden Korrelationswerte in der SCHOLASTIK-Studie und in anderen Untersuchungen.

Vor vergleichbaren Problemen einer validen Messung dürften die Beobachter auch bei vielen anderen Merkmalen (*Klima, Strukturierheit, Aktivierung*) gestanden haben, die sie dann vermutlich mit einer ähnlichen situativen Heuristik gelöst haben dürften.

### 3.4.3 Kontextabhängige Gültigkeit einiger Merkmale

Verhindert wird das Zustandekommen von hohen Korrelationswerten in UQ-Studien auch, weil einige Merkmale keine allgemeine Gültigkeit besitzen, also mitnichten durchgängig von Vorteil sind.

* Einige Merkmale schließen sich innerhalb einer Unterrichtsepisode explizit wechselseitig aus, ergänzen sich aber auf lange Sicht:
  ➢ Wenn Lehrer Regeln für Schüler nachvollziehbar einführen oder bei Konflikten vernünftige Lösungsmöglichkeiten besprechen, so müssen

sie dafür *Effektive Lernzeit* ‚opfern', die vom Fachunterricht abgeht. Andererseits können solche überfachlichen Klärungsprozesse zu einem guten *Klassenklima* führen, das dem weiteren fachlichen Lernen zugute kommt. Ein niedriger Wert bei *Effektiver Lernzeit* muss demnach Unterrichtserfolg nicht unbedingt zuwiderlaufen.

* Einige Merkmale mögen aus Sicht einiger Schüler das Lernen verbessern, während andere Schüler davon nur irritiert werden:
  ➢ Bemühungen um *Sinnstiftendes Kommunizieren* oder eine *Transparenz der Leistungserwartungen* empfinden die Schüler in einer Klasse mehrheitlich als hilfreich, in einer anderen mehrheitlich als Gelaber, das nicht zur *Klarheit* beiträgt, sondern effizientem fachlichen Lernen im Weg ist. In beiden Fällen hätte das einen Einfluss auf das Lernen, mal einen förderlichen, mal einen hinderlichen. Statistisch ergäbe das zusammengenommen jedoch eine Korrelation bei ‚0'.

* Ein Merkmal, das für einen Unterrichtskontext sinnvoll ist, ist für einen anderen Kontext kontraproduktiv:
  ➢ Für *Inhaltliche Klarheit* und einen roten Faden darf ein Lehrer erst gar nicht sorgen, wenn Schüler ganz im Sinn des Konzepts vom Projektunterricht ausdauernd, aber produktiv darüber streiten sollen, welches Projektthema gewählt werden und wie das Projekt ablaufen soll. Einem mit Projektunterricht nicht vertrauten Beobachter käme eine solche Debatte ziemlich wirr, also ‚unklar' vor.

Diese Relativierungen verhindern das Zustandekommen eindeutiger Beziehungen und damit hoher Korrelationswerte, denn dasselbe Merkmal kann in einer später als überdurchschnittlich erfolgreich ermittelten Klasse bei einem Beobachtungsdurchgang als besonders hoch eingestuft werden, beim nächsten Beobachtungsdurchgang in derselben Klasse als besonders niedrig. Ebenso kann im selben Beobachtungsdurchgang ein auf den ersten Blick plausibles Merkmal wie *Effektive Lernzeit* in der einen, später als überdurchschnittlich erfolgreich ermittelten Klasse als stark ausgeprägt notiert werden, in einer zweiten, später ebenfalls als überdurchschnittlich erfolgreich ermittelten Klasse als wenig ausgeprägt (z.B. weil in der beobachteten Stunde gerade ein längeres Gespräch über einen in der Klasse schwelenden Konflikt improvisiert werden musste).

### 3.4.4 Der geringe Ertrag von UQ-Studien für Lehrer/innen

Für alle in Abschnitt 3.4 angeführten ‚Qualitäts'-Merkmale gilt, dass mit ihnen eine Definition von *Gutem Unterricht* unterdeterminiert bleibt. *Guter Unterricht* ergibt sich nicht zwangsläufig, wenn einzelne oder möglichst viele dieser Merkmale beim Unterrichten beachtet werden. Einige Gestaltungsempfehlungen sind für jedwede Form von Unterricht sinnvoll, garantieren aber mitnichten Unterrichtserfolg. Andere Empfehlungen gelten nur für bestimmte Situationen/Kontexte und sind für andere kontraproduktiv.

Schon die empirische Abklärung, inwieweit es einem Lehrer gelungen ist, ein Merkmal zu berücksichtigen, ist bei etlichen Merkmalen alles andere als einfach. Einige Merkmale sind so komplex, dass selbst (fach-)didaktisch versierte Experten sie durch Einmal-Beobachtung nicht valide erfassen könnten. Und schließlich dürften auch noch andere, z.B. fachdidaktische und interaktionsspezifische Einflüsse sowie insbesondere das Eingehen auf unstetige Situationen (s. das folgende Kapitel) für Unterrichtsqualität bedeutsam sein, die in den UQ-Studien gar nicht erst ins Visier genommen wurden.

Ein weiteres grundsätzliches Problem solcher Längsschnittstudien ist, dass sie Aussagen über die Unterrichtsqualität innerhalb eines langen Zeitraums (z.B. in der SCHOLASTIK-Studie über zwei Schuljahre, also für etwa 2000 Unterrichtsstunden) zu machen beanspruchen, die Grundlage dafür aber nur ein winziger zeitlicher Ausschnitt von drei oder vier Unterrichtsstunden ist, in denen jeder Lehrer bzw. jede Klasse innerhalb der 24 Monate beobachtet wurde. Warum ausgerechnet diese vier Unterrichtsstunden repräsentativ sein sollen für die ca. 2000 anderen Stunden, ist unerfindlich.

Als Erkenntnisgewinn der SCHOLASTIK-Studie und vergleichbarer UQ-Studien ist festzuhalten, dass dieses methodische Vorgehen wenig zur Aufklärung der Bedingungsfaktoren von Unterrichtsqualität beigetragen hat. Die Ergebnisse entsprechen dem, was seit langem aufgrund herkömmlicher Unterrichtserfahrung tradiert wird; auch die Evidenzstärke der mit Aufwand ermittelten Forschungsbefunde ist nicht höher als bei einer Alltagsempirie.

Helmke geht in seiner 2009 unter dem Titel „Unterrichtsqualität und Lehrerprofession" erschienenen Neuarbeitung des Bandes von 2003 ausführlich auf die zwischenzeitlich von mehreren Seiten geäußerte Kritik am methodischen Vorgehen der SCHOLASTIK-Studie und vergleichbarer Studien mit dieser Art von ‚large-scale-Empirie' ein. Er räumt ein, dass unter der problematischen Sammelbezeichnung „Merkmale" ganz heterogene und z.T. unscharf definierte Teilaspekte von Unterricht gefasst worden sind (aaO., 170).

Vor allem stellt er infrage, ob das komplizierte Bedingungsgefüge von Faktoren, die Unterrichtserfolg ausmachen, mit einem einfachen Wirkzusammenhang zwischen Prozessmerkmalen des Unterrichts und Resultaten zutreffend beschrieben werden kann. Er ersetzt dieses Modell durch ein ursprünglich zusammen mit Franz Emanuel Weinert entwickeltes, komplexeres Angebots-Nutzungs-Modell der Wirkungsweise von Unterricht (aaO., 73), das er später zu einem „Wirkungsgeflecht der Klassenführung" weiterentwickelt hat (aaO., 177). In diesen Modellen sind die Lehrerpersönlichkeit und die Unterrichtsmerkmale nur zwei Einflussgrößen unter mehreren. Daneben spielen auch Einflüsse eine Rolle, die selbst hervorragende Lehrer/innen bei qualifiziertester Unterrichtsgestaltung nicht in der Hand haben, darunter unterrichtliche Rahmenbedingungen sowie Eigenschaften auf Lernerseite. Auf letztere hat bereits Wolfgang Schulz (1965) mit anderer, heute ungewohnter Begrifflichkeit („anthropogene und soziokulturelle Voraussetzungen") in seinem einflussreichen Aufsatz „Unterricht — Analyse und Planung" hingewiesen und sie als unverfügbare, bei der Unterrichtsplanung aber unbedingt zu berücksichtigende Bedingungen charakterisiert.

Helmke knüpft an das neue „Angebot-Nutzungs"-Modell die Hoffnung, es könne damit doch noch gelingen, analytisch Wirkzusammenhänge zu quantifizieren, um diese nach und nach zu einem Gesamtbild zusammenzufügen. Diese analytische Bedingungsaufklärung sei unabdingbar zum Verständnis des unterrichtlichen Gesamtgefüges (aaO., 170).

Eine wohl unerfüllbare Hoffnung, denn es dürfte auch künftig kaum möglich sein, komplexe und bislang uneinheitlich definierte Einzelvariablen wie *Methodenvielfalt, Klima, Klarheit* u.a. in analytischer Absicht zufriedenstellend zu definieren. Und selbst wenn eine solche abgrenzende Definition bei dem einen oder anderen Merkmal gelänge, sorgen fünf Komplikationen dafür, dass es im Einzelfall trotzdem nicht möglich ist, deren Effektstärke bei Unterrichtsvorhaben mittels Einmalbeobachtung valide einzuschätzen.

1. Sofern das vorrangige Interesse an einer quantitativen Beschreibung von Wirkzusammenhängen besteht, müssen Merkmale auch zukünftig separat empirisch erfasst und verrechnet werden. Dabei kann auf die Wechselwirkung zwischen einzelnen Merkmalen keine Rücksicht genommen werden. Diese Wechselwirkung zwischen Merkmalen ist jedoch gerade das Besondere an Unterricht:
    ➢ So zeigt HUB 22 einen abwechslungsreichen Biologieunterricht, in dem die Schüler/innen mittels acht Medien und in ständigem Phasenwechsel konfrontiert werden mit der Rolle von Piranhas im tropischen

Ökosystem. Offensichtlich sind die Schüler mehrheitlich beeindruckt (besonders von einem Fütterungsversuch eines im Aquarium mitgebrachten Piranhas mit rohem Fleisch) und beteiligen sich intensiv am Gespräch. Dieser Unterricht ist zwar sehr unterhaltsam, aber nicht ertragreich, weil mit verschiedenen Medien vollkommen divergierende Botschaften über Piranhas transportiert werden, die am Stundenende bei den Schülern ein konfuses Bild über die (hysterisch übertriebene oder tatsächliche?) Gefährlichkeit von Piranhas zurücklassen.

➤ Die von einer Lehrerin vorgenommene Sektion eines Schafherzens verfolgen Schüler einer 6. Klasse fast 20 Minuten lang gebannt mit einer Mischung aus Faszination und Ekel. Sie sind kognitiv hochgradig ‚aktiviert' (nach Helmkes Verständnis von Aktivierung im Sinne von „Aufmerksamkeit"; vgl. 2009, 81), aber als Zuschauer ansonsten zur Untätigkeit verurteilt und bekommen alle Informationen buchstäblich portionsweise ‚serviert' (Schnitt für Schnitt mit dem Skalpell). Indem die Lehrerin zwischendurch immer wieder zum Vergleich des aufgeschnittenen Herzens mit einem auf Folie gezeichneten und beschriften Herz-Querschnitt auffordert, prägt sich den Schülern der Muster-Aufbau eines Herzens deutlich ein, so dass viele anschließend ein entsprechendes Arbeitsblatt richtig vervollständigen können.

➤ Ein Förderschullehrer bringt Schüler/innen einer 10. Klasse dazu, ihn in einem viertelstündigen, frei improvisierten Exkurs ein Quadrat nach ihren Angaben an die Tafel zeichnen zu lassen (siehe HUB 05). An diesem monotonen Frontalunterricht mit dem traditionellen Langweiler-Medium *Tafel* beteiligen sich ausnahmslos alle Schüler mit großem Interesse (soweit das von außen beurteilt werden kann). Einige machen unablässig Vorschläge, andere verfolgen mit gespannter Aufmerksamkeit die Bemühungen des Lehrers, der auf jeden Vorschlag eingeht, der Lösung aber nur langsam und auf Umwegen näher kommt, weil er ungenaue Angaben der Schüler absichtlich missversteht oder ganz wörtlich ausführt. Ein SCHOLASTIK-Beobachter würde diesem Lehrer trotz hoher Schüleraufmerksamkeit wohl mangelnde Variabilität und mangelnde Klarheit attestiert haben.

Je nach Unterrichtskontext und anvisierten Lehrzielen kann dieselbe Vorgehensweise sogar in derselben Stunde anfangs lernförderlich sein und in der Schlussphase kontraproduktiv (oder umgekehrt). Solche Merkmalsverflechtungen mögen uninteressant sein für Unterrichtsforscher, deren Interesse eine verallgemeinerbare Quantifizierung der Wirkungsstärke analytisch isolierter Merkmale ist. Nicht aber für Lehrer/innen, die den Unterricht als Ganzes im Blick haben müssen.

2. Selbst wenn Merkmale begrifflich zufriedenstellend abgeklärt sind, ist es oft schwierig, daraus operationalisierte Indikatoren abzuleiten, mit denen mittels Beobachtung oder Befragung die Merkmalsausprägung bei einem Unterrichtsvorhaben eindeutig festgestellt werden kann (vgl. *"Woran kann ein Beobachter eindeutig feststellen, ob Schüler aktiviert sind?"* s. Tabelle 3 auf S. 54).

3. Selbst wenn man relativ eindeutige Indikatoren für einzelne Merkmale herausgearbeitet hat, ist es unbedarft, die Ausprägung dieses Merkmals mit einer Zensur von ‚1' bis ‚5' oder einem „Vorhanden"- bzw. „Nicht vorhanden"-Urteil anzugeben. Studierende, die sich im Rahmen eines Seminars mit den Merkmalen *Klarheit, lernförderliches Klima, Passung und Adaptivität, echte Lernzeit* sowie mit Kriterien für aktives bzw. passiv-rezeptives Lernen i.S. von Abschnitt 3.2 intensiv beschäftigt haben (einschließlich vieler Analysen von videografierten Unterrichtsbeispielen), werden zunehmend aufmerksamer für Nuancierungen, die eine schlichte Zensur als Urteil nicht sinnvoll erscheinen lassen:

   ➢ Ein Merkmal wird vom Lehrer in der Einstiegsphase eindrucksvoll berücksichtigt, bei der Auswertung vernachlässigt er es.
   ➢ Je nachdem, welche Schüler/ Schülergruppen man beachtet, ist ein Merkmal in derselben Phase mehr oder weniger erfüllt.
   ➢ Obwohl ein Bemühen von Lehrerseite zu erkennen ist, einem Merkmal gerecht zu werden, gelingt das nicht (mal wegen situativer ‚Stockfehler' des Lehrers, mal weil die Schüler nicht mitziehen).

4. Selbst wenn sich Beobachter einmal einig sind, einzelne Unterrichtsetappen nach denselben Indikatoren in derselben Weise zu beurteilen, so können sie in der Beurteilung des gesamten Unterrichtsvorhabens doch wieder zu verschiedenen Ergebnissen kommen, weil sie den Stellenwert einzelner Etappen für das Gelingen des Unterrichtsganzen mit gut nachvollziehbaren Argumenten unterschiedlich bewerten (wie die Beispiele zu *Poster mit Kleisterfarbe bemalen — Aktivierender Kunstunterricht?* auf S. 183f zeigen).

5. Und schließlich ist es mit einer einmaligen Beobachtung nicht getan. Studierende, die am Ende ihrer Masterphase im Rahmen von Hausarbeiten (für ihre Abschlussnote relevante Prüfungsleistungen) Unterrichtsvorhaben nach diesen Merkmalen analysieren, betrachten den Unterricht insge-

## 3 KONTROVERSEN ÜBER DIE GESTALTUNG

samt mindestens zweimal bis dreimal, einzelne Phasen zusätzlich noch öfter.

Diese und weitere, in den nachfolgenden Kapiteln vorgestellten Analyseergebnisse zeigen, wie genau man hinsehen muss, um der Komplexität von Unterricht gerecht zu werden, und welcher Differenzierungsgrad für ein valides Urteil notwendig ist.

Wenn man den Ursachen des Erfolgs bzw. Misserfolgs einzelner Unterrichtsvorhaben auf die Spur kommen will, ist eine isolierte Betrachtung von Einzelmerkmalen nicht zielführend. Das Unterrichtsganze ist mehr als die Summe isoliert erfasster Einzelmerkmale. Solange empirische Studien zur Erfassung von Unterrichtsqualität sich auf diese Komplexität nicht einlassen, werden die errechneten Korrelations- und Signifikanzwerte von geringer Aussagekraft bleiben.

# 4 Unstetiger Unterricht, überraschte Lehrer und ein übersehenes Merkmal von Unterrichtsqualität

Was *Guten Unterricht* ausmacht, kann nicht mittels Beobachtung von mehr oder weniger ungenau umschriebenen Gestaltungsmerkmalen erschlossen werden. Ebenso wenig kann *Guter Unterricht* mittels vermeintlich erfolgsträchtiger Konzepte hergestellt werden. Die in der Schulpädagogik und in den Fachdidaktiken seit jeher mit großem Engagement geführten Auseinandersetzungen darüber, welche Gestaltungsmerkmale und Unterrichtskonzeptionen zum Erfolg führen, sind wichtig und bis zu einem gewissen Punkt auch gewinnbringend. Aber die Bedeutung von Konzepten sollte nicht überschätzt werden, denn Unterrichtserfolg stellt sich mit ihnen nicht automatisch ein. Es gibt kein Konzept, das per se Unterrichtserfolg garantiert:

- ☞ Bewährte Konzepte können bei ihrer Übersetzung in einen Entwurf unstimmig oder fehlerhaft adaptiert werden.
- ☞ Vorgeblich gute Konzepte können Schwachstellen haben, die sich erst in der Umsetzung offenbaren.
- ☞ Selbst wenn ein bewährtes Konzept stimmig in einen Entwurf übersetzt wurde, können ‚handwerkliche' Schnitzer während des Unterrichts die Umsetzung des Entwurfs beeinträchtigen.
- ☞ Kein Unterricht ist vor unerwarteten Entwicklungen gefeit, die weder mit dem Konzept noch mit der Art seiner ‚Inszenierung' zu tun haben.

Selbst für berufserfahrene Lehrer ist trotz durchdachter Vorplanung und sorgfältigster Vorbereitung oft unvorhersehbar, wie Unterricht sich entwickelt und welche Resultate er hat. Konzepte, Prinzipien und Merkmale sind eine Sache, ihre Realisierung in wechselhaften, gelegentlich unübersichtlichen Unterrichtssituationen eine andere. Während des Unterrichts stellen unerwartete Entwicklungen Lehrkräfte vor unvorhergesehene Anforderungen und veranlassen sie zu vorab nicht eingeplanten Reaktionen. In solchen Situationen können Lehrer ihre Entscheidungen über das weitere Vorgehen nicht mehr aus dem vorab entworfenen Handlungsskript ableiten, weil darin die unerwartete Situation gar nicht mitgedacht war. Das Skript enthält keine Empfehlungen zur Situationsbewältigung – ja nicht einmal Orientierungshilfen dafür – und hat eine nur noch geringe Prägekraft für den weiteren Verlauf. Mitunter entwickeln solche Situationen eine beträchtliche Eigendynamik und stellen Lehrer vor erhebliche Anforderungen. Diese „Unstetigkeit" ist ein konstitutives Merkmal von Unterricht, das die Bedeutung von Konzepten für den faktischen Verlauf des Unterrichts und für die tatsächlich erreichten Ergebnisse relativiert.

## 4.1 Unstetigkeit — Ein konstitutives Merkmal von Unterricht

Der Begriff „Unstetigkeit" geht zurück auf Otto Friedrich Bollnow. Vor mehr als 50 Jahren hat Bollnow darauf hingewiesen, dass Erziehungsprozesse auch durch „unstetige" bzw. „gebrochene Formen" charakterisiert seien, die zu den (von einer pädagogischen Grundhaltung) „gestimmten" und zu den (vom Unterrichtsplan) „geleiteten Formen" hinzutreten. Erziehung verlaufe niemals kontinuierlich, sondern werde durch Unvorhergesehenes unterbrochen, das nicht ignoriert werden könne, vielmehr in seiner Tragweite beachtet werden müsse.

---

*Unstetigkeit* von Unterricht (Otto Friedrich Bollnow)

Bollnow (1957) entwickelt seinen Begriff von der Unstetigkeit pädagogischer Prozesse aus der existenzialistischen Philosophie Diltheys und Kirkegaards. Deren Skepsis gegenüber der Wirksamkeit von Lebensentwürfen, die oft außer Kraft gesetzt würden durch Lebenskrisen und schicksalhafte Ereignisse, deren Bewältigung dann ins Zentrum der menschlichen Existenz rückt, überträgt Bollnow auf den Erziehungsprozess allgemein und auf Unterrichtsvorgänge im Besonderen. Neben stetigen didaktischen Formen, die in Unterrichtslehren ausführlich behandelt würden, müssten laut Bollnow auch solche im Voraus kaum einplanbaren Lehrformen in Unterricht einfließen, mit denen Lehrer auf unstetige Entwicklungen reagieren können. Ausführlich geht er auf die Bedeutung der „Begegnung" sowie auf die „Erweckung", die „Ermahnung" und die „Beratung" ein. An den damals gebräuchlichen Unterrichtslehren kritisiert er, sie würden dem Phänomen der Unstetigkeit zu wenig Aufmerksamkeit schenken.

---

Auch wenn Bollnows Begrifflichkeit heute etwas befremdlich wirkt, so ist seine Kritik noch immer aktuell. Auch nach neueren Unterrichtslehren und Planungsmodellen ist Unterricht in der Vorausschau (beim Entwerfen am Schreibtisch) zu antizipieren als ein stetiger Prozess, bei dem einzelne Abschnitte schlüssig aufeinander aufbauen. Entsprechend müssen angehende Lehrer/innen den Ablauf einer Stunde möglichst genau planen; mit Angaben, welche Lehrer- und Schülerhandlungen in den einzelnen Abschnitten mit welchen Arbeitsmaterialien und Medien zu erbringen sind. Eine möglichst detaillierte Vorplanung – die sich manchmal fast wie ein Drehbuch zu einem Film liest – wird nicht nur von Ausbildern gefordert, sondern kommt auch dem Bedürfnis vieler angehender Lehrer entgegen, die sich mit Hilfe eines ‚roten Fadens' möglichst sicher durch eine Stunde ‚hangeln' möchten.

## 4 UNSTETIGKEIT ALS KONSTITUTIVES MERKMAL VON UNTERRICHT

Bei der Umsetzung von Unterrichtsentwürfen merken Lehrer/innen (ganz gleich, nach welchem Konzept sie arbeiten), dass manches erst mal nicht gelingt und sich manches anders entwickelt als vorab gedacht. Unerwartete Anforderungen sorgen dafür, dass der reale Verlauf in etlichen Punkten keine Entsprechung zum vorab imaginierten Verlauf hat. Das gilt für berufserfahrene Lehrer in anderer Weise als für Anfänger, die sich durch ‚handwerkliche' Fehler oft selbst ein Bein stellen – und dann von meist unerfreulichen Entwicklungen überrascht werden, die sie selbst ausgelöst haben – ohne es zu merken.

> **Unterrichtsbeispiel „Schülerprotest gegen Experimente mit Mäusen"**
>
> Für den Biologieunterricht in einer 7. Klasse hat ein junger Lehrer mehrere Terrarien vorbereitet, in denen die Schüler/innen Mäuse beobachten sollen. Aber es kommt anders. Kaum sehen die Schüler, während er in das Thema einführt, die Mäuse, beginnen einige etwas zu schreiben. Kurz darauf halten sie ihm Zettel entgegen mit Aufschriften wie „Keine Tierversuche" und „Nieder mit Tierexperimenten".

> **Unterrichtsbeispiel „Biologie mit Thomas Gottschalk und Hans Meiser"**
>
> Nach der Pause betreten die Schüler/innen der 9. Klasse eines Gymnasiums den Biologieraum. Da der angehende Lehrer erst wenige Stunden in dieser Klasse unterrichtet hat, ist er durch die veränderte Sitzordnung im Fachraum irritiert. Er fordert die Schüler auf, Namensschildchen zu basteln und auf den Tisch zu stellen. Einige Jungen schreiben auf ihre Schilder Namen von Prominenten aus dem Fernsehen, wie Hans Meiser, Johannes B. Kerner, Madonna oder Thomas Gottschalk. Da es sich nur um einige wenige Schüler handelt, beschließt er, diese Namen zu verwenden. Bei Wortmeldungen kommt es jedes Mal zu einer Erheiterung der Klasse.

Aber auch berufserfahrene Lehrkräfte werden selbst bei gut vorbereiteten Stunden und in Klassen, die sie gut zu kennen meinen, ein ums andere Mal mit unvorhergesehenen Entwicklungen konfrontiert. Sie müssen schnell reagieren, auch wenn sie dafür – meist – keinen Plan B parat haben. Nicht immer werden solche überraschenden Situationen mit Fingerspitzengefühl und pädagogischem Geschick bewältigt. Gelegentlich sind auch erfahrene Lehrer/innen überfordert und reagieren dann mal unwirsch, mal ausweichend, wie die beiden folgenden Beispiele zeigen.

**Unterrichtsbeispiel „Ungerechter Gott"**

Im Religionsunterricht einer 1. Klasse wird das Thema „Arche Noah" behandelt. Nach der Schilderung dieser biblischen Geschichte will einer der Erstklässler wissen, was mit den übrigen Menschen und Tieren wird. Die Lehrerin antwortet: „Die werden alle ertrinken." Daraufhin der Junge empört: „Das ist aber ungerecht von Gott, die Tiere haben doch gar nichts getan!" Die Religionslehrerin ist verblüfft über den Einwand. Sie fühlt sich überrumpelt und übergeht ihn. Hinterher vertraut sie einem in der Stunde anwesenden Besucher an, sie sei verärgert gewesen, denn das habe vorher noch kein Schüler zu fragen gewagt.

**Unterrichtsbeispiel „Ratespiel mit Folgen"**

Weil Carolin Geburtstag hat, darf sie sich zu Beginn einer Englischstunde ein kleines Spiel wünschen – ein beliebtes Ritual in dieser 6. Klasse. Carolin wählt das 10-Fragen-Spiel: Sie denkt sich einen Begriff aus und schreibt ihn auf die Tafelrückseite. Die anderen müssen den Begriff nun mit zehn Ja-Nein-Fragen erraten. Carolins erster Begriff ist, wie sie sagt, eine Krankheit. Ihre Mitschüler raten angestrengt, finden die Lösung aber nicht. Nach der zehnten Frage ist klar, dass es etwas mit Aids zu tun hat. Stolz verkündet Carolin ihr Lösungswort: „schwul". Getuschel in der Klasse.
Die Lehrerin ist etwas geschockt, schweigt aber zunächst. Britta fährt Carolin an: „Du spinnst ja, das ist doch keine Krankheit." Carolin verteidigt sich: „Natürlich ist das eine Krankheit." Von Mitschülern kommen zustimmende und ablehnende Kommentare. Das nun lauter werdende Getuschel verfolgt die Lehrerin mit gemischten Gefühlen – auf das Thema Homosexualität ist sie nicht vorbereitet.

Die Einschätzung, dass pädagogische Prozesse die unangenehme Eigenschaft haben, sich ihrer wohldurchdachten Vorplanung zu entziehen, ist bereits angelegt in J.F. Herbarts knappen Ausführungen zum Pädagogischen Takt in seiner Göttinger Antrittsvorlesung von 1802:

„Nun schiebt sich aber .... zwischen die Theorie und die Praxis ganz unwillkürlich ein Mittelglied ein, ein gewisser Takt nämlich, eine schnelle Beurteilung und Entscheidung, die nicht, wie der Schlendrian, ewig gleichförmig verfährt, aber auch nicht, wie eine vollkommen durchgeführte Theorie wenigstens s o l l t e , sich rühmen darf, bei strenger Konsequenz und in völliger Besonnenheit an die Regel, zugleich die wahre Forderung des individuellen Falles ganz und gerade zu treffen." (Herbart 1903, 450)

Herbart empfahl, der Pädagoge solle nicht nur auf die Theorie vertrauen (also auf sein Konzept, das allgemeine Handlungsmaximen vorgibt), sondern müsse ein Gespür für die Besonderheit des Einzelfalls haben. Sehr viel mehr hat Herbart damals leider nicht gesagt — und so ist der *Pädagogische Takt* bis heute einer der interessantesten, aber auch interpretationsbedürftigsten Begriffe in der Schulpädagogik.

# 4 UNSTETIGKEIT ALS KONSTITUTIVES MERKMAL VON UNTERRICHT

Welches Grundproblem sich daraus für den Unterrichtenden ergibt, haben erst 150 Jahre später zeitgleich, aber unabhängig voneinander zwei damals bekannte deutsche Erziehungswissenschaftler in ihrer Interpretation des Herbartschen Taktbegriffs prägnant beschrieben: Es sei ein Wesensmerkmal pädagogischer Prozesse, nicht so zu verlaufen, wie geplant, und erst einmal nicht zu den erwünschten Ergebnissen zu führen.

Der Erziehungswissenschaftler Eduard Spranger spricht vom „Gesetz der ungewollten Nebenwirkungen in der Erziehung", so sein Buchtitel von 1962: Nebenwirkungen seien unvermeidbar, die Bewältigung krisenhafter Entwicklungen sei das Hauptmerkmal pädagogischer Prozesse:

"Die pädagogische Begegnung ist zunächst ein Kampf." ... Der Drang, sich als Eigenwesen zur Geltung zu bringen, erwacht — im Zögling (Schüler) — früh und tritt auch wieder zurück..... Die(se) pädagogische Intention ist eigentlich paradox und die Durchführung glückt nur bei feinem Taktgefühl und reicher Erfahrung. Das Paradoxe liegt schon darin, daß jede Erziehung sich zuletzt überflüssig machen und in Selbsterziehung übergehen soll." (aaO., 78)

Der Grundschulpädagoge Jakob Muth warnt in seinem Buch „Der Pädagogische Takt" (ebenfalls 1962) vor der Wunschvorstellung, Unterricht sei durch vorausschauendes Planen in den Griff zu bekommen. Unterricht sei auch charakterisiert durch Situationen, die sich einer vorausbestimmenden Festlegung entziehen. Gerade in solchen Situationen könne sich der Lehrer durch pädagogischen Takt auszeichnen. Ein Verständnis von Erziehung als ausschließlich rational geplantes, bewusstes Führen impliziere zwangsläufig erzieherische Aggressivität und Aufdringlichkeit: Was die Lehrperson planend antizipiert, wird sie dann auch konsequenterweise durchzusetzen versuchen.

## 4.2 Unstetigkeit von Unterricht — Randständiges Thema in Didaktik und Lehrerbildung

Die Einwände von Bollnow, Spranger und Muth gegen allzu optimistische Vorstellungen der Steuerbarkeit pädagogischer Prozesse verhallten bereits zu ihrer Zeit wirkungslos und haben bis heute keinen Eingang in die Didaktik gefunden. Obwohl alle drei einflussreiche, damals viel zitierte Erziehungswissenschaftler waren, wurden und werden bis heute ausgerechnet diese Kernaussagen so gut wie nie zitiert. Ihre skeptische Einschätzung gegenüber einer planmäßigen Herstellbarkeit Unterrichtserfolg lief schon damals dem schulpädagogischen Mainstream zuwider, der in den 60er und Anfang der 70er Jahre auf die Wirkmächtigkeit empirisch fundiert konstruierter Curricula setzte. Dem möglichen Restrisiko eines unwägbaren Verlaufs wurde keine besondere Aufmerksamkeit zuteil (W. Klafki 1965, 126: Drei Sätze zu „Planungsflexibilität" / W. Schulz 1965, 45: Ein Absatz zum „Prinzip der Variabilität").

Auch in der Folgezeit gab es immer wieder vereinzelt Warnungen vor einer Überschätzung der Determinationskraft pädagogischer Konzepte. Unterrichten sei keine Technologie, die didaktische Konstruktion bestimme nicht vorrangig den Unterrichtsprozess und vor allem nicht seine Ergebnisse (Giel 1974; Hiller 1973; Luhmann & Schorr 1982). Adorno (1977) zeichnet in seinem zuerst 1970 erschienenen Aufsatz „Tabus über dem Lehrerberuf" das Bild vom ontologisch schwachen Lehrer, der immer wieder durch diffuse negative Stimmungen und Selbstzweifel in seiner Arbeit verunsichert sei. Lehrer würden bei der ihnen zugedachten Vermittlung von Wissen und Haltungen an „unfertige Zöglinge" konfrontiert mit unbewussten Affekten, die resultierten aus der zwiespältigen Einstellung der Gesellschaft zur Lehrerarbeit, aus der spannungsreichen Einstellung der Schüler zu ihnen und last but not least durch Orientierungsprobleme und Selbstzweifel.

Seit Mitte der 90er Jahre wird die Anfälligkeit von Unterricht für Unerwartetes in sog. professionstheoretischen Ansätzen ‚wiederentdeckt' — ohne die z.T. weitergehenden Überlegungen von Bollnow, Spranger und Muth aufzugreifen. Unterrichten wird charakterisiert als ein „Handeln in Unsicherheit" (Terhart 1996; Schratz & Wieser 2002; Helsper 2003). Krisenbewältigung sei ein bestimmendes Merkmal der pädagogischen Profession (Oevermann 1990). Nach Helsper (2004) sind pädagogischen Prozesse durch „Modernisierungsantinomien" gekennzeichnet, aus denen 11 für die tägliche Arbeit von Lehrern konstitutive Antinomien resultieren (u.a. Begründungs-A./ Nähe-Distanz-A./ Unsicherheits-A./ Un-Symmetrie-A./ Macht-A.). Helsper resümiert, Dilemmata und Ambivalenzen seien im Lehreralltag allgegenwärtig (2004, 88) und scheint am Ende von diesem niederschmetternden Resultat seiner Analyse selbst ein wenig erschrocken („Lehrerarbeit: Ein unmögliches Geschäft"), so dass er es abschwächt und Lehrern Hoffnung macht, so ganz aussichtslos sei ihr Geschäft denn doch nicht. Unter Rückgriff auf systemtheoretische Überlegungen attestiert Rolf Arnold (2007) der Erziehung im Allgemeinen und dem Unterricht im Besonderen eine doppelte Wirkunsicherheit: Zum einen könne nicht antizipiert werden, was pädagogische Interventionen bei Heranwachsenden bewirken. Zum anderen seien die Fähigkeiten, Eigenschaften und Haltungen, die sich im Verlauf einer personalen Entwicklung ausbilden, durch eine Vielzahl von Einflüssen mitgeprägt, so dass ein unmittelbarer Einfluss erzieherischer Maßnahmen schwerlich nachweisbar sei.

## 4 UNSTETIGKEIT ALS KONSTITUTIVES MERKMAL VON UNTERRICHT

Eine Gemeinsamkeit haben etliche neuere professionstheoretische Beiträge: Unstetigkeit hat hier grundsätzlich einen negativen Beigeschmack. Ob es um Handeln in *Unsicherheit, unauflösbare Antinomien* oder *belastende Dilemmata* geht: Immer erscheint der Lehrer als ‚Unglücksrabe', dem der pädagogische Prozess übel mitspielt. Das haben Bollnow, Muth und Spranger anders gesehen (Muth: *Situationssicherheit* trotz Unstetigkeit / Spranger: Die *gemeinsame Krisenbewältigung* als beglückende Chance / Bollnow: Das *Wagnis der freien Form* eingehen).

Auch die neueren professionstheoretischen Warnungen vor einer Überschätzung der Steuerbarkeit pädagogischer Prozesse finden bis heute kaum Eingang in die für die Lehrerausbildung vorrangig genutzte schulpädagogische und fachdidaktische Literatur (etwa in Einführungswerken zu Schulpädagogik und Fachdidaktiken). Solche Einwände stören den Mythos der Herstellbarkeit von Lernerfolgen mit dem richtigen Programm, den Bildungspolitiker, Schulbuchverlage und Didaktiker aus je eigennützigen Interessen gern pflegen. Nach TIMMS und PISA hat die Illusion, Unterricht sei mit dem richtigen Konzept planerisch in den Griff zu bekommen, sogar wieder Oberwasser erhalten. Eine Illusion, die schon in der Hochphase der Curriculumreform vor 40 Jahren in der abstrusen Idee vom Lehrer-sicheren Unterrichtsprogramm kulminierte. Die Hoffnung ruhte auf dem ‚teacher proof-curriculum': Egal wie ungeschickt der Lehrer sich anstellt, das Programm wird es schon richten. Solche Programme gab es nicht und es wird sie auch nicht geben. Doch scheint im Anschluss an das PISA-Debakel die trügerische Begeisterung der 60er und frühen 70er Jahre für vermeintlich sichere Konzepte zurückzukehren.

An der Erforschung von Gelingens- (und speziell von Misslingens-) bedingungen für Unterrichtserfolg sind Didaktik und Fachdidaktik offenbar wenig interessiert. Kompensiert wird dieses Desinteresse mit der Produktion immer neuer, vorgeblich attraktiver Unterrichtskonzepte, wie auch einige Fachdidaktiker kritisieren. So bemängelten der Englischdidaktiker Ernst Apelthauer aus Flensburg und der Deutschdidaktiker Martin Fix aus Ludwigsburg in Vorträgen auf der CEBU-Tagung der Universität Hildesheim am 25.02.2005 in Hinblick auf das Fremdsprachenlernen bzw. die Aufsatzerziehung, dass es zwar jeweils viele fachdidaktische Konzepte und Empfehlungen gäbe, aber ob und wie sie in der Schule ankommen, sei gänzlich unbekannt und würde auch nicht empirisch erforscht. Noch drastischer kritisierte schon in den 80er Jahren der Geschichtsdidaktiker Bodo von Borries seine Disziplin, sie wisse nicht oder kaum, was in der Unterrichtspraxis tatsächlich passiert und was in ihr bestenfalls oder schlimmstenfalls möglich ist (von

Borries 1984). Dieses Urteil bestätigt der Geschichtsdidaktiker Gerhard Schneider auch für den hiesigen Geschichtsunterricht nach der Jahrtausendwende (Schneider 2008).

## 4.3 Unstetigkeit von Unterricht — Begriffliche Präzisierung eines Phänomens

Mit dem Begriff *Unstetigkeit* hat Bollnow eine Kategorie in die Erziehungswissenschaft eingeführt, die zur Beschreibung pädagogischer Prozesse auf den ersten Blick sehr treffend zu sein scheint. Praktizierende Lehrer/innen muss man nicht erst davon überzeugen, dass sich Unterricht häufiger der „vorausbestimmenden Festlegung" entzieht (Muth). Auch das „Gesetz der ungewollten Nebenwirkungen" (Spranger) ist ihnen nur allzu vertraut, denn das Moment der Überraschung, des Unerwarteten ist für sie eine ganz selbstverständliche, alltägliche Erfahrung.

Als Gegenstand (fach-)didaktischer Forschung sind Abweichungen des realen Unterrichtsverlaufs gegenüber dem vorab Antizipierten bislang nicht eingehender untersucht worden. Die (Fach-)Didaktik tut sich von wenigen Ausnahmen abgesehen schwer, dieses Phänomen überhaupt in den Blick zu nehmen, weil es an ihrem Selbstverständnis ‚kratzt': Es stellt infrage, ob Didaktik überhaupt vermag, was sie verspricht, nämlich die konzeptionellplanerische Zurichtbarkeit von Unterricht[17].

In der Lehrerausbildung kommt man zwar nicht umhin, solche Abweichungen zu konstatieren, denn sie sind im Ausbildungsunterricht allgegenwärtig. Dort werden sie oft beckmesserisch abgetan als vermeidbare Ausrutscher, die auf schlechte Vorplanung oder ungeschicktes Lehrerverhalten zurückgehen und bei sorgfältigerem Vorgehen hätten vermieden werden können. Das mag in dem einen oder anderen Fall auch stimmen, gilt aber nicht generell. Wie etliche *Hannoveraner Unterrichtsbilder* belegen, gelingt es selbst Ausbilder/innen oft nicht, ihre Unterrichtsvorhaben so durchzubrin-

---

[17] Anders Hilbert Meyer, der in seiner Neuauflage vom „Leitfaden zur Unterrichtsvorbereitung" (2007) betont, Lernen verlaufe „anarchistisch", sei von außen nicht einsehbar und letztlich sei „unbekannt", wie es funktioniere. Ausführlich kommentiert er ein Beispiel misslungenen Unterrichts: Eine angehende Lehrerin scheitert trotz akribisch durchdachter Vorplanung mit einer Mathematikstunde zum Thema „Wahrscheinlichkeitsrechnung" in einer 3. Klasse. Sie ist anschließend erst einmal völlig verzweifelt, ‚wächst' aber dann an dieser Niederlage, indem sie ihren Fehlern durch nachträgliche Reflexion auf die Spur kommt. Spranger wäre begeistert!

gen, wie vorgesehen. Sie würden es sich zu Recht verbitten, die dann erforderlichen Umwege und Abweichungen per se als individuelle Ungeschicklichkeit ankreiden zu lassen.

### 4.3.1 Vom unstetigen Unterricht zum überraschten Lehrer

Die geringe Beachtung von Unstetigkeit als konstitutivem Merkmal von Unterricht hängt auch damit zusammen, dass eine empirische Analyse dieses Phänomens nicht ganz einfach ist. Bollnow, Muth und Spranger haben ihre Einschätzung einer begrenzten Planbarkeit von Unterricht leider nicht mit differenzierten Analysen unstetiger Prozesse untermauert — und konnten das wohl mit den damaligen Mitteln auch noch nicht. Unstetigkeit ist für Bollnow ein scheinbar personenunabhängiges Attribut pädagogischer Prozesse. Unklar ist, wer die Unstetigkeit verursacht und wer sie diagnostiziert (der unterrichtende Lehrer, ein anwesender Beobachter oder womöglich beide). Empirisch müsste sehr viel genauer untersucht werden, welches die Ursachen von Unstetigkeit sind, was in den Beteiligten vorgeht, die Unstetigkeit erleben, und welche Folgen dieses Erleben für den Fortgang des pädagogischen Prozesses hat. Mit dem Erleben und Verarbeiten von Überraschungen allgemein hat sich die psychologische Forschung näher beschäftigt.

> **Überraschung als psychologischer Begriff**
>
> Aus psychologischer Sicht sind Überraschungen Emotionen, die hervorgerufen werden durch das Eintreten unerwarteter, gewohnheitswidriger, seltener oder auch neuer Ereignisse, die für ein Individuum bedeutsam sind (z.B. Izard 1977). Überraschungen beruhen auf einem Diskrepanzerlebnis zwischen einer antizipierten Situation und dem davon abweichenden, tatsächlichen Ereignis. Wie bei allen anderen Gefühlen auch kann eine Überraschung als positiv oder als negativ aufgefasst werden, je nachdem, ob das eingetretene erwartungswidrige Ereignis im Vergleich zum Antizipierten als ungünstiger, unerfreulich, unerwünscht oder als erfreulich, wünschenswert und somit als günstiger bewertet wird. Überraschungen unterbrechen andere momentan ablaufende Prozesse und richten die Aufmerksamkeit auf das emotionsauslösende Ereignis.
>
> Allerdings trifft es nicht generell zu, dass eine Überraschung das Individuum zu Handlungen veranlasst, die die Diskrepanz verringern. Das gilt vermutlich eher für negativ bewertete Überraschungen und grundsätzlich für solche Überraschungen, bei denen das Individuum eine Handlungsmöglichkeit sieht. Auch kann nicht grundsätzlich davon ausgegangen werden, dass eine Überraschung das Individuum in die Lage versetzt, „auf plötzliche Veränderungen der momentanen Situation angemessen zu reagieren" (so W.-U. Meyer 1988, 137). Manchmal besteht das Problem gerade darin, auf eine überraschende Entwicklung angemessen reagieren zu wollen, aber dafür keine Ideen oder keine Mittel zur Verfügung zu haben.

Übertragen auf den hier behandelten Kontext Unterricht sind drei Bestimmungsstücke maßgeblich, um von einer Überraschung des Lehrers zu sprechen:[18]
* Während des Unterrichts kommt es zu einem Ereignis, das vom Lehrer nicht erwartet wurde.
* Diese Ereignis wird vom Lehrer als so bedeutsam eingeschätzt — sei es positiv, sei es negativ — , dass er sich zu einer Reaktion veranlasst sieht.
* Diese Reaktion führt zu einer mehr oder weniger erheblichen Abweichung des weiteren Verlaufs gegenüber dem antizipierten Ablauf.

### 4.3.2 Der überraschte Lehrer — Gruppierung unstetiger Phänomene nach Auslösern

Diese drei begrifflichen Bestimmungsstücke ermöglichen es, dem Phänomen der Unstetigkeit auf die Spur zu kommen. Gestützt auf audiovisuelle Aufzeichnungsmöglichkeiten können reale Unterrichtsprozesse daraufhin analysiert werden, welches die Auslöser überraschender Ereignisse sind, wie bedeutsam sie für den Unterrichtenden sind und welche Folgen sie für den Unterrichtsprozess haben. Trotz einer nahezu unüberschaubaren Mannigfaltigkeit unstetiger Phänomene können die meisten überraschenden Ereignisse recht gut einem von vier Auslösern zugeordnet werden (Mühlhausen 2008a):
* Die Schüler agieren nicht gemäß der Lehrererwartung.
* Der Unterrichtsgegenstand sperrt sich gegen seine didaktische Zurichtung d.h. verhält sich nicht so, wie vom Lehrer antizipiert bzw. im Lehrbuch beschrieben (anfällig dafür sind z.B. naturwissenschaftliche Experimente sowie Versuche mit Tieren und Pflanzen).
* Die Lehrkraft zeigt Schwächen, stellt sich selbst ein Bein.
* technische Komplikationen (insbesondere Probleme mit Medien) und unerwartete Ereignisse von außen (Lautsprecheransagen der Schulleitung,

---

[18] Zugegebener Maßen eine lehrerzentrierte Sichtweise; Überraschungen im Unterricht aus Schülersicht - das wäre ein eigenes Thema! Zwar dürften in vielen Fällen Ereignisse, die einen Lehrer überraschen, auch für die Mehrheit der Schüler überraschend sein. Andererseits stellt die Unterrichtsgestaltung des Lehrers selbst fortlaufend Überraschungen für Schüler dar (Fragen, Anforderungen, unerwartete Medien, gelegentlich sogar vom Lehrer gezielt inszenierte Provokationen), auf die sie sich einstellen müssen.

## 4 UNSTETIGKEIT ALS KONSTITUTIVES MERKMAL VON UNTERRICHT

unverhoffte ‚Besucher', der erste Schnee, eine Wespe, die sich ins Klassenzimmer verirrt).

Empirisch betrachtet sind Schüler die mit weitem Abstand häufigsten Auslöser und spielen damit eine Hauptrolle bei überraschenden Entwicklungen. Analytisch können recht gut sieben Gründe unterschieden werden, weshalb Schüler nicht gemäß der Lehrererwartung agieren:

**Schüler**
- ➔ haben dringende Anliegen, die nichts mit dem Unterricht (Fach, Thema) zu tun haben;
- ➔ bemühen sich zwar, entsprechend der Lehrervorgabe zu arbeiten, warten aber mit erstaunlichen Fragen, skurrilen Erklärungen, ungewöhnlich fehlerhaften oder ‚quer liegenden' Beiträgen auf;
- ➔ verfügen mehrheitlich nicht über die zur gewünschten Fortsetzung des Unterrichts erforderlichen Voraussetzungen;
- ➔ kritisieren (z.T. in ungewöhnlicher, gelegentlich origineller Art) den Unterricht;
- ➔ gefährden die Ordnung durch verspätetes Erscheinen, Arbeitsverweigerung, Nebentätigkeiten und sonstige Unaufmerksamkeit, ‚Zoff' untereinander, Streiche, Provokationen und Beleidigungen;
- ➔ arbeiten ungewöhnlich engagiert oder besonders lethargisch mit, so dass es entweder viel schneller oder viel langsamer als erwartet vorangeht;
- ➔ wollen nur mit bestimmten Schülern zusammenarbeiten bzw. auf keinen Fall zusammenarbeiten.

### 4.3.3 Der überraschte Lehrer — Empirische Unschärfen

Die obige Gruppierung von Auslösern unstetiger Entwicklungen ist ein erster Ordnungsversuch. Will man die Art und Weise, wie Lehrer solche überraschenden Unterrichtssituationen bewältigen, als Qualitätsmerkmal des Lehrerhandelns und damit als Gütekriterium von Unterricht genauer in den Blick nehmen, so sieht man sich mit Unschärfen konfrontiert, die bei der Analyse von Unterrichtsvorhaben nicht immer eindeutig geklärt werden können.

➔ **Woran erkennt man den überraschten Lehrer?**

Wie bei anderen Gefühlen auch ist die Überraschung im Unterricht eine subjektive Empfindung. Ein Unterrichtsbeobachter kann von außen nicht direkt feststellen, ob ein Lehrer überrascht ist. Er kann das allenfalls indirekt aus Indikatoren erschließen, wie z.B. der Gestik, Mimik und Körpersprache sowie anhand der unmittelbaren Reaktion, die ein Lehrer auf eine mutmaßliche Überraschung zeigt. Aber alle diese Indikatoren sind keinesfalls eindeutig. Wie unzuverlässig Versuche sind, auf die Überraschtheit eines Lehrers anhand von beobachtbaren Indikatoren zu schließen, belegen Videodokumenten eindrucksvoll. Z.B. macht ein Lehrer in einer Sachunterrichtsstunde (HUB 33 - siehe das Porträt auf S. 171) auf Betrachter des Videos einen souveränen Eindruck. Nach dem Unterricht bekannte der Lehrer, er sei schon zu Beginn überrumpelt von einem Schülerbeitrag, mit dem die Lösung viel zu schnell ‚verraten' wurde; er habe sich gefühlt, als sei „der Boden unter ihm weggezogen worden". Diese Äußerung steht in eklatantem Widerspruch zur ruhigen, anscheinend überlegten Art, wie der Lehrer auf diesen Schülerbeitrag eingeht. Solche nachträglichen Schilderungen von Lehrern können demnach mitunter zuverlässiger sein für die Beurteilung des Ausmaßes an Überraschtheit als die unmittelbare Beobachtung. Allerdings setzen solche Schilderungen voraus, dass die während des Unterrichts erlebte Überraschung für den Lehrer so prägnant war, dass sie hinterher noch erinnert werden kann. Das trifft auf viele kleinere Überraschungen nicht zu, denen Lehrer mit extrem kurzen Reaktionen (z.B. kaum bewussten Automatismen oder Routinen) begegnen.

➔ **Überraschungsängstlichkeit oder Überraschungsoffenheit als Grundhaltung**

Ob ein Ereignis für einen Lehrer überraschend ist, hängt nicht nur ab vom Ereignis selbst, sondern auch davon, welche Grundhaltung der einzelne Lehrer gegenüber unstetigen Entwicklungen einnimmt. Zwar gibt es Ereignisse, die wohl jeden Lehrer unangenehm überraschen dürften (der betrunkene Vater, der in den Klassenraum stürmt; der plötzliche, scheinbar unmotivierte Weinkrampf einer Schülerin; die hohe Stichflamme bei einem Schülerexperiment mit eigentlich ungefährlichen Chemikalien). Aber es gibt auch etliche Ereignisse, bei denen der Grad des Überraschtseins je nach Lehrer anders ausfällt. Während die Schüleräußerung über den ungerechten Gott im Arche-Noah-Beispiel (s. Seite 100) die Lehrerin geärgert hat, könnte dieselbe Bemerkung eine zweite zutiefst verunsichern, weil sie sich in der Bringschuld einer Erklärung sieht, die sie nicht parat hat, während eine dritte Lehrerin geradezu begeistert ist, dass ein Erstklässer eine so grundsätzliche Frage stellt, die auch viele Erwachsene bewegt.

Lehrer, die nicht dazu tendieren, sich von skurrilen, scheinbar nicht zum Thema gehörigen Schülerbeiträgen überrumpeln zu lassen, sondern tendenziell darauf eingestellt sind, solche Beiträge aufzugreifen, reagieren aus einer überraschungsoffenen Grundhaltung heraus. Sie sind neugierig auf ihre Schüler und nicht beleidigt, wenn diese anders reagieren, als erwartet. Solche Lehrer machen sich nicht zum Sklaven eines „erwarteten Schülerverhaltens", das bis heute in Unterrichtsentwürfen zu antizipieren ist. Überraschungsoffene Lehrer sind gespannt darauf, wie die Schüler ihre Unterrichtsvorschläge aufnehmen. Sie ‚lauern' auf ungewöhnliche Schülerideen und Fragen, anstatt Schüler ungeduldig in Richtung auf die von ihnen antizipierte, erwünschte Antwort zu drängen.

Es wäre wünschenswert, eine solche Haltung bereits in der Ausbildung anzubahnen, anstatt Referendare mit widersprüchlichen Anforderungen in eine Double bind — Situation zu bringen (siehe das Unterrichtsbeispiel „Improvisiertes Rollenspiel - gut oder schlecht?" auf S. 119).

### ➔ Die unterschiedliche Überraschungsanfälligkeit verschiedener Unterrichtskontexte

In welchem Ausmaß überraschende Ereignisse auf Unterricht durchschlagen, wie intensiv das Überraschungsmoment ist und welche Reaktionsmöglichkeiten für den Lehrer bestehen, ist auch abhängig von der didaktisch-methodischen Anlage des Unterrichts.

Generell dürfte ein lehrerzentrierter Frontalunterricht, bei dem der Lehrer die Fäden in der Hand zu halten beansprucht und der auf ein ganz bestimmtes Ergebnis zusteuern soll, den Reaktionsspielraum ungleich stärker einengen als ein differenzierender Unterricht. Beim Stationenlernen oder im Wochenplanunterricht wird es ein Lehrer bei vergleichbaren unerwarteten Ereignissen in der Regel leichter haben, darauf einzugehen, als bei einem ergebnisorientierten Unterrichtsgespräch mit allen Schülern.

Aber selbst im Frontalunterricht gibt es unterschiedliche Handlungsspielräume. Besonders klein sind sie, wenn die Gesprächsführung engmaschig erfolgt und auf ein bestimmtes Ziel hin ausgerichtet ist. Ungleich größer sind sie z.B. beim *neosokratischen Unterrichtsgespräch* nach Leonard Nelson oder beim *genetischen Unterricht* nach Martin Wagenschein.

Berufserfahrene Lehrer vermeiden es, sich durch eine allzu detaillierte Festlegung des Verlaufs in ein Korsett einzuschnüren, die ihre Reaktionsmöglichkeiten verringert. Mit zunehmender Unterrichtserfahrung legen sie vorab nur wenige Details fest und lassen bei ihrer – in der Regel nur gedanklichen – Antizipation des Stundenverlaufs viel mehr *planerische Leerstellen* und *Grauzonen* (vgl. S. 138) offen, als das Berufsanfängern möglich ist. Sie können das, weil sie – im Gegensatz zu Anfängern – recht sicher sind, dass es ihnen in der Situation schon gelingen wird, das Richtige zu sagen oder zu tun, auch wenn es abseits ihrer Erwartungshaltung liegt.

➔ **Unvorhergesehene Planänderung oder schon vorher eingeplante Abweichung**

Ein externer Beobachter kann nicht immer zweifelsfrei entscheiden, ob ein Lehrer eine auf den ersten Blick vom Entwurf nicht abgedeckte Unterrichtsentwicklung spontan vorgenommen hat oder ob er sie insgeheim schon mit eingeplant hat. Im einen Fall wird ein Lehrer ganz unvorhergesehen einen thematischen Exkurs aufgrund einer überraschenden Schülerfrage dulden, auch wenn dieser erstmal vom eigentlichen Stundenthema wegführt.

In einem vergleichbaren Fall liegt dieser Exkurs im Kopf des Lehrers schon als „Plan B" bereit, weil er die Möglichkeit antizipiert hat, dass ein Schüler eine solche abwegige Frage stellen könnte. In einem dritten Fall wird ein Lehrer diese Frage womöglich durch eigene Impulse provozieren, so dass er vorher schon fast sicher sein kann, dass Plan B zum Einsatz kommen wird (s. Kasten „Die eingeplante Abweichung vom geplanten Verlauf").

---

Unterrichtsbeispiel „Die eingeplante Abweichung vom geplanten Verlauf"

„Ein Bekannter von mir, der für seine Lehrprobe unbedingt einen besonderen Effekt brauchte, hatte eine originelle Idee. Er schrieb einen brillianten ENTWURF, nahm sich aber insgeheim vor, sich nicht an die darin beschriebene Folge von Unterrichtsschritten zu halten, sondern von einem bestimmten Punkt an einen ganz anderen, aber mindestens ebenso guten Weg einzuschlagen. Dies bereitete er sorgfältig vor, und so gelang es ihm ohne Schwierigkeit, nachdem die erste Hälfte der Stunde entwurfskonform gelaufen war, jene erhoffte (aber "offiziell" natürlich unerwartete) Schülerreaktion zu provozieren, die es ihm ermöglichte, das Steuer herumzureißen und die Stunde nach seinem Geheimplan zu beenden. In der anschließenden Besprechung erläuterte er dann sehr überzeugend, warum er es für notwendig angesehen hatte, vom ENTWURF abzuweichen. Jedermann lobte sein didaktisch-methodisches Fingerspitzengefühl, seine Flexibilität und sein sicheres Reaktionsvermögen..."

aus: Klaus Schaefer (1985): "So schaffen Sie den Schulalltag" S. 28

### 4.3.4 Bedingungsanalyse unstetiger Unterrichtssituationen

In der Lehrerausbildung werden Abweichungen vom Entwurf tendenziell eher als ungünstig bewertet.

Ausbilder suchen die Ursache von Abweichungen vorzugsweise in Mängeln bei der Vorbereitung und Ungeschicklichkeiten bei der Umsetzung. Diese Suche ist in vielen Fällen auch erfolgreich, denn fehlerhafte Vorplanung und Schnitzer bei der Umsetzung sind bei Anfängern die Regel.

➔ **Vermeidbare Überraschungen aufgrund handwerklicher Schnitzer des Unterrichtenden**

Viele letztlich unerfreuliche Ereignisse können recht eindeutig auf solche Schwächen im Entwurf und / oder Fehler bei dessen Umsetzung zurückgeführt werden.

**Mängel im Entwurf**, die nahezu unausweichlich zu unerwarteten und unerfreulichen Verwicklungen während des Unterrichts führen, sind z.B.
- ein nicht zielführender Unterrichtsaufbau (unrealistische Zeiteinteilung, ungeeignete Methoden)
- ein vage durchdachter Arbeitsauftrag
- Fehler auf dem Arbeitsblatt
- eine Medienüberfrachtung

Auch **Fehler bei der Umsetzung im Unterricht** lösen oft unweigerlich ungünstige Entwicklungen aus, von denen der Unterrichtende dann überrascht wird, obwohl er sie selbst verursacht hat; z.B.
- eine zu leise oder zu laute Stimme
- eine unleserliche oder unübersichtliche Tafelanschrift
- ein ungenau gestellter Arbeitsauftrag
- mangelndes Zeitgefühl
- irritierende Gestik und Mimik
- Nichtaufgreifen von Schülerbeiträgen

Solche handwerklichen Schnitzer sind typische Novizen-Probleme angehender Lehrer. Sie werden von Ausbildern meist relativ leicht entdeckt, sind häufiges Thema bei Unterrichtsnachbesprechungen und werden in der Ausbildungszeit nach und nach behoben.

Das Aufdecken solcher Schwachstellen bei der Planung und Durchführung von Unterricht ist notwendig, nährt jedoch ungünstiger Weise die Illusion, jedwede Überraschung im Unterricht sei vermeidbar und könnte durch penible Vorplanung vermieden werden.

Aber viele überraschende Entwicklungen sind selbst für berufserfahrene Lehrer bei gründlichster Vorbereitung nicht vorhersehbar. Auch bei strengster Betrachtung können sie nicht auf individuelle Schwächen des Unterrichtenden zurückgeführt werden. Die Ursachensuche allein auf Fehler des Unterrichtenden zu beschränken, wird der generellen Anfälligkeit von Unterricht für Unstetigkeit nicht gerecht, denn so werden zwei ursächliche Faktoren übersehen, die dem Unterrichtenden nicht anzulasten sind.

→ **Überraschungen aufgrund von Mängeln im Unterrichtskonzept**

Nicht so leicht aufzudecken und ungleich schwerer zu beheben sind Mängel im Konzept, die erst im Unterricht offenbar werden. Solche konzeptionelle Schwächen treffen nicht nur angehende Lehrer, sondern schlagen auch durch auf den Unterricht berufserfahrener Lehrkräfte. Nicht wenige Unterrichtskonzepte, für die in der schulpädagogischen und fachdidaktischen Literatur extensiv geworben wird, haben Schwachstellen, die kontraproduktiv für ihre erfolgreiche Umsetzung sind; z.B.:

- Beim Schriftspracherwerb nach dem Ansatz *Lesen-Durch-Schreiben* ist die Anlauttabelle für Migrantenkinder mit nicht-deutschsprachigem Hintergrund meist verwirrend und letztlich nutzlos (vgl. Brinkmann 1998).
- Schülerexperimente im naturwissenschaftlichen Unterricht sollen selbstständiges Problemlösen fördern, müssen aber mit so strikten Vorgaben konzipiert und vorbereitet werden, dass die Selbstständigkeit zwangsläufig auf der Strecke bleibt (vgl. Mühlhausen 2008 b).
- Wagenscheins auf dem Papier überzeugende *genetisch-sokratisch-exemplarische Methode* setzt Bedingungen voraus, die im Schulalltag in der Regel nicht erfüllt werden können (vgl. Engelbrecht 2003).
- Fremdsprachlicher Grammatikunterricht ist kaum vereinbar mit einer Förderung kommunikativer Kompetenz, auch wenn einige fachdidaktische Konzepte Gegenteiliges versprechen (vgl. Mühlhausen 2008 b).

→ **Überraschungen aufgrund unvermeidlicher Friktionen**

Auch berufserfahrene Lehrer sind mit Phänomenen von Unstetigkeit konfrontiert, die weder mit dem Entwurf/Konzept noch mit dessen Umsetzung zu tun haben. Fünf unvermeidliche Friktionen garantieren, dass Unterricht selbst bei bester Vorbereitung und bewährtem Konzept nicht reibungslos verläuft (ausführlicher dazu Mühlhausen 2008a, Kapitel 4; 41f.):

## 4 UNSTETIGKEIT ALS KONSTITUTIVES MERKMAL VON UNTERRICHT

**\* Friktionen aufgrund von Zielirritationen**

Unterricht soll unterrichtsfachliche und fachübergreifende Ziele in Hinblick auf ganz verschiedene Ebenen und Dimensionen anstreben. Diese Vielfalt von Zielen lässt sich nicht immer harmonisch miteinander vereinbaren, vielmehr müssen Lehrer divergierende Anforderungen berücksichtigen. Diese latente Zielkonkurrenz kann während des Unterrichts ganz plötzlich manifest werden aufgrund unerwarteter Anlässe (eine Regelverletzung / ein Konflikt während des Unterrichts / eine unerwartete Assoziation). Dann muss ein Lehrer blitzschnell entscheiden, welches Ziel Priorität hat. Diese situative Zielkonkurrenz ist nicht selten verbunden mit Auslegungsunsicherheit, denn in der Unterrichtssituation kann es schwierig sein, das Potenzial von Zielperspektiven auszuloten.

**\* Friktionen aufgrund von Missverständnissen in der Kommunikation**

Unterricht ist besonders anfällig für Missverständnisse. Nicht nur Schülern, gelegentlich auch Lehrern misslingt es, eigene Gedanken verständlich auszudrücken und Äußerungen Anderer so zu interpretieren, wie vom Sprecher gewünscht. Das Ausräumen von Missverständnissen ist mühsam und beansprucht unvorhergesehen einen erheblichen Teil der Unterrichtszeit.

**\* Friktionen aufgrund von ‚Sperrigkeit' der Schüler gegen von außen initiierte Veränderungen**

Sperrigkeit äußert sich zum einen als Reaktanz von Schülern gegenüber unvermittelten, nicht nachvollziehbaren Anforderungen. Schüler haben einen eigenen Willen und sind durchaus nicht immer und nicht um jeden Preis bereit, sich verändern zu lassen. Sie verweigern sich, mal subversiv, mal mit gezielter Konfrontation. Günstigenfalls verlangen sie nachvollziehbare Begründungen, warum sie bestimmte Inhalte in festgelegter Weise lernen sollen. Gelegentlich wollen sie darüber mitbestimmen, ob und wie sie erzogen und gebildet werden – und vor allem wie nicht.

Zum anderen äußert sich die Sperrigkeit der Lernenden aufgrund von nicht ‚anschlussfähigen' Denkgewohnheiten und Vorerfahrungen. Schüler haben zu vielen Unterrichtsthemen bereits eigene Sichtweisen. Darauf einzugehen, wäre für erfolgreichen Unterricht unabdingbar, weil – so eine didaktische Binsenweisheit – Vermittlungsbemühungen, die nicht an Vorhandenem anknüpfen, fruchtlos sind. Ein solches Anknüpfen an Denkgewohnheiten und Vorerfahrungen der Lernenden wird zwar in fast allen Didaktikkonzepten gefordert (Girg 1994), aber Lehrern fällt es aus verschiedenen Gründen schwer, darauf einzugehen. Gelegentlich erweisen sich die Vorerfahrungen als so unzulänglich (aus Lehrersicht), dass es Lehrern kaum möglich erscheint, sie aufzugreifen, ohne die Fortführung des Unterrichts zu gefährden. Die Varianz von Deutungsmustern und Meinungen innerhalb einer Klasse kann derart ausgeprägt sein, dass es mehrerer thematisch-methodischer Stränge bedürfte, auf sie einzugehen. Und manchmal ist es nicht einmal möglich, überhaupt herauszubekommen, was Schüler sich vorstellen, weil sie Schwierigkeiten haben, ihre Vorstellungen zu artikulieren (s. Friktion 2 „Missverständnisse in der unterrichtlichen Kommunikation").

* **Friktionen aufgrund von ‚Sperrigkeit' des Unterrichtsgegenstands**

Lehrer/innen sind nicht immer die Experten für „ihr" Fach, die sie gern wären – oder für die sie sich halten. Ihr fachliches Wissen ist lückenhaft, fragil und nach der Ausbildung schnell überholt. Ihr eigenes Studium liegt z.T. lange zurück, dort haben sie den sog. Stand der Wissenschaft allenfalls exemplarisch gestreift. Und Wissenschaft schreitet fort, verändert ihre Theorien. Wissenschaftler sind sich innerhalb ihrer Disziplin durchaus nicht immer einig. Entsprechend gibt es auch bei einigen Unterrichtsgegenständen keine allgemein akzeptierten Lösungen.

* **Friktionen aufgrund von ‚Sperrigkeit' des Unterrichtenden gegen seine Instrumentalisierung**

Lehrer/innen sind nicht immer ‚Herr/Frau des Geschehens', sondern haben zeitweise arge Probleme damit, die während des Unterrichts entstehende, schwer durchschaubare Gemengelage im Blick und erst recht im Griff zu behalten. Sie sind nicht immer gut vorbereitet, sondern treten mit ‚Mut zur Lücke' an. Sie kommen häufiger, als ihnen lieb, ist an die Grenzen ihrer Belastbarkeit. Sie sind durch die Gleichzeitigkeit von Ereignissen überfordert, haben schlechte Laune – kurz: Sie stehen sich selbst im Weg.

Diese vier idealtypisch gut unterscheidbaren Faktoren greifen gelegentlich ineinander, so dass eine eindeutige Zuordnung einer unstetigen Entwicklung zu einer Friktion nicht immer möglich ist. Das Beispiel im Kasten „Folgenreiche Notlüge" handelt von einem Lehrer, der sich beim Versuch, eine unerwartet brilliante, aber nicht zu seinem Konzept passende Schüleridee aufzufangen, selbst eine Grube gräbt, aus der er nicht mehr herauskommt.

# 4 UNSTETIGKEIT ALS KONSTITUTIVES MERKMAL VON UNTERRICHT

> **Unterrichtsbeispiel „Folgenreiche Notlüge"**
>
> In HUB 33 (veröffentlicht auf der Begleit-DVD zu Mühlhausen 2008c) soll ein rätselhaftes Phänomen im Sinne Martin Wagenscheins zum Nachdenken und zu einem vom Lehrer möglichst wenig beeinflussten Gespräch über die Wirkungsweise des versteckten Mechanismus anregen: Aus einem Karton, an dem oben durch einen Trichter Wasser geschüttet wird, läuft an einem seitlichen Abfluss Apfelsaft heraus. Schon vom ersten Beitrag einer Schülerin wird der Lehrer überrumpelt, weil ihre unerwartet brilliante und für die Mitschüler einleuchtende Idee so früh kommt, dass der Fortgang des Gesprächs gefährdet zu sein droht. Er reagiert mit einer Notlüge, die zur Folge hat, dass eine zweite, falsche Vermutung alsbald von fast allen Schülern als plausibel angesehen wird. Das anfangs große Interesse erlischt schlagartig, die Schüler weigern sich, über das Phänomen weiter nachzudenken. Mit seiner Intervention hat er genau das Gegenteil von dem erreicht, was er sich als Leitziel für dieses Unterrichtsvorhaben vorgenommen hatte.

Nach Möglichkeit sollten bei der Analyse unstetiger Unterrichtssituationen diese vier für Unstetigkeit ursächlichen Faktoren auseinander gehalten werden, weil sie ganz unterschiedliche Konsequenzen nach sich ziehen.

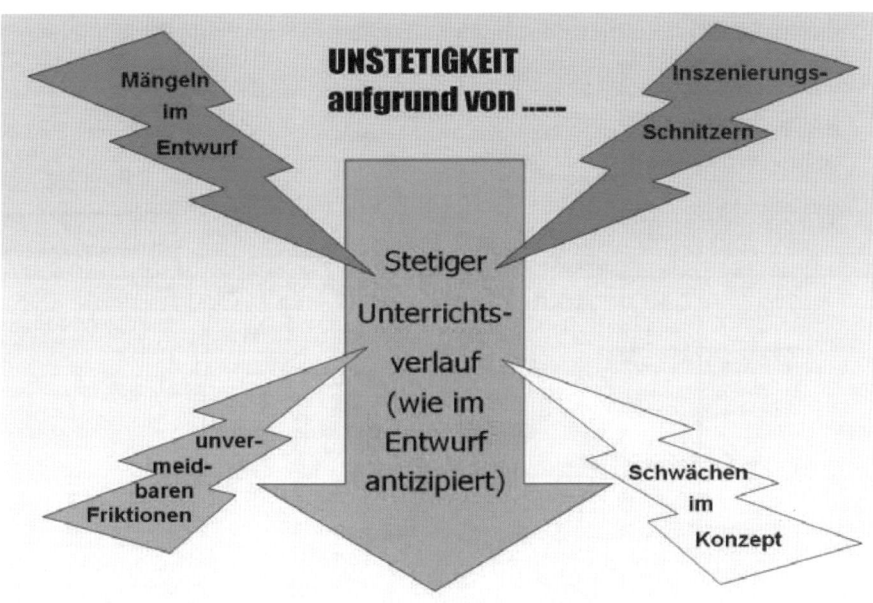

Abb. 6: Woraus resultieren unstetige Unterrichtssituationen?

115

Mängel im Entwurf und Schnitzer bei der Umsetzung sind für erfahrene Ausbilder leicht zu erkennen und können in der Ausbildung so angesprochen werden, dass es den meisten Berufsanfängern nach und nach gelingt, sie zu vermeiden. Unstetige Entwicklungen, die aus Schwächen im Konzept resultieren, sind weniger offensichtlich und können während des Unterrichts ungleich schwerer aufgefangen werden. Verhindert werden können sie nur durch Änderungen im Konzept oder — falls das nicht gelingt — durch einen zukünftigen Verzicht auf das Konzept. Unvermeidbare Friktionen begleiten Lehrer ihr Berufsleben lang, sind am schwierigsten zu handhaben und provozieren die unterschiedlichsten Reaktionstendenzen. Sie genauer in den Blick zu nehmen, ist ein Desiderat der Unterrichtsforschung und ein Versäumnis der Lehrerbildung.

## 4.4 Wie bewältigen Lehrer unstetige Unterrichtssituationen? Widersprüchliche empirische Befunde und Erklärungsansätze

In der Unterrichtsforschung ist das Lehrerhandeln in unstetigen Situationen weitgehend unterbelichtet. Die wenigen empirischen Studien in den letzten 40 Jahren vermitteln ein uneinheitliches, extrem widersprüchliches Bild (vgl. Abbildung 7 nach Mühlhausen 2008a).

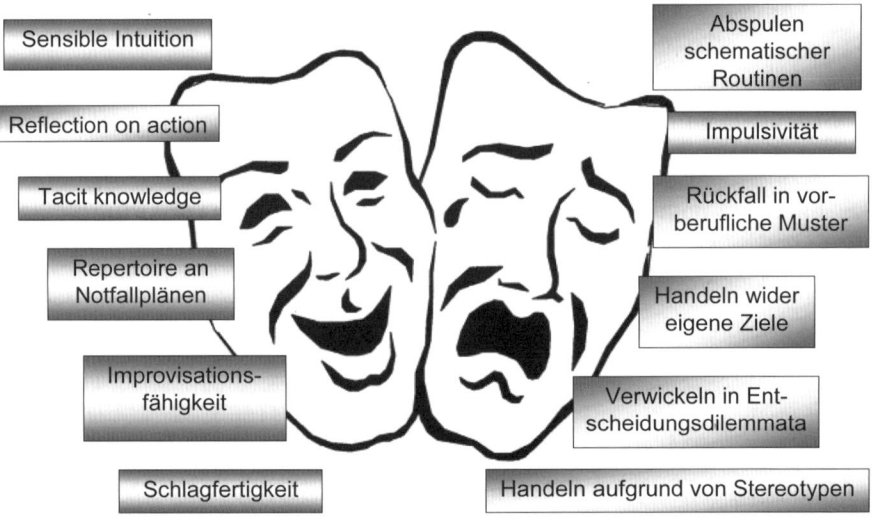

Abb. 7: Kontroverse Forschungsbefunde zu Lehrerreaktionen in unstetigen Situationen

## 4 UNSTETIGKEIT ALS KONSTITUTIVES MERKMAL VON UNTERRICHT

In einigen Studien wird behauptet, Lehrer würden in unerwarteten Situationen generell pädagogisch unangemessen agieren. Dabei werden ganz verschiedene defizitäre Reaktionstendenzen als vorherrschend unterstellt:
* stereotypes Reagieren aufgrund von Vorurteilen
* Abspulen von schematischen Routinen
* impulsiv-genervte Reaktionen mit latent aggressivem Unterton
* Entscheidungsunfähigkeit aufgrund zirkulärer und letztlich erfolgloser Suche nach Lösungsmöglichkeiten
* Zurückfallen auf biographisch erlernte, defizitäre Konfliktbewältigungsmuster

Andere Studien stellen dagegen heraus, Lehrer seien gerade bei Überraschungen hochsensibel für die Besonderheit der Situation. Sie würden dann intuitiv das Richtige machen, könnten aus einem Repertoire von Reserveplänen auf den jeweils günstigsten zurückgreifen, seien fähig zur Improvisation oder würden solche Situationen gewitzt und schlagfertig bewältigen.

Die in den meisten Studien vorgenommenen Verallgemeinerungen sind mit Vorsicht zu genießen, da sie auf einer äußerst schmalen empirischen Grundlage beruhen; mitunter handelt es sich um ausschließlich spekulative Annahmen ohne jeden empirischen Beleg. Fragwürdig ist zudem die undifferenzierte, pauschale Wertung dieser Reaktionstendenzen als entweder durchgängig negativ oder durchgängig positiv. Gegenbeispiele sind leicht zu finden. Videostudien wie die *Hannoveraner Unterrichtsbilder* belegen, dass die meisten positiven wie negativen Reaktionstendenzen im Unterrichtsalltag anzutreffen sind. Vorrangige Tendenzen sind dabei nicht festzustellen. Nicht selten reagiert sogar dieselbe Lehrkraft in derselben Stunde mal angemessen, mal defizitär (ausführlicher dazu: Mühlhausen 2008a, Kapitel 5 und 6).

Die Disparität der Ergebnisse resultiert daraus, dass in fast allen Studien ausgehend von unterschiedlichen pädagogischen und psychologischen Grundannahmen nur jeweils eine favorisierte Reaktionstendenz beachtet wird, während andere gar nicht erst nicht berücksichtigt werden. Eine Diskussion eigener Ergebnisse mit Blick auf andere Ansätze und Ergebnisse ist die Ausnahme. Die Disparität der Ergebnisse ist auch auf die Varianz der Untersuchungsmethoden zurückzuführen, die allesamt jeweils für sich genommen der Komplexität der Fragestellung nicht gerecht werden können. Ein dritter Grund dürfte in der nur sehr geringen Anzahl untersuchter Stunden bzw. Lehrkräfte liegen, die eigentlich keine Verallgemeinerungen erlaubt. Und nicht zuletzt resultiert die Disparität der Ergebnisse daraus, dass die verschiedenen Einschätzungen darüber, ob die jeweils in den Blick genommene Reaktionstendenz pädagogisch eher fragwürdig oder eher angemessen ist, auf unterschiedlichen Kriterien beruht.

Die Ergebnisse haben demnach nur den Status vorläufiger Hypothesen — further research is needed!

Zwei bemerkenswerte Zwischenergebnisse dürften für die zukünftige Forschung von besonderem Interesse sein:

* Lehrer agieren in unstetigen Situationen offenbar nicht nur auf der Grundlage bewusster, planvoller, durchdachter Entscheidungen. Sie zeigen auch Reaktionsweisen, die eher den Anschein eines quasi reflexartigen, automatischen und impulsiven Reagierens vermitteln, bei dem die bewussten Sphären des Großhirns nicht beteiligt zu sein scheinen. Die meisten dieser eher unbewusst ablaufenden Reaktionen scheinen pädagogisch eher fragwürdig zu sein (schematische Routine; impulsiv-aggressive Reaktionen; Stereotypien). Andererseits gibt es wohl auch schnelle Reaktionen, mit denen Lehrer einen pädagogisch angemessenen Ausweg aus verzwickten Reaktionen finden, ohne darüber länger nachdenken zu müssen (tacit knowledge; Schlagfertigkeit).

* Berufserfahrung ist kein Garant für angemessenes Reagieren. Auch erfahrene Lehrer sind nicht vor pädagogisch fragwürdigen Reaktionen gefeit. Gelegentlich reagieren sie selbst in solchen Situationen inakzeptabel, die sie eigentlich nicht mehr überraschen sollten, weil sie ständig auftreten: Schüler, die stören, nicht wie gewünscht arbeiten oder wiederholt falsch antworten, sind nicht selten Auslöser für unprofessionelle Reaktionen: Der enttäuschte Lehrer ist verärgert und reagiert mal mit subtilem Sarkasmus, mal mit unterschwelliger Aggression. Offensichtlich hat berufliche Erfahrung nicht nur positive Seiten, sondern es gibt so etwas wie eine „deformation professionelle", die sich mit langjähriger Unterrichtstätigkeit einstellen kann.

## 4.5 Unstetige Unterrichtssituationen als Lernchancen

Sind überraschungsbedingte Abweichungen vom geplanten Ablauf per se ungünstig? Ist Unterricht schon deshalb schlecht, weil der ursprüngliche Plan nicht eingehalten werden kann? In der Lehrerausbildung scheint der Unterrichtsentwurf noch immer eine Art Vertrauensschutz zu genießen, so dass angehende Lehrer sich zwar bei Abweichungen rechtfertigen müssen, nicht aber dafür, einen Entwurf ohne größere Abweichungen umgesetzt zu haben. Aber ist eine ‚entwurfsnahe' Umsetzung schon ein Wert an sich?

## 4 UNSTETIGKEIT ALS KONSTITUTIVES MERKMAL VON UNTERRICHT

Wie wertvoll ist der ursprüngliche Plan? Wie vertretbar ist es, ihn aufzugeben? Darüber lässt sich trefflich streiten. Möglicherweise ist die Abweichung vom Entwurf ein Gewinn, weil der Entwurf selbst grobe Schnitzer enthält, die bei seiner Umsetzung gleich ausgebügelt werden. Denkbar ist auch, dass ein überraschender Schülerbeitrag zu einem alternativen Verlauf veranlasst, der pädagogisch wertvoller als der ursprünglich geplante ist, weil bildungswichtige Ziele mit ihm verfolgt werden können, die im Entwurf überhaupt nicht anvisiert waren.

> **Unterrichtsbeispiel „Improvisiertes Rollenspiel — gut oder schlecht?"**
> Lehrerausbildung 2010: Bei einer Tagung berichtet eine Referendarin dem Autor von einer Vorführstunde, in der sie von ihrer Planung abgewichen sei, um auf einen originellen Schülerbeitrag mit einem kleinen Rollenspiel einzugehen. Die Zeit für das improvisierte Rollenspiel fehlte später für die Bearbeitung einer Aufgabe, so dass ein hierfür im Entwurf ausgewiesenes Lehrziel nicht erreicht werden konnte. Das wurde der Referendarin von der hospitierenden Fachleitung hinterher angekreidet. Auf die Frage der Referendarin, ob sie denn das Rollenspiel besser hätte weglassen sollen, bekam sie als Antwort: Nein, das sei durchaus günstig gewesen!

Auch wenn überraschende Entwicklungen Lehrer oft auf dem falschen Fuß erwischen und dann als störend empfunden werden, sind sie nicht per se ungünstig. Es kommt darauf an, um welche Art von Überraschung es sich handelt und was ein Lehrer daraus macht.

Unstetige Unterrichtssituationen bieten in doppelter Hinsicht Lernchancen, die leicht übersehen werden, wenn ‚Planerfüllung' die oberste Maxime ist. Viele Überraschungen, die auf den ersten Blick ungünstig erscheinen, bieten zum einen auf mittlere Sicht Lernchancen für den/die Unterrichtende/n. Zum anderen können zunächst unangenehme Überraschungen noch während des Unterrichts bildungswirksames Lernen initiieren, wenn sie unmittelbar als Lernanlässe für fachübergreifende Ziele genutzt werden.

### ➜ Unstetige Unterrichtssituationen: Lernchancen (nicht nur) für angehende Lehrer

Zwar können unangenehme Überraschungen während des Unterrichts nicht mehr ungeschehen gemacht werden, aber sie bieten Anlässe zur Reflexion nach dem Unterricht. Ein Durchdenken einer als ungünstig empfundenen Situation kann zur Klärung beitragen, was ihr Zustandekommen begünstigt, wenn nicht gar verursacht hat. Darauf wird man dann beim nächsten Mal besser eingestellt sein.

So werden beispielsweise Arbeitsaufträge von angehenden Lehrern oft nicht mit der nötigen Präzision gestellt, so dass alsbald die berühmte Schülerfrage „Und was sollen wir jetzt machen?" im Raum steht. Wenn angehende Lehrer/innen Gelegenheit erhalten, hinterher im Video zu betrachten, wie unvollständig sie ihren Arbeitsauftrag gestellt haben, können sie die Schwachstellen selbst entdecken. Das wirkt nachhaltig und sie werden darauf achten, den nächsten Arbeitsauftrag sorgfältiger zu formulieren.

Auch Schülerkritik am Unterricht, die man in der Stunde nur ungern zur Kenntnis nimmt, kann langfristig zur Verbesserung des eigenen Unterrichts genutzt werden (Kasten „Mit dem Rücken zur Tafel").

---

**Unterrichtsbeispiel „Mit dem Rücken zur Tafel"**

Auf originelle Weise erfährt eine Deutschlehrerin, was die Schüler/innen ihrer 10. Klasse an ihrer Unterrichtsgestaltung auszusetzen haben:
"Beim Betreten des Klassenraums fiel mir sofort die ungewöhnliche Sitzordnung auf. Die Schüler hatten ihre Tische umgedreht und saßen mit dem Rücken zur Tafel. Auf meine Frage nach dem Sinn dieser Sitzordnung antworteten die Schüler, dass sie wenigstens einmal eine Stunde ohne den Einsatz der Wandtafel erleben möchten."
Im Nachhinein hat diese charmante Kritik die Lehrerin zur Erweiterung ihres methodisch-medialen Repertoires veranlasst.

---

Gelegentlich nehmen Lehrer im Nachhinein eine Umbewertung vor. Z.B. wurde während des Unterrichts eine ‚quer liegende' Schülerfrage als störend empfunden, weil es nicht gelang, sie aufzugreifen. Nachträglich erscheint diese Frage aber als bereichernder Impuls. Zwar hat man deren Potenzial in dieser Unterrichtsstunde nicht genutzt, wird aber zukünftig in vergleichbaren Situationen bei ähnlichen Fragen darauf eingestellt sein, sie aufzugreifen.

➔ **Unstetige Unterrichtssituationen: Lernchancen für bildungswirksamen Unterricht**

Etliche überraschende Ereignisse können als Lernanlass für zentrale fachübergreifende Ziele genutzt werden:

- Anlässlich eines Konflikts im Unterricht wird gemeinsam nach einer angemessenen Konfliktlösung gesucht.
- Eine Regelverletzung wird zum Anlass genommen, über den Sinn von Regeln und Konsequenzen aus Regelverstößen zu sprechen.
- Nach einem „verschlampten" Klassendienst wird über die Bedeutung von Verantwortlichkeiten nachgedacht.
- Eine zotige Bemerkung bietet Anlass für ein Gespräch über fragwürdige bzw. erwünschte Wertvorstellungen und Haltungen.

Fragen dieser Art stehen im Unterricht eher selten explizit als Thema auf dem Plan, sondern müssen mit Fingerspitzengefühl immer dann behandelt

## 4 UNSTETIGKEIT ALS KONSTITUTIVES MERKMAL VON UNTERRICHT

werden, wenn die Situation es gerade erfordert. Dann sehen sich Lehrer/innen adhoc genötigt, darauf erst einmal einzugehen und ihr unterrichtsfachliches Anliegen später fortzusetzen. Solche Unterrichtsgespräche zielen auf eine Persönlichkeitsbildung als Kern des schulischen Bildungsauftrags. Daher müssten Lehrer sich eigentlich durch den schulischen Bildungsauftrag ermutigt fühlen, in überraschenden Situationen von ihrem ursprünglichen fachlichen Vorhaben zunächst abzusehen und auf die plötzlich auftauchenden, strittigen Fragen einzugehen. Wie ausführlich, das kann jeweils nur situativ entschieden werden. Gerade dann besteht die Chance, dass Unterricht in der vom Gesetzgeber gedachten Weise bildungswirksam wird, weil aus aktuellem Anlass diskutiert wird über Vorurteile, über Toleranz und ihre Grenzen, über die Notwendigkeit von Regeln und vieles mehr.

Nicht zwangsläufig ist es schlecht, wenn eine erwartungswidrige Entwicklung den Lehrer dazu veranlasst, den ursprünglichen Plan erst einmal auszusetzen oder sogar ganz aufzugeben. Zwar ist während des laufenden Unterrichts schwer abzuschätzen, ob ein unerwartetes Ereignis pädagogisches Potenzial hat und daher verdient, aufgegriffen zu werden. Aber das ist noch lange kein Grund dafür, die ‚Planerfüllung', das Durchdrücken eines einmal gefassten Plans um jeden Preis, vorzuziehen und zum Maßstab für gelungenen Unterricht zu machen.

### 4.6 Angemessen reagieren in unstetigen Unterrichtssituationen: übersehenes Merkmal von Unterrichtsqualität

Unstetige Unterrichtssituationen erfordern ein schnelles Reagieren mit Fingerspitzengefühl (Herbart: „Pädagogischer Takt"). Prägnant formuliert hat das der kanadische Erziehungswissenschaftler van Manen (1995, 68) in seiner Interpretation des Taktbegriffs von Herbart:

> *„Die Substanz des pädagogischen Handelns vollzieht sich auf dem Niveau des Augenaufschlags." (Max van Manen, 1995)*
>
> Situationen, in denen Lehrer schnell und ohne ‚Planvorgabe' reagieren müssen, haben für die pädagogische Interaktion eine ganz besondere Bedeutung, weil der Lehrer den Schülern dort gleichsam unmaskiert gegenübertritt. Seine Grundhaltung, sein Berufsverständnis, sein Schülerbild und Selbstbild werden unverstellt sichtbar. Wie Lehrer in solchen Situationen reagieren, ist oft folgenreich für die zukünftige Lehrer-Schüler-Beziehung. Daher sollte der Bewältigung unstetiger Unterrichtssituationen in der Lehreraus- und Lehrerfortbildung mehr Beachtung geschenkt werden.

Diese konkrete pädagogische Dimension der Unterrichtstätigkeit würde jedoch meist übersehen, weil Unterricht vorwiegend im Hinblick auf längerfristige Verfahren, d. h. Konzepte analysiert werde.

Bislang ist dieser Aspekt des Lehrerhandelns in der Aus- und Fortbildung unterbelichtet. Auch für Didaktik und Fachdidaktik sind Fragen dieser Art irrelevant, weil die Konstruktion von Konzepten im Zentrum des Interesses steht, nicht deren Realisierung in den Niederungen des schulischen Alltags. Eine ‚Konstruktionsperspektive' präfixiert den unterrichtsanalytischen Blick auf längerfristige Konzepte und Methoden. Die blitzschnellen Reaktionen in unstetigen Unterrichtssituationen „auf dem Niveau des Augenaufschlags" (van Manen) bleiben zumeist unbeachtet. Sie könnten, selbst wenn das gewollt wäre, schon deshalb nicht thematisiert werden, weil die Vielzahl unstetiger Entwicklungen im Verlauf einer Stunde die Wahrnehmungs-, Erinnerungs- und Protokollierungskapazität von Unterrichtenden und Beobachtern hoffnungslos überfordert. Ohne Videofeedback sind die meisten solcher Ereignisse bereits unmittelbar nach der Stunde ‚entglitten'. In den üblichen Besprechungen nach Unterrichtsversuchen und Lehrproben werden solche Entwicklungen allenfalls sporadisch, zufällig und auf der Grundlage unzureichender handschriftlicher Notizen angegangen. Für anspruchsvolle Bedingungsanalysen unstetiger Unterrichtssituationen, bei denen die in Abschnitt 4.3.4 herausgearbeiteten, potentiell ursächlichen Faktoren in ihrer Wechselwirkung zueinander in den Blick genommen werden, fehlt es zudem an organisatorischen und seminardidaktischen Voraussetzungen.

Solange die Lehrerbildung es versäumt, Lehrer/innen systematisch darauf vorzubereiten, mit unstetigen Unterrichtssituationen pädagogisch angemessen umzugehen, bleibt es dem Zufall und/oder dem autodidaktischen Geschick der einzelnen Lehrkraft überlassen, ob sie sich individuell damit auseinandersetzt. Das kann im Einzelfall zu einer durchaus eindrucksvollen Selbstschulung führen (s. „Mit Unstetigkeit umgehen lernen — Die harte Schule"). Das kann aber auch im Schlendrian enden (Herbart lässt grüßen).

---

*Mit Unstetigkeit umgehen lernen — Die harte Schule*

In seinem autobiographischen Roman „Teacher man" (2005; auf deutsch „Tag und Nacht und auch im Sommer: Erinnerungen" 2008) erzählt der spätere Pulitzer-Preis-Gewinner Frank McCourt von seiner fast 40-jährigen Tätigkeit als Englischlehrer an diversen New Yorker Highschools und Colleges. Bereits in seiner allerersten Stunde wird er unangenehm überrascht von einem durch den Klassenraum fliegenden Sandwich. Auf „flying-sandwich-situations" hat ihn seine Lehrerausbildung nicht vorbereitet (wie auf so vieles nicht, was noch folgen wird) und so ist sein Versuch, diese Situation zu klären, nicht ganz günstig: Er nimmt das Sandwich vom Boden auf, hält es erst unsicher in der Hand, beißt in einer Art Übersprunghandlung hinein, ist angetan vom Geschmack und isst es dann vor den Augen der verblüfften Schüler genüsslich auf. Die Schüler sind ob dieser Problemklärung schwer beeindruckt — ungünstiger Weise hatte aber der Schulleiter an der Tür gelauscht und ermahnt seinen neuen Lehrer, er solle doch bitte die Pause zum Frühstücken nutzen, schließlich werde das auch von den Schülern verlangt; zudem gäbe er ein schlechtes Vorbild.

In der Folgezeit erlebt Lehrer McCourt noch viele weitere unstetige Situationen, die er zunächst verärgert und hilflos durchgehen lassen muss; z.B. von Schülern mit nur mäßiger Anstrengung gefälschte Entschuldigungszettel, die demonstrative Unlust an englischer Grammatik, das Desinteresse an den klassischen Werken Shakespeares. Nach und nach lernt er, auf derartige Ärgernisse mit ungewöhnlichen Ideen einzugehen und sie für seinen Unterricht gewinnbringend aufzugreifen.

Von der Gewitztheit und vom Improvisationsgeschick Frank McCourts können sich angehende wie auch praktizierende Lehrer/innen einiges abschauen. Solange sich die Aus- und Fortbildung für die Förderung von Improvisationsfähigkeit nicht zuständig sehen, gibt dieser ‚Unstetigkeits-Autodidakt' Anregungen zum amüsanten Selbststudium.

# 5 Unterrichtsqualität in ganzheitlicher Sicht

Unterricht changiert immer zwischen vorarrangiertem Entwurf und situativer Unwägbarkeit. Unterrichtserfolg kann prinzipiell nicht allein im Voraus mittels konzeptioneller Strukturierung sichergestellt werden. Jedes Konzept ist ‚auslegungsbedürftig', d.h. es muss vom Lehrer adaptiert und inszeniert werden. Dabei kann es zu unstetigen Entwicklungen aufgrund konzeptioneller Mängel, aufgrund von Planungsfehlern sowie aufgrund handwerklicher Schnitzer bei der Umsetzung kommen. Darüber hinaus muss auf unerwartete Ereignisse eingegangen werden, die nichts mit dem Konzept, der Vorplanung oder der Art der Umsetzung zu tun haben. Ganz gleich, woraus unstetige Unterrichtssituationen resultieren, sie erfordern schnelles Reagieren mit Fingerspitzengefühl. Für die pädagogische Interaktion ist die Art und Weise, wie Lehrer/innen unstetige Unterrichtssituationen bewältigen, hochbedeutsam. Daher sind bei der Beurteilung von Unterrichtsqualität die Reibungsverluste, die sich aus defizitären Bewältigungsmustern ergeben, ebenso in den Blick zu nehmen, wie vorab nicht antizipierte Zusatzerträge aufgrund geschickter Improvisationen oder taktvoller Reaktionen.

Die Qualität eines Unterrichtsvorhabens kann daher nicht am Konzept allein festgemacht und auch nicht allein anhand des Unterrichtsverlaufs beurteilt werden. Erst recht kann Unterrichtsqualität nicht mit unspezifischen Beobachtungskriterien gemessen werden. Bei einer ganzheitlichen Betrachtung von Unterrichtsqualität ist der gesamte Prozess der Entfaltung eines Unterrichtsvorhabens vom zugrunde gelegten Konzept über den danach konzipierten Entwurf, die mehr oder weniger geglückten Bemühungen um die Inszenierung dieses Entwurfs bis hin zu den angezielten wie auch den nicht antizipierten Resultaten zu untersuchen.

## 5.1 Von einer segmentierenden zur ganzheitlichen Betrachtung von Unterrichtsqualität

Bei der Beurteilung von Unterrichtsqualität wird häufig je nach Interesse und Zielsetzung ein anderer Fokus zugrunde gelegt und es werden dafür ganz verschiedene Maßstäbe und Kriterien herangezogen. Mal wird ausschließlich das Ergebnis betrachtet (z.B. bei den VERA, die allerdings nur einen kleinen Ausschnitt aus der Gesamtheit schulischer Bildungsziele prüfen), mal ausschließlich der Prozess (z.B. bei den Unterrichtsinspektionen, die allerdings einen nur sehr oberflächlichen Blick auf das Unterrichtsgeschehen werfen).

Schulpädagogik und Fachdidaktik schätzen Unterricht vorzugsweise danach ein, ob ein geeignetes (fach-)didaktisches Konzept zugrunde liegt. In der schulpraktischen Lehrerausbildung wird vor allem geprüft, wie ein zugrunde gelegtes Konzept in einen stimmigen Entwurf übersetzt wird und ob es gelingt, diesen Entwurf im Unterricht umzusetzen.

Je nachdem, wer mit welchem Interesse eine Unterrichtsbegutachtung vornimmt, gerät somit das Unterrichtsresultat, das zugrunde gelegte Konzept als solches, der singuläre Unterrichtsentwurf nach diesem Konzept oder die Bemühungen, diesen zu ‚inszenieren', also der Unterricht selbst, in den Fokus der Beurteilung.

Auch in der erziehungswissenschaftlichen Forschung werden die einzelnen Etappen dieses Entwicklungsprozesses arbeitsteilig untersucht, indem jeweils ein Entwicklungsstadium von Spezialisten fokussiert wird:
* Lehrpläne und Curricula – von der Bildungstheorie
* *Didaktische Modelle* und Konzepte zur Unterrichtsplanung – von der *Allgemeine Didaktik* und den Fachdidaktiken
* der Unterrichtsprozess als solcher – von der Unterrichtsforschung
* die Evaluation des Unterrichts – von der Wirkungsforschung

Auch in der Lehrerausbildung und in Fortbildungsseminaren ist eine solche segmentierende Betrachtung üblich. Je nach Dozenteninteresse und curricularem Schwerpunkt wird jeweils ein Entwicklungsstadium des Unterrichts unter ganz spezifischen Fragestellungen in den Blick genommen, während die drei anderen Etappen ausgeblendet bleiben. Ein Vorzug dieser ‚Arbeitsteilung' ist die Gründlichkeit, mit der das einzelne Stadium analysiert werden kann. Ein Nachteil dieser ‚Arbeitsteilung' ist, dass die Nachbarstadien zwangsläufig unbeachtet bleiben, so dass auch die Übergänge zwischen den einzelnen Entwicklungsstadien und ihre Wechselwirkungen nicht in den Blick genommen werden. Wenn das Interesse darin besteht, die Unterrichtsqualität eines singulären Unterrichtsvorhabens mit dem Ziel zu beurteilen, die Unterrichtsbefähigung des jeweils Unterrichtenden zu verbessern, so ist eine solche ‚Arbeitsteilung' kontraproduktiv.

Lehrer/innen können sich diesen ‚Luxus' einer segmentierenden Betrachtung nicht leisten, denn sie müssen bei der Vorplanung und Durchführung ihres Unterrichts die einzelnen Stadien möglichst schlüssig ineinander überführen. Für sie stellt sich die Entwicklung eines Unterrichtsvorhabens als Ringen um die Realisierung einer planerisch angestrebten Stundenkonzeption dar, bei dem viele Einflussgrößen ineinander greifen und verantwortlich dafür sind, in welchem Umfang erwünschte Resultate sowie ggfs. auch (un-)

## 5 UNTERRICHTSQUALITÄT IN GANZHEITLICHER SICHT

erwünschte Nebenwirkungen erzielt werden. Um diesen Entwicklungsprozess nachzuzeichnen und zu prüfen, welche Einflussgrößen dabei in welcher Weise wirksam werden, sind in den Blick zu nehmen:
- ❖ das dem Unterricht zugrunde gelegte (fach-)didaktische Konzept, das für die Lerngruppe geeignet sein und zu den nicht veränderbaren Rahmenbedingungen des Unterrichts passen sollte;
- ❖ die möglichst stimmige Übersetzung dieses Konzepts bzw. der allgemeinen didaktischen Kernidee in einen singulären Entwurf für eine oder mehrere Stunden;
- ❖ das Bemühen um eine Inszenierung des Entwurfs als möglichst situationsangemessene Umsetzung im Unterricht;
- ❖ das einfühlsame Reagieren auf Überraschungen mit ggfs. mehr oder weniger großen Veränderungen gegenüber der Vorplanung.

Unterrichtserfolg stellt sich ein, wenn Lehrer diese aufeinander bezogenen Anforderungen erfüllen (s. Abbildung 8).

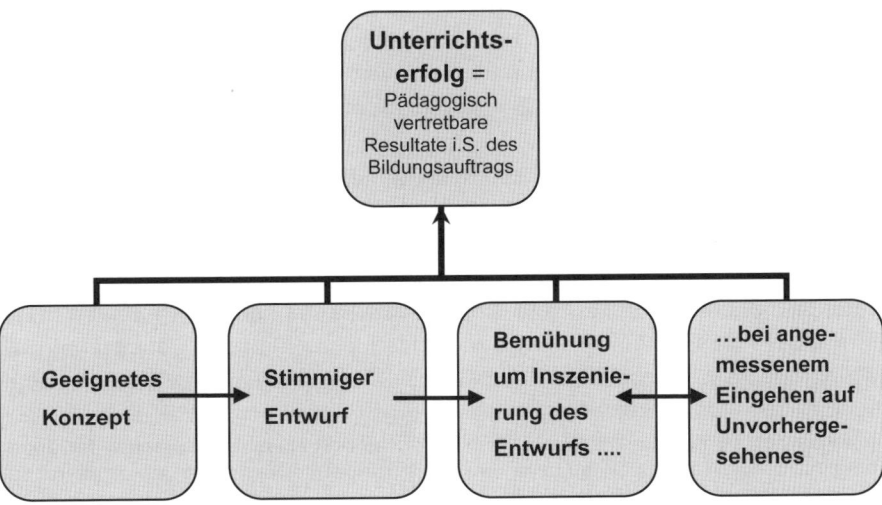

Abb. 8: Worauf gründet Unterrichtserfolg? — Eine ganzheitliche Betrachtung

Eine ganzheitliche Betrachtung der Entwicklung eines Unterrichtsvorhabens ist in der Lehrerausbildung und auch in der Fortbildung unüblich. In der schulpädagogischen und fachdidaktischen Ausbildung der I. Phase steht die Frage nach dem geeigneten Konzept im Vordergrund. Schwerpunktthemen in der II. Ausbildungsphase sind die Ausarbeitung von Entwürfen und das Bemühen, sie zu ‚inszenieren'. In der Lehrerfortbildung geht es dann zumeist wieder um (neue!?) Unterrichtskonzepte. Unterbelichtet ist in allen Abschnitten das Lehrerhandeln in unstetigen Unterrichtssituationen.

## 5.2 Unstetiger Unterricht und *Situative Planungsfähigkeit*: Desiderat in Didaktik und Lehrerbildung

Schon länger wird die deutsche Lehrerausbildung kritisiert, sie leiste einer „Vorbereitungshypertrophie" Vorschub (Bettelhäuser 1980). Angehenden Lehrern würde übermäßig viel Zeit- und Energieaufwand für die Vorplanung von Unterricht einschl. des Schreibens von Entwürfen abverlangt, während die Beschäftigung mit dem von ihnen realisierten Unterricht nur oberflächlich, kurzatmig und auf der Grundlage unvollständiger Protokollnotizen der hospitierenden Ausbilder erfolge. Diese Entwurfslastigkeit der Lehrerausbildung trifft wohl noch immer weitgehend zu, wie viele der im Internet abrufbaren Seminarpapiere belegen. Erfreulicher Weise gibt es inzwischen Initiativen einzelner Ausbildungsseminare und universitärer Einrichtungen, um die Reflexion und Analyse von Unterricht auf der Basis von Unterrichtsvideografie (Eigen- und Fremdvideos) zu intensivieren. Bislang sind das jedoch nur Ausnahmen. Von einer systematischen Nutzung der Videografie oder gar einer curricularen Verankerung ist die Lehrerbildung noch weit entfernt (dazu ausführlicher Kapitel 17).

Auch Schulpädagogik und Fachdidaktik zeigen ein ausgeprägtes Desinteresse an realen Unterrichtsprozessen und stecken ihre Energie in die Konstruktion von Modellen und Konzepten, deren Nutzen für die schulische Praxis fragwürdig ist (Heursen 1995). Eigentlich müsste es das vorrangige Interesse didaktischer Konzept-Konstrukteure sein, die Wirksamkeit ihrer Vorschläge einer Praxisprüfung zu unterziehen. Dieser Qualitätskontrolle stellen sie sich jedoch nicht, wie Busch (2009, 140) für die sozialwissenschaftlichen Didaktiken bemängelt:

„Gemeinsam ist den Ansätzen ein – entgegen den eigenen Ansprüchen – fehlender oder nicht ausreichend begründeter empirisch fundierter Nachweis der eigenen Planungsaussagen. Unterrichtsbeispiele – bei denen es sich zudem häufig um fiktive Planungssituationen handelt – bleiben meist illustrativ und werden selten kritisch reflektiert – selbst dort, wo sie den eigenen programmatischen Anforderungen widersprechen."

Die Vernachlässigung realer Unterrichtsprozesse in Schulpädagogik und Fachdidaktik korrespondiert mit einem bemerkenswerten Theoriedefizit dieser Disziplinen ausgerechnet bei einem ihrer zentralen Begriffe, dem der *Unterrichtsplanung*.

## 5 UNTERRICHTSQUALITÄT IN GANZHEITLICHER SICHT

Von Unterrichtsplanung wird in der (fach-)didaktischen Literatur zumeist in einem alltagssprachlichen Sinn gesprochen, wonach der Lehrer seinen Unterricht ausschließlich vorher plant und während des Unterrichts diesen Plan bloß noch abarbeitet. Dieses verkürzte Verständnis von Unterrichtsplanung liegt den einflussreichen älteren Didaktik-Modellen zugrunde (Klafki 1959, Schulz 1965) und wird bis heute in der schulpädagogischen Literatur tradiert (z.B. Meyer 2007; Gudjons 2007; Gonschorek & Schneider 2009; Peterßen 2009). Die Reduktion von Unterrichtsplanung auf die Vorbereitung des Unterrichts ist falsch, denn wie bei jedem menschlichen Handeln lässt sich auch im Unterricht die Planung erst unmittelbar in der Handlungssituation selbst vollenden. Auch während des Handelns wird — situativ — geplant, so das Essential der kognitionspsychologischen Handlungstheorie (Miller, Galanter und Pribam 1960). Sie stellt die Planungstätigkeit als ein mit dem menschlichen Handeln unlöslich verbundenes Merkmal heraus: Menschen planen immer — solange sie leben. Jedes menschliche Handeln trägt Züge des Planerischen, denn es

(1) ist bewusst und zielorientiert;

(2) stützt sich auf eine gedankliche Vorwegnahme des Handlungsprozesses;

(3) antizipiert Handlungsschritte, die zum Erreichen des angestrebten Ziels als notwendig erachtet werden;

(4) orientiert sich während des Handlungsvollzugs fortlaufend an Prüfungskriterien und

(5) vollzieht sich somit plangesteuert, -rückgekoppelt und -kontrolliert.

Kein Handeln ohne Planen, das gilt auch für die Unterrichtstätigkeit: Das, was als unterrichtliches Geschehen letztlich resultiert, ist nie deckungsgleich mit dem, was vorab planerisch antizipiert wurde. Im Unterricht ereignet sich vieles, was nicht vorhersehbar ist und ein Abweichen vom vorab Geplanten verlangt. Lehrer sind daher pausenlos damit beschäftigt, die Unterrichtsentwicklung mit dem vorab Konzipierten zu vergleichen, Einzelsituationen zu analysieren, blitzschnell mögliche Reaktionen gedanklich durchzuspielen, auf mögliche Folgen einzuschätzen und schließlich Entscheidungen über ihr weiteres Vorgehen zu treffen — mithin: sie sind während des Unterrichts planerisch tätig.

Der verkürzte Planungsbegriff in der Schulpädagogik korrespondiert mit erstaunlichen Mutmaßungen über das Lehrerhandeln in der Unterrichtsforschung. Einige Unterrichtsforscher unterstellen, dass immer dann, wenn im Unterrichtsverlauf vom Plan abgewichen werden muss, quasi der Verstand des Lehrers aussetzt und — je nach theoretischem Rahmen — das Triebhafte, betriebsblinde Routine, naive subjektive Theorien oder unzureichende Kausalattribuierungen die Oberhand gewännen (Wahl u.a. 1983, Voigt 1984, Hofer 1986). Demgemäß wäre der Lehrer vor dem Unterricht ein vernünftig reflektierender Planer, um sich im Unterricht in einen impulsiven, routineblinden, triebhaften, unreflektierten 'Sponti' zu verwandeln: Eine wundersame Verwandlung, sozusagen die didaktische Variante des 'Dr. Jekyll & Mister Hyde' -Phänomens: Weil mit Planung das im voraus Überlegte, Durchdachte gemeint ist, wird im Umkehrschluss dem Lehrerhandeln in der Situation unterstellt, es sei — sobald es vom Entwurf abweicht — nicht durchdacht, eben ungeplant.

Die Unterstellung, Lehrer würden in sie überraschenden Situationen generell in blinde Routine verfallen oder impulsiv-aggressiv reagieren, ist weder empirisch belegt noch handlungstheoretisch plausibel. Überraschungen ziehen planerische Aktivitäten zwangsläufig nach sich: Sie unterbrechen einen gerade ablaufenden Prozess, fokussieren die Aufmerksamkeit auf das emotionsauslösende Ereignis, konfrontieren das Subjekt mit einer Diskrepanz zwischen der antizipierten Situation und dem davon abweichenden, tatsächlichen Ereignis und veranlassen es zu Handlungen, um die Diskrepanz zu verringern. Komplizierte Situationen lassen sich gerade nicht mehr nach Schema F bewältigen, sondern fordern überlegtes Handeln geradezu heraus — auch wenn dieses dann nicht immer von Erfolg gekrönt ist.

> **Unterrichtsplanung in zwei Schritten: vorausschauend und situativ**
> „Guter Unterricht resultiert demnach mitnichten allein aus der Qualität der Vorplanung, sondern erweist sich erst im Zusammenspiel von gründlicher vorausschauender Planung und der Fähigkeit des Lehrers, diese situationsgerecht umzusetzen und dabei ggfs. auf Unerwartetes angemessen einzugehen. Insbesondere, wenn Unterricht schülerorientiert, d.h. für Schülerideen und -wünsche offen sein soll, darf er nicht mittels Vorplanung festgeschnürt werden. Pädagogisches Handeln beruht ganz wesentlich auf der Fähigkeit, vorab gemachte Pläne an die je Situation nach verschiedenen Bedingungen anzupassen und ggfs. zu modifizieren — mit anderen Worten: in der Unterrichtssituation selbst zu planen. Unterrichtsplanung findet demnach zweistufig statt. Einmal vorab als vorausschauende Planung und dann während des Unterrichts als situative Planung." (Mühlhausen 1997, 175)

Unterrichtsqualität kann nicht allein durch bessere Unterrichtsvorbereitung anhand (fach-)didaktischer Konzepte gefördert werden. Das Bemühen um eine situationsangemessene ‚Inszenierung' von vorab konzipierten Entwürfen und ein schnelles, einfühlsames Reagieren auf Überraschungen, für das oft nur die Zeit eines Augenaufschlags bleibt (van Manen 1995, 68), sind grundlegende Anforderung an eine *Situative Planungsfähigkeit*.

Ein verkürztes Verständnis von Unterrichtsplanung in weiten Teilen von (Fach-)Didaktik und Unterrichtsforschung hat bislang dazu beigetragen, dass eine für Unterrichtserfolg maßgebliche Fähigkeit von Lehrern, in unstetigen Unterrichtssituationen umzuplanen, empirisch unterbelichtet und ausbildungsdidaktisch ein Desiderat ist. Während angehende Lehrer/innen mit Konzepten zur vorausschauenden Unterrichtsplanung geradezu überschwemmt werden, erfahren sie während ihrer langjährigen Ausbildung so gut wie nichts von den Erfordernissen einer *Situativen Planung* und erhalten erst recht keine Gelegenheit, diese Fähigkeit professionell auszubilden. Von fragwürdigem Nutzen ist der verkürzte Planungsbegriff nur insofern, als er (Fach-)Didaktiker vor der frustrierenden Mühe bewahrt, das Scheitern der eigenen Konzepte im Schulalltag beachten zu müssen.

Nur in wenigen neueren (fach-)didaktischen Beiträgen wird darauf hingewiesen, dass es eine Kernaufgabe von Lehrern ist, ihre vorausschauende Unterrichtsplanung während des Unterrichts zu adaptieren und zu korrigieren (Gies, Barricelli & Toepfer 2004; Lehmann 2007; Kämper-van den Boogaart 2008; Busch 2009; Kiper & Mischke 2009). Auch in diesen Beiträgen sind ausbildungsdidaktische Anregungen zur Entwicklung *Situativer Planungsfähigkeit* die Ausnahme. Noch immer ist es eine Privatsache von Lehrern, sich diese Fähigkeit ohne Unterstützung durch ‚training on the job' anzueignen, wie von Frank McCourt beschrieben. Bislang fehlen seminardidaktische Konzepte zur Vermittlung dieser Fähigkeit.

### 5.3 Fünf Komponenten *Situativer Planungsfähigkeit*

Auch wenn die Erforschung des Lehrerhandelns in unstetigen Unterrichtssituationen noch nicht viele gesicherte Erkenntnisse zu Tage gefördert hat, können fünf Komponenten von *Situativer Planungsfähigkeit* identifiziert werden:

* eine überraschungsoffene Grundhaltung
* eine situationssensible Spürensfähigkeit
* die Fähigkeit zur Stegreifplanung
* eine gezielt überraschungsoffene Anlage des Unterrichts
* eine Überraschungsprophylaxe, die den Spielraum für die situative Planung erweitert

⟡ *Situative Planungsfähigkeit* bedarf einer **überraschungsoffenen Grundhaltung**

Eine positive Grundhaltung gegenüber dem Unerwarteten zeichnet sich vor allem dadurch aus, dass Lehrer neugierig auf ihre Schüler werden (und bleiben!), anstatt sie danach zu beurteilen, ob sie i.S. des Lehrerkalküls („Erwartetes Schülerverhalten") reagieren. Solange die Lehrerbildung angehenden Lehrern den Eindruck vermittelt, Unterricht ließe sich nach Entwurf abspulen, wenn er nur gründlich genug vorbereitet/vorgeplant ist, wirkt sie einer überraschungsoffenen Grundhaltung entgegen.

Lehrer sollten
* gespannt darauf sein, wie Schüler Lehrerfragen aufnehmen und welche Vorschläge sie dazu äußern;
* auf ungewöhnliche Schülerideen ‚lauern', statt ungeduldig darauf zu drängeln, dass endlich die einzig erwünschte Antwort kommt;
* Geduld mit Schülern haben;
* möglichst selten ‚Krokodillehrer', und möglichst häufig ‚Elefantenlehrer' sein[19];
* selbst vermeintlich unpassende Schülervorschläge erstmal begründen lassen, sie ernsthaft prüfen und sich ggfs. trotz inneren Widerstands darauf einlassen.

### ♦ *Situative Planungsfähigkeit* beruht auf einer sensiblen Wahrnehmung

Die pädagogisch angemessene Bewältigung einer unsteten Situation setzt voraus, dass ein Lehrer sie zutreffend erfasst. Nach van Manen (1995) benötigen Lehrer eine besondere Sensibilität, um die Gedanken, Einsichten, Gefühle und Wünsche (das Innenleben eines Schülers) aus indirekten Anhaltspunkten, etwa aus Gesten, Auftreten, Ausdruck oder Körpersprache zu erschließen und die psychologische oder soziale Bedeutung dieses Innenlebens richtig zu interpretieren (die tiefere Bedeutung von Schüchternheit, Frustration, Interesse, Schwierigkeit, Zärtlichkeit, Humor und Disziplin in konkreten Situationen mit bestimmten Kindern oder Kindergruppen). Dazu gehört nach van Manen auch ein feines Gespür für Maßstäbe und Grenzen (wieweit sich ein Lehrer auf eine Situation einlassen darf und welche Distanz er in besonderen Umständen zu wahren hat) sowie eine intuitive Moral (sofort zu spüren, was das einsichtsvolle pädagogische Verständnis des kindlichen Wesens ist und was die Umstände als gut oder richtig gebieten).

Auf die zentrale Bedeutung eines „empfindsamen Spürens" weist auch der ehemalige Lehrerausbilder Erich Hoffmann (2002 u. 2005) hin. Nur durch „Spürensfähigkeit" könne vermieden werden, dass die Besonderheit von

---

[19] Krokodile mit großem Maul sind dauernd auf ‚Senden'; Elefanten mit großen Ohren meistens auf ‚Empfangen'.

Situationen übersehen und sie bloß schablonenhaft als Repräsentanten bestimmter Problemprototypen gesehen werden, denen dann mit vermeintlich bewährten Routineprozeduren begegnet wird.

Wie diese besondere pädagogische Sensibilität und Spürensfähigkeit sich ausbildet und ob diese Ausbildung gezielt gefördert werden kann, darüber ist wenig bekannt. Nach skeptischer Einschätzung Hoffmanns hat das Spüren eine prä-kognitive Seite, die nicht methodisierbar ist (2002, 256):

„Heutige Lehrerinnen und Lehrer werden zunehmend mit offenen Situationen konfrontiert, für die es keine bewährten oder überall gültigen Handlungsmuster geben kann. In einer Kultur, die Alternativen als praktische Handlungsmöglichkeiten zulässt, gewinnt das bewegliche Zusammenspiel von Zweifel und Gewissheit tragende Bedeutung. Zweifel und Gewissheit sind Erlebnisqualitäten, die wir primär spürend bemerken. Schon deshalb vollzieht sich der Prozess der Entscheidungsfindung nicht allein in einem kognitiven Akt. ... Im Spüren bleiben wir auf das angewiesen, was sich – mehr oder weniger akzentuiert – in uns selber regt. Auch wegen dieser Besonderheit empfiehlt sich unser Spüren als unmittelbare, körperlich basierte Form der Selbstauskunft, die wir zwar ignorieren, aber nicht abschalten können. ... Letztlich haben wir es hier mit einem existentiell notwendigen Regulativ zu tun, das den spürend erfahrbaren Eigensinn unserer einzigartigen Anwesenheit als ganze Person situationsspezifisch und problemorientiert zur Geltung bringt. Nur als spürend lebende Personen sind wir nicht durch andere Instanzen oder Gremien zu ersetzen und zu vertreten. Pointiert: Keine wissenschaftliche oder sonstige Erkenntnis kann in einem Entscheidungsprozess die sensitive Achtsamkeit einbringen, die sich im menschlichen Spüren regt und bemerkbar macht."

Szenarium 6 regt zu einer Beschäftigung mit unstetigen Situationen mit dem Ziel an, die Sensibilität für die Besonderheit von Situationen und die Befindlichkeit der Akteure zu verbessern. Nach Einschätzung von angehenden und berufserfahrenen Lehrern trägt die Beschäftigung mit solchen Videoszenen dazu bei, sich einfühlsam in den Lehrer und in die in der jeweiligen Szene involvierten Schüler hineinzuversetzen, indem Interpretationen aus unterschiedlichen Teilnehmerperspektiven zum Ausdruck gebracht und ausgetauscht werden.

### ♦ ‚Stegreifplanung' als Kern *Situativer Planungsfähigkeit*

Stegreifplanung bezeichnet die Fähigkeit, auf unstetige Situation überlegt zu reagieren, d.h. auf die Situation pädagogisch angemessen einzugehen, ohne das vorab geplante Vorhaben aus den Augen zu verlieren. Allerdings kann ein durchdachtes Abwägen möglicher Vorgehensweisen auch zur begründeten Aufgabe des ursprünglichen Vorhabens führen. Stegreifplanung kann darin bestehen, auf einen bereits bekannten Plan B zurückzugreifen, an dem man sich erinnert (aus einem individuellen Repertoire an Reserveplänen), oder einen Plan B aus dem Stand zu entwickeln (Improvisation) oder die Situation mit einer schlagfertigen Reaktion zu entkrampfen.

Stegreifplanung ist angewiesen auf ein Nachdenken während des Unterrichts, für das in der Regel nur wenig Zeit zur Verfügung steht, manchmal nur wenige Sekunden. Erfahrene Lehrkräfte sind in der Lage, den Handlungsdruck beim Unterrichten zu verringern.

* **Strategien des Zeitgewinnens**: Mit gezielt eingesetzten Entschleunigungstechniken (siehe die Beispiele „Wo ist denn hier der FU?" und „Steinzeitliche Überlebenstechnik") bremsen erfahrene Lehrer/innen das Geschehenstempo ab, um Handlungsoptionen zu überdenken. Sie sorgen z.B. durch Fragen dafür, Zeit zu gewinnen, um sich entweder auf einen Reserveplan zu besinnen, den sie bereits als Grundidee im Kopf haben, oder um quasi aus dem Stand etwas völlig Neues zu improvisieren.
* **Rückgriff auf ein Repertoire an ‚Reserveplänen**: Lehrer, die während des Unterrichts mit ihren Reaktionen auf unvorhergesehene Entwicklungen unzufrieden sind, machen sich im Anschluss an die Stunde Gedanken über günstigere Vorgehensweisen. Sie überlegen Alternativen (‚Was hätte ich anders machen können?'), um später in ähnlichen Situationen angemessener zu reagieren. Auch dieses Nachdenken über alternative Vorgehensweisen dient der Planung zukünftigen Unterrichts.

„Anders als die übliche Unterrichtsplanung ist sie aber nicht auf eine bestimmte Stunde bezogen, sondern soll das Reagieren erleichtern, wenn sich in Zukunft ähnliche Situationen ereignen. Derartige Ideen stehen als ‚Reservepläne' zur Verführung und dienen dem ‚Abfedern' von Eventualitäten. Sie verringern schon prophylaktisch den Grad der Unsicherheit, weil man Ideen ‚in petto' hat, auf die man notfalls zurückgreifen kann. Auch wenn nicht jeder ‚Reserveplan' immer passend und angemessen ist, wird mit einer wachsenden Zahl solcher Pläne die Gesamtwahrscheinlichkeit geringer, unangemessen zu reagieren." (Mühlhausen 2008a, 233f)

Erfahrene Lehrkräfte verfügen über Reservepläne für verschiedenste Anforderungssituationen, die mit zunehmender Berufserfahrung beständig anwachsen.

---

**Unterrichtsbeispiel „Lutscherblume"**

In Grundschulen kommt es häufiger vor, dass einem Schüler während des Unterrichts ein Zahn ausfällt – mit manchmal unangenehmen Begleitumständen. Eine Lehrerin hat für diesen Fall einen Blumentopf parat, in den der Zahn ‚eingepflanzt' wird; es kann dann passieren, dass am nächsten Tag eine "Lutscherblume" daraus gewachsen ist.

---

**Unterrichtsbeispiel „Galerie für Karikaturen"**

Ein Oberstufenlehrer, der sich öfter über Schüler geärgert hatte, die in seinem Unterricht Karikaturen zeichnen (vorzugsweise von ihm), lässt jede Karikatur an einer Pinnwand anbringen – so dass schon eine kleine Galerie entstanden ist.

Reservepläne stehen als eine Art ‚Überraschungs-Archiv im Hinterkopf zur Verfügung (z.B. in Form von Vorsätzen ‚Wenn X passiert, dann mache ich Y', von persönlichen Fehlerlisten, von Alternativformulierungen zur Erklärung neuer Vokabeln sowie als Ideensammlungen für methodische Alternativen).

* **Improvisieren**: Diese Fähigkeit zeigt sich darin, eine noch nie erlebte, überraschende Situation, z.b. einen erstaunlich abwegigen Schülerbeitrag, unmittelbar aufzugreifen und mit dem Unterrichtsthema in einer Weise in Beziehung zu setzen, wie es in der vorausgegangenen Unterrichtsplanung nicht gedacht werden konnte.

---

**Unterrichtsbeispiel „Steinzeitliche Überlebenstechnik"**

In einer 4. Klasse wird im Sachunterricht das Leben in der Steinzeit behandelt. Mitten in der Stunde muss sich eine Schülerin übergeben; ein vorverdautes Nutella-Brot-Frühstück ergießt sich über Tisch und Fußboden. Die Mitschüler sind angeekelt vom penetranten Gestank des Erbrochenen und kreischen "iiehh". Anstatt auf das Geschrei einzugehen, beginnt die Lehrerin ganz ruhig etwas über Buttersäure zu erzählen. Sie knüpft quasi aus dem Stand an das aktuelle Thema „Leben in der Steinzeit" an und sagt, dass das Übergeben damals oft das Beste war, was die Menschen machen konnten. Denn wenn sie nach der Jagd zu lange gelagertes, schon verdorbenes Fleisch gegessen hatten, konnte die gesamte Sippe nur überleben, wenn das mittels Übergeben schnellstens aus dem Körper kam. Alle Schüler hören aufmerksam zu; das "iiehh" Geschrei verstummt sofort!

---

**Unterrichtsbeispiel „Wo ist denn hier der FU?"**

Am Einschulungstag kommen die Schüler einer 1. Klasse nach der Aula-Feier erstmals in ihren Klassenraum. Im Sitzkreis wird die Lehrerin mit der Frage konfrontiert „Wo ist denn hier FU?". Sie ist zunächst sprachlos, denn sie hatte sich seit Wochen in ein neues Lesewerk eingearbeitet, das die an dieser Schule seit Jahren genutzte FU-Fibel ablösen soll. Mit einigen Rückfragen gewinnt sie Zeit (Wer ist FU? Woher kennst Du FU? Wie sieht er aus?). Fast alle Schulanfänger sind bestens über das Sockenmonster informiert und berichten von ihren FU-Erfahrungen (Geschwister, Spielplatz etc.). Die Frage, wann er denn käme, wird erneut gestellt und die Lehrerin erzählt jetzt den gespannt wartenden Erstklässlern, dass FU ausgewandert sei, weil es ihm in Hannover zu viel regnen würde (es war gerade ein kühler, regnerischer Spätsommertag). FU sei jetzt auf einer warmen Südseeinsel, um sich zu erholen. Doch sie sei sicher, dass er sie auch einmal besuchen würde. Damit ist FU zunächst aus der Schusslinie. Aber die Schüler vergessen nicht, dass FU mal kommen wollte. Sie fragen in den nächsten Wochen ab und an nach, öfter wird überlegt, warum er sie denn noch nicht besucht hat. Einzelne Kinder beginnen, ihm kleine Briefe zu schreiben, die die Lehrerin expediert. FU schickt den Kindern Antwortbriefe und kündigt schließlich seinen Besuch in Hannover an. Kurz vor seiner Ankunft schickt er noch ein Telegramm, dann kommt er wirklich. Der Tag seiner Ankunft – ein gutes halbes Jahr nach der Einschulung – ist dann ein aufregendes Ereignis.

Zur Fähigkeit des Improvisierens gehört es auch, überraschende Situationen auf ihr Potenzial für eine Persönlichkeitsbildung i.S. des Bildungsauftrags abzuschätzen und ggfs. unmittelbar aufzugreifen.

* **Schlagfertiges Reagieren**: Schlagfertigkeit im Unterricht besteht in der Kunst, auf tatsächliche oder vermeintliche Attacken schnell und gewitzt zu reagieren. Eine schlagfertige Entgegnung zeigt, dass man nicht überrumpelt ist und Frau/Herr der Lage bleibt. Die problematische Situation wird unaufwändig und souverän bewältigt, so dass sie für den weiteren Verlauf dann keine Rolle mehr spielt. Die Situation wird nicht aufgegriffen und für den weiteren Verlauf nutzbar gemacht, sondern ist mit der schlagfertigen Antwort quasi abgehakt. Das unterscheidet die Schlagfertigkeit von der Improvisation.

> **Unterrichtsbeispiel „Wann hatten Sie das letzte Mal Sex?"**
> Eine angehende Lehrerin (selbst Mutter eines erwachsenen Sohns) unterrichtet als Vertretungskraft in der Abschlussklasse einer Förderschule im Fach "Ich-Erfahrung/ Sachunterricht". Thema ist der weibliche Zyklus, gesprochen wird über den Eisprung (wo das Ei wächst, sein Weg bis zum Ausscheiden und was passiert, wenn das Ei befruchtet wird). Nach dem Unterricht wird die Lehrerin von einem Schüler gefragt, wann sie das letzte Mal Sex gehabt habe. Aus der Art, wie die Frage gestellt wird, ist ihr klar, dass der Schüler ohne Provokationsabsicht fragt, sozusagen aus echter Neugier. Nach kurzem Überlegen antwortet sie: „Mein Sohn ist jetzt 18 Jahre alt – dann kannst Du Dir das ausrechnen." Der Schüler denkt kurz nach und sagt dann zweifelnd: „Das glaube ich aber nicht."

Wegen des Machtgefälles zwischen Lehrer und Schüler sollten schlagfertige Reaktionen von Lehrerseite nicht beleidigend, herabwürdigend oder sonst verletzend wirken. Das unterscheidet Schlagfertigkeit von Ironie oder Sarkasmus, die beide in der Regel auf Kosten der weniger wortgewaltigen Schüler praktiziert werden.

◊ *Situative Planungsfähigkeit* **nutzt Möglichkeiten eines ‚Überraschungsoffenen' Unterrichts**

Unterricht kann erheblich an Attraktivität gewinnen, wenn Lehrer ihn mitunter auch mal ‚überraschungsoffen' anlegen, so dass sie selbst nicht genau vorhersehen können, in welcher Weise er sich entwickelt und zu welchen Erträgen er führt.

* Alle Varianten eines aktivierendes Lernen streben durch weite Fragestellungen und wenig vorstrukturierte Aufgaben eine **Ergebnisoffenheit des Unterrichts** an. Einen solchen Unterricht hatten bereits Bollnow und Muth vor Augen, als sie Lehrern empfahlen, das *Wagnis Freier Formen* einzu-

gehen. Ein solches Wagnis gehen Lehrer ein, die z.B. im Erstunterricht das *Lesen durch Schreiben* anstelle von Fibeln praktizieren lassen, *Entdeckendes Lernen* ermöglichen, *Projektunterricht* fördern und *neosokratische Unterrichtsgespräche* führen.

* Lehrer können sogar von Zeit zu Zeit das **Potenzial von selbst initiierten Überraschungen** ausnutzen, indem sie Schüler mit erstaunlichen Entwicklungen konfrontieren, die sie absichtlich herbeigeführt haben (s. die Beispiele „*Frühstück mit Cola, ...*" und „*Rauswurf einer Schülerin*").

---

**Unterrichtsbeispiel „Frühstück mit Coca Cola, Chips und Schokolade"**

Einen besonderen Einstieg in das Thema *Gesunde Ernährung* haben sich drei Studierende in ihrem Schulpraktikum ausgedacht. Nach der Frühstückspause – die Schüler einer 3. Klasse haben gerade ihre Brotbüchsen und Getränke wieder in den Ranzen gepackt, der Unterricht müsste beginnen – setzen sich die drei vor die Tafel und essen und trinken genussvoll Chips, Schokolade, Cola, Pommes und Kekse. Der erwünschte Effekt setzt prompt ein und ist heftiger als erwartet: Die Schüler protestieren vehement: „Das ist hundsgemein! Wir wollen auch was haben." Damit kann der Bogen zum Thema geschlagen werden.

---

**Unterrichtsbeispiel „Rauswurf einer Schülerin"**

Geschichtsunterricht der Sekundarstufe II kritisieren Schüler beim Thema Nationalsozialismus den aus ihrer Sicht zu schwachen Widerstand gegen das Naziregime. Viele Schüler meinen, man hätte viel mehr Gegenwehr leisten müssen. Die Stunde beginnt wie viele andere Geschichtsstunden auch. Es wird ein Text gelesen und dann diskutiert. Bei der Diskussion äußert sich eine eigentlich vom Lehrer sehr geschätzte Schülerin. Daraufhin beginnt der Lehrer die junge Frau ohne Grund vor dem ganzen Kurs zu beleidigen, bis sie weinend den Raum verlässt. Danach setzt der Lehrer den Unterricht scheinbar ungerührt fort. Keiner ihrer Mitschüler (alles angehende Abiturienten!) setzt sich für die ungerecht behandelte Schülerin ein. Niemand wagte es, den anscheinend erbosten Lehrer wegen seiner inakzeptablen Vorgehensweise zu kritisieren. Kurz darauf wird das Schauspiel aufgelöst: Der Lehrer hatte vor dem Unterricht mit der Schülerin diese Inszenierung so abgesprochen.
Die Schüler sind beeindruckt, ‚am eigenen Leib' vorgeführt zu bekommen, wie schwer es ist, Widerstand gegen Autoritätspersonen zu leisten.

✥ *Situative Planungsfähigkeit* wird sekundiert durch eine **Überraschungsprophylaxe, die den Entscheidungsspielraum erweitert**

Mit zunehmender Unterrichtserfahrung gelingt es, unnötige unliebsame Überraschungen zu vermeiden, die aus groben ‚handwerklichen' Schnitzern bei der vorbereitenden Unterrichtsplanung und/oder bei der Inszenierung resultieren. Angehende Lehrer müssen sich jedoch nicht damit abfinden, viele mögliche Fehler erst einmal selbst zu machen, um aus diesen Erfahrungen dann nach und nach klüger zu werden. Weniger frustrierend als ein solches ‚learning by doing' ist es, mögliche Risikostellen schon bei der eigenen Unterrichtsplanung durch eine **‚elastische' Vorplanung** abzufedern durch

* eine **‚elastische' Zeitplanung**: großzügige Zeitpuffer in schwer kalkulierbaren Phasen und beim Wechsel zwischen Abschnitten (Hinführung zum Thema / ungleichzeitiges Ende von Partner- oder Gruppenarbeit / Auswertung von Arbeitsphasen, bei denen viele verschiedene Lösungswege und Ergebnisse zu vermuten sind);
* ein **Ergänzen riskanter ‚planerischer Leerstellen'** im Entwurf, die man zunächst nicht bedacht hat, weil man sich zutraut, das im Unterricht ‚spontan' hinzubekommen (z.B. Hausaufgabenkontrolle; Erläuterung eines Arbeitsblatts; ein anfänglich relativ offenes Gespräch nach und nach zu einem neuen Thema hinleiten).
* ein Antizipieren von Unwägbarkeiten im vorab imaginierten Unterrichtsverlauf durch **Markierung ‚planerischer Grauzonen'**: Etappen, die im Entwurf nur angedacht werden können, weil die genaue Vorgehensweise erst im Situationskontext überlegt werden kann („Ich stelle mich darauf ein, dass einige Schüler die neuen englischen Vokabeln falsch aussprechen, und werde dann ggfs. passende Ausspracheübungen einbauen." / „Bei diesem Arbeitsblatt könnten die Schüler unterschiedliche Verständnisprobleme mit der Tabelle haben, auf die ich dann eingehen werde." / „Von den Ergebnissen der Gruppenarbeit werde ich das an der Tafel festhalten, was die Schüler am wichtigsten finden").
* **‚didaktische Reserve'** wenn es schneller geht, als man geplant hat (seltener!);
* **‚Abbruch-Kann-Stellen'**, wenn es zu langsam geht (häufiger!): Was mache ich, wenn für den letzten (oder sogar schon für den vorletzten) Abschnitt keine Zeit mehr ist?

## 5 Unterrichtsqualität in ganzheitlicher Sicht

**Abb. 9:** Fünf Komponenten *Situativer Planungsfähigkeit*

## 5.4 Förderung *Situativer Planungsfähigkeit* — (Schwierige) Aufgabe der Lehrerbildung

Die Fähigkeit zur situationssensiblen Stegreif-Planung ist Lehrern nicht in die Wiege gelegt, sondern wächst tendenziell mit zunehmender Berufserfahrung. Allerdings sind auch unerfahrene Berufsanfänger gelegentlich dazu in der Lage, auf Überraschungen verblüffend geschickt zu reagieren — wie einige Beispiele auf den vorausgegangenen Seiten zeigen. Andererseits reagieren mitunter auch berufserfahrene Lehrer/innen in unstetigen Unterrichtssituationen erstaunlich rigide und taktlos.

Die Fähigkeit, mit unstetigen Situationen einfühlsam umzugehen, verbessert sich demnach nicht automatisch mit wachsender beruflicher Erfahrung.

Die nahe liegende Frage lautet daher, wie die Lehrerausbildung und eine berufsbegleitende Fortbildung dazu beitragen können, dass Lehrer/innen mit einer überraschungsoffenen Grundhaltung unterrichten. In welcher Weise können eine situationssensible Wahrnehmung und die Fähigkeit zum situationsangemessenen Reagieren auf unerwartete Entwicklungen gefördert werden? Was kann die Lehrerbildung tun, um den sich mit längerer Berufstätigkeit nach und nach einschleichenden unprofessionellen Reaktionstendenzen wie z.B. impulsiven Reaktionen oder stereotypen Routinen entgegenzuwirken?

In diesem Band werden eine Reihe von erprobten Szenarien vorgestellt, die darauf abzielen, unterschiedliche Aspekte von Stegreif-Planung zu fördern. Ein Problem dabei ist, dass nicht alle Handlungsdispositionen, die Lehrer/innen zum Reagieren in unstetigen Unterrichtssituationen veranlassen, den Akteuren bewusst sind und daher nicht direkt zum Gegenstand (selbst-)reflexiver Betrachtung gemacht werden können.

### 5.4.1 Szenarien zur Förderung *Situativer Planungsfähigkeit*

Eine **überraschungsoffene Grundhaltung** kann in der Lehrerausbildung und in der berufsbegleitenden Fortbildung nach und nach angebahnt werden, indem bei der Analyse von Unterricht der Blick auch auf unstetige Situation gerichtet wird. Wichtig ist das Eingeständnis von Aus- und Fortbildnern, dass Unstetigkeit ein konstitutives Merkmal von Unterricht ist, welches nicht generell vermieden werden kann. Bei der Besprechung von Unterricht sollten unstetige Entwicklungen sehr genau daraufhin eingeschätzt werden, ob sie aus vermeidbaren Vorplanungs- oder Inszenierungsfehlern hervorgegangen sind, ob sie nicht so leicht zu entdeckenden Schwächen im Konzept geschuldet sind oder ob sie aus Friktionen resultieren, die mit der Art der Vorplanung und Unterrichtsgestaltung nicht direkt in Verbindung gebracht werden können. Für einen derart ins Detail gehenden Vergleich der Beziehung zwischen vorgeplantem Unterricht und tatsächlichem Verlauf sind Verfahren zur Unterrichtsanalyse erforderlich, die bislang in der Lehrerbildung kaum praktiziert werden, weil sie angewiesen sind auf eine sorgfältige Dokumentation der Unterrichtsvorplanung, des Verlaufs und der Resultate des Unterrichts. Das in Kapitel 7 vorgestellte Szenarium „Gelenkstellen-Analyse" zeigt anhand von Beispielen, wie ertragreich Längsschnitt-Studien von einzelnen Unterrichtsvorhaben sein können. Einen Einblick in die Überraschungsanfälligkeit von Unterricht gewährt auch das Szenarium „Unterricht im Querschnitt" (Kapitel 11), das dazu anregt, videografierte Beispiele verschiedenster ‚Unterrichtseinstiege' daraufhin zu untersuchen, ob die mit dem Einstieg erhoffte didaktische Funktion erfüllt werden konnte oder ob widrige Umstände das verhinderten.

Die Fähigkeit zur **Überraschungsprophylaxe** können angehende Lehrer/innen verbessern, in dem sie Unterrichtsentwürfe, auf deren Grundlage videografierte Unterrichtsstunden gegeben wurden, auf mögliche Schwachstellen untersuchen (siehe das Szenarium „Risikoanalyse von Unterrichtsentwürfen" in Kapitel 9). Wenn anschließend der aufgrund des Entwurfs durchgeführte Unterricht als Video betrachtet werden kann, zeigt der Blick auf den realen Verlauf, ob die mutmaßlichen Schwachstellen sich tatsächlich ausgewirkt haben oder ob Probleme an ganz anderer Stelle aufgetreten sind, als in der Risiko-Analyse vermutet. Auf diesem Weg können Berufsanfänger aus den Fehlern Anderer lernen und bei der Planung des eigenen Unterrichts riskante Stellen schon im Vorhinein entschärfen.

Zur gezielten **Förderung der Fähigkeit zur Stegreifplanung** sind seminardidaktische Szenarien erforderlich, die in der Lehrerbildung bislang noch unüblich sind.

* So können Seminare zum Auf- und Ausbau eines *Repertoires an Reserveplänen* beitragen, in denen anhand von Videobeispielen oder Schilderungen vorgestellt wird, wie Lehrer/innen auf wiederkehrende Anforderungssituationen reagieren (z.B. auf zu spät kommende Schüler, nicht gemachte Hausaufgaben, auf Schüler, die sich einem Arbeitsauftrag verweigern, auf völlig divergierende Ergebnisse einer Gruppenarbeit, einen handgreiflichen Streit zwischen zwei Schülern im Unterricht u.v.m.). Wie Rückmeldungen aus solchen Seminaren mit Berufsanfängern und mit erfahrenen Lehrern zeigen, empfinden es Lehrer/innen als außerordentlich hilfreich,

möglichst viele Ideen zu erhalten, wie sie auf wiederkehrende Anforderungssituationen reagieren könnten. Inspirierend können auch Gespräche mit Vertrauten (Partner, befreundete Kollegen, Freunde mit völlig anderen Berufen) sowie Foren im Internet sein. Solche Ideensammlungen helfen jedem Lehrer dabei, selbst ein Repertoire von Reserveplänen anzulegen, die er für geeignet hält, um im Fall der Fälle schnell und im Einklang mit eigenen pädagogischen Prinzipien reagieren zu können. Ob Lehrer/innen solche gespeicherten Reservepläne dann auch während des Unterrichts aktualisieren und situationsangemessen umsetzen können, ist eine andere Frage.

Neuland betreten werden muss bei Aus- und Fortbildungsangeboten, die darauf abzielen, die Improvisationsfähigkeit zu verbessern und Schlagfertigkeit zu trainieren.

* Möglicherweise kann *Improvisationsfähigkeit* durch Betrachten beispielhafter Unterrichtsszenen gefördert werden, in denen fremde Lehrer/innen gekonnt improvisieren (s. Kapitel 10 „Unstetige Unterrichtssituationen bewältigen"). U.U. wirken solche Beispiele gelungener Improvisation anregend, auch wenn man sie nicht einfach ‚kopieren' kann wie die Reservepläne, weil improvisationsbedürftige Situationen einzigartig sind. Möglicherweise sind Rollenspiele besser geeignet, in denen in Analogie zum Improvisationstheater das Improvisieren in unstetigen Unterrichtssituationen selbst ausprobiert werden kann (s. die Beispiele zur *Unterrichtssimulation* in Kapitel 15).

* Ob *Schlagfertigkeit* überhaupt trainiert werden kann, ist umstritten, denn nach verbreiteter Auffassung handelt es sich um eine nicht erlernbare Gabe. Dem widerspricht der Kommunikationstrainer und Personalberater Matthias Pöhm, der als „Schlagfertigkeitscoach" Führungskräften der Wirtschaft rhetorische Schlagfertigkeit bei verbalen Angriffen neidischer Kollegen oder überheblicher Vorgesetzter antrainiert. Er sieht Schlagfertigkeit in erster Linie als Geisteshaltung und erst in zweiter Linie als Technik.[20]

Denkbar wäre ein Schlagfertigkeits-Training, bei dem Lehrer/innen in Rollenspielen mit Videofeedback ausprobieren, mit provozierenden Situationen umzugehen. Ob ein solches Training dazu beitragen kann, eine schlagfer-

---

[20] Auf seiner Webseite gibt er auch Lehrern ‚Nachhilfe' in Schlagfertigkeit und demonstriert die ‚technische' Seite mit Hilfe von Videos (http://www.schlagfertigkeit.com/ und http://www.youtube.com/watch?v=qYSjU7PD5m8&feature=related am 5.7.2010).

tige Reaktionstendenz so nachhaltig zu verankern, dass man später auch in Ernstsituationen tatsächlich so reagiert, müsste erst noch untersucht werden.

### 5.4.2  Was der Förderung *Situativer Planungsfähigkeit* entgegensteht

Seminarkonzepte, die darauf hinzuwirken beabsichtigen, ein schnelles und pädagogisch angemessenes Reagieren in unstetigen Unterrichtssituationen zu fördern bzw. vice versa unangemessenen Reaktionstendenzen entgegenzuwirken, haben ein Grundproblem. Die blitzschnellen Reaktionen „im Moment eines Augenaufschlags" (van Manen) resultieren aus Handlungsdispositionen, denen die Akteure im Augenblick des Reagierens nicht selten ausgeliefert zu sein scheinen. Unstetigkeit wird zuerst als Gefühl des Überraschtseins erlebt und bewertet — je nachdem als bedrohlich, erfreulich oder unbedeutend. Auf die blitzartige bewertende Verarbeitung der Überraschungsemotion folgt in Sekundenschnelle eine Bewältigungsreaktion, der oftmals keine durchdachte, planvolle Entscheidung zugrunde liegt.

Wahrnehmungspsychologische Untersuchungen stützen die Annahme, dass Menschen in ‚undurchsichtigen' Situationen, in denen sie ohne ausreichende Informationsgrundlage schnell bewerten und reagieren müssen, ihre Entscheidungen auf einer Gefühlsebene ohne Wissensbegründung treffen (Perrig, Wippich & Perrig-Chiello 1993). Dabei greifen sie unbewusst und automatisch auf Vorwissen und implizite Reaktionsmuster zurück, reagieren also durchaus erfahrungsbasiert, nehmen aber diese Vorgänge nicht bewusst wahr und können sich später nicht daran erinnern[21]. So beurteilen Versuchspersonen Fremde, die sie nur kurz auf einem Foto sehen, aufgrund von unbewussten Vorannahmen (z.B. schätzen sie Menschen mit enger Augenstellung und breiter Nase eher als misstrauisch ein, Menschen mit weiter Augenstellung und schmaler Nase eher als zuversichtlich), ohne ihr Urteil begründen zu können (Lewicki nach Perrig et.al aaO.). Auch wenn ein Fehlverhalten unbekannter Personen einzuschätzen ist (z.B. „Warum kommt jemand zu

---

[21]  Perrig et.al. weisen darauf hin, dass die psychologische Forschung von einer einheitlichen Definition der Begriffe ‚Bewusstsein' und ‚Unbewusstsein' weit entfernt ist. Anhand wahrnehmungs- und kognitionspsychologischer Ergebnisse belegen sie, dass die mit diesen alltagssprachlichen (!) Bezeichnungen suggerierte Vorstellung von zwei präzise unterscheidbaren mentalen Zuständen mit empirischen Befunden unvereinbar ist. Es gäbe keine eindeutige Trennungslinie zwischen Bewusstem und Unbewusstem, vielmehr markieren sie die Endpunkte auf einem Kontinuum mit vielen Zwischenstufen. Jede bewusste Handlung beruhe auch auf „implizitem Wissen" und Empfindungen, die im Augenblick des Entscheidens nicht bewusst wahrgenommen werden und auch später nicht erinnert werden können.

spät?"), werden einer unbekannten Person vertretbare Ursachen zugeschrieben (Verkehrschaos, überraschendes Missgeschick), während einer anderen unbekannten Person fragwürdige Motive (Faulheit, Unorganisiertheit) unterstellt werden (Forgas nach Perrig et.al aaO.). Offenbar reichen winzige Bruchteile von Informationen aus, um solche Bewertungsprozesse ablaufen zu lassen. Sie erfolgen nicht-sprachlich, „ohne Erinnerungen oder Bewertungen aufgrund klarer bedeutungsvoller Begriffe" (Perrig et.al aaO., 170).

Vermutlich sind solche Reaktionen aufgrund unbewusster Informationsverarbeitung eher charakteristisch für impulsive Lehrerreaktionen, bei schematischen Routinen und beim Reagieren aufgrund stereotyper Sichtweisen. Das würde erklären, warum es Lehrern häufig nicht möglich ist, sich nach dem Unterricht an ihre Reaktionen in solchen Situationen zu erinnern (s. Kasten „Nicht erinnerte Kränkungen"), zumal ein fortgesetzter Geschehensdruck ständig zu neuen Reaktionen zwingt.

---

**„Nicht erinnerte Kränkungen"**

In einer Fallstudie ist Plattner (1988) anhand von 10 videografierten Stunden der Frage nachgegangen, wie Schüler und Lehrer Situationen wahrnehmen, in denen ein Lehrer einen Schüler nach einer unbefriedigenden Antwort herabwürdigend kritisiert, z.B. mit barscher Unterbrechung, beleidigender Kommentierung oder Zurückweisung. Nach der Stunde wurden die Beteiligten dazu befragt. Dabei stellte sich heraus, dass es in keinem Fall eine Übereinstimmung gab, „wie der Lehrer das Schülererleben wahrgenommen und wie der Schüler die Situation tatsächlich erlebt hat". Der jeweils betroffene Schüler zieht sich nach der subjektiv empfundenen Blamage aus dem Unterrichtsgeschehen zurück, stellt die Mitarbeit ein und befasst sich nur noch damit, seine Enttäuschung zu verarbeiten (7 der 10 Schüler die ganze weitere Stunde bis zum Ende). Die 10 Lehrkräfte konnten sich an pädagogisch fragwürdige Reaktionen auf unzureichende Schülerbeiträge nicht erinnern, so dass auch der Rückzug des jeweiligen Schülers niemand aufgefallen ist. Im Gegenteil: Mehrere Lehrer meinten, sie hätten wie sonst auch eine konstruktive und anspornende Rückmeldung gegeben.

---

Daher ist die gelegentlich in der erziehungswissenschaftlichen Literatur anzutreffende Empfehlung, Lehrer sollten sich „selbst reflektieren" und „ihr problematisches Verhalten bewusst machen", widersinnig. Auch das Supervisions-Konzept ist zur Auseinandersetzung mit eigenen ungünstigen Reaktionstendenzen wenig geeignet, denn bei Supervisionen können Teilnehmer nur Handlungsdispositionen ansprechen, die sie an sich selbst wahrnehmen. Eine Selbstreflexion setzt voraus, dass die Situationsinterpretation und die Entscheidungsfindung für eine Bewältigungsreaktion bewusst vollzogen werden, so dass eine Chance besteht, sich daran später zu erinnern (s. die Beispiele für Improvisationen und Schlagfertigkeit).

Diese Voraussetzung ist offensichtlich bei pädagogisch angemessenen Bewältigungsreaktionen eher gegeben, wenn es dem Lehrer gelingt, das Geschehenstempo durch Techniken des Zeitgewinns zu verringern, um Reaktionsmöglichkeiten wie das schnelle Abwägen möglicher Reservepläne oder die kurz angedachte Improvisation blitzschnell gedanklich durchzuspielen. Um defizitären Reaktionstendenzen entgegenzuwirken, sind andere Aus- und Fortbildungsszenarien erforderlich, die den Besonderheiten des schnellen, impulsiven Reagierens in unstetigen Unterrichtssituationen Rechnung tragen.

In diesem Band werden drei unterschiedliche Zugänge vorgestellt, um Seminarteilnehmer mit unstetigen Unterrichtssituationen zu konfrontieren:
* *Videografierte Unterrichtsszenen mit unbekannten Lehrern* (,Fremdvideos'; s. Szenarium F4 „Bewältigung unstetiger Unterrichtssituationen");
* *Videografierte Unterrichtssimulationen mit Seminarteilnehmern* (,Eigenvideos' Typ 1 — Kapitel 15 Abschnitt 4);
* *Videografierter Unterricht von angehenden Lehrern, die bei der Betrachtung und Besprechung der Szenen anwesend sind* (,Eigenvideos' Typ 2 — Kapitel 15 Abschnitt 3).

Gemeinsam ist den drei Zugängen, dass die unstetigen Situationen als Videoszenen vorliegen und mehrfach betrachtet werden können. Ähnlich wie die im Video zu sehenden Lehrkräfte sind Betrachter mit einer komplexen, teilweise schwer durchschaubaren Situation konfrontiert. Die Entschlüsselung der Situation als ein bestimmter pädagogischer Problemtyp (z.B. falsche Schülerantwort, Arbeitsverweigerung, Konflikt zwischen zwei Schülern, unerklärliches Versuchsergebnis) ist beim Betrachten eines Videos nicht sofort möglich, weil vieles gleichzeitig passiert und zunächst unklar ist, welcher Art die Überraschung ist. Wie der Unterrichtende erfasst der Betrachter die Szene ganzheitlich und verarbeitet sie zunächst unbewusst emotional, um sie dann bewusst zu verstehen, indem er sie sprachlich-begrifflich erfasst. Erst nach und nach tritt der Betrachter der Videoszene aus seiner Rolle eines involvierten Schattenakteurs heraus, ordnet die Szene begrifflich-kategorial ein und kann so eine zur Reflexion notwendige Distanz entwickeln (vgl. Grawe 2000; dazu ausführlicher S. 207f).

Die drei Zugänge haben jeweils spezifische Vor- und Nachteile:
* Werden videografierte Unterrichtsszenen mit unbekannten Lehrern gezeigt und besprochen, dann steht nicht die Handlungsdisposition von anwesenden Seminarteilnehmern zur Diskussion, sondern die von fremden Personen. Weil die gefilmten Lehrer/innen weder anwesend noch bekannt sind, entfallen strategische Rücksichtnahmen, wie sie beim Besprechen von ,Eigenvideos' unvermeidlich sind. Dadurch fällt es leichter, eine reflexive Distanz herzustellen, um problematische Reaktionen kritisch zu betrachten

und alternative Bewältigungsstrategien gedanklich durchzuspielen. Die Auseinandersetzung mit pädagogisch angemessenen wie mit defizitären Reaktionsbeispielen kann Seminarteilnehmern Anregungen für eigenes zukünftiges Handeln in vergleichbaren Situationen geben. Als Anstoß für Seminarteilnehmer, sich mit eigenen problematischen Reaktionen zu befassen, dürften sie aus den vorgenannten Gründen nicht in Frage kommen.

* Bei Unterrichtssimulationen werden inszenierte überraschende Situationen im Seminar gespielt: Der ‚Lehrer' und die meisten ‚Schüler' sind nicht eingeweiht, außer dem- bzw. denjenigen, die per Rollenskript angewiesen sind, die Überraschung zu initiieren. Dem agierenden Lehrer fällt das Auftreten vor Kommilitonen als ‚Mitspieler' leichter als das Unterrichten echter Schüler.

* Videos vom eigenen Unterricht oder von Unterrichtssimulationen, in denen man als Lehrer agiert hat, bieten die einzige Möglichkeit, um eigene ungünstige Reaktionstendenzen zu entdecken, die man während des Unterrichts unbemerkt vollzieht und an die man sich ohne Video hinterher nicht mehr erinnern würde (s. die ‚Eigenvideo'-Beispiele in Kapitel 15). Während es bei Unterrichtssimulationen leichter fällt, in die Lehrerrolle zu schlüpfen, ist die Bereitschaft, seinen ‚echten' Unterricht zu Besprechungszwecken videografieren zu lassen, meist nicht besonders ausgeprägt. Beide Varianten von ‚Eigenvideos' werden sowohl von angehenden wie auch von berufserfahrenen Lehrern ambivalent eingeschätzt. Einerseits wird die Gelegenheit begrüßt, sich selbst beim Unterrichten einmal ‚zuschauen' zu können und dabei an sich selbst Eigenarten zu entdecken, derer man sonst niemals gewahr würde. Nach einhelliger Einschätzung von videografierten Lehrern leisten ‚Eigenvideos' einen wertvollen Beitrag, um an sich selbst Eigenarten bei der Interaktion mit Schülern — seien es echte oder ‚Schüler-Darsteller' — zu entdecken, die einem sonst verborgen bleiben würden. Andererseits ist bei videografiertem Unterricht in Schulklassen die Angst vor Fehlern noch höher als ohnehin schon bei Unterrichtshospitationen ohne Video. Das gilt insbesondere, wenn Ausbildungsunterricht aufgezeichnet wird, weil hier oft noch ganz elementare Fehler gemacht werden, die beim Betrachten des Videos auffallen. Das kann zu einer so starken emotionale Abwehr der aufgenommenen Lehrperson führen, dass es u.U. schwer wird, die eigenen Handlungstendenzen hinterher selbstkritisch in den Blick zu nehmen und vor bzw. mit anderen zu besprechen. Daher sind bei ‚Eigenvideos' ganz besondere Vereinbarungen vor der Aufnahme und für den Ablauf von Besprechungen zu treffen, auf die bei der Vorstellung der Szenarien noch ausführlicher eingegangen wird (s. Kapitel 15).

# 6 Merkmale und Besonderheiten der *Virtuelle Unterrichtshospitation* mit multimedialen Unterrichtsdokumenten und ‚Eigenvideos'

## 6.1 Die *Virtuelle Unterrichtshospitation*: Grundlage anspruchsvoller Unterrichtsbetrachtung

Als Resümee aus den beiden vorausgehenden Kapiteln ist festzuhalten, dass zur Beurteilung von Unterrichtsqualität der Blick nicht allein auf das jeweils genutzte Unterrichtskonzept beschränkt sein darf, sondern ausgeweitet werden muss auf den realen Unterrichtsprozess und sein Ergebnis. In einer ganzheitlichen Betrachtung der Entwicklung eines Unterrichtsvorhabens ist der Weg von der Ausgangsidee bis hin zum Ergebnis auf Stimmigkeit bzw. Inkonsistenzen zu untersuchen. Dabei ist einerseits zu beurteilen, ob die ursprünglich angezielten Resultate erreicht wurden, andererseits sind auch die ungewollten Nebenwirkungen einzuschätzen. Besondere Aufmerksamkeit verdient das Lehrerhandeln in solchen Unterrichtssituationen, die vom Lehrer nicht antizipiert waren und die dem Vorhaben u.U. eine andere Richtung gegeben haben. Wie Lehrer/innen in solchen unstetigen Augenblicken reagieren, ob sie das Unerwartete mit Geschick und Fingerspitzengefühl auffangen, ggfs. sogar für bildungswirksames Lernen nutzen, ist mitunter entscheidend für die weitere Lehrer-Schüler-Beziehung.

## 6.2 Unterrichtsvideos: Kernelement multimedialer Unterrichtsdokumente

Das Herzstück multimedialer Unterrichtsdokumente sind die Unterrichtsvideos. Daher werden diese medialen Nutzungsmöglichkeiten in der Lehrerbildung meist unter dem Sammelbegriff „Unterrichtsvideografie" subsumiert (s. z.B. die Titel der Themenhefte der Zeitschriften „Seminar" 4/2004 und 4/2006 sowie „journal für LehrerInnenbildung" 2/2005).

Diese Sammelbezeichnung ist jedoch angesichts der fortgeschrittenen technischen Entwicklung irreführend, da multimediale Unterrichtsdokumentationen über die reinen Videos hinaus viele weitere Informationen zu den Unterrichtsvorhaben enthalten, die ganz neue, attraktive Möglichkeiten zur Unterrichtsreflexion und -analyse eröffnen.

Unterrichtsvideos als Kernelement multimedialer Unterrichtsdokumentationen bieten einen starken Anreiz, um ertragreiche Gespräche darüber zu initiieren, was Unterrichtsqualität auszeichnet. Sie ermöglichen es Betrachtern, sich in ein Unterrichtsgeschehen annähernd so anschaulich hineinzuversetzen wie bei einer Vor-Ort-Hospitation. Zwar sind Betrachter von Unterrichtsvideos im Vergleich mit Unterrichtsbeobachtern bei Vor-Ort-Hospitationen mit einem weniger komplexen Unterrichtsgeschehen konfrontiert, weil mit der Kameraführung bereits eine Vorauswahl getroffen wird, was aufgenommen wird und was ausgeblendet bleibt. Dieses ist jedoch kein prinzipieller Unterschied zur Vor-Ort-Hospitation, denn auch dort nimmt der Beobachter selbst ständig Fokussierungen und Perspektivwechsel vor, ist mitunter unaufmerksam oder aus verschiedenen Gründen abgelenkt.

Mit Unterrichtsvideos wird die Komplexität der unterrichtlichen Interaktion so intensiv erlebbar, wie das mit keiner anderen medialen Darstellung möglich ist:
* Körpersprache, Mimik und Gestik von Lehrer/in und Schüler/innen;
* die Bewegung der Lehrkraft im Klassenraum;
* Tonfall, Lautstärke und stimmliche Besonderheiten;
* das Nebengeschehen, das die Lehrkraft im Augenwinkel mit beachtet und das gewollt oder ungewollt den „Gang der Lektionen beeinflusst" (Kerschensteiner 1955, 78).

All diese Eindrücke gehen verloren, wenn das komplexe Unterrichtsgeschehen auf eine vertextete Schilderung reduziert wird und in bereits abstrahierten begrifflichen Schemata ‚eingefangen' ist. Gegenüber realer Teilhabe am Unterricht als Hospitierende haben Betrachter von Unterrichtsvideos den Vorteil, dass sie den Unterricht beliebig oft ansehen können. Über unklare Passagen, schnelle Wortwechsel oder schlecht zu Verstehendes kann man sich durch wiederholtes Betrachten und Hören vergewissern — im Unterschied zur längst entschwundenen Wirklichkeit nach einer Hospitation.

Angesichts dieser Vorzüge von Unterrichtsvideos mag es verwunderlich erscheinen, dass sie in der Lehrerbildung jahrzehntelang ein Schattendaseins gefristet haben und bis heute nicht konzeptionell in Aus- und Fortbildungs-Curricula eingebunden sind. Dabei wurde bereits seit Beginn der 70er Jahre die Unterrichtsvideografie in der Aus- und Fortbildung von Lehrern eingesetzt im Rahmen des Micro-teaching-Konzepts, einem Vorläufer der Unterrichtssimulation (eine Übersicht über die gut ein Dutzend Modellvorhaben Mitte der 70er Jahre an deutschen Hochschulen gibt Oehlschläger 1976): Angehende Lehrer/innen oder ihre Ausbilder unterrichteten für einen kurzen

Zeitraum von 10 bis 20 Minuten kleine Gruppen von wenigen Schülern (meist andere Seminarteilnehmer als Schüler-Darsteller) mit einem eng umrissenen Auftrag (z.B. Einführung in ein neues Thema, Erteilen eines Arbeitsauftrags, Gesprächsführung mit Tafelnotizen, Streitschlichtung). Diese Unterrichtsproben wurden aufgenommen, um den Unterrichtenden ein detailliertes Feedback zu geben. Ebenfalls schon in den 70er Jahren wurden in vielen lehrerausbildenden deutschen Hochschulen Mitschauanlagen für Unterricht mit einem für heutige Verhältnisse erstaunlich hohen Kostenaufwand eingeführt. Aber die damals auf den ersten Blick bahnbrechende Idee, Unterricht in aufwändig ausgestatteten Studioklassen mit fest installierten Studiokameras aufzunehmen und zeitgleich ‚live' auf Fernsehmonitoren in mehreren (!) angrenzenden Seminarräumen zum Zwecke der Unterrichtsmitschau zu übertragen, konnte sich wegen zu vieler offensichtlicher Nachteile nicht durchsetzen. Hauptnachteil war der hohe organisatorische und zeitliche Aufwand für die Lehrer und Schüler, um ihren Unterricht für nur kurze Zeit an einen Ort zu verlegen, der ihnen nicht vertraut war und an dem sie sich vorkommen mussten, wie ein Insekt unter dem Mikroskop. Der umgekehrte Weg, Unterrichtsaufnahmen für Ausbildungszwecke unter ‚naturalistischen' Bedingungen, also vor Ort in den Schulen zu machen, war erst Anfang der 80er Jahre gangbar, nachdem tragbare (ein sehr relativer Begriff!) Videokameras erschwinglich wurden (auch ein relativer Begriff[22]) und zusammen mit damals noch sehr soliden Stativen aus Holz und Metall ohne Gerätewagen transportiert, vor allem aber in vertretbarer Zeit aufnahmebereit aufgestellt und danach wieder abgebaut werden konnten. Kritisiert wurde das Microteaching-Konzept von vielen damaligen Erziehungswissenschaftlern, weil es ausgelegt war als ein Training von isolierten Teilfertigkeiten (vortragen, Impulse geben, loben, tadeln, Tafelzeichnungen anfertigen, Hausaufgaben kontrollieren u.v.m.), deren Beherrschung dann den perfekten Lehrer auszeichnen sollte. Oehlschläger (1976) kommt auf gut 300 Skills, die mittels Micro-teaching eingeübt werden sollten. Hinter dieser Vorstellung einer Antrainierbarkeit wünschenswerter Handlungsmuster (bzw. Abtrainierbarkeit unerwünschter Handlungsmuster) stand eine sehr einfache, behavioristische Auffassung vom Erlernen des Lehrerhandwerks, im Sinne einer Zusammen-

---

[22] Die tragbare Sanyo-Anlage, die der Autor für seine ersten Vor-Ort-Unterrichtsvideografien zwischen 1982 und 1985 genutzt hat, kostete damals das Äquivalent von drei Monatsgehältern eines wissenschaftlichen Mitarbeiters und wog zusammen mit Stativ ca. 20 Kilo. Diese Kamera war angeschafft worden für alle 16 Lehrenden der damaligen Lehreinheit Schulpädagogik an der Universität Hannover, wurde aber nur von zwei Lehrenden sporadisch genutzt.

führung einzelner Skills, die jeweils separat durch Nachmachen verinnerlicht werden.

Parallel zum Micro-teaching und zur Unterrichtsmitschau entstanden seit Ende der 70er Jahre in vielen lehrerbildenden Hochschulen, z.T. auch in Einrichtungen der II. und III. Phase der Lehrerbildung, Videoarchive (quasi die Vorläufer der heutigen Videoportale im Web), in denen auf Bändern archivierte und katalogisierte Unterrichtsmitschnitte für die Betrachtung auf VHS-Recordern in Seminaren oder auch zuhause ausgeliehen werden konnten. Obwohl diese Bestände in den vergangenen 30 Jahren einen beträchtlichen Umfang erreicht haben und Aufzeichnungen von Fachunterricht für jede Klassenstufe und Schulform zu allen gängigen sowie zu vielen exotischen Themen als Anschauungsmaterial zur Verfügung steht (allein das ‚Hochschulinterne Fernsehen' HIF des damaligen Fachbereichs Erziehungswissenschaften in Hannover verfügte über mehrere tausend Aufzeichnungen), wurde dieses Medienangebot in viel geringerem Umfang genutzt, als von den Betreibern der Medienzentren erhofft.

Ganz offensichtlich waren Unterrichtsaufzeichnungen auf Videocassetten nicht sonderlich attraktiv für die Aus- und Fortbildung. Das mag zu einem gewissen Teil darauf zurückzuführen sein, dass VHS-Recorder lange Zeit nur in geringem Umfang verfügbar und die VHS-TV-Sets vergleichsweise umständlich zu bedienen waren.

Aber diese technischen und organisatorischen Hindernisse erklären die zurückhaltende Nutzung von Unterrichtsvideos in der Lehrerbildung nur zum Teil, denn sie hält bis heute an, obwohl sich inzwischen mit dem Verschmelzen der digitalen Medien die Voraussetzungen für den Einsatz aktiver und passiver Unterrichtsvideografie grundlegend verbessert haben. Die Arbeit mit Videokameras ist inzwischen nicht mehr nur Semiprofessionellen vorbehalten. Seit Mitte der 90er Jahre geht eine fortlaufende Verbesserung der Bild- und Tonqualität einher mit zunehmender Miniaturisierung der Videotechnik und leichterer Bedienbarkeit bei gleichzeitig erheblichem Preisrückgang. Videomaterial kann inzwischen auch mit einfacher, kostengünstiger Technik PC-tauglich aufbereitet und mit unterschiedlichsten Speichermedien (CDs und DVDs, Sticks, Videoarchive auf Servern) zugänglich gemacht werden. Die Verfügbarkeit von Abspielern (PCs und Notebooks, DVD-Player, Tablets u.a.) und die Möglichkeit der Präsentation vor größeren Gruppen mittels Beamer ist inzwischen sowohl privat als auch in Bildungseinrichtungen zur Selbstverständlichkeit geworden.

Immerhin haben diese technischen Veränderungen dazu geführt, dass etwa seit der Jahrtausendwende an etlichen Standorten der Lehrerbildung verstärkt Anstrengungen unternommen werden, um die Unterrichtsvideografie nicht nur für die Unterrichtsforschung, sondern auch für die Aus- und Fortbildung von Lehrkräften nutzbar zu machen (siehe die Dokumentationen von Reusser 2005; Dorlöchter, Krüger, Stiller & Wiebusch 2006; Helmke 2009). Aber all diesen Veränderungen zum Trotz nutzt bis heute nur ein sehr kleiner Teil der in der Lehrerbildung Tätigen die Möglichkeit, Unterrichtsvideos in Lehrveranstaltungen einzusetzen. Noch viel kleiner ist der Anteil derer, die selbst zur Kamera greifen, um Ausbildungsunterricht aufzunehmen.

Auf zwei mutmaßliche Gründe für diese Zurückhaltung wurde bereits eingegangen: Wenn es Dozenten nur darum geht, (fach-)didaktische Konzepte vorzustellen, kommen sie bestens ohne jede Unterrichtsempirie aus. Wenn es um die Behandlung problematischer Unterrichtssequenzen geht, sind Unterrichtssurrogate auf Textbasis einfacher zu handhaben als Unterrichtsvideos.

Es dürfte jedoch noch einen dritten Grund dafür geben, dass Unterrichtsvideos bislang in recht bescheidenem Umfang in der Lehrerausbildung genutzt werden. Videos dokumentieren den Unterrichtsprozess als solchen hervorragend, aber sie verraten weder etwas darüber, unter welchen Voraussetzungen dieser Prozess zustande gekommen ist, noch geben sie Auskunft darüber, wie erfolgreich der Unterricht ist und welche Wirkungen er auf die Beteiligten hat.

## 6.3 Der Mehrwert multimedialer Unterrichtsdokumente gegenüber ‚nackten' Unterrichtsvideos

Der ‚nackten' Videoaufzeichnung fehlen wichtige Informationen über ein Unterrichtsvorhaben, die bei einer ganzheitlichen Einschätzung unentbehrlich sind:

⇒ Unterricht entsteht nicht voraussetzungslos. Er basiert auf gesellschaftlichen Ansprüchen und orientiert sich an Vorgaben. Das bleibt im Video verborgen.

⇒ Es ist kaum möglich, auf der Basis von Videoaufzeichnungen die Ausgangsplanung für den Unterricht zu rekonstruieren — vor allem dann, wenn sich der Verlauf stärker vom Entwurf entfernt. Ein Video verrät nichts über die im Unterricht handlungsleitenden Intentionen [23].

---

[23] Die unterrichtliche Interaktion wird zwar nicht vollständig determiniert, aber doch ganz

⇒ Anhand von Videos ist es nicht möglich, die Qualität eingesetzter Materialien (Arbeitsblätter, Schulbuchtexte, Overheadfolien, Noten, Versuchsskizzen o.ä.) zu beurteilen. Das kann aber entscheidend sein, um z.B. Schülerprobleme mit Arbeitsaufträgen richtig einschätzen zu können.

⇒ Ein erhebliches Manko besteht darin, dass das Gesprochene im Video nur in ‚flüchtiger Form' vorliegt. Zudem ist die Tonqualität bei Unterrichtsaufzeichnungen unter ‚sanften' Bedingungen im Vergleich zur Bildqualität selbst mit modernen Digitalkameras nicht immer optimal[24)]. Die sprachliche Interaktion vollzieht sich in gesprächsintensiven Phasen oft so schnell, dass Betrachter ohne schriftliches Wortprotokoll vieles nicht verstehen und wenig über den unmittelbaren Augenblick hinaus behalten. Für das Verständnis von Unterricht kommt es aber gerade auf Details an (z.B. die exakte Reihenfolge, in der Sprecher agieren; ob sie einander ins Wort fallen; mit welchen Argumenten sie aufeinander eingehen oder auch nicht; Kongruenzen bzw. Inkongruenzen zwischen verbaler und nonverbaler Kommunikation). Zwar kann man ein Video mehrfach abspielen, aber häufiges Wiederholen ist störend und Gesprächsdetails sind hinterher doch nicht mehr präsent.

⇒ Allein auf Videobasis kann der Ertrag einer Stunde nicht eingeschätzt werden.

Auf der Grundlage einer Videoaufzeichnung allein ist ein Qualitätsurteil über ein Unterrichtsvorhaben nicht möglich. Dieser Nachteil einer ausschließlich videobasierten Unterrichtsbetrachtung fällt angesichts des Reizes des ‚laufenden Bildes' zunächst nicht auf. Sobald man sich aber eingehender mit dem gezeigten Unterricht beschäftigen will, tauchen Fragen auf, die mit dem Video allein nicht beantwortet werden können. Das dürfte auch ein Grund dafür sein, warum Unterrichtsvideos in der Lehrerbildung bislang nur ein Schattendasein geführt haben. Wer mit recht hohem Zeitaufwand eine Unterrichtsstunde auf Video betrachtet, um am Ende doch auf viele Fragen

---

wesentlich beeinflusst durch Handlungserwartungen, die die Akteure wechselseitig austauschen. Erwartungen ergeben sich zum einen aus dem didaktischen Konzept, das der Lehrer als Orientierungsrahmen zur Unterrichtsgestaltung einbringt, zum anderen aus Handlungsdispositionen, die aus den mehr oder weniger stark habitualisierten Regeln und Ritualen resultieren. Interpretationen, die auf diese Prä-Determination des Unterrichtshandelns nicht eingehen (können), verfehlen ihren Gegenstand (Hiller 1973).

[24] Das gilt nicht für eine professionelle Aufnahmetechnik mit mehreren Kameras und beweglichen Mikrophonen oder Funkmikrofonen – mit der man sich aber andere Nachteile einhandelt.

keine Antworten geben zu können, wird sich beim nächsten Mal überlegen, ob der Zeitaufwand gerechtfertigt ist.

Diese Schwachstelle des ‚Videos an sich' wird mit der Zusammenführung der Medien in einer multimedialen Unterrichtsdokumentation überwunden. Prinzipiell alle für ein Unterrichtsvorhaben bedeutsamen Informationen (Videos, Audiodateien, Fotos, Musikstücke, Abbildungen und Textdokumente) können so zusammengestellt werden, dass sie über einen ‚Abspieler' (z.B. PC oder Notebook) abrufbar sind. Text- und Bilddokumente können von jedem Betrachter ausgedruckt, verändert und mit Kommentaren versehen werden. Sie können in vernetzten Computern unabhängig von Datenträgern ebenso aufgerufen werden wie auch ohne Netzzugang über CD, DVD bzw. USB-Sticks und Speicherkarten.

Die Erstellung multimedialer Unterrichtsdokumente erfordert einen hohen Dokumentations- und Aufbereitungsaufwand. Sicherzustellen ist, dass die Dokumente (u.a. Lehrbuchauszüge, Lehrpläne, Arbeitsblätter, Unterrichtsentwurf, Befragungen von Lehrern und Schülern) so vorliegen, dass sie digital erfasst werden können. Während des Unterrichts, spätestens am Stundenende, sind die entstandenen Arbeitsprodukte der Schüler digital zu erfassen. Anschließend sind die digital erfassten Dokumente für die Präsentation aufzubereiten. Bis vor wenigen Jahren war das Einlesen des Videomaterials in den PC und dessen Umwandlung in computerlesbare Videoformate noch vergleichsweise zeitintensiv. Mit dem inzwischen auch im sog. Consumerbereich verfügbaren modernen Digitalkameras, die statt auf Band auf PC-lesbare Medien speichern, entfällt dieser aufwändige Arbeitsschritt. Unverändert groß ist dagegen der Zeitaufwand zur Erstellung von Wortprotokollen.

## 6.4 *Hannoveraner Unterrichtsbilder*: Prototyp multimedialer Unterrichtsdokumente

In *Hannoveraner Unterrichtsbildern* sind alle Unterrichtsdokumente zusammengestellt, die zur Rekonstruktion des Entwicklungsprozesses eines Unterrichtsvorhabens von seiner Entstehung über den Verlauf bis hin zu seinem Ertrag erforderlich sind. In jedem *Hannoveraner Unterrichtsbild* (i. F. HUB) wird eine abgeschlossene Unterrichtsepisode (z. B. eine Einzel- oder Doppelstunde, eine Einheit oder ein Projekt) vorgestellt (siehe Tab. „Aufbau der Hannoveraner Unterrichtsbilder"). Alle HUB haben eine einheitliche Benutzeroberfläche. Über die Schaltfläche START erreicht man das Hauptmenü mit sechs Untermenüs. Alle Textdokumente (z.B. Unterrichtsentwürfe, Arbeitsblätter, Richtlinienauszüge, Wortprotokolle) liegen als WORD- oder

6 VIRTUELLE UNTERRICHTSHOSPITATION

JPG-Dateien vor und können auch separat aufgerufen und ausgedruckt werden [25].

*Hannoveraner Unterrichtsbilder* geben einen Einblick in Unterrichtsvorhaben, der mit den üblicher Weise in Seminaren eingesetzten Einzelmedien wie Erläuterungen zu fachdidaktischen Ansätzen, Unterrichtsentwürfen und Protokollauszügen nicht möglich wäre. So können z.B. die Resultate des Unterrichts an den Zielvorgaben des didaktischen Konzepts und an den Erwartungen bei der Planung gemessen werden, und sie können auch in Beziehung zum Unterrichtsverlauf gesetzt werden. Da zusammen mit dem Video das Wortprotokoll einblendet werden kann, ist es möglich, Unterrichtsgespräche im Detail nachzuvollziehen, die im Video nur in ‚flüchtiger Form' und oft in so ungünstiger Tonqualität vorliegen, dass sie bestenfalls nach mehrfachem Abspielen zu verstehen sind. Die nachträglichen Interviews mit den Schülern offenbaren, was diese über den Unterricht denken. Deren Urteile fallen nicht selten anders aus, als Betrachter es aufgrund der Videoszenen vermuten, manchmal sogar anders, als die nachträglich ebenfalls interviewte Lehrkraft das eingeschätzt hat.

| Stadium 1:<br><br>Worauf basiert der Unterricht? | Stadium 2:<br><br>Wie wurde der Unterricht geplant? | Stadium 3:<br><br>Wie ist der Unterricht abgelaufen? | Stadium 4:<br><br>Welche Resultate hat der Unterricht? |
|---|---|---|---|
| **Didaktisches Konzept**<br><br>z. B. Lehrplanvorgaben, Schulbuchanregungen, zugrunde gelegter fachdidaktischer Ansatz, leitende pädagogische Ideen | **Unterrichtsentwurf**<br><br>einschl. aller eingesetzten Medien (Arbeitsblätter, Buchauszüge, Folien, Lieder, Fotos) | **Unterrichtsverlauf**<br><br>in Videoszenen mit detailgetreuen Wortprotokollen | **Schülerprodukte**<br><br>(schriftliche Ergebnisse) sowie von Lehrern und Schülern erfragte Einschätzungen zum Unterricht |

Tab. 13: Aufbau der *Hannoveraner Unterrichtsbilder*

---

[25] Von den aktuell vorliegenden 48 *Hannoveraner Unterrichtsbildern* sind inzwischen mehr als die Hälfte veröffentlicht auf Begleit-DVDs zu mehreren Büchern sowie Zeitschriftenpublikationen (s. Anhang 1). Eine ständig aktualisierte Übersicht mit detaillierten HUB-Beschreibungen enthält: www.hanub.de → PublizHUB.PDF. Hinweise zur erforderlichen Hard- und Softwareausstattung enthält Anhang 4.

HUB ermöglichen eine ‚Rundumsicht' auf Unterricht, so dass Fragen untersucht werden können, die in dieser Kombination mit herkömmlichen Medien nicht bearbeitet werden können, z.B.:

* Welche Vorgaben, Ideen und Intentionen haben den Unterrichtenden veranlasst, den Unterricht so anzulegen (z. B. Lehrplan, fachdidaktischer Ansatz oder zugrunde gelegtes Unterrichtswerk und andere Materialien) und wie sind diese Ideen umgesetzt worden?
* Sind die eingesetzten Arbeitsblätter, Schulbuchtexte, Overheadfolien für die Schüler verständlich und für den gedachten Zweck geeignet?
* Sind Lehrerreaktionen auf unerwartete Entwicklungen in Hinblick auf das Unterrichtskonzept und übergeordnete pädagogische Prinzipien vertretbar? Welchen Spielraum hätten die vorausgegangenen Planungsfestlegungen ggfs. für alternative Reaktionsvarianten gelassen?

HUB sind sowohl in Seminaren veranstaltungsbegleitend einsetzbar, als auch veranstaltungsergänzend (für die Kleingruppen- und Einzelarbeit).

## 6.5 Szenarien für die *Virtuelle Unterrichtshospitation* im Überblick

In den folgenden zehn Kapiteln werden insgesamt 15 Szenarien für die *Virtuelle Unterrichtshospitation* auf der Basis von multimedialen Unterrichtsdokumenten und ‚Eigenvideos' vorgestellt (s. Tabelle 14). Sie eröffnen Möglichkeiten zur Analyse und Reflexion von Unterricht, wie sie mit den üblichen Unterrichtsdokumenten auf Text- und Bildbasis nicht möglich sind.

Die acht Szenarien in Kapitel 7 bis 14 geben Anregungen für die *Virtuelle Unterrichtshospitation* mit multimedialen Unterrichtsdokumenten auf der Basis von ‚Fremdvideos' („Der Lehrer im Video, dessen Unterricht besprochen wird, ist unbekannt.").

Im Kapitel 15 werden vier Szenarien einer *Virtuellen Unterrichtshospitation* auf der Grundlage von ‚Eigenvideos' („Ich bin drauf, mein Unterricht steht zur Diskussion.") vorgestellt.

Kapitel 16 stellt drei ausbildungsdidaktische Szenarien vor, in denen ‚Eigenvideos' zu multimedialen Unterrichtsdokumenten aufgearbeitet werden, wobei diese Produktion von Medien zur externen Verwendung für die Mitwirkenden zugleich ein Lernprozess in Sachen Unterrichtsreflexion und -analyse ist.

| Kapitel | Szenarium / Gegenstand und Ziele (F: Fremdvideo) (E: Eigenvideo) | Analyse / Reflexion | Ausbildung / Fortbildung |
|---|---|---|---|
| 7 | F1 **Gelenkstellen-Analyse**: Stimmigkeit der Umsetzung eines Vorhabens gemessen am Anspruch des Unterrichtenden prüfen | A | LAB |
| 8 | F2 **Unterricht anhand externer Kriterien beurteilen**: ein Unterrichtsvorhaben in Hinblick auf die Umsetzung einer konzeptionellen Leitidee prüfen | A | LFB + LAB |
| 9 | F3 **Risiko-Analyse von Unterrichtsentwürfen**: Prüfung eines Entwurfs auf Stimmigkeit, Stärken und mutmaßliche Schwächen (das Ergebnis kann anschließend mit dem videografierten Unterrichtsverlauf verglichen werden) | A | LAB |
| 10 | F4 **Unstetige Unterrichtssituationen bewältigen**: über die pädagogisch (un-)angemessene Bewältigung von überraschenden Unterrichtssituationen ins Gespräch kommen | R (+A) | LFB + LAB |
| 11 | F5 **Unterricht im Querschnitt**: Anregungen für und kritischer Vergleich von Vorgehensweisen in typischen Anforderungssituationen (Beispiel *Unterrichtseinstieg*) | A | LFB |
| 12 | F6 **Unterricht beobachten**: die Tücken der Unterrichtsbeobachtung mit *eigenen Augen/Ohren* erfahren | A | LAB + LFB |
| 13 | F7 **Über Unterricht reflektieren lernen**: Selbstständige Unterrichtsreflexion und Ausdifferenzieren der eigenen Beurteilungskriterien | R | LAB |
| 14 | F8 **Web-basierte Übungen zur Unterrichtsanalyse**: didaktische Grundbegriffe nachvollziehen und bei der Analyse von Unterrichtssituationen anwenden | A | LAB |
| 15 | E1 bis E4 *Virtuelle Unterrichtshospitation* **mit Eigenvideos**: über implizite Vorstellungen von Gutem Unterricht und die eigene Lehrerrolle ins Gespräch kommen / an sich selbst Stärken und Schwächen beim Unterrichten entdecken / über Ausbildungsgepflogenheiten ins Gespräch kommen | R | LAB (+LFB) |
| 16 | **Vom Eigenvideo zum *Hannoveraner Unterrichtsbild***: Erstellen von HUB auf der Grundlage selbst erteilten und aufgenommenen Unterrichts mit Beratungsintention für fremde Nutzer | A + R | LAB |

Tab. 14: Übersicht über die Szenarien zur *Virtuellen Unterrichtshospitation*

# 7 Unterrichtsvorhaben am eigenen Anspruch messen — Die Gelenkstellen-Analyse (Szenarium F1)

## 7.1 Grundidee der Gelenkstellen-Analyse

> **Die Gelenkstellen-Analyse**
>
> Gegenstand der Gelenkstellen-Analyse ist jeweils eine in sich geschlossene Unterrichtsepisode (in der Regel eine Stunde oder Doppelstunde; u.U. auch mehrere Stunden aus einer Einheit oder ein Projekt). Bei der Gelenkstellen-Analyse wird der Weg eines Unterrichtsvorhabens von der Idee bis zu seinen Resultaten nachvollzogen. Dazu wird längsschnittartig die schrittweise Entfaltung des Unterrichtsvorhabens in seinen vier Stadien rekonstruiert:
> * von der zugrunde gelegten, leitenden Idee
> * über das Stadium der Übersetzung dieser Idee in einen singulären Entwurf (z.B. eine Skizze),
> * zur Umsetzung des Entwurfs im Unterricht
> * und schließlich zu den Ergebnissen des Unterrichts (soweit sie rekonstruierbar sind).
>
> Die besondere Aufmerksamkeit gilt den Übergängen zwischen den vier Stadien, den Gelenkstellen. Bildlich gesprochen wird an diesen Scharnierstellen überprüft, wie die zugrunde gelegten Vorgaben umgesetzt werden, ob es dabei zu Veränderungen gegenüber der Vorplanung kommt und wie diese zu bewerten sind.

Die Beurteilung der Unterrichtsqualität erfolgt bei der Gelenkstellen-Analyse in Hinblick auf das Konzept, dessen jeweilige Umsetzung in einen singulären Entwurf sowie in Hinblick auf die Qualität seiner ‚Inszenierung' einschließlich ggfs. erforderlicher Reaktionen auf unstetige Entwicklungen.

Ob die ‚Inszenierung' dem Konzept gerecht wird, muss jeweils anhand der für wesentlich erachteten Konzeptmerkmale geprüft werden. Die Frage, ob ein Unterrichtsvorhaben das jeweilige Konzept authentisch auslegt, führt damit zwangsläufig zurück zum Konzept: Was gehört unverzichtbar dazu? Was ist definitiv unvereinbar mit seiner Grundidee?

## 7.2 Die vier Schritte der Gelenkstellen-Analyse

### 7.2.1 Von der leitenden didaktischen Idee zum Unterrichtsentwurf

## Konzept ⇔ Entwurf

Bei der Planung eines Unterrichtsvorhabens fließen nahezu immer Vorstellungen des Unterrichtenden von einem *Guten Unterricht* ein. Als Inspirationsquelle dienen allgemeine didaktische Modelle und Unterrichtskonzepte sowie spezielle fachdidaktische Ansätze, manchmal auch nur einzelne Unterrichtsprinzipien und methodische Leitideen, die der Unterrichtende in ein singuläres Unterrichtsvorhaben zu übersetzen versucht. Daneben werden auch Lehrpläne oder Schulbücher als Ideengeber für die eigene Unterrichtsplanung herangezogen.

In der Ausbildung lernen angehende Lehrer nach solchen konzeptualisierten Idealbildern von *Gutem Unterricht* singuläre Entwürfe für einzelne Stunden und Einheiten auszuarbeiten. Dabei werden sie angehalten, die thematisch-intentionale Bedeutsamkeit sicherzustellen (z.B. unter Rückgriff auf die Didaktische Analyse nach Klafki 1959), die Präzision der Lehrzielformulierungen zu überprüfen (unter Rückgriff auf die Lehrzieltaxonomie von Bloom u.a. 1972), ihre Entscheidungen in Hinblick auf die Stimmigkeit von Inhalten, Zielen, Methoden und Medien zu überprüfen (z.B. unter Rückgriff auf das Interdependenz-Konzept von Schulz 1965) sowie für eine angemessene Vorbereitung (Raum, Medien und Materialien) zu sorgen. Für berufserfahrene Lehrer spielen dagegen eher implizite Bilder von *Gutem Unterricht* eine Rolle, die sie im Laufe ihrer Berufstätigkeit aufgrund ihrer Erfahrungen mit diversen Konzepten erworben haben. Sie fließen bei der Stundenplanung im Alltagsunterricht ein, auch ohne dass jeweils Bezüge zu konzeptualisierten Leitideen ausdrücklich ausgewiesen werden.

Die Unterrichtsplanung kulminiert letztlich — ganz gleich, wer sie mit wie viel Berufserfahrung vornimmt — in einem mehr oder weniger detailliert vorgestellten Unterrichtsablauf, in dem die eigenen Vorstellungen von *Gutem Unterricht* mehr oder weniger durchdacht eingeflossen sind.

### 7.2.2 Die ,Inszenierung' des Unterrichtsentwurfs als unstetiger Prozess

## Entwurf ⇔ Verlauf

Gedanklich antizipiert wird der Unterrichtsverlauf als stetiger Prozess, bei dem einzelne Abschnitte schlüssig aufeinander aufbauen. Diese im Entwurf angestrebte Stetigkeit ist dann während des Unterrichts kaum durchzuhalten. Ganz gleich, von welchen Leitvorstellungen die Planung eines Unterrichtsvorhabens ausgeht und wie gründlich ein Entwurf ausgearbeitet ist, ergeben sich während des Unterrichts plötzlich aufspringende Anforderungen, die im Voraus nicht bedacht wurden (oft nicht bedacht werden konnten) und die es zu bewältigen gilt. Daher ist Unterricht nicht durch vorausschauendes Planen in den Griff zu bekommen (Spranger 1962), sondern auch charakterisiert durch „unstetige" Situationen (Bollnow 1957), die sich einer vorausbestimmenden Festlegung entziehen (Muth 1962).

Solche „unstetigen" Entwicklungen sind darauf zu prüfen, ob sie letztlich als nachteilig einzuschätzen sind oder ob sie den Unterricht möglicherweise sogar bereichert haben bzw. hätten bereichern können, wenn die Lehrkraft entsprechend reagiert hätte. Wenn Lehrer/innen von ihrem Entwurf abweichen müssen, ist das nicht zwangsläufig nachteilig (was oft pauschal unterstellt wird). Vermeintlich ungünstige Entwicklungen können Lernchancen enthalten und bei entsprechendem Improvisationsgeschick des Lehrers unerwartete Erträge bringen. Anderseits gibt es zweifellos auch unerfreuliche Überraschungen, die nur schwer oder gar nicht aufzufangen sind. In diesem Fall wäre zu prüfen, inwieweit sie auf Planungsfehler bzw. Ungeschicklichkeiten bei der Inszenierung zurückgehen oder auch bei sorgfältigstem Vorgehen nicht hätten vermieden werden können.

### 7.2.3 Vom realen Unterrichtsverlauf zu den Resultaten

## Verlauf ⇔ Resultate

Entscheidend für den Unterrichtserfolg ist letztlich nicht, welche Ziele vorher abgesteckt wurden und welcher Planungs- und Vorbereitungsaufwand getrieben wurde. Entscheidend ist vielmehr, ob mit dem Unterricht pädagogisch vertretbare Ziele bewirkt wurden. Das sind zumeist die im Entwurf anvisierten Ziele, das können aber auch andere Ergebnisse des Unterrichts sein, die vorab nicht bedacht wurden und mit den ursprünglich angestrebten Zielen nichts zu tun haben.

Ob die anvisierten Lehrziele erreicht werden oder auf der Strecke bleiben, ist durch eine solide Vorplanung noch nicht garantiert, sondern hängt wesentlich davon ab, wie die Inszenierung dieser Planung gelingt. Das ist keineswegs sicher, denn kein Unterricht ist gefeit vor dem „Gesetz der ungewollten Nebenwirkungen" (Spranger 1962). In solchen Fällen kann Unterricht die erwünschten Wirkungen verfehlen und unerwartete Nebenwirkungen erzeugen, die u.U. pädagogisch fragwürdig sind. Anderseits ist ein Abweichen vom Vorgeplanten nicht zwangsläufig ungünstig. So ist es z.B. möglich, Schwächen im Entwurf durch Improvisationsgeschick aufzufangen. Abweichungen können dann zu pädagogisch vertretbaren Resultaten führen, auch wenn diese vorab nicht ausdrücklich angezielt wurden.

### 7.2.4 Vergleich der Resultate mit den laut Konzept erwarteten Ergebnissen

## Resultate ⇔ Konzept

Im vierten Schritt geht es darum, die mit dem singulären Unterrichtsvorhaben faktisch erzielten Resultate zu vergleichen mit dem, was das Konzept bzw. die didaktische Kernidee anfangs versprochen hat. Konnten die Ziele, derenthalben man sich bei der Unterrichtsvorbereitung am Konzept orientiert hat, erreicht werden? Oder hat der Unterricht andere Resultate gebracht, die im Konzept nicht angedacht waren? Ist das Nichterreichen der ursprünglichen Ziele Ausdruck einer Schwäche im Konzept oder haben Fehler bei der Umsetzung das Erreichen der Ziele verhindert? Wie ist das Erreichen anderer, vorher nicht eingeplanter Ziele zu bewerten? Sind diese möglicherweise ebenso vertretbar wie die zuvor im Entwurf formulierten Ziele?

### 7.3 Fragestellungen für die Gelenkstellen-Analyse

Auf der Grundlage multimedialer Unterrichtsdokumente ist es möglich, diesen Entwicklungsprozess im Sinne eines *Forschenden Lernens* zu rekonstruieren: die zugrunde gelegten konzeptionellen Vorstellungen, der darauf mehr oder weniger stringent aufbauende Entwurf, dessen mehr oder weniger gelungene ‚Inszenierung' in wechselhaften, oft unübersichtlichen Unterrichtssituationen und die Bewältigung unvorgesehener Überraschungen.

Die einzelnen Stadien und die Gelenkstellen zwischen ihnen werden in Hinblick auf folgende Fragen untersucht:

**Gelenkstelle 1: Beziehung zwischen Leitidee(n) und Unterrichtsentwurf:**
*Wie stimmig ist der Entwurf in Hinblick auf die zugrunde gelegten leitenden Ideen und Prinzipien? Welche Resultate auf Schülerseite werden demgemäß erwartet und angestrebt?*

**Gelenkstelle 2: Beziehung zwischen Entwurf und realem Unterrichtsverlauf:** *Welche Änderungen gegenüber dem Entwurf ergeben sich während des Unterrichts? Resultieren sie aus mangelhafter Vorplanung oder waren sie unvermeidbar? Wie sind sie mit Blick auf das Konzept und den Entwurf zu beurteilen (nachteilig, bereichernd oder ...)?*

**Gelenkstelle 3: Verhältnis von Unterrichtsverlauf und den Resultaten:**
*Welche Resultate bringt der Unterricht (angestrebte Ergebnisse und/oder unerwartete Nebenwirkungen)? Sind diese Nebenwirkungen konzeptionsbedingt, dem Entwurf zuzuschreiben oder resultieren sie aus der Art der Inszenierung?*

**Gelenkstelle 4: Beziehung zwischen Resultaten und Leitvorstellungen:**
*Wie sind die Resultate einzuschätzen? Entsprechen sie den ursprünglichen leitenden didaktischen Vorstellungen? Oder hat der Unterricht pädagogisch vertretbare Ziele erreicht, die vorher gar nicht im Blick waren?*

Die Untersuchung dieser vier Gelenkstellen in einem Seminar oder einem Fortbildungskurs wird vorzugsweise gemeinsam in Kleingruppen vorgenommen. Jedes Team überprüft alle vier Gelenkstellen, so dass die Entwicklung des Unterrichtsvorhabens im Längsschnitt nachvollzogen werden kann.

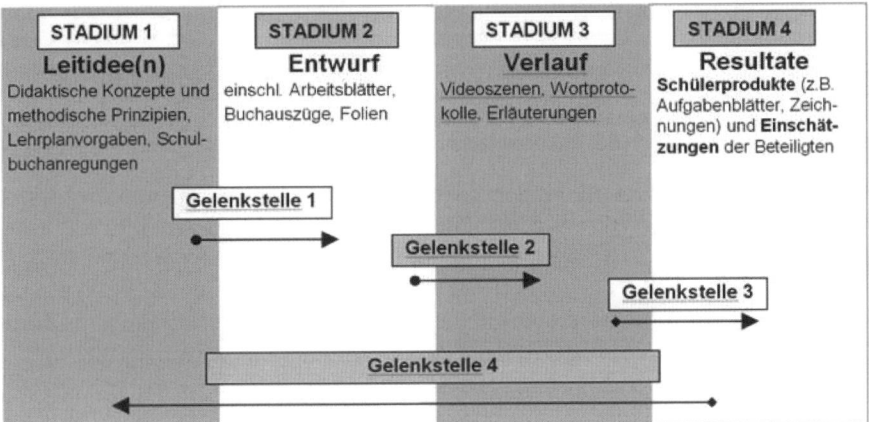

**Abb. 10:** Analyse eines Unterrichtsvorhabens von den Leitvorstellungen bis zu den Resultaten

Indem (angehende) Lehrer/innen sich mit einem Unterrichtsvorhaben in dieser umfassenden Weise auseinandersetzen, werden sie mit der Komplexität unterrichtlicher Entscheidungen konfrontiert, der sich ein Lehrer vor und während des Unterrichts ständig gegenübersieht. Diese Entscheidungen werden mit beeinflusst von:

* seinen **stundenübergreifenden Zielvorstellungen und Unterrichtsprinzipien**, i.S. von Vorstellungen über einen erwünschten Rahmen, in dem sich Unterricht abspielt (wünschenswerte Umgangsformen, Rituale, Regeln);

* seinen **Vorstellungen über sein Selbstbild** (den eigenen Unterrichtsstil, wünschenswerte und unerwünschte Umgangsformen mit den Schülern);
* seine **mehr oder weniger elaborierten Reservepläne** für den Fall, dass bestimmte Ereignisse ein Eingreifen notwendig machen (etwa Täuschungsversuch bei Klassenarbeit, zu spät kommende Schüler, nicht gemachte Hausaufgaben, typische Fehler und Verständnisprobleme);
* seinen **Vorstellungen darüber, was keinesfalls passieren sollte** (Abbruchkriterien bei bestimmten Entwicklungen i.S. von „Wenn X passiert, dann muss ich gegensteuern!").

## 7.4 Beispiel für eine Gelenkstellen-Analyse

Ein Beispiel soll das Potenzial von Gelenkstellen-Analysen verdeutlichen. Das Unterrichtsvorhaben ist auf der Begleit-DVD zu „Unterrichten lernen mit Gespür" (Mühlhausen 2007) als HUB dokumentiert, so dass diese Analyse nachvollzogen und auf Schlüssigkeit überprüft werden kann.

**9. Klasse Gymnasium Chemie „*Rückgewinnung von Eisen aus Rost – Die Redox-Reaktion*" (HUB 34)**

In vorausgegangenen Stunden hatten die Schüler/innen die Oxidation von Stoffen behandelt (z.B. Eisen verbrennt mit Sauerstoff zu Eisenoxid, Silber zu Silberoxid). In dieser Stunde soll geklärt werden, wie Eisenoxid wieder in Eisen und Sauerstoff zurückverwandelt werden kann. Die Lehrerin erwartet laut Entwurf, dass den Schülern klar ist, dass dabei Wärmezufuhr nötig ist (zuvor schon demonstriert mit Silberoxid, das mittels Bunsenbrenner in Silber und Sauerstoff zurückverwandelt wurde). Auch sollten die Schüler wissen, dass bei Eisenoxid ein Erhitzen mittels Bunsenbrenner allein nicht ausreicht (eine Magnetprobe am so erhitzten Eisenoxid schlug fehl). Was noch gebraucht wird, soll mithilfe eines Experiments in kleinen Gruppen gezeigt werden, das die Schüler eigentlich selbst vorschlagen sollen, das die Lehrerin dann aber komplett vorgibt: Zur Rückführung des Eisenoxids in Eisen muss ein bestimmtes Metall dabei sein. Jeder Gruppe gibt die Lehrerin ein Metallpulver, das mit dem Eisenoxid in einem Reagenzglas gemischt und dann mit einem Bunsenbrenner erhitzt wird. Bei sechs Gruppen hat die Rückverwandlung geklappt, bei zwei Gruppen nicht. Abschließend soll die allgemeine Formel für die Redox-Reaktion herausgearbeitet werden (das fachlich-konzeptionelle Ziel der Stunde). Dazu kommt es nicht mehr, weil schon ganz zu Anfang nach zäher Rekapitulation eine ungeplante Versuchswiederholung eingeschoben werden muss, die gut 6 Minuten in Anspruch nimmt. Nur wenigen Schülern ist am Ende klar, dass bei dieser Redox-Reaktion neben dem Erhitzen auch ein Katalysator nötig ist (Magnesium, Aluminium oder Zink, aber nicht Kupfer).

# 7 „GELENKSTELLEN-ANALYSE" (F1)

Drei Studierende[26] haben dieses Unterrichtsvorhaben mit einer Gelenkstellen-Analyse daraufhin überprüft, ob es der Lehrerin gelungen ist, ihre Zielvorstellungen stimmig umzusetzen. Diese Seminararbeit wird auf den folgenden fünf Seiten ungekürzt wiedergegeben, um die beachtliche Differenziertheit der Analyse vor Augen zu führen. Auch man wenn im Detail nicht jeder Schlussfolgerung zustimmen wird, so verdeutlicht diese Hausarbeit die Vorzüge einer ganzheitlichen Betrachtung der Entwicklung eines Unterrichtsvorhabens. Die präzisen Argumentationen sind durch überprüfbare Bezüge zu den Unterrichtsdokumenten meist gut belegt. Bei der fundierten Einschätzung der Unterrichtsqualität werden Unterrichtsprozess und Ergebnisse in Beziehung gesetzt zu den eingangs formulierten Zielen.

## GELENKSTELLEN-ANALYSE vom Unterrichtsvorhaben „REDOX-Reaktion"

### 1. Gelenkstelle: Beziehung zwischen Konzept und Unterrichtsplanung

*Wie stimmig ist der Entwurf im Hinblick auf die im Konzept zugrunde gelegten leitenden Ideen und Prinzipien?*

Der hohe Alltagsbezug von Metallen spielt in den didaktischen Vorüberlegungen der Lehrerin eine erhebliche Rolle, so sind doch in fast allen Alltagsgegenständen Metalle erhalten. Die Schüler sollen weiterhin lernen, warum manche Reaktionen ablaufen und andere wiederum nicht. Vor den Sommerferien wurden Metalle und ihre Reaktion mit Sauerstoff besprochen. Des Weiteren wurde die Reaktion von Silberoxid zu Silber behandelt. Eine ordentliche Erarbeitung der Redoxgleichung konnte aber aus zeitlichen Gründen nicht mehr vor den Sommerferien erfolgen. Dort soll die geplante Stunde wieder ansetzten, der rote Faden aufgegriffen werden. Stellvertretend anhand der Reaktion von Eisenoxid zu Eisen soll von den Schülern die Redoxgleichung erarbeitet werden. Als Unterrichtsverfahren hat die Lehrerin ein forschend-entwickelndes Unterrichtsverfahren geplant, da dies gut zu der noch im Raum stehenden Frage von der Herstellung des Eisens aus Eisenoxid passt. Ausgehend von dieser Fragestellung stellt sie folgende Grobgliederung auf: Phase der Hypothesenbildung, Planung der Vorgehensweise, Phase der Versuchsdurchführung, Phase der Auswertung und didaktische Reserve. Bei jeder Phase sollen sich verschiedene Schülergruppen (leistungsschwächere und mittelstarke Schüler) gezielt beteiligen.

Die Lehrerin formuliert folgende Lernziele:
- gespannt auf Lösung zur Frage nach der Herstellung von Eisen sein (affektiv)
- den Magneten als Überprüfung auf elementares Eisen vorschlagen können (affektiv)
- die Experimente nach Arbeitsblatt durchführen (instrumental)
- die Reaktionsgleichungen für die Reaktionen formulieren können (kognitiv)
- die Redoxreaktionen in Oxidations- und Reduktionsteil untergliedern können (kognitiv)
- die Herstellung von Eisen aus Eisenoxid durch Reaktion mit Magnesium, Aluminium oder Zink, nicht jedoch Kupfer nennen können (kognitiv)

Als Hauptziel dieser Unterrichtsstunde gibt die Lehrerin die Festigung des Redoxbegriffes an. Die Rahmenrichtlinien sehen die Behandlung der Themen Metalle und Metallgewinnung, Reduktion und Redox-

---

[26] Mein Dank gilt den ehemaligen Studierenden (Lehramt Gymnasium) Frank Fischer, Kristin Klaus und Katja Kütemeyer, die diese Gelenkstellen-Analyse als Hausarbeit erstellt haben.

reaktion für die achte Klasse vor. Dort sollen zu den Themen Eisen und Stahl und Metallgewinnung früher und heute sogar Projekte durchgeführt werden.

*Vergleich des Entwurfs mit den zugrunde gelegten Leitvorstellungen*

Der geplante Stundenverlauf soll im folgenden Abschnitt mit den Vorüberlegungen verglichen werden. Der Stundenverlauf ist in geplantes Lehrerverhalten und geplantes Schülerverhalten gegliedert. Eine exakte Minutenangabe über den geplanten Unterrichtsverlauf ist ebenfalls vorhanden. Der Einstieg ist mit der Aufforderung zur Wiederholung der Leitfrage geplant. Die Schüler sollen dann auf die Anregung der Lehrerin eingehen, und die Frage stellen: Wie können wir aus Eisenoxid wieder Eisen gewinnen? Anschließend soll von den Schülern ein passendes Experiment in Anlehnung an den Silberoxid-Versuch geplant werden. Nach erneuter Aufforderung über einen Vorschlag zur Überprüfbarkeit des Experimentes sollen die Schüler den Magnet als Nachweis für elementares Eisen fordern. Danach folgen die gruppenteiligen Schülerversuche mit Beobachtungen. Nach dem Experiment fordert die Lehrerin zur Beantwortung der Problemfrage auf. Die Schüler nennen dann Magnesium, Zink und Aluminium als mögliche Reaktionspartner für Eisen. Die Lehrerin fordert daraufhin zur Überprüfung der Vermutungen auf. Die Vermutungen werden von den Schülern verifiziert oder falsifiziert. Die Forderung nach der Reaktionsgleichung wird von den Schülern mit selbiger beantwortet. In Partnerarbeit sollen die Schüler ihre Ergebnisse darstellen. Im anschließenden Unterrichtsgespräch nennen die Schüler nach erneuter Aufforderung die Redoxreaktionen. Nach dem Gespräch und abermals erneuter Aufforderung erarbeiten die Schüler in erneuter Partnerarbeit die Teilreaktionen (Oxidation, Reduktion) der Redoxreaktionen. Die Ergebnisse sollen anschließend genannt werden. Dann soll eine Zusammenfassung erfolgen, dazu fordert die Lehrerin die Schüler auf dies zu tun, und die Schüler fassen die bisherige Stunde zusammen. Nach der Aufforderung weitergehende Probleme zu formulieren stellen die Schüler die Frage: Weshalb kann man Eisen mit Hilfe von Magnesium, Aluminium und Zink herstellen, nicht aber mit Hilfe von Kupfer? Nach dem Stellen der Frage durch die Schüler, fordert die Lehrerin die Schüler auf mögliche Gründe zu nennen. Die Schüler vermuten den Einfluss der Sauerstoffaffinität. Soweit der geplante Verlauf der Stunde.

Beim Vergleich von didaktischer Vorüberlegung und geplanten Unterrichtsverlauf, wird deutlich, dass im tabellarischen Plan einiges aus den Vorüberlegungen nicht berücksichtigt wurde. Die dort angesprochenen Phasen der Hypothesenbildung, der Planung der Vorgehensweise, der Versuchsdurchführung, der Auswertung und der didaktische Reserve tauchen entweder überhaupt nicht oder verändert auf. So ist die formale Gliederung im geplanten Verlauf in Einstieg, Erarbeitungsphase 1 bis 4, Zusammenfassung und Didaktische Reserve gegliedert. Des Weiteren wurde unter 2.3 als kognitives Lernziel für diese Stunde das Verständnis zur Herstellung von Eisen aus Eisenoxid durch Reaktion mit Magnesium, Aluminium oder Zink, nicht jedoch Kupfer genannt. Die Unterschiede sollten von Schülern erkannt werden. Im Unterrichtsverlauf ist dieses kognitive Lernziel ans Ende der geplanten Stunde gerückt worden, zudem wird es unter dem Gliederungspunkt Didaktische Reserve aufgeführt. Auch die anfangs erwähnte Einbeziehung bestimmter Schüler oder Schülergruppen zu bestimmten Unterrichtsphasen wird im geplanten Unterrichtsverlauf nicht berücksichtigt. Eine weitere Veränderung von den didaktischen Überlegungen in Richtung geplanter Unterrichtsverlauf ist die überdurchschnittliche Aufforderung und Forderung der Schüler durch die Lehrperson. So eine Art Unterrichtsverlauf steht in keinem Einklang mit der Idee des forschendentwickelnden Unterrichtsverfahren. Der Begriff „forschend" muss hier unter didaktischem Aspekt gesehen werden. Es wird darunter ein Prozess verstanden, bei dem der Lernende mit dem ihm zugänglichen Vorwissen weitestgehend selbstständig mit den ihm zur Verfügung stehenden Mitteln (Geräte, Chemikalien, Materialien) unter Einbeziehung experimenteller Phasen neue Erkenntnisse zu gewinnen sucht. Mit „entwickeln" soll zum Ausdruck gebracht werden, dass dem Lehrenden die Funktion zukommt, den forschenden Lernprozess bei Schülern einzuleiten, weiterzuführen, die Erkenntnisgewinnung zu regeln und zu steuern sowie den Fortgang des Lernprozesses unter pädagogischen und organisatorischen Gesichtspunkten zu beeinflussen. Der Lehrende sollte bestrebt sein, die Aktivitäten auf die Seite der Schüler hin zu verlagern (Handlungsorientierung). So wird das Unterrichtsverfahren zu einer didaktisch konzipierten Problemlösestrategie, die grundsätzlich in ihrer Denkstruktur auf andere – auch nicht naturwissenschaftli-

che – Situationen übertragen werden kann" (Konkrete Fachdidaktik, Chemie, Oldenbourg Schulbuchverlag GmbH, München 2002, 205).
Fraglich ist auch das Schaffen eines Problembewusstseins bei den Schülern, was für dieses Unterrichtsverfahren die Voraussetzung ist, da bloßes Auffordern zur Formulierung einer Frage nicht gerade ein Problembewusst seitens der Schüler erzeugen kann. Als affektives Lernziel war in der didaktischen Vorüberlegung geplant, dass die Schüler gespannt auf die Lösung zur Frage nach der Herstellung von Eisen sein sollen. Die Erzeugung der verlangten Spannung ist im geplanten Unterrichtsverlauf auch nicht ersichtlich.

*Welche Resultate auf Schülerseite sind konzeptgemäß zu erwarten?*

Im Wesentlichen steht bei dieser Unterrichtsstunde die Erarbeitung und Verschriftlichung der Redoxgleichungen im Vordergrund. Des Weiteren sollen die Schüler in Partnerarbeit die Reaktionsgleichungen erarbeiten, die dann zusammen besprochen werden. In einer erneuten Partnerarbeit sollen die Schüler dann anschließend die Teilreaktion der Oxidation und Reduktion der Reaktion erarbeiten und im darauf folgenden Unterrichtsgespräch nennen können.
Ein Hauptprodukt sollte aber auch das im Schülerversuch selbst hergestellte Eisen sein. Für den Versuch erhalten die Schüler ein Arbeitsblatt mit Anweisungen über den Versuchsaufbau und die Durchführung. Ein Teil dieses Arbeitsblattes ist für die Verschriftlichung der Beobachtungen reserviert. Als Arbeitsleistung kann hierbei auch der Aufbau der Versuchsapparatur, die Besorgung der Chemikalien, die Durchführung und das Aufräumen angesehen werden, wobei dies eher als indirektes Schülerprodukt zu werten ist.

## 2. Gelenkstelle: Beziehung zwischen Entwurf und realem Verlauf

In der 2. Gelenkstelle werden die Unterrichtsphasen „Entwurf" und „Verlauf" analysiert und verglichen. Der Unterrichtsentwurf setzt sich aus dem schriftlichen Rohentwurf, sowie Medieneinsatz, Arbeitsblättern, Folien und Buchauszügen zusammen. Der tatsächliche Verlauf wird mithilfe von Videoszenen, Wortprotokollen zu den Szenen und Erläuterungen dargestellt. Es soll untersucht werden, welche Abweichungen sich im Verlauf der Unterrichtsstunde ergeben und falls sie auftreten, ob sie vermeidbaren waren oder nicht. Als letzten Schritt soll eine Wertung vorgenommen werden, ob die Abweichungen in Hinblick auf das Konzept und den Entwurf nachteilig oder bereichernd waren.

*Welche Abweichungen gegenüber dem Entwurf ergeben sich während des Unterrichts?*

Die Lehrerin fordert die SuS auf die Problemstellung der letzten Stunde zu wiederholen. Ein Schüler meldet sich daraufhin und diktiert zögerlich der Lehrerin die Reaktionsgleichung: Eisen und Sauerstoff reagieren zu Eisenoxid. Da die Lehrerin die noch offen gebliebene Frage nicht von den SuS zu hören bekommt, gibt sie ihnen einen Impuls, indem sie einen Rückpfeil in die Reaktionsgleichung zeichnet. Daraufhin formuliert ein Schüler, die Frage wie man aus Eisenoxid wieder Eisen gewinnen könne. Ein Schüler schlägt vor, dem Eisenoxid ununterbrochen Energie zuzuführen. Die Lehrerin geht auf den Vorschlag ein und erinnert die SuS an ein vorhergegangenes Experiment. Daraufhin meldet sich ein Schüler und führt den Versuch an bei dem Silberoxid erhitzt wurde und zu Silber und Sauerstoff zerfiel. Nachdem sich die SuS an den Versuch erinnerten folgte ein Lehrerversuch. Die Lehrerin erhitzte das Eisenoxid mithilfe eines Bunsenbrenners und nutzte zur Überprüfung einen Magneten, der das entstandene Eisen nachweisen sollte. Der entstandene Stoff war nicht magnetisch, so dass eine neue Vermutung geäußert werden musste. Die Lehrerin fordert die SuS auf, Hypothesen aufzustellen. Ein Schüler schlägt vor, das Experiment mit mehr Hitze durchzuführen, woraufhin die Lehrerin die SuS auffordert Möglichkeiten zu nennen, die zu einer erhöhten Temperatur führen. Der erste Vorschlag war einen anderen heißeren Bunsenbrenner zu verwenden, die Lehrerin schüttelte ihn damit ab keinen anderen Brenner zu haben. Der zweite Vorschlag war das Eisenoxid mit Magnesium zu erhitzen. Es wurde diskutiert, wie sich dies umsetzen lässt. Man einigte sich darauf das Eisenoxid mit dem Magnesiumpulver zu mischen. Die Lehrerin verteilte danach ein Arbeitsblatt und erläuterte dies. Die SuS sollten den Versuch eigens aufbauen, durchführen und abbauen. Die Lehrerin teilte die Klasse in acht Gruppen auf. Jeweils zwei Gruppen beschäftigen sich mit ein und demselben zugefügten Stoff, somit gab es zwei Gruppen, die dem Eisenoxid Magnesium zugaben, zwei Gruppen, die Zink zugaben, weitere gaben Aluminium dazu und die letzten beiden Gruppen gaben Kupfer dazu. Die weiteren Metalle wurden von der Lehrerin vorgegeben. Nachdem die Versuche abgeschlossen wurden, sollten die SuS ihre Beobachtungen beschreiben und diese dann deuten. Zwei Schüler erkannten den Zusammenhang der Versuchsergebnisse mit der Sauerstoffaffinität der Metalle. Die Lehrerin formulierte dann mit eigenen Worten einen Schlusssatz, der, während der Pausenklingel, von ihr an die Tafel geschrieben wurde. Abschließend verteilte die Lehrerin einen Fragebogen zur Einschätzung der Stunde, der als Hausaufgabe ausgefüllt werden sollte.

Vergleicht man den Entwurf mit dem Unterrichtsgeschehen stellt man vorab schnell fest, dass die Lehrerin nur knapp die Hälfte ihrer Stundenvorbereitung tatsächlich unterrichtet hat. Dieses hat unterschiedliche Gründe. Zum einen war ein Lehrerversuch nicht geplant, wurde aber aufgrund von zu wenig Beteiligung der SuS von Nöten. Des Weiteren beschäftigten sich die SuS länger als konzipiert mit der Hitzezufuhr durch einen heißeren Brenner und kamen erst spät auf das Beimengen von Magnesium, beziehungsweise anderen Metallen. Aufgrund der wenigen Beteiligung der SuS wurde die angestrebte „forschend- entwickelnde" Unterrichtsmethode beinahe unmöglich, deshalb musste die Lehrerin des Öfteren von ihrem Konzept abweichen und einige Impulse setzen, bis hin zum Auflösen der selbst gestellten Fragen. Das eigentliche „kognitive" Ziel der Stunde sollte die Einführung des Redoxbegriffes und die Namen der Teilreaktionen, Reduktion und Oxidation, sein, allerdings wurde dies im tatsächlichen Ablauf nicht gelehrt, da der Einstieg, die Problemstellung der letzten Stunde, ziemlich langsam von den SuS erarbeitet wurde.

Ein weiterer Unterschied der beiden Unterrichtsphasen waren die Impulsgebungen der Lehrerin. Aus dem Entwurf wird verdeutlicht, dass die Lehrerin den SuS nur Impulse, beziehungsweise Aufforderungen erteilt, um somit selbständiges Arbeiten und Verknüpfen von Beziehungen zu lehren. Da sich die SuS jedoch schlecht bis gar nicht an den Unterricht vor den Sommerferien und der letzten Stunde erinnerten, lief der Unterricht eher schleppend, so dass die Lehrerin vieles vorgeben musste, was nicht geplant war.

Sie plante verschiedene Sozialformen in ihren Unterricht einzubauen, wie Gruppenversuche und dann Partnerarbeit, tatsächlich führte sie aber einen Lehrerversuch durch und lies die SuS anschließend in Gruppen experimentieren. Dies war auch Ausdruck des mangelnden Erinnerns an die vorhergegangenen Stunden. Die Lehrerin musste den Versuch erneut demonstrieren, damit sie eine, wie geplant, relativ selbständig arbeitende Klasse vor sich hatte.

Der geplante Medieneinsatz, sowie der des realen Verlaufs, beliefen sich ausschließlich auf die Tafel und ein Arbeitsblatt zum Versuchsaufbau und Versuchsdurchführung. Aufgrund der langen Zeitspanne (Sommerferien) hatten die meisten SuS Schwierigkeiten ins Thema zu finden und zu wiederholen, außerdem ist die Tatsache, dass jemand beisitzt und filmt, nicht minder aufregend für SuS.

*Resultieren die Abeichungen aus mangelnder Vorplanung oder waren sie unvermeidbar?*

Wie bereits erwähnt, hätte die Lehrerin mehr Zeit für Wiederholungen einräumen müssen, da das Thema relativ komplex und mit einigen Fachtermini besetzt ist. Weiterhin haben die SuS wenig Bezug zum Thema, da der Stoff hauptsächlich vor den Ferien durchgearbeitet wurde. Die Lehrerin hat sich - angesichts des umfangreichen Entwurfs - Gedanken gemacht. Jedoch hatte man den Eindruck, sie versuche die Unterrichtsmethode des forschend-entwickelnden Unterrichts den Schülern aufzuoktroieren. Die SuS wiederum agierten eher passiv.

Die Planung an sich war nicht von Grund auf falsch, die Zeit war nur viel zu eng bemessen und die SuS schienen teilweise mit dem selbst entwickelnden Unterricht überfordert. Zeitweise hatte man das Gefühl, dass die SuS niemals zuvor mit dieser Unterrichtsmethode unterrichtet wurden. Die Lehrerin verwies noch einmal darauf, dass sie erst spät unterrichtet wurde, dass ihre Stunde gefilmt werden würde, dies entschuldigt jedoch nicht diese sichtliche Überforderung der meisten SuS, aufgrund womöglich neu eingeführte Unterrichtsvorgehensweisen. Da die Lehrerin die Klasse bereits vor dem neu angefangenen Schuljahr kannte, muss sie auch deren Leistungsniveau und Arbeitsweise kennen und sich deren anpassen müssen. Deshalb hätte die Vorplanung besser auf die SuS abgestimmt werden müssen.

*Wie sind die Abeichungen mit Blick auf das Konzept und den Entwurf zu beurteilen?*

Im Hinblick auf das didaktische Konzept sind die Abweichungen als äußerst nachteilig zu bewerten. Die „kognitiven" Ziele, wie Reaktionsgleichung aufstellen können und den Redoxbegriff einführen, um somit auf die Teilreaktionen eingehen zu können, werden nicht erreicht, da die Zeit nicht mehr ausreichte, um darauf einzugehen.

Die Unterrichtsmethode des forschend- entwickelnden Unterrichts funktioniert zu dem Zeitpunkt in dieser Klasse nicht. Entweder sind sie nächste Stunde eher darauf vorbereitet und können sich mehr darauf einlassen oder diese Arbeitsmethode ist mit dieser Klasse nicht möglich, somit muss sich die Lehrerin eine andere Herangehensweise an ein Thema überlegen.

Wie schon erwähnt, konnte die Lehrerin nur einen Teil ihres Entwurfes umsetzen. Als nachteilige Abweichung vom Entwurf zählen das Hauptziel, das nicht erreicht wurde, (Einführung der Begriffe Redoxreaktion, Reduktion und Oxidation), und ebenso die Vernachlässigung der wichtigen mündlichen Zusammenfassung der Stunde zur Wissenssicherung dazu. Der ungeplante Lehrerversuch war hilfreich, da sich die SuS nur vage an den Silberoxid- Versuch erinnern konnten. Die Lehrerin agierte somit spontan auf fehlende Kenntnisse der SuS. Mit diesem Demonstrationsversuch ermöglichte sie zumindest einigen SuS die aktive Teilnahme am Unterricht. Betrachtet man nur die Abweichungen, dann ergeben sich für das didaktische Konzept nur negative Auswirkungen, wobei sich die Abweichungen vom Entwurf, sowohl positiv als auch negativ auswirken.

### 3. Gelenkstelle: Verhältnis von Verlauf und den Resultaten

In diesem Abschnitt wird der tatsächliche Verlauf der Stunde mit den Resultaten des Unterrichtsinhalts verglichen. Dabei wird auch ein Augenmerk auf erwartete und unerwartete Ergebnisse gelegt.

*Welche Resultate bringt der Unterricht? Sind die Nebenwirkungen vom Entwurf oder vom Verlauf der Stunde abhängig?*

Das Resultat dieser Unterrichtsstunde ist die Oxidation des Eisenoxids zu Eisen mit Hilfe verschiedener Metalle. Die Schüler und Schülerinnen (SuS) sollen lernen, dass diese Reaktion mit Magnesium, Zink und Aluminium funktioniert, mit Kupfer aber nicht.

An Hand der Originalmitschriften erkennt man aber, dass manche SuS dieses wahrscheinlich nicht verinnerlicht haben. Aussagen wie „Das Eisenoxid ist zu Eisen geworden, weil es magnetisch ist." und "Das Magnesium hat hell aufgeleuchtet und gefunkt. Deshalb ist das Reagenzglas zu Bruch gegangen." lassen eher darauf schließen, dass die Hitze des Magnesiums (oder allgemein der Reaktion) oder der Magnetismus des Eisens zum Gelingen dieser Reaktion beigetragen hätten. Diese Fehleinschätzungen sind von der Lehrerin in der Besprechung der Versuche nicht angesprochen und als unlogisch verworfen worden. Da die Sätze weiterhin in manchen Heften stehen, kann man davon ausgehen, dass diese Thesen für viele als richtig angesehen und somit falsch weitergegeben werden.

Bei den Schülerumfragen sagten zwar 13 SuS, dass sie das Thema der Stunde verstanden und 12 SuS, dass die das Thema überwiegend verstanden haben, aber ob das richtige Ergebnis in ihren Köpfen verankert wurde ist teilweise eher fraglich.

Im nachträglichen Interview gibt die Lehrerin zu, dass der Ertrag dieser Stunde eher gering ist, da sie soviel Zeit durch den wiederholten Lehrerversuch verloren hat. Dadurch musste sie im Unterrichtsgespräch viel Druck machen, damit die SuS schnell auf ihre Fragen antworten konnten. Die Wahl der eingesetzten Metalle Zink, Aluminium und Kupfer neben Magnesium verteidigt sie damit, dass die SuS sehen sollten, das dieser Versuch auch ohne die entstehende hohe Hitze bei der Magnesiumverbrennung funktioniert. Ob die SuS das auch so verstanden haben, ist wie oben angesprochen, eher fraglich.

### 4. Gelenkstelle: Beziehung zwischen Resultaten und Konzept

Die Resultate der Unterrichtsstunde weichen stark von den Zielvorstellungen im didaktischen Konzept ab. Die SuS haben nur ein Minimum von dem gelernt, was ursprünglich geplant war. Die Begriffe Reduktion und Oxidation, sowie Redoxreaktion wurden nicht eingeführt und das Aufstellen der Reaktionsgleichungen konnte nicht geübt werden. Die SuS wissen gerade mal, dass man Eisen aus Eisenoxid mit Hilfe von einigen Metallen herstellen kann. Warum das funktioniert konnte auch nicht mehr geklärt werden, da die Stunde zu Ende war.

Weiterhin wurde der Unterricht auch nicht unbedingt im forschend-entwickelnden Unterrichtsverfahren behandelt. Die SuS sind zwar selbstständig auf die Lösung der Herstellung von Eisen und die Überprüfung durch den Magneten gekommen, die Lehrerin musste aber durch sehr gezielte Fragen die Schüler in die richtige Richtung bringen.

*Sind die Resultate gemessen am Konzept vertretbar?*

Die Stundenresultate arbeiten im Endeffekt auf das Hauptziel „Festigung des Redoxbegriffes" hin. Leider ist es etwas enttäuschend, dass nicht geklärt wurde, warum die Versuche funktionieren. Dies kann zu Schwierigkeiten im weiteren Verlauf des Themas führen.

Das forschend-entwickelnde Unterrichtsverfahren wurde von der Lehrerin im weitesten Sinne übergangen („hinboxen" zu den Antworten und Versuchsdurchführung von ihr vorgegeben).

## 7.5 Anregungen für Gelenkstellen-Analysen

In ähnlicher Weise, wie die drei Studierenden diesen Chemieunterricht analysiert haben, können im Prinzip alle HUB untersucht werden. Je nach Unterrichtsvorhaben geraten bei einer Gelenkstellen-Analyse andere Besonderheiten in den Fokus:

* Unterrichtsvorhaben in verschiedenen Stadien der Ausbildung und der beruflichen Tätigkeit (z.B. erste Unterrichtsversuche von Studierenden im Rahmen von Schulpraktika, Unterrichtsproben von Anwärtern bzw. Referendaren, Vorführstunden von Mentor/inn/en sowie Alltagsunterricht von berufserfahrenen Lehrkräften);
* einerseits Unterrichtsvorhaben, die ausdrücklich in Anlehnung an einen (fach-)didaktischen Ansatz konzipiert sind oder ein bestimmtes Unterrichtsprinzip zu realisieren trachten; andererseits Unterrichtsvorhaben, die keinen erkennbaren Bezug zu einer bestimmten Leitidee aufweisen;
* einerseits Unterrichtsvorhaben, die mit einem ungewöhnlich hohen Planungs- und Vorbereitungsaufwand konzipiert wurden, andererseits Unterrichtsvorhaben, die ausgesprochen schlicht geplant sind (vom Typ ‚Autodidaktik' bzw. ‚Schwellenpädagogik').

Einige HUB-Projekte, die für Gelenkstellen-Analysen mit diesen Akzentuierungen besonders geeignet sind, werden auf den folgenden Seiten mit Kurzporträts vorgestellt.

Bei den Porträts, die mit einem DVD-Symbol markiert sind, befindet sich das jeweilige HUB auf der Begleit-DVD zu diesem Buch.

Bei den Porträts, die mit einem Buch-Symbol markiert sind, wurde das HUB bereits als DVD-Beilage zu einem Buch oder einer Zeitschrift veröffentlicht. Eine Übersicht über veröffentlichte HUB enthält Anhang 1.

### 7.5.1 Fokus „Schülerexperimente im naturwissenschaftlichen Unterricht Sekundarstufe I"

Schülerexperimente im naturwissenschaftlichen Unterricht der Sekundarstufe I stehen — neben dem in Abschnitt 7.4 behandelten HUB 34 („Redox-Reaktion") — auch im Zentrum von HUB 40 und 42. Auch bei diesen zwei Vorhaben unterrichten berufserfahrene Lehrer, die als Mentoren in der Ausbildung arbeiten. Ein solcher Unterricht soll Schülern eine weitgehend eigenständige Problemlösung durch selbstständiges Experimentieren in Kleingruppen ermöglichen. Allerdings sind die ‚settings' für das Experimentieren zumeist vorarrangiert und die Schüler müssen nach strikten Vorgaben arbeiten. Nicht immer gelingt es, Schülern zu vermitteln, warum sie die Versuche in der vorgegebenen Weise durchführen sollen. Zudem sind Schülerexperimente fehleranfällig und die Ergebnisse oftmals alles andere als eindeutig, so dass sie keine überzeugenden Belege für die jeweils angestrebte Erkenntnis liefern. In beiden HUB kann dieses Spannungsverhältnis zwischen dem Anspruch selbstständigen Problemlösens und den widrigen Rahmenbedingungen herausgearbeitet werden.

 „Wasserverbrauch von Pflanzen – Das Blattwaage-Experiment" 8. Klasse IGS Biologie (HUB 40)

In einer Doppelstunde zur UE *Pflanzen als Erzeuger von Nährstoffen* sollen die Schüler zu zweit experimentell ermitteln, an welcher Stelle eine Pflanze Wasser an die Luft abgibt. Das Experiment gibt der Lehrer vor: Zwei frische Fliederblätter werden an der Ober- bzw. Unterseite mit wasserdichter Vaseline bestrichen und an einer waagenähnlichen Konstruktion so aufgehängt, dass der Balken zunächst waagerecht ausgependelt ist. Nach kurzer Zeit soll dann Wasser aus dem Fliederblatt, das nur auf der Oberseite bestrichen wurde, verdunsten. Dadurch wird es leichter als das andere Blatt, bei dem die Transpiration durch die Vaseline unten verhindert wird. Der langsam in Schräglage übergehende Balken soll belegen, dass Wasser über die Blattunterseite abgegeben wird. Ungünstiger Weise stellt sich dieser Effekte bei kaum einer Gruppe ein. Zwei Gruppen zeigen mit ihrem Versuchsaufbau bzw. der Durchführung, dass sie den Sinn des Experiments nicht verstanden haben. Auch am Lehrerpult misslingt das Experiment trotz Einsatzes eines 500 Watt-Strahlers.

„Rotkohlsaft als Indikator für Säuren und Laugen" 8. Klasse IGS Chemie (HUB 43)

Die Schüler/innen lernen in dieser Doppelstunde Rotkohlsaft als Nachweismittel für schwache Säuren und Laugen kennen. An ihren Gruppentischen erhitzen sie Rotkohlsaft, mischen ihn in einem Reagenzglas mit Essig, in einem zweiten mit Seifenlauge, und beobachten die Verfärbung der Gemische. Bei der Vorstellung der Ergebnisse am Anfang der 2. Stunde geht der Lehrer auf Fehler bei der Versuchsdurchführung sowie auf einige erwartungswidrige Ergebnisse ein (unterschiedliche Farbumschläge, Mehrfarbigkeit). Eine improvisierte Suche nach Erklärungen verzögert die Auswertung, so dass weitere Überprüfungen von Alltagschemikalien (Haushaltsreiniger, Mineralwasser u.a.) auf deren Säure- bzw. Lauge-Eigenschaft nicht mehr wie geplant in Gruppen durchgeführt werden können, sondern am Pult demonstriert werden müssen.

## 7.5.2 Fokus „Schülerexperimente im Sachunterricht — Grundschule"

Drei HUB (32, 33 und 37) zeigen Unterrichtsvorhaben, in denen die Schüler/innen über erstaunliche Phänomen und die zugrunde liegenden physikalischen Konzepte ins Gespräch kommen sollen. Im Mittelpunkt stehen jeweils Schülerexperimente, die eine gewisse ‚Überraschungsanfälligkeit' zeigen. Mal ist es das Experiment selbst, das anders verläuft als von Lehrerseite erwartet wurde, mal sind es verblüffende Schülerfragen, Erklärungsversuche und Vorschläge zum weiteren Vorgehen, auf die die Lehrkräfte jeweils reagieren müssen — mit mehr oder weniger Geschick und Fortune.

 4. Klasse Sachunterricht „Experimente mit elektrischem Strom an Stationen" (HUB 32)

Nach einer kurzen Einführung zur Stationenarbeit führen die Schüler nacheinander vier Versuche in Kleingruppen zu dritt oder viert durch, die von der studentischen Lehrerin jeweils doppelt an insgesamt acht Stationen vorbereitet wurden. Der schriftliche Arbeitsauftrag an jeder Station gibt Hinweise, wie die Experimente mit den vorgegebenen Materialien aufzubauen und durchzuführen sind, worauf geachtet werden soll und wie Ergebnisse für die anschließende Besprechung zu protokollieren sind:
1. Salzwasserstromkreis (auch Flüssigkeiten können Strom leiten).
2. Eine mit Draht umwickelte Schraube, zwischen die Pole einer Batterie gesteckt, zieht kleine Metallteile an (Bauprinzip eines Elektromagneten).
3. Bei einem mit Draht umwickelten Kompass wird die Nadel abgelenkt, wenn die Drahtenden an einer Batterie angeschlossen werden.
4. Zitronenmusik: Wenn man zwei leitfähige Kabel in eine Zitrone steckt und die Kabel mit einem kleinen Lautsprecher (z.B. PC-Lautsprecher) verbindet, hört man knatternde Geräusche.

Bei einem der vier Versuche stellt sich ein unvorhergesehenes, für die Lehrerin unerklärliches Ereignis ein, das jedoch – und das ist eine doppelte Überraschung – die Schüler nicht sonderlich beeindruckt.

3. Klasse Sachunterricht „Die Apfelsaft-Maschine" (HUB 33)

Diese Doppelstunde ist in Anlehnung an Martin Wagenscheins Vorstellung vom *genetisch-sokratisch-exemplarischen Lernen* konzipiert: Die Schüler/innen werden mit verschiedenen Phänomenen konfrontiert, in denen Luftdruck eine besondere Rolle spielt. Eingangs führt der Lehrer eine 'Maschine' vor, die scheinbar Wasser in Apfelsaft verwandelt. Da das Innere der Maschine nicht zu sehen ist, sollen die Kinder im Sitzkreis Vermutungen über deren Funktionsweise entwickeln und miteinander besprechen. Danach beschäftigen sich die Kinder gruppenweise mit Versuchsutensilien, die an sechs Tischen jeweils ohne Arbeitsauftrag liegen und zu drei Experimenten anregen sollen: 1. Öffnen einer Milchbüchse mit Metalldorn (nach Copei), 2. Ansaugen von Wasser mit Spritzen und Pipetten sowie 3. ein Unterwasserversuch im Aquarium. Die Kinder sollen selbstständig experimentieren und über die erlebten Phänomene spekulieren, um allmählich ein Verständnis von den physikalischen Sachverhalten zu entwickeln. Gleich zu Beginn nimmt das Unterrichtsgespräch über die erstaunliche Apfelsaft-Maschine allerdings einen unerwarteten Verlauf.

 3. Klasse Sachunterricht „Warum schwimmen Boote?" (HUB 37)

In der ersten Stunde bauen die Schülerinnen und Schüler in Zweier- und Dreiergruppen jeweils ein Bootsmodell aus Knetmasse, das – so die Forderung des Lehrers – möglichst schwimmfähig sein soll. Das Formen und Kneten ist reizvoll, es entstehen diverse Bootstypen. Alle Schüler sind gespannt, ob ihr Modell schwimmt. Das wird in einer Wanne ausprobiert: Mehrere Boote schwimmen, drei sinken. Jetzt überrascht der Lehrer die Schüler mit der Forderung, ihre Knetboote umzuformen zu einer Kugel, um diese dann auch auf Schwimmfähigkeit zu überprüfen – was bei allen misslingt. Die Ergebnisse der Experimente werden von jedem Schüler in einem vorbereiteten Arbeitsblatt protokolliert. In der folgenden SU-Stunde zwei Tage später geht es darum, zu überlegen, warum einige der Boote schwimmen konnten und andere nicht, wohingegen alle umgeformten Kugeln untergingen. Die Schüler gehen mit großem Interesse dieser Frage nach. Die von ihnen geäußerten Vermutungen werden nach Möglichkeit gleich experimentell überprüft, wobei einige Schwierigkeiten zu überwinden sind. Ob die Schüler dem Problem der Schwimmfähigkeit auf die Spur gekommen sind, ist nicht so einfach zu beantworten.

### 7.5.3 Fokus „Erste eigene Unterrichtsversuche im Schulpraktikum"

Die drei folgenden HUB-Projekte zeigen erste Unterrichtsversuche von Studierenden in ihrem zweiten Semester im Rahmen einer praxisnahen Studieneingangsphase.

4. Klasse „Entwürfe für eine Webseite der Klasse" (HUB 23)

Eine Studentin hat sich für ihre zweite Unterrichtsstunde „Entwürfe zur Gestaltung einer INTERNET-Seite" ausgesucht. Die Schüler/innen sollen jeweils zu zweit Entwürfe auf einem DIN A3 Plakat skizzieren, der Inhalt dieser zunächst auf dem Papier zu gestaltenden Homepage ist ihnen freigestellt. Die zu Papier gebrachten Ideen sollen später im Rahmen einer AG mit Hilfe des Klassenlehrers in die vorhandene Schul-Homepage eingebunden werden. Das zum damaligen Zeitpunkt (Ende der 90er) für eine Grundschule ‚avantgardistische' und für die Schüler zunächst hoch motivierende Vorhaben wird im Unterrichtsverlauf zunehmend überlagert durch Inszenierungsprobleme, die z.T. auch aus einer ungenauen Vorplanung resultieren. Die Auswertung der Homepage-Entwürfe am Ende stellt alle Beteiligten auf eine harte Probe.

7. Klasse Deutsch „Was ist Freundschaft" (HUB 20)

Studierende einer Praktikumsgruppe behandeln im Rahmen einer Unterrichtseinheit mit Schülerinnen und Schülern des Gymnasialzweiges einer Kooperativen Gesamtschule das Jugendbuch "Drei Freunde" von Myron Levoy. Im Verlauf der Einheit sollen die Personen dieses Romans beschrieben und das Beziehungsgefüge der drei jugendlichen Hauptpersonen in Form von Soziogrammen herausgearbeitet werden. Anschließend werden anhand des Buches einzelne Probleme bearbeitet, zum Beispiel das Thema "Grenzen ziehen". In einer weiteren Stunde sollen die Schüler/innen die Gefühle der Freunde in bestimmten Situationen nachvollziehen und in Form von Tagebucheinträgen beschreiben. In der letzten Stunde soll ein Streitgespräch zwischen den Protagonisten näher beleuchtet werden, um ihre Verhaltensweisen dabei mit ihrem Verhalten in anderen Situationen zu vergleichen. In der videografierten Stunde am Anfang der Einheit steht die Frage im Vordergrund, was eigentlich ‚Freundschaft' ausmacht. Eine Besonderheit dieses Unterrichts ist, dass er von zwei Studierenden in Form eines team-teaching gehalten wird.

4. Klasse Musik „Das *Aquarium* von Camille Saint-Saens" (HUB 19)

Der studentische Lehrer möchte die Schüler/innen in dieser Stunde dazu bringen, sich zunächst ein Aquarium vorzustellen und dieses dann zu malen. Anschließend sollen die Kinder ihre Assoziationen, die sie mit einem Aquarium verbinden, in Gruppen mit Orff-Instrumenten musikalisch umsetzen. Anschließend wird Saint-Saens Aquarium-Version von einer CD vorgespielt und besprochen.

### 7.5.4 Fokus: Ausbildungsunterricht in der II. Phase

Die drei nachfolgend beschriebenen HUB zeigen Unterricht von Referendar/inn/en in ihrer II. Ausbildungsphase. Es handelt sich um Lehrproben im Rahmen der Fachseminarausbildung, die anschließend besprochen werden.

# 7 „GELENKSTELLEN-ANALYSE" (F1)

**8. Klasse Gymnasium Mathematik „Von der proportionalen zur linearen Funktion" (HUB 27)**

Diese Stunde entstammt einer frühen Phase des Entwicklungsgangs des unterrichtenden Referendars. Als Beobachter sind der Fachlehrer und Mentor, Referendare/innen aus dem Pädagogikseminar und dem Fachseminar Mathematik, der Fachleiter für Mathematik und der pädagogische Leiter anwesend. Sie setzten sich nach der Stunde im Klassenraum zur Auswertung zusammen. Es war verabredet, den Unterricht unter gemeinsam erarbeiteten Fragen zu beobachten und zu besprechen. In einem zweiten Beratungsgespräch zwei Tage später wurden die Ersteindrücke anhand der Videoaufzeichnung und dem ersten Beratungsgespräch vertieft.

**5. Klasse Kunst Gymnasium „Blumen malen wie van Gogh" (HUB 44)**

Diese HUB zeigt Ausbildungsunterricht an einem Gymnasium in Schleswig-Holstein. Im Rahmen einer Einheit *„Kennenlernen grafischer Elemente"* soll am Beispiel eines Bildes von van Gogh gezeigt werden, wie charakteristische Merkmale von Naturerscheinungen mittels Punkten und Linien künstlerisch wiedergegeben werden können. Diese Erkenntnisse werden von den Schülern dann in einem Wachssgraffito angewendet. Nach anfänglicher Bewegungsübung erfolgt ein Rückblick auf die vorausgegangene Stunde, in der mittels Frottage-Verfahren die Oberflächenstrukturen von Blättern und Blüten abgebildet wurde. Als Blickfang hält die Lehrerin abwechselnd einen Zweig mit Blättern und eine Rosenblüte hoch. Auf ihre Frage, wie man eine Blüte noch genauer als mittels Frottage darstellen könnte, kommt von einem Schüler der Vorschlag, sie zu zeichnen. Das ist für die Referendarin das Stichwort, eine Folie mit einem Gemälde von van Gogh auf den OHP zu legen.

**5. Klasse Gymnasium Mathematik „Lösen von einfachen Gleichungen durch Umkehroperationen" (HUB 47)**

Diese HUB ist entstanden im Rahmen von Ausbildungsunterricht an einem Gymnasium in Schleswig-Holstein. Zum ersten Mal übernimmt eine Lehrkraft in der Ausbildung im 1. Ausbildungshalbjahr den Unterricht ihrer Mentorin. Mit der videografierten Doppelstunde beginnt eine neue Unterrichtseinheit *„Lösen von einfachen Gleichungen und Ungleichungen"*. Im Zentrum der ersten Unterrichtsstunde steht der Umgang mit symbolischen, formalen und technischen Elementen der Mathematik. Die zweite Unterrichtsstunde hat das Lösen und Aufstellen von Textaufgaben zum Ziel und erfordert auf Seite der Lernenden die Fähigkeit der Reproduktion und das Herstellen von Zusammenhängen. Das von der Lehrkraft gewählte methodische Vorgehen soll die Kooperationsfähigkeit der Schüler/innen fördern und ihnen Gelegenheit geben, die gestellten Aufgaben möglichst ohne Lehrerhilfe zu lösen.

### 7.5.5 Fokus: Unterricht, der *Selbstständiges Lernen* zu fördern beansprucht

In drei Unterrichtsvorhaben geht es um den Anspruch dieser Lehrkräfte, mit einem ganz speziellen Unterrichtsarrangement den Schülern weitergehende Möglichkeiten zum *Selbstständigen Lernen* einzuräumen, als üblich. Die HUB regen dazu an zu klären, was *Selbstständiges Lernen* ausmacht (ein sehr auslegungsbedürftiger Begriff!) und ob bzw. inwieweit das bei diesen Inszenierungsbemühungen gelingt. Wie ein solcher Klärungsprozess durch eine anfänglich kontroverse Diskussion initiiert werden kann, ist in Kapitel 12 Abschnitt 6 beschrieben.

Während die beiden ersten Beispiele Unterricht von Berufsanfängern zeigen, wird der Unterricht im dritten Beispiel von einer berufserfahrenen Lehrerin erteilt.

**4. Klasse „Volumenberechnung und -umrechnung" (HUB 45)**

Dieses HUB zeigt Ausschnitte aus einem Stationenparcour, den zwei Studentinnen im Rahmen ihres Allgemeinen Schulpraktikums angelegt haben. Zur Einführung in das Thema Volumenberechnung bearbeiten die Schüler/innen in einer Doppelstunde an sieben Stationen Aufgaben zur Be- und Umrechnung von Flüssigkeitsmengen. Im Unterschied zum herkömmlichen Buch- und Arbeitsblattunterricht sind an allen Stationen als Grundlage für die Berechnungen und Vergleiche konkret-gegenständliche Operationen auszuführen. U.a. geht es um Volumeninhalte von verschiedensten Haushaltsgefäßen, Umschüttversuche zum Ermitteln von vorgegebenen Flüssigkeitsmengen, das Umrechnen von Volumenangaben in drei Darstellungsformen (in Literangaben mit Kommaschreibweise, in Form von Brüchen sowie als Milliliter) und die Herstellung von Cocktails nach Rezepten mit selbst ausgesuchten Mischverhältnissen. Zur erfolgreichen Durchführung der Arbeitsaufträge ist an den meisten Stationen eine Zusammenarbeit zwischen Schülern erforderlich.

**„Stationenlernen zum Thema Märchen" 5. Klasse Realschule Deutsch (HUB 43)**

In dieser Doppelstunde hat eine Referendarin im Rahmen ihres eigenverantwortlichen Unterrichts das Rahmenthema *Märchen* als Stationenlernen vorbereitet. Die Aufgaben an sechs Doppeltischen sind durch Materialien und Hinweise auf den Arbeitsblättern an jeder Station vorgegeben. Einige Aufgaben sind ausdrücklich, andere indirekt so gestellt, dass die Schüler intensiv zusammenarbeiten müssen. Die Stationenarbeit selbst dauert knapp 50 Minuten, in denen fast alle Schüler/innen durchgängig konzentriert bei der Sache sind. In dieser Zeit ist die Lehrerin ausschließlich als Beobachterin, Beraterin und später zunehmend mit der Kontrolle von Ergebnissen beschäftigt. Beim Abschlusskreis, in dem viele Schüler/innen sich begeistert über diese Art der Arbeit äußern, kommt es zu einer kleinen Kontroverse, ob das denn überhaupt Unterricht sei (schließlich habe das Arbeiten ja Spaß gemacht!).

8. Klasse Realschulzweig einer Kooperativen Gesamtschule
„Werkstatt-Unterricht" (HUB 16)

Am Anfang einer Werkstatt-Periode von drei Wochen suchen sich die Schüler Aufgaben aus einem umfangreichen Angebot aus und bearbeiten sie möglichst selbständig. Die Aufgaben stammen vorwiegend aus den Fächern Deutsch, Politik, Erdkunde, Geschichte und Englisch. Hinzu kommen fachübergreifende Themen (z.B. ein Erkundungsvorhaben zum Thema Gewalt in der Schule) sowie von Schülern selbst entworfene Aufgaben. Wöchentlich stehen hierfür drei Stunden aus dem Kontingent von zwei Lehrerinnen zur Verfügung, die in der Klasse die fünf o.g. Fächer unterrichten. Die jeweils unterrichtende Lehrerin stellt am Anfang einer Werkstatt-Periode neue Aufgaben vor und berät im weiteren Verlauf einzelne Schüler bzw. Gruppen. Die Schüler/innen entscheiden, was sie machen möchten und mit wem sie ggfs. zu zweit oder in Gruppen zusammenarbeiten wollen. Zum Abschluss einer Periode präsentieren sie ihre Ergebnisse.

### 7.5.6 Fokus: Unterricht berufserfahrener Lehrkräfte mit minimalistischer Vorbereitung

Während die bislang vorgestellten HUB einen vorbereitungsintensiven Unterricht zeigen, wie er insbesondere im Rahmen der Ausbildung üblich ist, sind nachfolgend fünf Unterrichtsvorhaben beschrieben, die als Repräsentaten eines typischen Alltagsunterrichts gelten können. Sie zeichnen sich durch einen gewissen Vorbereitungsminimalimus aus, die Arbeit basiert auf den klassischen Medien Lehrbuch, OHP, Tafel und Arbeitsblättern. Abgesehen von dem bilingualen Erdkundeunterricht folgen die Lehrkräfte keinem bestimmten fachdidaktischen Konzept und haben ihren Unterricht auch nicht ausdrücklich an ein ausgewiesenes Unterrichtsprinzip angelehnt.

Lehrerausbilder tendieren dazu, diese Art von Alltagsunterricht als wenig inspirierend und nicht innovativ abzukanzeln. Auf Tagungen berichteten einige Seminarleiter/innen, sie würden solche Unterrichtsvorhaben im Rahmen ihrer Ausbildungsseminare nicht vorstellen, weil herkömmlicher Durchschnittsunterricht als Vorbild für guten Unterricht („*best practice*") nicht tauge. Diese Kritik ist oberflächlich, beckmesserisch und selbstgerecht:
* oberflächlich, weil bei genauem Hinsehen eindrucksvoll deutlich wird, mit welchem Repertoire und Improvisationsgeschick die Lehrkräfte in diesen HUB zum Beispiel die Gesprächsführung bewältigen und auf Schülerstörungen eingehen, von dem sich Referendare durchaus einiges abschauen können;

* beckmesserisch, weil es leicht ist, schöne Visionen von modernen Unterrichtskonzepten auf dem Papier zu entwerfen, aber ungleich schwerer, solche Konzepte ohne Reibungsverluste umzusetzen;
* selbstgerecht, weil gerade solche Ausbilder, die von ihren Anwärtern und Referendaren besonders innovativen Unterricht erwarten, oft selbst nicht mit einer solchen „*best practice*" vorangehen (und bezeichnender Weise auch selbst nicht bereit sind, sich videografieren zu lassen).

Zutreffend ist der Einwand, es handele sich um typischen, verbreiteten, konventionellen Unterricht. Gerade solchen Unterricht sollten angehenden Lehrer auf Stärken und Schwächen untersuchen, denn in ähnlicher Weise werden sie selbst später auch im Schulalltag mit 24 und mehr Stunden pro Woche überwiegend unterrichten.

Zu entdecken sind in den nachfolgend beschriebenen Unterrichtsvorhaben auch ungünstige methodische Vorgehensweisen und fragwürdige Lehrerreaktionen (die übrigens bei keinem noch so innovativen Unterricht ausgeschlossen werden können). Das ‚Heraussparieren' von Schwächen sensibilisiert und kann dazu beitragen, vergleichbare Fehler später selbst eher zu vermeiden.

 **7. Klasse Hauptschule Geschichte „Besiedlung Nordamerikas" (HUB 39)**

In dieser Einführungsstunde zu einer Unterrichtseinheit im Wahlpflichtfach Geschichte geht es um die Besiedlung Nordamerikas in der Neuzeit durch europäische Siedler. Weil erstmalig mit dem Geschichtsatlas gearbeitet wird, erhalten die Schüler zunächst Gelegenheit, knapp 10 Minuten im Atlas zu ‚schnuppern'. Gemeinsam werden dann erste Erkenntnisse über die Besiedlung des nordamerikanischen Kontinents anhand geeigneter Karten besprochen. Es lohnt sich, die Fragen und Unklarheiten der Schüler daraufhin zu prüfen, welche unerwarteten Wissenslücken sie offenbaren. Zum einen sind es Schwierigkeiten bei der ungewohnten Nutzung des Geschichtsatlasses, zum anderen Fragen/Unklarheiten, die sich aus dem lückenhaften historischen und geografischen Vorwissen der Schüler ergeben.

Die Verständnisschwierigkeiten der Schüler und die daraus resultierenden Anforderungen an die Lehrerin werden erst deutlich, wenn man den Unterrichtsverlauf sehr genau darauf ‚abklopft', an welchen Stellen notwendiges Vorwissen bei einzelnen oder mehreren Schülern nicht oder nur rudimentär vorhanden ist. Die Lehrerin kann kaum vorhersehen, welche Probleme auftauchen, und baut darauf, dass ihr in der Situation das zur Klärung richtige Vorgehen einfallen wird. Ihre Bemühungen verdienen genaue Beachtung.

# 7 „Gelenkstellen-Analyse" (F1)

### 11. Klasse Deutsch „Formmerkmale von Gedichten" (HUB 30)

In dieser Doppelstunde geht es um die Frage, ob die Analyse formaler stilistischer Merkmale eines Gedichts für das Verständnis wichtig ist. Der Lehrer hat dazu drei ganz unterschiedliche Gedichte ausgesucht, an Hand derer die Frage geklärt werden soll, was ein Gedicht ausmacht. Betrachtenswert ist zunächst der Stundeneinstieg (ca. 3 Minuten) und alsdann der Versuch des Lehrers, die Bedeutung von Formanalysen zunächst mittels einer Folie von einer Dampfmaschine plausibel zu machen. Als das auf Unverständnis stößt, zieht der Lehrer improvisierend den Aufbau und die Funktionsweise von Computern zum Vergleich heran. Bemerkenswert ist die lebhafte und kontroverse Diskussion zwischen einigen Schüler/innen in der letzten Viertelstunde über die Kernfrage, inwieweit zum Verständnis von Gedichten die Kenntnis formaler Merkmale notwendig ist, die der Lehrer mit ‚didaktischen Kunstgriffen' beiflügelt.

### 10. Klasse Gymnasium Geografie — bilingual „Costal features" (HUB 38)

Vorgestellt wird eine englischsprachige Geographiestunde in der 10. Klasse eines bilingualen Zuges eines Gymnasiums (Bilingualer Sachfachunterricht). In einem ausgedehnten ersten Teil findet eine umfassende inhaltliche Wiederholung von Aspekten zum Thema "Coastline Features" im Unterrichtsgesprächs statt, die die Schülerinnen und Schüler in Rahmen einer Fallstudie ("Case Study: The British Isles") in den vergangenen Wochen erarbeitet haben. Diese Zusammenfassung dient der fachlichen und sprachlichen Vorbereitung eines "Field Trips", den die Klasse einige Wochen später nach Südostengland unternehmen wird. In dem lehrergelenkten Unterrichtsgespräch werden sowohl fachliche Inhalte wiederholt wie auch sachfachbezogener Wortschatz und Ausdrucksmittel geübt.
Erst am Ende der Stunde (ab 41. Minute) beginnt der zweite Teil, bei dem die Lehrerin mit den Schülerinnen und Schülern anhand einer Abbildung einen neuen, für die Küstenentwicklung relevanten Prozess erarbeitet, den sogenannten "longshore drift".

### „Was ist ein Quadrat?" 10. Klasse Förderschule (LB) Mathematik (HUB 05)

Die Stunde soll der Ergründung des Vorwissens in Geometrie dienen (Benennen von Körperflächen, speziell Vielecke). Nachdem der Lehrer bemerkt, dass vielen Schülern die Merkmale eines Quadrats unklar sind, geht er in einem Exkurs länger darauf ein. Nachdem die Schüler mit seiner Aufforderung "Beschreibt, was ein Quadrat ist!", wenig anfangen können, wechselt er zum Auftrag "Sagt mir, wie ich ein Quadrat zeichnen kann!". Das veranlasst mehrere Schüler/innen zur lebhaften Mitarbeit. Der Lehrer geht auf jeden Vorschlag ein, kommt aber der Lösung kaum näher, weil er viele ungenauen Angaben der Schüler/innen absichtlich missversteht oder ganz wörtlich ausführt. Letztlich misslingt das Vorhaben, aber die Schüler/innen sind hochmotiviert, nun selbst ein Quadrat zu zeichnen. Auf den ersten Blick eindrucksvoll wirkt das Improvisationsgeschick des Lehrers, mit dem er die Schüler/innen bei diesem erfahrungsgemäß eher weniger interessanten Stoff zur Mitwirkung motiviert. Diskussionswürdig ist, ob ein Lehrer seine Schüler mit solchen Mitteln zur Mitarbeit ‚anstacheln' sollte.

5. Klasse Deutsch „Annäherungen an das Gedicht *ottos mops*" (HUB 41)

Die Schüler/innen sollen am Beispiel des Gedichts *ottos mops* von Ernst Jandl kennen lernen, wie spezielle Stilelemente einem Gedicht eine besondere Qualität verleihen. Nach einer ersten gemeinsamen Vorstellung und kurzen Besprechung des Gedichts sollen sie es in Gruppen genauer betrachten und einüben, um es anschließend als Gruppe mit szenischen Elementen vorzutragen – ggfs. auch vorzuspielen. Nachdem alle Gruppen ihre Version der Gedichtinszenierung vorgestellt haben, werden im Gespräch die Besonderheiten herausgearbeitet – vor allem, dass alle Wörter des Gedichts nur einen Vokal enthalten. Die Schüler sollen dann ihrerseits Wörter nennen, die nur einen Vokal enthalten, z.B. nur „e" oder nur „i" oder nur „u". Diese Suche wird in Gruppen fortgesetzt. Jede Gruppe soll möglichst viele Wörter mit „ihrem" Vokal finden. Anschließend soll jede Gruppe mit diesen Wörtern ein eigenes kleines Gedicht entwerfen.

### 7.5.7 Fokus: Unterricht berufserfahrener Lehrkräfte nach ausgewiesenem fachdidaktischem Konzept

Auch berufserfahrene Lehrerkräfte erteilen mitunter Unterricht, der aus dem herkömmlichen Rahmen fällt, weil er aus verschiedenen Gründen (Vorbereitungsaufwand, abwechslungsreiche Tätigkeiten) ungewöhnlich ist. Dazu gehören die beiden nachfolgend beschriebenen Unterrichtsvorhaben, die beide an einem ausgewiesenen fachdidaktischen Konzept orientiert sind.

4. Klasse Grundschule Frühenglisch „Hörverstehen: Where is the snowman?" (HUB 35)

In der Stunde wird über einen thematisch-situativen Zugang (Winter) am Hörverstehen gearbeitet. Nach anfänglichen Übungen zum *„Total Physical Response"* (TPR) steht die Geschichte von einem Schneemann mit Karottennase im Zentrum, der Angst vor einem hungrigen Kaninchen hat. Sie wird auf vielfältige Weise über diverse mediale Zugänge präsentiert, nachgesprochen und nachgespielt (als Bildergeschichte, Gedicht, Singspiel und mit pantomimischen Elementen). Dieser Unterricht ist sowohl in Hinsicht auf die Umsetzung des Ansatzes vom TPR als auch hinsichtlich der Inszenierung dieses Unterrichtskonzepts bemerkenswert. Trotz ihres dicht gepackten Arrangements sieht sich die Lehrerin genötigt, mehrfach auf situative Erfordernisse eingehen und ist bemüht, diese für ihr Vorhaben zu nutzen. Es lohnt sich, die Raumregie der Lehrerin und ihren Einsatz von Körpersprache bei den verschiedenen Aktionsformen genauer in Augenschein zu nehmen. Was die Schüler aus dieser Stunde mitnehmen, kann aufgrund der ausgewerteten Arbeitsblätter und anhand der Ergebnisse der Schülerbefragung geprüft werden.

**6. Klasse IGS Kunst „Poster bemalen mit Kleisterfarbe" (HUB 31)**

In dieser Doppelstunde sollen die Schüler/innen lernen, selbst Kleisterfarbe herstellen und anschließend anwenden. Behandelt wird im Rahmen des Themas „Körper sprechen – Symbolisierung von Körpersprache in der Kunst" auch die Arbeitsweise von Keith Haring, von dem die Schüler bereits vorher Bilder und Biographisches kennen gelernt haben. Anfangs wird mit den Schülern im Stuhlkreis über die Zusammensetzung der Kleisterfarbe gesprochen, dann demonstriert der Lehrer unter Mithilfe einzelner Schüler, wie Kleisterfarbe aus Pigmentpulver und Wasser angerührt wird. Danach stellt jeder Schüler eine Kleisterfarbe mit einem Farbton eigener Wahl her. Diese wird dann in Partnerarbeit auf jeweils einem DIN-A2 Plakat aufgetragen, wobei Motiv und Maltechnik freigestellt sind. Parallel dazu vervollständigen jeweils abwechselnd zwei Schüler unter Aufsicht des Lehrers ein großes Fensterbild, das Anleihen bei Keith Haring nimmt.

Betrachtenswert ist die Zusammenarbeit zwischen den Schülern in der Großgruppe, während des Herstellens der Farben und beim Ausprobieren der Farben auf den Postern. Es lohnt sich, die einzelnen Schüler dabei zu beobachten und auch einen Blick auf die entstandenen Ergebnisse zu werfen.

# 8 Unterricht anhand externer Kriterien beurteilen (Szenarium F2)

## 8.1 Die Grundidee

> **Unterrichtsvorhaben anhand externer Kriterien beurteilen**
>
> Grundsätzlich kann jedes Unterrichtsvorhaben auch nach Kriterien beurteilt werden, die der Unterrichtende selbst nicht bzw. zumindest nicht ausdrücklich zum Ziel gehabt hat. Eingeschätzt werden kann das Potenzial eines Unterrichtsvorhabens z.B. danach, in welcher Weise allgemeindidaktische Prinzipien (wie *Differenzierung*, *Kooperatives Lernen*) oder bestimmte fachdidaktische Prinzipien realisiert sind.
> Gegenstand der Analyse ist — wie bei der Gelenkstellen-Analyse — auch hier eine abgeschlossene Episode, d.h. in der Regel eine Stunde oder Doppelstunde, ggfs. auch eine Unterrichtseinheit. Auch bei diesem Szenarium müssen zur Untersuchung des jeweiligen Unterrichtsvorhabens neben den Videos auch die Wortprotokolle, die Arbeitsmaterialien sowie dokumentierte Ergebnisse herangezogen werden.

## 8.2 Fragestellungen und Vorgehen

Es kann ertragreich sein, ein Unterrichtsvorhaben daraufhin zu untersuchen, ob es Kriterien genügt, die für den Unterrichtenden selbst bei der Anlage des Unterrichts nicht von Bedeutung waren. Eine solche Beurteilung von Unterricht nach externen Kriterien schärft den Blick für das jeweils herangezogene Kriterium. Aus einer solchen Analyse kann ggfs. anschließend ein Alternativentwurf für ein vergleichbares Unterrichtsvorhaben entwickelt werden, bei dem das in Frage stehende Kriterium stärker berücksicht wird.
Als Fragestellungen eignen sich viele unterrichtsmethodische Prinzipien, z.B.
* welche Mitplanungsmöglichkeiten und Gestaltungsspielräumen den Schülern gewährt werden;
* in welcher Weise allgemeindidaktische Prinzipien wie *Differenzierung*, *Kooperatives Lernen* oder *Anschaulichkeit* realisiert sind;
* in welcher Weise fachdidaktische Prinzipien realisiert sind (z.B. *kommunikativer Englischunterricht*; *selbstständiges Experimentieren*);
* ob der Unterricht ein *schüleraktivierendes Lernen* i.S. von Abschnitt 3.2 ausdrücklich ermöglicht, zulässt oder behindert.

## 8.3 Analysebeispiel: „Schüleraktivierung"

Ob Unterricht Gelegenheit zu einem aktivierenden Lernen gibt, wird in vielen neueren schulpädagogischen und fachdidaktischen Beiträgen zu einem zentralen Kriterium für Unterrichtsqualität erklärt. Wie in Kapitel 3 Abschnitt 2 beschrieben, ist auch ein solches Lernen angewiesen auf Wissensvermittlung, Instruktionslernen und übend-wiederholende Tätigkeiten. Falsch ist die antagonisierende Gegenüberstellung eines ‚guten' aktiven Lernens und eines ‚schlechten' passiv-rezeptiven Lernens. Jedwedes Lernen ist vielmehr gekennzeichnet durch ein Ineinandergreifen von aktiven und passiv-rezeptiven Phasen. Diese Verzahnung muss nicht zwangsläufig innerhalb eines Unterrichtsvorhabens erfolgen, sondern kann auch realisiert werden durch einen Wechsel zwischen eher rezeptiv angelegten Episoden und anderen Episoden, in denen vorwiegend das aktive Lernen gefördert wird:

* Es gibt Unterrichtsvorhaben, bei denen ausschließlich Wissensvermittlung, Lernen nach Instruktionen und übend-wiederholendes Arbeiten praktiziert wird. Ein Beispiel dafür ist das HUB 35 *Frühenglisch in einer 4. Klasse*.
* Bei anderen Unterrichtsvorhaben stehen ein selbstständiges Problemlösen, ungewohnte Arbeitstechniken, das Beschaffen von Information sowie das Dokumentieren und Präsentieren von Ergebnissen im Vordergrund. Beispiele dafür sind HUB 16 (*Werkstattunterricht* 8. Klasse KGS) und HUB 33 (*Luft hat Kraft* 3. Klasse Sachunterricht).
* Wieder andere Unterrichtsvorhaben sind so angelegt, dass Phasen des Instruierens und der Wissensvermittlung mit Phasen eines Suchens und selbstständigen Erprobens von Lösungsstrategien unmittelbar abwechseln. Beispiele dafür sind das HUB 37 (*„Warum schwimmen Boote?"*) und das HUB 31 (*„Malen mit selbst hergestellter Kleisterfarbe"*).

Es gibt keine allgemeinverbindlichen Regeln, wie passives und aktives Lernen aufeinander zu beziehen sind. In welcher Reihenfolge und zu welchen Anteilen diese beiden Grundformen des Lernens verzahnt werden sollten, ist bei jedem Unterrichtsvorhaben neu zu entscheiden.

Aber selbst wenn in einem Unterrichtsvorhaben eine solche Verzahnung erfolgt, garantiert das nicht automatisch Unterrichtserfolg. Zum einen können passiv-rezeptive und aktive Lernphasen unangemessen aufeinander bezogen werden. Zum anderen können jeweils für sich genommen sowohl die aktiven Lernphasen wie auch die passiv-rezeptiven Phasen mangelhaft konzipiert oder inszeniert worden sein. Je nach Anlage eines Unterrichtsvorhabens ist daher zu prüfen,

* ob es eine erfolgreiche Schüleraktivierung initiiert hat oder

# 8 BEURTEILUNG ANHAND EXTERNER KRITERIEN (F2)

* ob es als Beispiel für gutes passiv-rezeptives Lernens gelten kann oder
* ob die beiden Prototypen des Lernens in überzeugender Weise aufeinander bezogen werden.

Als Prüfkriterien heranzuziehen sind die beiden exklusiven Kriterien für schüleraktivierendes Lernen bzw. die beiden exklusiven Kriterien für passiv-rezeptives Lernen sowie die beiden inklusiven Kriterien für passiv-rezeptives und schüleraktivierendes Lernen (vgl. Abb. 3 auf Seite 66).

### Drei beispielhafte Analyse-Ergebnisse zu einem Unterrichtsvorhaben

Ein Unterrichtsbeispiel, bei dem instruierende Phasen und Phasen aktivierenden Lernens ineinandergreifen, ist das auf Seite 179 porträtierte HUB 31 „Poster mit Kleisterfarbe bemalen". Ist dieser Kunstunterricht aktivierend oder überwiegt rezeptives Lernen? Diese Frage ist bei genauer Betrachtung nicht so eindeutig zu klären. Im Folgenden sind drei Ausarbeitungen von Studierenden abgedruckt, die mit guten Begründungen zu unterschiedlichen Einschätzungen über diesen Unterricht kommen.

---

**1. Einschätzung des Unterrichts „Poster mit Kleisterfarbe bemalen" (HUB 31):**
Bei der Analyse dieses Unterrichts werden die Alleinstellungsmerkmale für Schüleraktivierung (1. Problembehandlung der SuS und der damit verbundenen Erkenntnisgewinnung auf eigenem Lernweg und Tempo; 2. Zurückhaltung der Lehrperson in Hinsicht auf lenkendes Eingreifen und Bewertung) und weiterhin die zwei nicht-exklusiven Kriterien (3. Bildungswirksames Lernen für die Persönlichkeitsentwicklung; 4. SuS lernen aus eigenen Antrieb) herangezogen.
Das Gespräch im einleitenden Stuhlkreis, der die Zusammensetzung von Farben thematisiert, wird primär vom Lehrer gelenkt. Dieser lobt Schülerbeiträge, was zur Folge hat dass keine weiteren Meldungen zur selben Frage auftauchen. Begriff und die Schritte des Zusammenmischens werden durch den Lehrer vorgegeben. Hier ist keine Schüleraktivierung festzustellen. Auch die darauf folgende Übungsphase enthält ebenso wenig Schüleraktivierung angesichts des mehrfachen inhaltlichen Eingreifens der Lehrperson.
Die anschließende Arbeitsphase, in der die SuS eigene Bilder (auf Papier bzw. am Fenster) erstellen. In dieser Phase ist Schüleraktivierung in der Form festzustellen, als dass die SuS weitgehend selbstständig sind, experimentellen Freiraum haben und anscheinend aus eigenem Antrieb und mit Freude agieren, was sich an der persönlichen Note in den Wu-Tang-Bildern zeigt. Da die SuS teilweise durch den Lehrer gelenkt werden, oder dieser zumindest inhaltlich eingreift, kann Schüleraktivierung nur auf die nicht-exklusiven Kriterien bezogen nachgewiesen werden. Das frontal geleitete, abschließende Gespräch ist wiederum mit bewertenden Kommentaren der Lehrperson gespickt. Auch inhaltlich lenkt der Lehrer erneut diese Phase, womit eine Schüleraktivierung erneut behindert wird. Bildungswirksames Lernen lässt sich höchstens im Bereich der Entfaltung der eigenen Kreativität in der Anwendungsphase feststellen.
Schlussendlich lässt sich somit feststellen, dass die Alleinstellungsmerkmale nicht auffindbar sind, da eine konkrete Erkenntnisgewinnung anscheinend ebenfalls nicht stattgefunden hat, was anhand der schleppenden Abschlussbesprechung deutlich wird.

---

**2. Einschätzung des Unterrichts „Poster mit Kleisterfarbe bemalen" (HUB 31):**
Insgesamt kann dieser Kunstunterricht meiner Meinung nach als schüleraktivierend bezeichnet werden.

Zunächst findet der Unterricht als ein fragend-entwickelndes Lehrer-Schüler-Gespräch statt. Die SuS sitzen dabei im Kreis und erarbeiten, welche Bestandteile in einer Farbe vorhanden sind. Der Lehrer hat diese Bestandteile dabei und zeigt sie den SuS. Die SuS überlegen nun selber, wie sie Farbe herstellen können und probieren es, unterstützt vom Lehrer aus. Immer wieder wird das Ergebnis, dass sich nur in einer kleinen Dose befindet, den anderen gezeigt. Jeder Schüler und jede Schülerin ist gefragt mitzudenken und sich einzubringen. Im zweiten Teil der Stunde ziehen die SuS ihre Kittel an und mischen selber Farben. Sie arbeiten in Partnerarbeit. So hat meistens jeder Schüler und jede Schülerin eine Aufgabe und es zieht sich keiner zurück. Die selbst hergestellte Farbe wird nun von den SuS auf Plakaten ausprobiert. Dabei ist es ihnen selbst überlassen, was sie malen. Der Lehrer regt sie aber dazu an, immer neue Mal-Techniken auszuprobieren und hält dafür einige Materialien bereit. Einige SuS dürfen ihre Farbe in eine zuvor an das Fenster gemalte Keith Haring-Figur malen. Viele SuS mischen noch weiter Farben an und gestalten ihre Plakate mehrfarbig. Am Ende der Stunde findet ein weiteres Lehrer-Schüler-Gespräch statt. Die SuS reflektieren, welche Wirkung ihre Farbkombination bei der Keith Haring-Figur hat.

*Vorgehensweise des Lehrers:* Der Lehrer ist in der Klasse präsent und ansprechbar bei Fragen. Er gibt Hilfestellung, Tipps und lobt seine Schüler. Während der Unterrichtsgespräche greift er lenkend ein, gibt den SuS aber trotzdem genügend Freiräume, um selbstständig die Ergebnisse zu erarbeiten. Er gibt kein Arbeitstempo vor und lässt die SuS mit der Farbe experimentieren.

*Einstellung der Lernenden:* Die SuS bringen sich zu Beginn der Stunde im LSG zunächst noch sehr zögerlich ein. Wenn es darum geht, die erste Farbe zu mischen und auszuprobieren, steigt ihr Interesse spürbar. Es gibt immer mehr Meldungen. Der Lehrer achtet aber auch darauf, dass möglichst viele SuS beteiligt sind. Die anderen verfolgen aufmerksam was geschieht und geben Tipps. Als alle SuS gefordert sind, eine eigene Farbe zu mischen, ist der Ausruf „Das macht Spaß!" zu hören. Besonders beim Malen auf den Plakaten zeigen die SuS Motivation. Sie haben Freude daran die Farbe auszuprobieren und viele mischen noch weitere Farben an. Alle SuS sind bei der Sache. Viele fordern sogar, dass auch ihre Farbe einen Platz am Fenster findet.

*Bildungswirksamkeit:* Einerseits lernen die SuS etwas über die Herstellung von Farben, die Möglichkeiten des Gestaltens mit Farbe und die Wirkung von Farbe. Andererseits erfahren die SuS durch die methodische Gestaltung der Stunde, dass sie selbst beim Entwickeln dabei sind und ihnen nicht etwas vor außen vorgegeben wird. Es gibt viele Entscheidungsprozesse, in denen alle SuS aufgefordert sind sich eine Meinung zu bilden und sich zu beteiligen. Sie können sich und ihre Ideen einbringen und damit eine Kompetenz erlernen, die einen mündigen Bürger ausmacht. Gleichzeitig werden in dem Unterricht auch Wertvorstellungen vermittelt, die wichtige Bestandteile der Sozialkompetenz sind.

*Arbeitsweise:* In Form eines entdeckenden Lernen und Selbstausprobierens gelingt es allen SuS am Ende eine Farbe zumischen und sich an dem Gemeinschaftsprojekt – dem Fensterbild – zu beteiligen. Sie probieren selbstständig die Farbe und ihre Möglichkeiten der Gestaltung aus. Allerdings wurde die Eigeninitiative gerade am Anfang der Stunde nur begrenzt vom Lehrer zu gelassen. Er hat beim Anmischen der ersten Farbe viele Hinweise zu Mengen der einzelnen Bestandteile gegeben und immer wieder kontrolliert, wie das Ergebnis aussieht.

### 3. Einschätzung des Unterrichts „Poster mit Kleisterfarbe bemalen" (HUB 31):

An dieser Unterrichtsstunde lässt sich gut erkennen, dass Phasen aktiven Lernens und Phasen „passiv"-rezeptiven Lernens ineinander greifen.

Eines der Kriterien für schüleraktivierendes Lernen besagt, „dass der Lehrer lenkende, inhaltliche Eingriffe vermeidet, Umwege oder Irrwege zulässt und keine Bewertungen vornimmt". Der Lehrer in diesem Unterrichtvorhaben lässt die Schüler zunächst darüber rätseln wie man Kleisterfabe am Besten anmischt, allerdings bewertet er die Schüleraussagen und klärt schnell auf wie die Farbe richtig angemischt wird. Für schüleraktivierendes Lernen wäre es am Besten, wenn der Lehrer nicht gleich Bewertungen vornimmt und die Schüler praktisch ausprobieren lässt wie sich die Farbe am Besten anrühren lässt. Dies würde aber zu einem hohen Materialverbrauch führen und viel Zeit kosten. Um dies zu vermeiden und einen größeren Teil

*der Unterrichtsstunde zum Malen mit den Farben zu verwenden, entscheidet der Lehrer sich wahrscheinlich dazu, schnell aufzuklären wie die Farbe anzumischen ist (rezeptives Lernen).
Dieser Punkt hängt direkt mit einem weiteren Kriterium für schüleraktivierendes Lernen zusammen, nämlich das Lernen ein „mühsames Ringen um Einsichten und Erkenntnisse [ist], bei dem der bzw. die Schüler eigene Lernwege im selbst bestimmten Tempo gehen". Da der Lehrer das Gespräch moderiert, bestimmt er in welchem Tempo es vorangeht. Einige Schüler kommen von selbst auf den richtigen Ablauf der Farbanmischung. Dies bedeutet aber nicht, dass der Großteil der Klasse in diesem Tempo auf die richtige Lösung gekommen wäre. Da der Lehrer nach kurzer Zeit auflöst wie die Farbe richtig angemischt wird, handelt es sich nur kurzzeitig um ein mühsames Ringen nach Erkenntnissen. Allerdings ist diese Phase ein Beispiel für gutes rezeptives Lernen, da der Lehrer sehr übersichtlich die einzelnen Schritte zur Farbzubereitung an die Tafel anschreibt und dies noch einmal von einem Schüler vorlesen lässt.
Ein weiteres Kriterium für schüleraktivierendes Lernen ist ein Lernen der Schüler „aus eigenem Antrieb, mit Interesse und Freude". In der Einstiegsphase scheinen die meisten Schüler noch etwas zurückhaltend zu sein und sich noch nicht besonders für das Thema zu begeistern. Als es allerdings an das selbstständige Anrühren und Experimentieren mit den Farben geht, scheinen alle Schüler großes Interesse zu haben. Die Schüler sind sehr kreativ, arbeiten sogar mit ihren Fingern und Händen und haben sichtlich Spaß an der Sache. Bei der Befragung der Schüler bestätigen 14 der 16 Schüler, dass ihnen die Stunde gut gefallen hat.
Das vierte Kriterium für schüleraktivierendes Lernen ist die Ermöglichung bildungswirksamen Lernens „im Sinne des schulischen Bildungsauftrags". Im Bildungsauftrag der Schule steht, dass es Aufgabe der Schule ist, „die Bereitschaft und Fähigkeit zu fördern, für sich alleine wie auch gemeinsam mit anderen zu lernen und Leistungen zu erzielen" (§2 im nds. Schulgesetz „Bildungsauftrag der Schule"). Zudem sollen die SuS „zunehmend selbstständiger werden und lernen, ihre Fähigkeiten auch nach Beendigung der Schulzeit weiterzuentwickeln"(§2 „Bildungsauftrag der Schule"). Die SuS sollen in dieser Unterrichtsstunde erst im Plenum nach dem richtigen Herstellungsverfahren der Farbe rätseln und anschließend paarweise die Farbe anmischen und damit experimentieren. Dies fördert die Kooperationsfähigkeit der SuS im Sinne des Bildungsauftrages der Schule. Da die SuS lernen wie man die Farbe anmischt und dies auch selbst ausprobieren, arbeiten sie selbstständig und erlernen Fähigkeiten, die sie auch nach der Schulzeit noch weiterentwickeln können. In den niedersächsischen Rahmenrichtlinien steht, dass es Aufgabe des Faches Kunst ist, kreatives Verhalten der SuS zu fördern. Außerdem wird explizit genannt, dass die SuS das Herstellen von Farben, das Experimentieren mit Bindemitteln und Farbpigmenten und das Anwenden der hergestellten Farben erlernen sollen. Dies zeigt, dass das Kriterium des bildungswirksamen Lernens in mehreren Bereichen erfüllt wird.
Zusammenfassend lässt sich sagen, dass die Stunde einige Kriterien für schüleraktivierendes Lernen (teilweise) erfüllt, es aber mit Phasen „passiv"-rezeptiven Lernens ineinandergreift.*

## 8.4 Der mögliche Ertrag

Die Analyse eines Unterrichtsvorhabens anhand externer Kriterien, die dem Unterrichtenden selbst bei der Konzeption und Durchführung des Unterrichts nicht wichtig bzw. nicht bekannt waren, trägt dazu bei, das Verständnis für das jeweils herangezogene Kriterium zu präzisieren. Wie die drei Einschätzungen des Unterrichtsvorhabens *„Poster mit Kleisterfarbe bemalen"* zeigen, kann jeweils mit guten Argumenten begründet werden,
* dass dieser Unterricht eher schüleraktivierend ist;
* oder dass hier Phasen aktiven Lernens und Phasen passiv-rezeptiven Lernens ineinander greifen;

* oder dass in diesem Unterricht aktivierendes Lernen nur eine untergeordnete Rolle spielt.

In allen drei Einschätzungen sind die beiden jeweiligen Alleinstellungsmerkmale für passiv-rezeptives bzw. aktives Lernen übereinstimmend als Charakteristika derselben Unterrichtsphasen zugeordnet worden. Die Unterschiede in den Urteilen ergeben sich also nicht aufgrund mangelnder Eindeutigkeit der Indikatoren, sondern aufgrund einer unterschiedlichen Gewichtung der Bedeutung der passiv-rezeptiven bzw. aktiven Phasen für das Unterrichtsvorhaben insgesamt.

Alle drei Einschätzungen sind nachvollziehbar, keine ist falsch. Sie können dazu beitragen, einen Alternativentwurf für ein vergleichbares Unterrichtsvorhaben zu entwickeln, bei dem das in Frage stehende Kriterium stärker berücksichtigt wird.

Zusammengenommen sind die drei Einschätzungen ein gutes Beispiel dafür, wie schwierig es ist, Unterrichtsvorhaben anhand dieses Merkmals qualitativ zu beurteilen. Wie fragwürdig wäre es da, die ‚Ausprägung' dieses Merkmals und anderer, ähnlich komplexer Merkmale quantitativ in Form einer Zensur auszudrücken, wie das in empirischen Studien zur Unterrichtsqualität und bei Unterrichtsinspektionen geschieht.

# 9 Risiko-Analyse von Unterrichtsentwürfen (Szenarium F3)

*"Proper previous planning prevents piss poor performance."* (7-p-Regel) *Richard Marcinko*

## 9.1 Grundidee der Risiko-Analyse

> Erst hinterher ist man schlauer? Nein: Vorher für die Risiken einer Unterrichtsplanung sensibilisieren!
>
> Bei der Risiko-Analyse wird ein Entwurf, nach dem bereits unterrichtet wurde, auf Stärken und Schwächen untersucht. Ziel ist seine Überprüfung auf Stimmigkeit und die Ausarbeitung von Verbesserungsvorschlägen:
> * Gibt es ‚handwerkliche Schnitzer' in der Vorab-Planung, die sich ungünstig auf den Unterrichtsverlauf auswirken könnten?
> * Wie kann der Entwurf verbessert werden, um mögliche Fehlentwicklungen schon im Vorfeld zu verhindern?
>
> Besonders reizvoll ist die Risiko-Analyse, weil anschließend der Unterricht, der aufgrund des Entwurfs durchgeführt wurde, in Videoszenen betrachtet werden kann. Der Blick auf den realen Verlauf ermöglicht es zu überprüfen, ob die mutmaßlichen Schwachstellen sich tatsächlich ausgewirkt haben oder ob Probleme an ganz anderer Stelle aufgetreten sind, als aufgrund der Risiko-Analyse vermutet.

Die Planung und Vorbereitung von Unterricht ist ein Schwerpunkt der beruflichen Tätigkeit von Lehrern, der nahezu täglich Anstrengungen erfordert. In der Lehrerausbildung hat dieses Thema denn auch einen hohen Stellenwert, gemessen z.B. an der umfangreichen Literatur zur Unterrichtsplanung. In den schulpraktischen Studien der I. Phase der Ausbildung und vor allem beim Ausbildungsunterricht in der II. Phase werden angehende Lehrer dazu angehalten, von ihnen vorgeführte Stunden schriftlich vorzubereiten mit einem Unterrichtsentwurf, anfangs mit einer knappen Unterrichtsskizze. Zum Abfassung von Entwürfen gibt es eine Vielzahl von Empfehlungen, sog. Entwurfsschemata (eine Übersicht enthält Mühlhausen 2007a). Darin ist aufgeführt, welche Überlegungen bei der Unterrichtsplanung berücksichtigt werden sollten, z.B. die Aufbereitung des Unterrichtsthemas (Sachanalyse und didaktische Analyse), eine Einschätzung der Lernausgangslage der Klasse, die präzise Formulierung von Lehrzielen, eine Skizze vom Unterrichtsablaufs mit einzelnen Phasen, eine Begründung für das gewählte Vorgehen).

Für Anfänger ist das Schreiben von Unterrichtsentwürfen ein aufwändiges und schwieriges Unterfangen, weil alle Planungsentscheidungen in einem wechselseitigen Zusammenhang stehen, der genau zu bedenken ist. Zudem haben Unterrichtsentwürfe vom Anspruch her meist drei Funktionen, die nicht so ohne weiteres miteinander vereinbar sind:

1) Sie sollen dem Unterrichtenden helfen, sich Klarheit über die eigenen Absichten zu verschaffen und das Vorgehen präzise zu durchdenken.

2) Sie sollen während des Unterrichts als Stütze dienen, um notfalls Informationen über das weitere Vorgehen schnell ablesen zu können.

3) In Vorführstunden sollen sie Ausbilder über die Planung und deren Begründung informieren, um bei der Unterrichtsbeobachtung als Orientierungshilfe und bei der Stundenbesprechung als Grundlage zu dienen.

Weil Unterrichtsentwürfe in der Regel mit der Ernstsituation „Lehrprobe" (in der II. Phase) bzw. „Unterrichtsprobe" (in der I. Phase) verbunden sind, können sie nicht einfach ‚nur so' geübt werden, sondern sind folgenreich: Das, was am Schreibtisch ausgedacht wurde, muss im Klassenraum dann gewissermaßen ‚ausgebadet' werden. Als ungünstiger Autonomieverlust empfinden Unterrichtende den Zwang zur vorausgehenden schriftlichen Festlegung auf zu erreichende Ziele und einen festen Ablauf, weil sie sich in ihrer Flexibilität während des Unterrichts eingeschränkt sehen.

Alle drei Gründe, die Nähe zu Beurteilungssituationen, die schwer zu erfüllende Dreifach-Funktion und die empfundene Einschnürung, tragen dazu bei, dass Unterrichtsentwürfe nicht sonderlich beliebt sind, weder bei Berufsanfänger, noch bei berufserfahrenen Lehrern. Letztere schreiben denn auch nur dann noch Entwürfe, wenn es unbedingt ist (z.B. anlässlich einer Bewerbung oder Dienstüberprüfung).

---

**Unterrichtsbeispiel „Verweigerter Unterrichtsentwurf"**

Für die Videoaufzeichnung einer Unterrichtsstunde wollte eine Gymnasiallehrerin ihren Unterrichtsbesuchern vorher keinen schriftlichen Entwurf zukommen lassen, weil sie nicht wegen möglicher Planabweichungen kritisiert werden wollte. Wie sie nach der Stunde mitteilte, hatte sie durchaus eine grobe Vorstellung vom möglichen Ablauf: Für die anfängliche Wiederholungsphase hatte sie innerlich ca. 15 – 20 Minuten vorgesehen, war aber nicht sicher, ob diese Zeit ausreichen würde, um ein Fundament für den neu einzuführenden Stoff zu schaffen. Die Skepsis der Lehrerin war durchaus begründet, denn die Schüler hatten große Schwierigkeiten mit der Rekapitulation des bisher Behandelten. Erst nach 41 Minuten, vier Minuten vor dem Pausenklingeln (!), war die Rückblende fertig, so dass zur Einführung in das neue Thema dann nur noch wenig Zeit blieb.

Angehende Lehrer würden das Abfassen von Unterrichtsentwürfen gern lernen, ohne der Verpflichtung ausgesetzt zu sein, sie dann auch sofort umsetzen zu müssen. Sie äußern daher verständlicher Weise den Wunsch, das Planen einer Stunde und das Abfassen von Entwürfen erst einmal nur zu üben mittels gemeinsamer Planung einer Stunde im Seminar. Das aber ist nicht möglich, denn Unterricht ist ohne genauere Kenntnis der Lerngruppe, für die er entworfen werden soll, nicht planbar. Der Bildungsgehalt eines Themas kann nur erschlossen werden, wenn man die Schülergruppe genau vor Augen hat, für die man den Unterricht entwirft (z.B. mittels einer "Didaktischen Analyse" nach Klafki 1959). Entscheidungen über Ziele, Inhalte Methoden und Medien können nicht ohne genaue Kenntnis der Lerngruppe getroffen werden (Schulz 1965). Daher sind Bemühungen, am grünen Tisch Unterricht in Hinblick auf eine fiktive Lerngruppe zu planen, zum Scheitern verurteilt. Aber es gibt eine andere Möglichkeit, sich mit dem Abfassen von Entwürfen vertraut zu machen, ohne gleich selbst danach unterrichten zu müssen.

## 9.2  Vorgehen und Fragestellungen für die Risiko-Analyse

Herangezogen werden zur Risiko-Analyse ‚fremde' Entwürfe, die schon im Unterricht umgesetzt worden sind. Dieser Unterricht sollte nach Möglichkeit videografiert worden sein, damit nach erfolgter Analyse die eigenen Risikoeinschätzungen mit dem tatsächlichen Verlauf verglichen werden können.

Angehende Lehrer können so einen Entwurf, der seine Bewährungsprobe im Unterricht bereits hinter sich hat, auf Stärken und Schwächen prüfen, ohne zunächst etwas über den Unterrichtsablauf zu erfahren. Sie versuchen, handwerkliche Schnitzer in der Planung zu entdecken und Vermutungen darüber anzustellen, wie sich diese Planungsfehler auf den Unterrichtsverlauf auswirken könnten. Sie machen Vorschläge, wie das durch Veränderungen in der Planung verhindert werden könnte. Der besondere Reiz solcher Risiko-Analysen liegt darin, dass anschließend der in Anlehnung an den Entwurf durchgeführte Unterricht im Video betrachtet werden kann. Dann erweist es sich, ob die mutmaßlichen Risiken eingetroffen sind — oder andere, die man nicht bedacht hatte.

Eine Risiko-Analyse erfolgt in drei Schritten:
1. Vorstellung des Entwurfs einschl. der im Unterricht einzusetzenden Materialien.

2. Analyse des Entwurfs und Herausarbeiten von Schwachpunkten, die möglicherweise Schwierigkeiten bei der Umsetzung verursachen könnten (s. die drei Leitfragen im Kasten auf der folgenden Seite). Je nach Seminargröße und Umfang des Entwurfs (qualitativ und quantitativ) sowie der Vertrautheit der Teilnehmer mit dem Unterrichtsthema kann die Risiko-Analyse in der gesamten Seminargruppe erfolgen oder arbeitsteilig in kleinen Gruppen (ggfs. auch als Hausarbeit).
3. Betrachten des tatsächlichen Verlaufs: Welche der eingeschätzten Risiken sind tatsächlich durchgeschlagen? Welche Abweichungen gegenüber der Planung wurden nicht vorhergesehen - und woraus resultieren sie?

Die *Hannoveraner Unterrichtsbilder* bieten eine große Auswahl von Entwürfen aus verschiedenen Fächern, Klassenstufen und Schulformen, die sich für eine Risiko-Analyse eignen. Die Entwürfe unterscheiden sich nicht nur in Hinblick auf ihren Umfang (von 1-seitigen Skizzen bis zu 15-seitigen Ausarbeitungen), sondern vor allem in Hinblick auf den Grad an Ambitioniertheit, mit denen sie angefertigt wurden. Vorhanden sind Entwürfe von Lehrkräften in ganz verschiedenen Stadien der Berufsausübung:

* Studierende am Anfang und im fortgeschrittenen Stadium des Lehramtsstudiums;
* Referendar(e)/innen;
* berufserfahrene Lehrer/innen;
* Ausbildungslehrer/innen in der I. Phase und Fachleiter/innen in der II. Phase der Lehrerausbildung.

Eine Risiko-Analyse von Entwürfen, die Berufsanfänger geschrieben haben, ist meist in anderer Weise ertragreich als die von Entwürfen erfahrener Lehrer/innen. In den Entwürfen von Berufsanfängern sind in der Regel Schwächen im Entwurf vergleichsweise leicht zu entdecken, die nahezu unausweichlich zu meist unerfreulichen Verwicklungen während des Unterrichts führen.

Dazu gehören insbesondere die in Kapitel 4, Abschnitt 3.4 aufgeführten typischen Fehler wie z.B.
- ➢ unklare Vorstellungen über die Ziele des Unterrichts
- ➢ ein nicht zielführender Unterrichtsaufbau (unrealistische Zeiteinteilung, ungeeignete Arbeitsformen)
- ➢ ein vage durchdachter, nicht genau vorformulierter Arbeitsauftrag
- ➢ Fehler auf dem Arbeitsblatt
- ➢ eine Medienüberfrachtung

# 9 RISIKO-ANALYSE (F3)

## Risiko-Analyse von Entwürfen - Drei Leitfragen

„Stellen Sie sich vor, ein befreundeter Lehramtsstudent / eine Referendarin muss übermorgen eine Vorführstunde geben und bittet Sie darum, den Entwurf für diese Stunde auf mögliche Schwachstellen durchzugehen und Verbesserungsvorschläge zu machen."

**Frage 1:** Sind die fachlichen und die fächerübergreifenden Ziele hinreichend genau formuliert und ist der Verlauf angemessen, um sie zu erreichen?

a) Welche Ziele sind hinreichend operationalisiert? Nehmen Sie ggfs. Verbesserungen bei den Formulierungen vor.

b) Welche der formulierten Lehrziele können nach Ihrer Einschätzung mit dem geplanten Verlauf realisiert werden?

c) Gibt es andere, zusätzliche Ziele, die mit diesem Verlauf wahrscheinlich auch erreicht werden können?

d) Finden Sie eine Überschrift für die gesamte Stunde/Doppelstunde, die den vermutlich zu erreichenden Lehrzielen angemessen ist.

**Frage 2:** An welchen Stellen im vorskizzierten Unterrichtsverlauf sind Entwicklungen wahrscheinlich, die ein Eingehen der Lehrerin/ des Lehrers erforderlich machen können.

a) An welchen Stellen gibt es *‚planerischer Grauzonen'*, d.h. Etappen, die im Entwurf nur angedacht werden können, weil die genaue Vorgehensweise erst im Situationskontext überlegt werden kann („Ich stelle mich darauf ein, dass einige Schüler die neuen englischen Vokabeln falsch aussprechen, und werde dann ggfs. passende Aussprachübungen einbauen." / „Bei diesem Arbeitsblatt könnten die Schüler Verständnisprobleme mit der Tabelle haben, auf die ich dann eingehen werde." / „Von den Ergebnissen der Gruppenarbeit werde ich das an der Tafel festhalten, was die Schüler am wichtigsten finden").

b) Was könnte in welchen Abschnitten schief gehen?

c) Wie könnte das ggfs. vom Lehrer während des Unterrichts aufgefangen werden?

**Frage 3:** Welche Änderungen würden Sie in diesem Entwurf vornehmen, um auf Unwägbarkeiten besser eingestellt zu sein.

a) *Präzisierungen*: In welchen Abschnitte würden Sie welche genaueren Vorgaben machen?

b) *Ergänzungen*: Wo sind u.U. riskante Leerstellen, d.h. Etappen, zu denen im Entwurf nichts steht, die Sie aber detaillierter planen würden (z.B. wörtlich formulierte Fragen beim Unterrichtsgespräch am Anfang, um die Schüler auf das Thema hinzuweisen / Angaben darüber, wie die Schülerbeiträge an der Tafel zu notieren sind / Genaue Überlegungen zur Erläuterung des Arbeitsblatts bzw. des Auftrags für die Gruppenarbeit / Was bei der Auswertung unbedingt angesprochen werden sollte)? Welche zusätzlichen Angaben halten Sie an diesen *Leerstellen* für erforderlich?

c) *Streichungen*: Wo sehen Sie eine zu starke Festlegung, was würden Sie vager, offener formulieren?

Entwürfe erfahrener Lehrer/rinnen weisen in der Regel nicht solche offensichtlichen Schwachstellen auf. Dafür enthalten sie meist mehr Leerstellen und sind oft auch viel weniger starr vorgeplant. Eine Risiko-Analyse solcher Entwürfe kann den Blick dafür schärfen, wie Unterricht so verbindlich wie nötig und so ‚elastisch' wie möglich konzipiert werden sollte, z.B. durch
- eine ‚**elastische' Zeitplanung**: Berücksichtigung zeitlicher ‚Dehnungsfugen' und großzügiger Zeitpuffer in schwer kalkulierbaren Phasen und beim Wechsel zwischen Abschnitten (Hinführung zum Thema / Ungleichzeitiges Ende von Partner- oder Gruppenarbeit / Auswertungphasen, bei denen viele verschiedene Lösungswege und Ergebnisse zu erwarten sind);
- eine **„didaktische Reserve"** wenn es schneller geht, als man geplant hat (eher selten!);
- **Abbruch-Kann-Stellen**, wenn es zu langsam geht (häufiger!): Was mache ich, wenn für den letzten (oder sogar schon für den vorletzten) Abschnitt keine Zeit mehr ist?

Der Vorbereitungsaufwand für eine Risiko-Analyse im Rahmen von Seminaren ist minimal, da die Arbeitsgrundlage (der Entwurf mit den verwendeten Unterrichtsmaterialien) vorliegt und nur für die Seminarteilnehmer vervielfältigt zu werden braucht.

Der Zeitbedarf für eine Risiko-Analyse ist abhängig vom Seitenumfang des Entwurfs einschließlich der Unterrichtsmaterialien (Texte, Arbeitsblätter etc.), vor allem aber von den Vorerfahrungen der Teilnehmer mit dem behandelten Unterrichtsthema. Wenn die Vorstellung eines Unterrichtsentwurfs (für eine Stunde oder Doppelstunde), die Risiko-Analyse und der Vergleich der Ergebnisse mit dem tatsächlichen Stundenverlauf in einer zweistündigen Seminarsitzung erfolgen soll, sollte der Entwurf nicht zu hohe fachwissenschaftliche bzw. fachdidaktische Anforderungen stellen — es sei denn, die Seminarteilnehmer sind damit vertraut. Zudem sollte das zu analysierende Material drei bis fünf Seiten nicht übersteigen.

Tabelle 15 enthält eine Übersicht über veröffentlichte Entwürfe in der Reihe *Hannoveraner Unterrichtsbilder*, die für eine Risiko-Analyse geeignet sind, jeweils mit Angabe des Seitenumfangs (ggfs. + Unterrichtsmaterial) und dem Ausbildungsstand bzw. der beruflichen Funktion der jeweiligen Lehrkraft. Das unterrichtsfachliche Niveau der aufgeführten Unterrichtsvorhaben kann auch von ‚Fachfremden' ohne umfangreichere fachwissenschaftliche und fachdidaktische Einarbeitung nachvollzogen werden. Fett gedruckte HUB liegen auf der Begleit-DVD zu diesem Band vor; Anhang 1 informiert darüber, wo die anderen HUB veröffentlicht sind.

# 9 RISIKO-ANALYSE (F3)

| HUB-Nr./ Thema/ Fach/ Klasse | Seiten | Urheber |
|---|---|---|
| HUB 19 „Klangexperimente zu *Das Aquarium*" Musik 4. Kl. | 1 | Student |
| HUB 23 „Entwerfen einer Homepage" 4. Kl. Deutsch/ Kunst | 2+4 | Studentin |
| HUB 26 „Umrechnen von Geldbeträgen" Mathematik 3. Kl. | 1+1 | Mentor |
| HUB 32 „Experimente mit elektrischem Strom" Sachunt. 4. Kl. | 2+1 | Studentin |
| HUB 33 „Luft- und Wasserphänomene" Sachunt. 3. Kl. | 2 | Lehrer |
| HUB 35 „The Snowman" Frühenglisch 4. Kl. | 2+4 | Mentorin |
| HUB 37 „Warum können Boote schwimmen?" Sachunt. 3. Kl. | 2+2 | Student |
| HUB 45 „Volumenberechnung an Stationen" Mathematik 4. Kl. | 1+4 | Student. |
| HUB 03 „Past progressive und simple past" Englisch 7. RS | 1+2 | Lehrerin |
| HUB 15 „Eskimos: Leben in extremen Klimazonen" WUK 5. Kl. | 1 | Student |
| HUB 20 „Was ist Freundschaft?" Deutsch 7. Kl. KGS-Gy | 1+1 | 2 Stud. |
| HUB 27 „Lineare Gleichungen" Mathematik 8. Kl. Gym | 2+1 | Ref. |
| HUB 30 „Formanalyse von Gedichten" Deutsch 11. Kl. IGS | 1+2 | Mentor |
| HUB 31 „Poster mit Kleisterfarbe" Kunst 6. Kl. IGS | 3 | Mentor |
| HUB 34 „Redoxreaktion: Eisen aus Eisenoxid" Chemie 9. Kl. Gy | 10+2 | Fachleit. |
| HUB 39 „Besiedlung Nordamerikas" Geschichte 7. Kl. HS | 2+1 | Mentorin |
| HUB 40 „Wasserverbrauch von Pflanzen" Biologie 8.Kl. IGS | 2+4 | Mentor |
| HUB 41 „ottos mops – Gedichte inszenieren" Deutsch 5.Kl. KGS | 1 | Mentorin |
| HUB 43 „Stationenlernen: Märchen" Deutsch 5. Kl. RS | 1+5 | Ref. |
| HUB 44 „Blumen mit grafischen Elementen" Kunst 5. Kl. IGS | 5+3 | Ref. |
| HUB 47 „Gleichungen aufstellen" Mathematik 5. Kl. Gy | 5+1 | Ref. |

Tab. 15: Veröffentlichte Entwürfe in der HUB-Reihe

## 9.3 Zwei Beispiele für gemeinsam im Seminar erarbeitete Risiko-Analysen

Die beiden folgenden Risikoanalysen sind jeweils im Rahmen einer 90 Minuten dauernden Seminarsitzung entstanden. Der Entwurf im ersten Beispiel stammt von zwei Studierenden in der Anfangsphase ihrer Ausbildung, der im zweiten Beispiel von einer erfahrenen Lehrerin. Beide Entwürfe wurden im Seminar arbeitsteilig in Zweier-Gruppen anhand der Fragen im Kasten „*Risiko-Analyse von Entwürfen - Drei Leitfragen*" (s. Seite 191) analysiert.

**9.3.1 Risiko-Analyse zum Unterrichtsentwurf „Was ist Freundschaft?"  7. Klasse Deutsch (HUB 20)**

Im Deutschunterricht behandeln Studierende einer Praktikumsgruppe mit Schülerinnen und Schülern einer siebten Klasse des Gymnasialzweiges einer KGS das Jugendbuch "Drei Freunde" von Myron Levoy. Zu Beginn der Einheit ging es darum, die Personen dieses Romans zu beschreiben und das Beziehungsgefüge der drei jugendlichen Hauptpersonen in Form von Soziogrammen herauszuarbeiten. Anschließend wurden anhand des Buches einzelne Probleme bearbeitet, zum Beispiel das Thema "Grenzen ziehen".

In der Doppelstunde, zu der der u.a. Entwurf geschrieben wurde, wird das Thema „Freundschaft" behandelt. In einer weiteren Stunde sollen die Schüler/innen die Gefühle der Freunde in bestimmten Situationen nachvollziehen und in Form von Tagebucheinträgen beschreiben. In der letzten Stunde wird es darum gehen, ein Streitgespräch zwischen den Protagonisten näher zu beleuchten und ihre Verhaltensweisen dabei mit ihrem Verhalten in anderen Situationen zu vergleichen.

**Der Unterrichtsentwurf „Was ist Freundschaft ?"**

| Zeit: | Szene Nr. u. Phase: | Inhalt: |
|---|---|---|
| 5 min | 1. Begrüßung und erster Arbeitsauftrag | Die beiden Lehrer fordern die Schüler auf, ihre Assoziationen zum Thema ‚Freundschaft' auf einen Zettel schreiben. Die Schüler schreiben ihre Assoziationen auf. Die L'in geht herum und berät einzelne Schüler. |
| 10 min | 2. Vorlesen und Besprechen der Assoziationen | Einige Schüler lesen ihre Antworten vor. Sie werden besprochen. Die Zettel werden in zwei Gruppen an die Tafel gehängt. |
| 2 min | 3. Erste Zusammenfassung | Gespräch über die Ergebnisse und erste Zusammenfassung zum Begriff ‚Freundschaft' |
| 6 min | 4. Vorlesen | Vorlesen zweier Inhaltsangaben aus dem Buch |
| 20 min | 5. Zweiter Arbeitsauftrag | Die beiden Lehrer verteilen das Arbeitsblatt, ein S. liest es vor. Der Arbeitsauftrag wird besprochen. Die Schüler bearbeiten das Arbeitsblatt in Partnerarbeit. |
| | 5-Minuten-Pause | |
| 2 min | 6. Besprechung der Ergebnisse | Schüler/innen lesen ihre Ergebnis zum Arbeitsauftrag II vor. Ergebnisse werden besprochen |
| 3 min | 7. Schlussfolgerungen | Übertragung der Ergebnisse auf das eigene Verständnis von ‚Freundschaft'. |
| 2 min | 8. Abschluss | Kurzzusammenfassung und Stundenende |

# 9 RISIKO-ANALYSE (F3)

**Zusammenfassung der Ergebnisse arbeitsteiliger Bearbeitungen der drei Fragen zur Risikoanalysen in Zweiergruppen.**

**Frage 1:**
- Klare Ziele fehlen, weder die Anforderungen an die Schüler während der Stunde noch das geforderte Ergebnis werden klar formuliert.
- Keine klaren Lernziele, zu schwammige Formulierungen
- Der Titel der Stunde ist angebracht

**Frage 2:**
- Von den Schülern werden Assoziationen zu dem auf dem Arbeitsblatt beschriebenen Dingen erwartet, jedoch wird nicht klar, wie diese geforderten Assoziationen aussehen sollen.
- Die von der Lehrkraft eingeplante Zeit ist zu knapp kalkuliert.
- Die Stellen, die Fragen seitens der Schüler aufwerfen könnten, sind ebenfalls zu knapp bemessen.
- Die Idee der Partnerarbeit ist nicht ausgereift, da auch hier die klaren Lernziele fehlen.

**Frage 3:**
- Es fehlt ein auch hier wieder ein klarer Erwartungshorizont und auch sind hier wieder keine genauen Zielsetzungen zu finden.
- Materialplanung fehlt.
- Die Zeit, die die Lehrkraft zum Zusammentragen der Ergebnisse angesetzt hat, ist wieder zu knapp bemessen.
- Zu streichen ist an diesem Unterrichtsentwurf nichts.

**Der tatsächliche Stundenverlauf**

Nach der Risiko-Analyse erhalten die Seminarteilnehmer/innen Gelegenheit, die Videoaufzeichnung von der Stunde, die in Anlehnung an den vorseitig dargestellten Entwurf durchgeführt wurde, zu sehen. Fast alle in ihrer Risiko-Analyse benannten Schwachstellen kommen zum Tragen, so dass sich die Studierenden in den meisten ihrer Verbesserungsvorschläge bestätigt sehen.

### Risiko-Analyse zum Unterrichtsentwurf „Englische Grammatik: simple past and past progressive" 7. Klasse Realschule (HUB 03)

Gegenstand dieser Risiko-Analyse ist der Unterrichtsentwurf einer Englischlehrerin mit langjähriger Unterrichtserfahrung. Behandelt wird eine besondere grammatische Konstruktion im Englischen, die es so im Deutschen nicht gibt: Die Verwendung der beiden Vergangenheitsformen *simple past* und *past progressive* in einem Satz (‚Yesterday morning while I was sleeping in my bed the telefon rang.'). Die Lehrerin versucht, den für Schüler bekanntlich unattraktiven Grammatik-Stoff durch wechselnde Methoden und Medien interessant zu machen. Unter anderem will sie kurze szenische Spiele einsetzen, zu denen sie einzelne Schüler in den Innenkreis holt.

**Der Unterrichtsentwurf einschl. Arbeitsblatt**

| GEPLANTER UNTERRICHTSVERLAUF | |
|---|---|
| Klasse: | 7 a der Realschule X |
| Zeit: | 09.50 - 10.35 Uhr |
| Stundethema: | Simple Past - Past Progressive |
| Ziel der Stunde: | Den Unterschied zwischen Simple Past und Past Progressive erkennen und beide Zeiten richtig anwenden können. |
| Anmerkung: | Da die deutsche Sprache nur eine Vergangenheitsform kennt, ist es für die SchülerInnen nicht leicht, den Unterschied zwischen Simple Past und Past Progressive zu begreifen und richtig anzuwenden. Die formale Bildung der beiden Zeiten ist den SchülerInnen bereits bekannt, während deren Gebrauch ihnen bisher lediglich anhand einiger Beispiele erklärt wurde. Es bedarf daher noch einiger vertiefender Übungen, so dass es sich bei dieser Unterrichtsstunde um eine reine Übungsstunde handelt. |

1. EINFÜHRUNG
Mündliche Wiederholung grammatikalischer Regeln [10']
  a) formale Bildung beider Zeiten
  b) Verwendung beider Zeiten

2. BEARBEITUNG UND VERTIEFUNG
  a) <u>Spielszenen</u>: L gibt Situationen vor, S spielen diese Situationen, andere S beschreiben sie unter Verwendung des Simple Past und Past Progressive [10']
  b) <u>Bildfolie</u>: Mündliche bildgesteuerte Anwendung der beiden Zeiten [10']

3. TRANSFER: Bearbeiten von Arbeitsblättern zur Grammatik - s. Arbeitsblatt [10']

4. ERGEBNISSICHERUNG: Vorlesen und eventuelles Korrigieren der Arbeitsblätter [5']; (muss bei Zeitmangel entfallen, wird dann Hausaufgabe und die Ergebnissicherung erfolgt in der nächsten Unterrichtsstunde.)

# 9 RISIKO-ANALYSE (F3)

---

**WORKSHEET: SIMPLE PAST — PAST PROGRESSIVE (7a)**

I. <u>SIMPLE PAST or PAST PROGRESSIVE? Put in the missing verbs.</u>

1. When Daniel _____ (to listen) to his Cds, the telephone rang.

2. The postman _____ (to knock) on the door,
   while the Blundens were still having breakfast.

3. When Rachel was jogging through the park, she suddenly
   _____ (to meet) her teacher.

4. Mr. and Mrs. Blunden _____ (to watch) a
   good film, when they heard someone on the door.

5. Daniel was writing an English test, when his maths teacher
   _____ (to come) into the classroom.

II. <u>FIND AN ENDING TO THE FOLLOWING SENTENCES:</u>

1. When the teacher came into the classroom _____

2. When I met my friend yesterday _____

3. When the light suddenly went out _____

4. When the telephone rang _____

5. When I last saw my friend _____

---

## Ergebnisse der Risiko-Analyse

In einem Seminar mit angehenden Gymnasiallehrern wurden die drei Fragen in Zweier- und Dreiergruppen wie folgt beantwortet (kursiv):

**Frage 1a) Sind die Ziele hinreichend genau formuliert?**
*Eine genauere Formulierung der Ziele und eine stärkere Aufschlüsselung wäre günstiger, z.B.*
  *1. Den Unterschied zwischen Simple Past und Past Progressive erkennen ( ..........)*
  *2. Beide Zeiten im Sätzen richtig anwenden können.*
  *3. Die beiden Signalwörter when + while  erkennen und anwenden können.*

**Frage 1b) Welche der formulierten Lehrziele können nach Ihrer Einschätzung mit dem geplanten Verlauf realisiert werden?**
*Das Lehrziel 1 vermutlich ja; die Lehrziele 2 und 3 wohl eher nicht.*

**Frage 1c) Gibt es andere, zusätzliche Ziele, die mit diesem Verlauf wahrscheinlich auch erreicht werden können?**
*Ggfs. einige neue Vokabeln*

**Frage 1d) Finden Sie eine Überschrift für die gesamte Stunde, die den vermutlich zu erreichenden Lehrzielen angemessen ist.**
*Anwendung und sicherer Umgang des past progressive mit dem simple past im Satzzusammenhang*

**Frage 2: An welchen Stellen im Entwurf sind Entwicklungen wahrscheinlich, die ein Eingehen der Lehrerin/ des Lehrers erforderlich machen können.**

| a) Was könnte in welchen Abschnitten schief gehen? | b) Wie könnte das ggfs. vom Lehrer aufgefangen werden? |
|---|---|
| *Für die mündliche Wiederholung der grammatikalischen Regeln für die Bildung der beiden Vergangenheitsformen ist u.U. zu wenig Zeit eingeplant - U.U. sind die Regeln einzelnen oder vielen Schülern nicht mehr bekannt* | *L. sammelt Bekanntes und ermittelt Unklarheiten; das rein mündliche Vorgehen ist u.U. ungünstig - besser: Ein Tafelbild als Übersicht* |
| *Bei den Spielszenen könnten die Schüler abgelenkt sein / die eingeplante ist Zeit zu kurz / den Schülern fehlen Vokabeln, um „Ihre" Sätze zu sprechen.* | *Besser nur mit Freiwilligen; L. sollte Vokabeln a.d.Tafel schreiben* |
| *Nur 10 Minuten Zeit zur Bearbeiten der Arbeitsblätter ist zu knapp; S. gucken ab* | *Lösungsblatt a.d.Tafel dient fertigen S. zum Vergleich* |

**Frage 3 a) Präzisierungen: In welchen Abschnitte würden Sie welche genaueren Vorgaben machen?**
*Ich hätte mir vorher genauer klargemacht: Was können die S. (welche gramm. Regeln)? Was heißt „vertiefend. Übungen? Was genau will ich mündlich wiederholen?*

## Der tatsächliche Stundenverlauf

Die Betrachtung des videografierten Unterrichtsverlaufs der Stunde, die in Anlehnung an den vorseitigen Entwurf durchgeführt wurde, bestätigt auch bei diesem Beispiel einige der von Seminarteilnehmern vermuteten Risiken. Bereits am Stundenanfang offenbart sich der Lehrerin, dass ein größerer Teil der Schüler nicht über die von ihr erwarteten Lernvoraussetzungen verfügt. Mit einer Rückblende auf die in der vorigen Stunde behandelten Besonderheiten der grammatischen Konstruktion bei der Verwendung von *simple past* und *past progressive* sollen die Schüler auf das Thema der Stunde eingestellt werden. Dazu stellt die Lehrerin einige Fragen zum Text der letzten Stunde

("Let's talk about our text") über eine Familie namens "The Blundens". Behandelt wurde die Verbindung von *simple past* (Imperfekt) und *past progressive* (Verlaufsform in der Vergangenheit) in einem Satz (Beispiel "Yesterday, while the Blunden's were carrying furniture into their new house, it started to rain."). Als Vorlage dienten in der vorausgegangenen Stunde acht Bildszenen auf einer Folie "At the new house" (s. Menü „Vorbereitung"). Auffällig ist, dass viele Schüler erhebliche Schwierigkeiten mit der Bildung der neuen grammatischen Form haben und einige nicht einmal über elementare Voraussetzungen verfügen. Das macht Korrekturen und Wiederholungen erforderlich, mit denen die Lehrerin vermutlich nicht gerechnet hat. Schon bei der zweiten Frage der Lehrerin nach den Merkmalen der Vergangenheitsform *simple past* überträgt ein Schüler fälschlicherweise die Endungsregel für regelmäßige Verben („ed dranhängen") auf unregelmäßige Verben. Beim Versuch, den Unterschied zwischen den Vergangenheitsformen für regelmäßige und unregelmäßige Verben zu finden, stellt sich heraus, dass etliche Schüler schon damit Schwierigkeiten haben, überhaupt ein Beispiel für ein regelmäßiges Verb zu nennen – geschweige denn, dafür die Vergangenheitsform korrekt zu bilden. Nach ihrem Versuch, diese Lücke zu schließen, setzt die Lehrerin zwei Minuten später die Rückblende auf das gestrige Grammatikthema damit fort, ein Beispiel für das *past progressive* zu finden. Erst nachdem beide Formen für sich in Erinnerung gerufen worden sind, kann sie nach dem gestrigen Beispielsatz fragen, in dem die Verbindung von *simple past* und *past progressive* bereits vorgestellt wurde. Auch zu dieser Rückerinnerung können nur wenige Schüler beitragen, wiederum sind unerwartete grammatische Fehler zu korrigieren (u.a. Singular- statt Pluralbildung).

Mit einiger Verzögerung beginnt dann die Phase, in der die Lehrerin einzelne Schüler dazu veranlasst, kleinere Szenen vorzuspielen, die die Mitschüler dann mit grammatisch korrekten Sätzen versprachlichen sollen. Bei den vier Spielszenen werden in ca. 12 Minuten nur vier Sätzen in der beabsichtigten Weise ausgesprochen. Durch das von der Lehrerin gewählte Vorgehen werden wenige Schüler an der Satzbildung beteiligt, während alle anderen in einer Zuhörer- und Beobachterrolle verbleiben. Was sie dabei zu hören bekommen, ist wenig beispielhaft, denn etliche S. verfügen weder über die erforderlichen Vokabeln, noch sind ihnen elementare grammatische Regeln bekannt, um die Sätze richtig bilden zu können. Nur zwei Schüler geben durchweg richtige Antworten (sie werden von der Lehrerin an kritischen Stellen häufiger drangenommen). Die gewünschten Sätze kommen nur mit Mühe und kleinschrittiger Hilfe der Lehrerin zustande. Angesichts der vielen Stockungen und Fehler, die die zuhörenden Mitschüler auf diese Weise erleben, dürfte auch deren Verunsicherung größer sein als der erhoffte Effekt einer Festigung der neuen grammatischen Regel. Interessant ist diese Phase allenfalls durch ein unerwünschtes Nebengeschehen, das die Aufmerksamkeit der Schüler ablenkt und das Vorspielen verzögert. So hat ein Schüler Probleme, eine große Tageszeitung festzuhalten (sie wird dabei zerknautscht und landet zwischendurch auf dem Boden, was die zuschauenden Schüler belustigt). Die daraufhin von der Lehrerin als Alternative gereichte „Bravo" mit ihren für Schüler dieser Altersgruppe provokanten Texten und Bildern nimmt die beiden Akteure so sehr in Beschlag, dass sie nicht mehr auf die Anweisungen der Lehrerin achten. Gespannte Aufmerksamkeit findet auch die Aufforderung der Lehrerin an ein Mädchen, sich auf den Schoß eines Mitschülers zu setzen, was sie mit sichtlichem Widerwillen macht (ein für Siebtklässler heikles Szenarium, auch wenn es sich um ein befreundetes Paar – so die nachträgliche Erklärung der Lehrerin – handelt).

Nach diesen Spielszenen sind auf dem OHP neun gezeichnete Szenen in derselben Weise zu beschreiben. Auch hier ist die Mitarbeit durchgehend schleppend und fehlerträchtig. Nur wenige Schüler beteiligen sich von sich aus an den geforderten Satzbildungen, etliche Male sieht sich die Lehrerin veranlasst, Schüler/innen ausdrücklich zur Mitarbeit aufzufordern. Da die meisten der aufgerufenen Schüler/innen unsicher sind, stockend antworten und dabei viele Fehler machen, die korrigiert werden müssen, dauert auch die Bildung dieser Sätze viel länger als erwartet. Dabei fällt eine Vorgehensweise auf, die in der didaktischen Literatur als ‚Nasepultechnik' karikiert wird: Die Lehrerin versucht den Schülern nach und nach Teilsätze, einzelne Wörter und sogar Silben und Endungen von Wörtern zu entlocken, indem sie jeweils den ersten Teil eines Satzes oder Wortes mit aufdringlicher Gestik und Mimik wiederholt vorspricht – in der Hoffnung, den Schülern würde dann der Rest eher einfallen. Auch die andauernde Erfolglosigkeit dieser Bemühungen (wenn ein Schüler nicht weiß, wie die richtige Endung eines Verbs lautet, hilft es ihm wenig, die Grundform des Verbs wiederholt vorgesprochen zu bekommen).

Nach knapp 20 Minuten sind alle Szenen mehr oder weniger korrekt versprachlicht und die Lehrerin teilt das Arbeitsblatt aus, auf dem Lückentexte mit zwei Anforderungstypen zu ergänzen sind. Die Schüler beginnen nach einer Erläuterung des Arbeitsblatts damit, die 10 Lückensätze zu bearbeiten, haben aber nur noch wenige Minuten Zeit, so dass die geplante Besprechung der Ergebnisse entfällt und die noch nicht bearbeiteten Aufgaben auf dem Arbeitsblatt als Hausaufgabe zu erledigen sind.

## 9.4 Der besondere Reiz von Risiko-Analysen anhand bereits realisierter Entwürfe

Die Analyse von Unterrichtsentwürfen auf Ungenauigkeiten und Unstimmigkeiten ist in der Lehrerausbildung nicht ungewöhnlich. Sofern nach der Analyse keine Möglichkeit zur Prüfung besteht, ob die mutmaßlichen Schwächen tatsächlich beim Unterrichten durchschlagen, ist eine solche Analyse jedoch nicht besonders reizvoll. Die besonders Attraktivität einer Analyse von Unterrichtsentwürfen, nach denen bereits unterrichtet und dieser Unterricht videografiert wurde, liegt darin, dass die Stichhaltigkeit der Einwände anhand des Videos geprüft werden kann. Der Blick auf den realen Verlauf zeigt, ob sich die mutmaßlichen Schwachstellen tatsächlich ausgewirkt haben oder ob Probleme an ganz anderer Stelle aufgetreten sind, als aufgrund der Risiko-Analyse vermutet.

Die Aussicht, zum Abschluss einer Risiko-Analyse ein entsprechendes Unterrichtsvorhaben betrachten zu können, ist für Seminarteilnehmer vorab ein besonderer Ansporn zum genauen Prüfen des Entwurfs. Die abschließende Sichtung der Aufzeichnung ist dann meist eine willkommene Bestätigung der vermuteten Risiken. Das dürfte Selbstvertrauen geben, später bei eigenen Entwurfs-Konstruktionen der einen oder anderen ‚Fallgrube' schon im Vorfeld auszuweichen.

# 10 Unstetige Unterrichtssituationen bewältigen (Szenarium F4)

„In unseren Gesprächen kam es immer wieder zu wechselseitigen Missverständnissen, die unser Verständnis aber letztlich vertieft haben." *Kevin Costner „Der mit dem Wolf tanzt"*

## 10.1 Die Grundidee

Gegenstand dieses Szenariums sind kurze videografierte Unterrichtssituationen, die für die jeweils Unterrichtenden offensichtlich überraschend sind und auf die sie quasi aus dem Stand reagieren müssen — mal mehr, mal weniger angemessen. Betrachter können sich in die Szenen hineinversetzen und versuchen nachzuvollziehen, wie sie sich selbst dabei vermutlich gefühlt hätten (aus Lehrer- und aus Schülerperspektive). Sie beurteilen die Lehrerreaktion, wägen Reaktionsalternativen ab und überlegen, ob die Situation durch ein anderes Vorgehen hätte vermieden werden können (und ob das überhaupt wünschenswert gewesen wäre). In größeren Gruppen kommt es dabei in aller Regel zu Meinungsverschiedenheiten sowohl in Hinblick auf die pädagogische Angemessenheit der jeweiligen Lehrerreaktion als auch in Hinblick auf die Einschätzung des pädagogischen Potenzials solcher Situationen. Solche Gespräche können dazu beitragen, vergleichbaren überraschenden Entwicklungen zukünftig selbst mit anderer Einstellung und einem größeren Repertoire an geeigneten Reaktionsmöglichkeiten zu begegnen bzw. sie ggfs. durch eine andere Vorgehensweise zu vermeiden.

## 10.2 Einführung

Auf unerwartete Situationen reagieren zu müssen, ist eine unablässige Anforderung für Lehrer/innen. Wie sie mit solchen plötzlich aufspringenden, überraschenden Entwicklungen umgehen, ist für die Lehrer-Schüler-Beziehung in vielen Fällen von ausschlaggebender Bedeutung. Dieser Aspekt von Unterrichtsqualität ist bislang kaum beachtet. Die wenigen empirischen Studien zum Lehrerhandeln in Situationen jenseits des Vorgeplanten stimmen darin überein, dass Lehrer weder in ihrer Ausbildung noch in der Fortbildung auf die Unstetigkeit von Unterricht systematisch vorbereitet werden (vgl. Kapitel 4). Lehrerreaktionen in überraschenden Situationen sind denn auch nicht selten pädagogisch fragwürdig. Wenn Schulabsolventen auf ihren Unterricht zurückblicken, fallen ihnen fast immer Beispiele für defizitäre Reaktionen von Lehrern ein, die die Beziehung zu den Schülern langfristig belastet haben und sogar noch lange nach Ende der Schulzeit im Gedächtnis haften bleiben. Pädagogisch fragwürdig reagieren erstaunlicher Weise auch berufserfahrene Lehrer/innen selbst in solchen Situationen, die sie eigentlich nicht hätten aus der Fassung bringen dürfen, weil sie sich immer mal wieder ereignen. Andererseits gibt es auch viele Beispiele dafür, dass Lehrer/innen auf unerwartete Anforderungssituationen mit verblüffendem Geschick und Einfühlungsvermögen eingehen. Der Band „Abenteuer Unterricht" (Mühlhausen 2008a) enthält 222 kommentierte Unterrichtsbeispiele, darunter 44 auf der Begleit-DVD zu betrachtende Videoszenen, in denen Lehrer/innen sowohl fragwürdig als auch pädagogisch angemessen reagieren.

Die nahe liegende Frage lautet: Wie können Lehrer/innen darauf vorbereitet werden, in sie überraschenden Situationen mit Gespür und Fingerspitzengefühl, also pädagogisch taktvoll zu reagieren? Wie können Improvisationsfähigkeit und Schlagfertigkeit gefördert, wie kann ein Repertoire an Reserveplänen aufgebaut werden? Und umgekehrt: Wie können Lehrerausbildung und -fortbildung dazu beitragen, pädagogisch defizitären Reaktionstendenzen entgegenzuwirken. Selbst wenn man sich darauf einigt, was als wünschenswert und was als pädagogisch fragwürdig zu bewerten ist (was im Einzelfall durchaus strittig sein kann), sind diese Fragen nicht leicht zu beantworten.

Voraussetzung für ein situationssensibles Reagieren ist eine überraschungsoffene Grundhaltung. Diese kann umso weniger vorausgesetzt werden, je stärker die Lehrerausbildung daran festhält, von angehenden Lehrern zu verlangen, minutiös geplante Unterrichtsentwürfe möglichst ohne Abweichungen im Unterricht durchzubringen. Vermutlich kann sich eine überraschungsoffene Grundhaltung erst nach und nach in dem Maße entwickeln, in dem die eigene Intervention auf unerwartete Entwicklungen als geglückt erlebt wird. Selbst dann können als günstig erlebte oder bei anderen Lehrern ‚abgeschaute' Reaktionen im Bedarfsfall nicht einfach ‚kopiert' werden, sondern müssen situationsspezifisch adaptiert werden. Dazu bedarf es eines geschulten Blicks für die Besonderheit der jeweiligen Unterrichtssituation. Dieses Gespür für den Einzelfall kann durch Betrachten von Videoszenen gefördert werden, in denen fremde Lehrkräfte in sie überraschenden Situationen sensibel und durchdacht reagieren. Solche Szenen ermutigen dazu, vom eigenen Unterrichtsplan ohne schlechtes Gewissen abzuweichen; sie tragen auch dazu bei, das eigene Reaktionsrepertoire zu erweitern.

Pädagogisch fragwürdige Reaktionen resultieren oft aus Situationswahrnehmungen, die schon im Augenblick der Wahrnehmung als störend empfunden werden und sofort blitzschnelle Abwehrimpulse auslösen. Solche quasi-automatisiert abgespulten Wahrnehmungs- und Reaktionsroutinen (Wahl 1991) laufen so schnell ab, dass sie in der unmittelbaren Situation einer Handlungskontrolle entzogen sind. Ob es möglich ist, sie nachträglich zu beeinflussen, wenn sie erst einmal habitualisiert sind, ist fraglich. Solche

## 10 UNSTETIGE UNTERRICHTSSITUATIONEN BEWÄLTIGEN (F4)

Lehrerreaktionen erfolgen oftmals in Phasen mit erheblichem nachfolgendem Handlungsdruck und dann so schnell aufeinander, dass sie allenfalls kurzeitig im Gedächtnis haften bleiben. Wie die bereits erwähnte Videostudio von Plattner (1988; s. Seite 144) zeigt, können Lehrer/innen sich bereits kurz nach einer Stunde nicht mehr an ihre beleidigenden Reaktionen auf fehlerhafte Schülerbeiträge erinnern und haben auch von deren ungünstigen Wirkungen auf den bzw. die Schüler nichts mitbekommen. Wenn defizitäre Reaktionen nicht erinnert (oder wenn sie, wie in den Beispielen der Plattner-Studie auch hinterher nicht als solche empfunden) werden, dann ist es aussichtslos, ihnen mittels Selbstreflexion, etwa via Supervision, zu Leibe zu rücken.

Aus der Therapieforschung ist bekannt, dass eine Disposition für blitzschnelles verletzendes, beleidigendes und rigides Reagieren selbst dann nur schwer verändert werden kann, wenn es vom Akteur selbst hinterher als negativ empfunden wird (Grawe 2000). Solche unerwünschten Handlungsdispositionen resultieren aus erlernten Emotionsbewertungen, die im „impliziten emotionalen Gedächtnis" verankert sind (Greenberg u.a. nach Grawe 2000, 287). Diese Emotionsbewertungen sind durch rationales Kalkül nicht veränderbar. Auch die Dispositionen für die resultierenden Handlungen können kaum beeinflusst werden, wenn sie nur als kognitives Problem präsentiert werden.

**Bottom-up statt top-down: Veränderung impliziter Emotionsreaktionen**

Menschen sind gelegentlich von ihren Emotionen so in Anspruch genommen, dass ihre von impliziten Emotionen ausgelösten Aktivitäten im Widerspruch zu ihren übergreifenden Zielen stehen (z.B. reagiert ein Verliebter auf eine als verletzend empfundene Aktion seiner Partnerin mit einem Wutausbruch). Diese implizite Emotionsreaktion läuft aufgrund einer automatisch vorgenommenen Bewertung der Situation unwillkürlich ab. Daher kann sie selbst dann nicht verhindert werden, wenn man sich alsbald hinterher — manchmal schon während der Reaktion — darüber ärgert, so zielwidrig reagiert zu haben. Meist ‚kennen' sich Menschen selbst so gut, dass sie sogar wissen, in welchen Situationen sie welche ungünstigen Reaktionen zeigen. Aber auch das hilft nicht, die Reaktion zu vermeiden, weil dieses konzeptuelle Wissen um das eigene Reagieren in einer anderen, ‚höheren' Hirnregion gespeichert ist, als der erlernte Auslöser. Dieser steckt im ‚tiefer gelegenen', „impliziten emotionalen Gedächtnis" und ist nicht direkt beeinflussbar. Daher führen therapeutische top-down Strategien („darüber sprechen", „sich klar machen") nicht zum Erfolg. Zwar können solche Anstöße zur Selbstreflexion dazu beitragen, die Notwendigkeit einer Veränderung rational einzusehen und sich diese vorzunehmen. Aber dieser Vorsatz bleibt wirkungslos, weil er die Stelle nicht erreicht, an der die Entkopplung von Emotionsbewertung und Reaktion stattfinden müsste.

Als alternatives Vorgehen zur Veränderung unerwünschter impliziter Emotionsreaktionen in der Psychotherapie empfiehlt der Züricher Psychotherapeut und Therapieforscher Klaus Grawe ein anderes Vorgehen (s. Kasten „Bottom-up statt top-down: Veränderung impliziter Emotionsreaktionen").

Z.B. werden Klienten bei Phobien in emotionsauslösende Situationen gebracht und unmittelbar dabei werden alternative Bewältigungsmuster — auch mit Mitteln der Verhaltenstherapie — einübt (vgl. Grawe a.a.O. 285 ff.).

Auch wenn die Seminararbeit in der Lehrerbildung mit der therapeutischen Arbeit nur wenig gemein hat, enthält dieser therapeutische Ansatz eine Anregung für die Auseinandersetzung mit ungünstige Reaktionstendenzen von Lehrern: Die Grundidee, Seminarteilnehmer/innen mit überraschenden Unterrichtssituationen fremder Lehrer so zu konfrontieren, dass sie sich selbst als involviert empfinden. Im Idealfall sollte das Überraschungsmoment emotional so gespürt werden, dass jeder Teilnehmer sich selbst zu einer fiktiven Reaktion genötigt sieht. Dazu ist zunächst die Unterrichtssituation im Video so anschaulich wie möglich zu erleben, um beim Betrachter eine vergleichbare emotionale Involviertheit zu hervorzurufen. Die in den Videoszenen gezeigten Lehrerreaktionen bieten einen Anlass zur Reflexion; sie regen an zum Nachdenken mit Rückbezug auf die eigene Person:

> Wie empfinde ich die Situation, wie hätte ich mich gefühlt? Was stört mich, was ärgert oder ängstigt mich?

Diese emotionale Involviertheit ‚triggert' die vorgestellte eigene Reaktion des Betrachters — u.U. eine durchdachte, möglicherweise aber auch eine eher automatisiert ablaufende Reaktion, zu der er ohne Überlegen tendiert. Andererseits erleichtert das Fremdvideo eine Distanzierung von den Akteuren, so dass anschließend ein Gespräch über das Gesehene und Gefühlte ohne Rechtfertigungsdruck möglich ist:

> Ist die von der Lehrkraft praktizierte Vorgehensweise für mich akzeptabel? Welche Grundintention war bei der Vorgehensweise der Lehrkraft vermutlich handlungsleitend?

> Welche alternative Reaktion wäre u.U. günstiger gewesen?

> Hätte die Situation u.U. durch eine andere Vorplanung vermieden werden können?

Teilnehmer/innen im Seminar bzw. Fortbildungskurs tauschen ihre individuellen Situationsbewertungen aus, besprechen alternative Bewältigungsreaktionen und erproben ggfs. einige davon szenisch. Im Falle anstößiger Unterrichtsszenen, in denen andere Lehrer/innen pädagogisch fragwürdig reagieren, könnten Betrachter auf diese Weise ‚immunisiert' werden, zukünftig selbst in ähnlichen Situationen nicht so zu reagieren wie die von ihnen kritisierten Lehrkräfte. Unterrichtsszenen, in denen Lehrer/innen pädagogisch angemessen reagieren, bereichern das eigene Repertoire. Die im Video betrachteten Lehrkräfte geben Anregungen zum Improvisieren und für schlagfertiges Reagieren; sie können somit ggfs. dazu beitragen, die *Situative Planungsfähigkeit* von Betrachtern zu verbessern (vgl. Kapitel 4).

# 10 UNSTETIGE UNTERRICHTSSITUATIONEN BEWÄLTIGEN (F4)

In den folgenden Abschnitten wird am Beispiel von Unterrichtsszenen beschrieben und anhand von Ergebnissen aus Seminaren und von Hausarbeiten beispielhaft dokumentiert, wie eine ertragreiche Auseinandersetzung mit Lehrerreaktionen in unerwarteten Unterrichtssituationen erfolgen kann. Die Szenen sind auf der Begleit-DVD zu diesem Buch enthalten (im Pfad /Szenarium_F4).

---

**Gegenseitiges Zensieren vermeiden!**

Im Unterschied zu den meisten anderen, in diesem Band vorgestellten Szenarien mit Fremdvideos, bei denen Fragen der didaktisch-methodischen Konstruktion und ihrer Umsetzung im Vordergrund stehen, wird bei der Besprechung von Szenen, in denen unstetige Situationen bewältigt werden müssen, das Selbstverständnis von Betrachtern in ganz besonderer Weise angesprochen. Den im Video gezeigten Reaktionen liegen zumeist Normen und Wertvorstellungen der jeweiligen Lehrkräfte zugrunde, die auch Anlass zur Diskussion geben. Da im Einzelfall durchaus strittig ist, was als pädagogisch angemessen und was als defizitär angesehen wird, bleibt es letztlich jedem Betrachter selbst überlassen, welche Konsequenzen er/sie aus der Diskussion für sein/ihr zukünftiges Handeln zieht. Kontraproduktiv sind daher abwertende Kommentare sowie ein gegenseitiges Belehren oder Zensieren. Wenn es doch dazu kommt, ist der Moderator als Mediator gefordert. Damit die Kontroversen fruchtbar bleiben, sind u. U. phasenweise andere Formen des Meinungsaustauschs als das Gespräch angezeigt (z. B. Schreibkonferenzen, Pinnwand-Foren, anonyme Kartenabfragen oder Fishbowl-Diskussionen).

---

## 10.3 Schwierige Anfangssituationen bewältigen

### 10.3.1 Wenn die Schüler nicht anfangen wollen

Die umseitig beschriebene Szene ist für angehende Lehrer/innen ein willkommener Anlass, sich mit einer Situation auseinanderzusetzen, die für viele Anfänger selbst dann bedrohlich erscheint, wenn sie sie selbst (noch) nicht erlebt haben. Ein junger Lehrer möchte mit seinem Unterricht beginnen, die Schüler wollen das aber mehrheitlich nicht. Der Lehrer unternimmt erst mal weder Anstalten zu beginnen, noch die zunehmend lauter werdenden Schüler zu ermahnen.

>  **Unterrichtsszene „Aller Anfang ist schwer"**
>
> Die 2 ½ minütige Szene zeigt einen angehenden Lehrer zu Stundenbeginn bei einem seiner ersten Unterrichtsversuche. Es hat bereits vor drei Minuten geklingelt, die Schüler/innen haben nach und nach den Fachraum betreten, größtenteils ihre Plätze eingenommen und unterhalten sich lautstark. Der Lehrer steht abwartend mit verschränkten Armen vor der Klasse und erlebt, dass der Lärmpegel ansteigt, bis hin zum rhythmischen Skandieren eines Lied-Refrains, begleitet von lautem Trommeln auf den Tischen. Schließlich interveniert die Mentorin.

Die Phase des Unterrichtsbeginns empfinden viele Anfänger als besonders heikel, weil das der Augenblick der Entscheidung ist: Lassen die Schüler sich zumindest vorläufig auf den Lehrer ein oder versuchen sie gleich zu Beginn eine Machtprobe? Nicht wenige angehende Lehrer/innen haben solche Machtproben insbesondere in den Klassenstufen 6 bis 9 schon bei eigenen Unterrichtsproben erlebt. Und auch die, die bislang vor solchen Schwierigkeiten am Stundenanfang verschont geblieben sind, können sich gut vorstellen, selbst auch einmal in eine derartige Situation zu kommen.

Die Szene eignet sich, um angehende Lehrer bereits in einer frühen Ausbildungsphase mit diesem Problem zu konfrontieren und gemeinsam auf die Suche nach Lösungen zu gehen. Bei der Betrachtung des Videos verspüren viele Lehramtsstudierende und vermutlich auch noch Referendare/Anwärter zu Beginn der II. Phase ein Gefühl der Unsicherheit und Hilflosigkeit, das sich von dem agierenden Lehrer auf sie überträgt. Allerdings wird die Stimmungs- und Gefühlslage dieses Junglehrers vereinzelt aber auch ganz anders eingeschätzt (s. folgende Seite). Damit in Seminaren auch eher heiklen Einschätzungen ohne Vorbehalte geäußert werden können, bietet sich bei dieser Szene das Verfahren der *Anonymen Kartenabfrage* an. Bei diesem Verfahren werden die Seminarteilnehmer gebeten, unmittelbar nach der Sichtung der Szene anonym schriftlich in Stichworten oder knappen Sätzen gut lesbar auf einem DIN A4-Zettel oder einer Karteikarte Stellung zu nehmen, ohne sich vorher mit anderen abzusprechen. Die Karten werden eingesammelt, gemischt und so wieder ausgeteilt, dass es ausgeschlossen ist, dass ein Teilnehmer seine eigene Karte oder die seines Nachbarn erhält (in der linken Raumhälfte sitzende Teilnehmer erhalten die Karten der rechten Seite und umgekehrt). Dann werden die Antworten zu den einzelnen Fragen vorgelesen

# 10 UNSTETIGE UNTERRICHTSSITUATIONEN BEWÄLTIGEN (F4)

(ohne Dopplungen) und an der Tafel bzw. auf mit Folie auf OHP oder via Beamer/Smartboard festgehalten.[27]

Zur Szene „Aller Anfang ist schwer" sind von Zweit- und Drittsemestern im Rahmen eines Seminars mittels *Anonymer Kartenabfrage* folgende Angaben zu den vier Fragen gemacht worden:

- **Wie hätte ich mich in dieser Situation gefühlt, wie hätte ich reagiert?**
  - Nicht ernst genommen / überflüssig / wäre immer wütender geworden / Angst, dass es so weiter geht
  - Aufregung, angenervt, hilflos, ratlos, nicht respektiert, veralbert
  - überfordert – in der päd. Arbeit gescheitert
  - hätte mich durch Eingreifen der Mentorin gestört gefühlt
  - leichte Enttäuschung, weil die Schüler meine Mühe ignoriert haben
  - wütend auf mich selbst, weil ich die Schüler nicht zur Ruhe bringen kann
- **Wie beurteilen Sie die Art des Lehrers, mit der Situation umzugehen?**
  - nicht konsequent, durchsetzungsfähig, zu lange gewartet, zu wenig präsent
  - Mimik, Gestik und Körpersprache zeugen von Verlegenheit, Unsicherheit (hilfloses Lächeln; verschränkte Arme = verschlossen, Distanz, abwartend, ablehnend)
  - *[aber auch:]* der L. wirkt überlegt, abwartend, ruhig, souverän
- **Welche alternative Reaktionsmöglichkeit wäre u.U. günstiger gewesen?**
  - Signal zum Anfangen fehlt
  - zum störenden Schüler hingehen (Distanz überwinden)
  - einzelne Schüler ansprechen - sich über deren Befindlichkeit ein Bild machen
  - Paradoxe Intervention (Trommeln „anordnen")
  - eine Runde über'n Schulhof laufen lassen
- **Hätte ich die Situation u.U. durch eine andere Vorplanung vermeiden können?**
  - gleich mit thematischem Impuls beginnen (z.B. ein Video oder Geräusche von einer Kassette vorspielen)
  - Die Schüler erst vor dem geschlossenen Fachraum sammeln und dann zusammen reingehen lassen.

Im Anschluss an die Besprechung dieser Notizen äußern sich Seminarteilnehmer, dass es für sie hilfreich gewesen sei, dieses mutmaßliche Schlüsselproblem einerseits an einem echten Beispiel, andererseits aus einer ‚sicheren' Beobachterperspektive erlebt zu haben. Der Austausch der Einschätzungen über die vermeintliche Gefühlslage des Junglehrers im Video und seinen eigenen unfreiwilligen Beitrag zur mutmaßlichen Wirkung seines Auftretens bei den Schülern schärft den Blick dafür, wie man selbst in einer vergleichbaren Situation möglichst nicht wahrgenommen werden möchte und was dafür

---

[27] Als Alternative zum Kartentausch und Vorlesen können bei Gruppengrößen unter 20 und nicht zu ausführlichen Antworten die Karten im Abstand von ca. 40 cm voneinander etwa in Augenhöhe an einer Wand oder Tafel so aufgehängt werden, dass die Teilnehmer sie im Vorbeigehen lesen können.

zu tun bzw. zu unterlassen ist. Der Austausch von Alternativen bei der Vorplanung und im Auftreten vermittelt so viele Ideen, dass alle Teilnehmer ermutigt werden, die eine oder andere bei Gelegenheit mal auszuprobieren. Die vormals als potenziell bedrohlich empfundene Situation wird auf diese Weise vertrauter. Indem sie als Herausforderung zur experimentellen Bewährung umgedeutet wird, wirkt sie weniger abschreckend.

### 10.3.2 Anfangsprobleme erfahrener Lehrer/innen

Mit ganz anderen Problemen sind berufserfahrene Lehrer/innen konfrontiert, die zu Stundenbeginn darauf setzen, dass Schüler zu einer schnellen Rückblende auf den Ertrag der vorausgegangenen Stunde(n) in der Lage sind. Insbesondere bei Nebenfächern, die nur ein- oder zweimal pro Woche unterrichtet werden, fällt es Schülern schwer, das länger zurückliegende Geschehen richtig zu erinnern und noch schwerer, es den Mitschülern verständlich zu präsentieren. Lehrern bleibt in dieser Situation oft nur die Wahl, einzelne Schüler durch Drängeln zu nötigen oder nach längerem vergeblichem Warten die Rückblende selbst vorzunehmen. Die Begleit-DVD enthält drei Stundenanfänge dieser Art.

**Unterrichtsszene „Unregelmäßige Verben"** (aus HUB 03)

Thema ist eine besondere grammatische Konstruktion im Englischen: Die Verwendung von simple past und past progressive in einem Satz („Yesterday morning while I was sleeping in my bed the telefon rang."). Schon beim Rückblick strauchelt ein Schüler über die Eingangsfrage (Woran erkennt man das *simple past*? Stoff des vorausgegangenen Schuljahrs!), indem er fälschlicherweise die Endungsregel für regelmäßige Verben auf unregelmäßige Verben überträgt. Dann stellt sich heraus, dass etliche Schüler keine Beispiele für regelmäßige Verben nennen können (geschweige denn, den Unterschied zwischen regelmäßigen und unregelmäßigen Verben kennen).

**Unterrichtsszene „Vergessenes Chemieexperiment"**

Die Schüler/innen einer 9. Gymnasialklasse haben vor längerer Zeit (die Sommerferien liegen dazwischen) im Experiment erfahren, dass Eisen mit Sauerstoff zu Eisenoxid verbrennt und dass dieses Eisenoxid durch Erhitzen mit einem Bunsenbrenner nicht wieder in Eisen und Sauerstoff zurückverwandelt werden kann (Nachweis: Die Magnetprobe schlägt fehl). Weil auf die ersten, rekapitulierenden Lehrerfragen nur zögerlich wenige Antworten kommen, entschließt sich die Lehrerin kurzfristig, diesen Versuch noch einmal zu demonstrieren. Damit verliert sie aber – das ist ihr bereits in dieser Situation klar – so viel Zeit, dass sie am Ende nicht mehr zum gewünschten Abschluss wird kommen können.

# 10 UNSTETIGE UNTERRICHTSSITUATIONEN BEWÄLTIGEN (F4)

**Unterrichtsszene „Nötigung zur Arbeit am OHP"** (aus HUB 38)

Nachdem es einer Lehrerin in einer 10. Gymnasialklasse anfangs nicht gelingt, das in der vorigen Stunde Behandelte mit Wortbeiträgen rekapitulieren zu lassen, möchte sie, dass ein Schüler die Entstehung von Gezeiten auf dem Tageslichtprojektor skizziert und erläutert. Da sich auch hierfür niemand meldet, nötigt sie mehrfach einen Schüler so lange, bis dieser sich schließlich bereit erklärt und nach vorne an den OHP kommt.

Alle drei Beispiele regen dazu an, nach alternativen Vorgehensweisen zur Rückblende am Stundenanfang zu suchen, um so unergiebige und für beide Seiten unbefriedigende Anfänge eher zu vermeiden.

### 10.3.3 Beispiel für eine Reflexion über „Anfangsprobleme erfahrener Lehrer/innen"

Im Rahmen einer Hausarbeit hat eine Lehramtsstudentin sich ausführlich mit der zuletzt beschriebenen Videoszene *„Nötigung zur Arbeit am OHP"* unter Rückgriff auf die auf Seite 209 genannten vier Fragen auseinandergesetzt:

*1.1 Wie hätte ich mich in dieser Situation gefühlt?*

Wäre ich an der Stelle der Lehrerin gewesen, hätte ich mich zunächst etwas ratlos gefühlt, wie ich die Schüler dazu hätte ermuntern können, nach vorn zu kommen und die Einflüsse auf die Gezeiten zu erklären. Ich wäre, genauso wie die Lehrerin, darum bemüht gewesen, den Schülerinnen und Schülern die Angst davor zu nehmen, aber hätte mich, als anfänglich niemand nach vorn kommen wollte, etwas hilflos gefühlt, da ich ja eigentlich niemanden dazu hätte zwingen wollen. Gleichzeitig hätte ich mir aber auch gewünscht, dass sich ein Schüler dazu bereit erklärt. Ich hätte aus diesem Dilemma heraus einigen Druck verspürt, da ich mir durch die wiederholte Weigerung einiger Schüler neue Handlungsalternativen hätte überlegen müssen. Mein Gedanke wäre gewesen, dass – sollte ich auf das Erklären der Entstehung der Gezeiten am Overheadprojektor verzichten – meine Durchsetzungsfähigkeit vor mir und vor der Klasse in Frage gestellt würde. Und ich hätte überlegt, dass ein Nachgeben in dieser Situation vielleicht bewirken würde, dass die Schülerinnen und Schüler von nun an in keiner Stunde mehr die Notwendigkeit sehen würden, auf meine Bitten, etwas vorzustellen, zu reagieren. Das hätte für mich den Druck erhöht, in möglichst kurzer Zeit zu einer Lösung für die Situation zu gelangen.

An der Stelle, als sich nach einigem Nachfragen dann doch ein Schüler bereit erklärte, nach vorn zu kommen, hätte ich wahrscheinlich große Erleichterung verspürt, dass ich mich nun doch hatte durchsetzen können (zumindest in gewissem Maße). Vermutlich hätte ich diesem Schüler gegenüber sogar eine gewisse Dankbarkeit verspürt und wäre deshalb besonders bemüht gewesen, ihm zu helfen, damit seine Bereitschaft zur „exponierten Mitarbeit" wertgeschätzt würde. Mein Ziel wäre gewesen, dass diese Bereitschaft durch ein Erfolgserlebnis belohnt würde. Dadurch hätte ich zudem meiner Befürchtung entgegengewirkt, eine Bloßstellung des Schülers könne die Mitarbeit der Klasse im weiteren Verlauf der Stunde gefährden.

## 1.2 Ist die von der Lehrkraft praktizierte Vorgehensweise für mich akzeptabel? Welche Grundintention ist bei der Vorgehensweise der Lehrkraft vermutlich handlungsleitend gewesen?

Die Grundintentionen, die für die Lehrperson wahrscheinlich handlungsleitend waren, können sehr vielfältig gewesen sein. Zum einen erscheint es so, als würde die Lehrerin solche Wiederholungen zu Stundenbeginn regelmäßig einbauen. Der Grundgedanke dieser Vorgehensweise ist, dass alle Schülerinnen und Schüler dazu angehalten sind, sich die vergangenen Inhalte noch einmal ins Gedächtnis zu rufen. Gleichzeitig lässt sich das Wiederholen jedoch auch noch mit dem Üben von freiem Sprechen verbinden. So hatte die Lehrerin vermutlich die Intention, alle Schülerinnen und Schüler am Unterricht zu beteiligen und parallel einen Schüler oder eine Schülerin ganz besonders zur Mitarbeit zu animieren. Diesen „exponierten" Platz nehmen in verschiedenen Stunden wahrscheinlich auch unterschiedliche Schülerinnen oder Schüler ein. Das Ziel der Lehrkraft bestand auf diese Weise anscheinend darin, der Klasse die Angst vor Vorträgen (besonders solchen in englischer Sprache) zu nehmen und war vielleicht mit der Überlegung verknüpft, dass Erklärungen, die von Schülern kommen auch besser von anderen Schülern verstanden oder behalten werden, da sie sozusagen „auf Augenhöhe" stattfinden.

Dass die Lehrerin keineswegs erzielen wollte, einen Schüler bloßzustellen, erkennt man schon an der Art und Weise, wie sie immer wieder betont, dass niemand Angst zu haben braucht, da es nur um eine grobe Skizze gehe. Meine Vermutung ist, dass sie dem Schüler, den sie schließlich nach vorn „holte", die Erfüllung der Aufgabenstellung zutraute. Sie wollte ihm vermutlich zeigen, wie sehr sich eine Überwindung der eigenen Ängstlichkeit lohnt, da man dann die Möglichkeit erhält, zu zeigen, was man kann. Ihr Gedanke war wohl, der Schüler würde sich am Ende eines erfolgreichen Vortrages hinsetzen und stolz auf sich sein, wodurch er zudem ein gutes Beispiel für seine Mitschüler abgäbe. Dass die Lehrerin jemanden nach vorn bat, von dem sie nicht die Erwartung hatte, er würde das Erklären am OHP gut meistern können, ist schwer vorstellbar. In einem solchen Fall hätte sie die Bloßstellung des Schülers riskiert, was sich höchstwahrscheinlich auch negativ auf die Bereitschaft zur Mitarbeit beim Rest der Klasse ausgewirkt hätte.

Die Tatsache, dass die Lehrerin fest darauf bestand, dass jemand vor der Klasse einen „kleinen Vortrag" hielt, begründet sich m. E. durch den Grundgedanken (fast) jeden Lehrers: Das Gesicht vor der Klasse nicht zu verlieren und Durchsetzungsvermögen zu beweisen. Natürlich kann es in einigen Situationen auch angebracht sein, etwas nachzugeben. Aber hier war die Intention der Lehrerin anscheinend, zu zeigen, dass sie sich nicht „das Heft aus der Hand" nehmen lässt. Es könnte sein, dass sie dachte, ihre Glaubwürdigkeit würde gefährdet, wenn sie eine Aufforderung an die Klasse stellt und diese dann zurücknimmt, sobald sich niemand bereit erklärt, dieser Aufforderung zu folgen.

Die von der Lehrkraft praktizierte Vorgehensweise ist für mich weitgehend akzeptabel, denn sie begegnete der Klasse freundlich und geduldig, und sie versuchte durch Ermutigungen, den Schülern die Angst vor dem Präsentieren am Overheadprojektor zu nehmen. Ich unterstelle der Lehrerin, dass ihre Absichten zu jeder Zeit wohlwollend waren. Die Umsetzung des Vorgehens unterstütze ich persönlich jedoch nicht in vollem Umfang, da ich mich (wie ich in 1.4 zeigen werde) an vereinzelten Stellen etwas anders verhalten hätte.

## 1.3 Vermeidung der Situation durch eine andere Vorplanung

Eine Möglichkeit, wie ich die Situation vielleicht durch eine andere Vorplanung hätte vermeiden können, wäre, dass ich mir schon bei der Planung ein Repertoire an Handlungsalternativen überlegt hätte, auf die ich im Falle der Weigerung der Schüler hätte zurückgreifen können. (Obwohl das Fragen der ganzen Klasse, wer die Skizze machen könne, auch als Handlungsalternative gedeutet werden kann.) Zum Beispiel hätte ich mir wahrscheinlich zusätzlich überlegt, dem Schüler zu erlauben, sich einen Mitschüler oder eine Mitschülerin mit nach vorn zur Unterstützung zu nehmen. Alternativ hätte ich auch erwogen, selbst die Skizze zu machen und mit dem Schüler abzusprechen, dass er trotzdem dazu erklärt. Auf welche der Handlungsalternativen dann meine Wahl gefallen wäre, hätte sich erst in der Stunde nach meiner intuitiven Einschätzung entschieden. Durch das Überlegen von Handlungsalternativen hätte sich mir jedoch die Möglichkeit eröffnet, nicht starr auf die Situation reagieren zu müssen, da ich die Sicherheit mehrerer „Notfallpläne" gehabt hätte. Denn es hätte durchaus passieren können, dass sich Jonas auch bei der zweiten „Aufforderung" nicht dazu bereit erklärt, an den OHP zu gehen. In diesem Fall hätte ich weitere

Reserverpläne benötigt. Ich kann jedoch nicht ausschließen, dass auch die Lehrerin mehrere solcher Reservepläne hatte, die in dem Fall, da sie Jonas nicht hätte „überreden" können, zum Einsatz gekommen wären.

Eine weitere Möglichkeit, die Situation durch eine andere Vorplanung zu vermeiden, wäre die, dass ich in der vorherigen Stunde eventuell schon jemanden bestimmt hätte, der in dieser Stunde die Gezeiten erklärt. So hätte der Schüler sich auf seine Rolle vorbereiten können und ich wäre mir sicher gewesen, dass der Stundenverlauf nicht zu sehr verzögert würde durch eine längere Suche nach einem „Freiwilligen". Diese Variante hätte ich mir wahrscheinlich dann überlegt, wenn schon einmal Schwierigkeiten bei dieser Suche aufgetreten wären.

### *1.4 Wie hätte ich in dieser Situation vermutlich reagiert?*

Wahrscheinlich hätte ich den Schüler etwas anders um seine Mitarbeit gebeten. Die Frage, „No? You don't like it?" erscheint mir recht suggestiv. Da der Schüler nicht grundsätzlich abgeneigt schien, etwas am OHP zu erklären (sonst hätte er nicht gelacht, sondern eher die Arme verschränkt und in einem anderen Ton „Nein" gesagt), hätte ich ihm wahrscheinlich gesagt: „Komm, versuch es, ich helfe dir." Gleichzeitig hätte ich ihm den Folienstift hingehalten, wodurch der Aufforderungscharakter unterstrichen worden wäre.

Möglicherweise hätte ich in der Unterrichtssituation aber die Anzeichen dafür, dass der Schüler sich nur zum Schein sträubte, übersehen und wäre auch dazu übergegangen, andere Schüler zu bitten, die Aufgabe zu übernehmen. Hätte ich dann die Schülerin bemerkt, die den Anschein erweckte, als würde sie sich melden wollen, aber noch zweifelte (ca. 01:38)? Die Antwort auf diese Frage wäre rein spekulativ, aber wahrscheinlich wäre sie mir genauso entgangen wie der Lehrerin. Angenommen, ich hätte die Schülerin auch übersehen, dann wäre ich möglicherweise, genau wie die Lehrerin, auf den Schüler zurückgekommen und hätte ihn erneut gebeten, die Aufgabe zu erfüllen. Vielleicht hätte ich bemerkt, wie schnell er sich auf meine Aufforderung einließ, sodass es erscheint als habe er nur darauf gewartet?

Meine Wahl wäre wahrscheinlich auch auf diesen Schüler gefallen, weil seine Antwort (ca. 01:00) so klang, als wäre er sprachlich und auch in Hinblick auf seine fachlichen Kenntnisse dazu in der Lage, den Einfluss des Mondes auf die Gezeiten zu erklären.

All diese Überlegungen sind natürlich recht spekulativ, aber es gibt auch Dinge, auf die ich in jedem Fall (soweit ich das hypothetisch beurteilen kann) anders reagiert hätte. Ich nehme an, dass ich das Lachen der Mitschüler nicht hätte ignorieren können. Wahrscheinlich hätte ich darauf reagiert, indem ich mitgeteilt hätte, natürlich in einem freundlichen Ton, dass das, was der Schüler gerade erklärt, sehr wichtig sei und die Klasse zuhören solle. Mein Gedanke wäre dabei gewesen, dass der Schüler sich nicht durch das Lachen der Klasse verunsichern lassen sollte. Ich muss aber eingestehen, dass diese Reaktion von meiner Seite sich auch negativ auswirken könnte, weil das Lachen der Klasse nicht unbedingt so klingt, als würden sie sich über den Schüler lustig machen. Es zeugt eher von einer gelösten Atmosphäre und rührt wahrscheinlich daher, dass die anderen Schülerinnen und Schüler erleichtert sind, nicht selbst vorn zu stehen. Trotz der Gefahr, die gelöste Stimmung in der Klasse zu unterbinden, hätte ich spontan in der Situation wohl so reagiert.

Ich nehme zudem an, dass ich dem Schüler eher erlaubt hätte, sich zu setzen, wenn ich gemerkt hätte, dass er beim Sprechen zu Boden schaut und der „exponierte Platz" vor der Klasse ihm unangenehm zu sein scheint. Vom Platz aus hätte der Schüler dennoch mitarbeiten können.

Des Weiteren hätte ich den Schüler, nachdem er sich setzen durfte, etwas ausdrücklicher gelobt und seine Skizze nicht durch eine zusätzliche Beschriftung verbessert. Das Verhalten der Lehrerin erweckte den Anschein, als hätte der Schüler teilweise „versagt". Vielleicht ist es pädagogisch gesehen nicht sinnvoll, zu loben, obwohl vielleicht nicht alle Sachverhalte, die der Schüler genannt hat, vollkommen korrekt waren (die Korrektheit der Aussagen kann ich im Moment nicht beurteilen). Mein Gedanke wäre aber gewesen, dass ich die Sachverhalte richtig stellen kann und trotzdem dem Schüler durch ein Lob seines Mutes eine Stärkung seines Selbstvertrauens mit auf den Weg gebe.

## 10.4 Wenn Lehrern herabwürdigende Bemerkungen rausrutschen

Gelegentlich kommt es vor, dass Lehrerinnen und Lehrern sarkastische oder auch direkt beleidigende Äußerungen gegenüber ihren Schülern herausrutschen. Solche Herabwürdigungen ereignen sich oft ganz kurz und blitzschnell im Rahmen eines ‚dichten' Interaktionsgeschehens, bei dem die Lehrkräfte sowohl vorher als auch danach gefordert sind zum ständigen Reagieren. Beim Betrachten solcher Szenen erscheint es durchaus glaubwürdig, dass Lehrer in solchen Situationen kaum nachdenken — die Bezeichnung „unbewusst" wäre trotzdem nicht passend — und dass sie sich an ihre fragwürdigen Äußerungen nach der Stunde nicht mehr erinnern können. Trotzdem sind solche Reaktionen folgenreich. Die Herabwürdigung eines oder mehrerer Schüler ist nicht mehr rückgängig zu machen und bleibt als Makel im Raum. Wie sehr dadurch die Beziehung zwischen Lehrer und Schüler/innen zukünftig beeinträchtigt sein wird, ist sowohl für den Lehrer wie auch für Betrachter kaum einzuschätzen.

Die beiden nachfolgend beschriebenen Videoszenen zeigen solche fragwürdigen Lehrerreaktionen. Sie sind ein eindruckvolles Beispiel für die Thesen van Manens (1995, 68), dass sich die Substanz pädagogischen Handels „im Moment eines Augenaufschlags" vollzieht.

 **Unterrichtsszene „D wie Dussel!"**

In einer 8. Hauptschule-Klasse fragt eine berufserfahrene Lehrerin am Beginn einer Englischstunde einige unregelmäßige Verben ab. Sie gibt abwechselnd den deutschen oder englischen Infinitiv vor (to draw / singen / to sleep / trinken etc.) und fragt auch nach den jeweiligen Eigenarten der Schreibung im Englischen. Beim fünften Verb „bauen" artikuliert sie übertrieben genau die Endungen „to build" — „built" — „built", fragt nach der Schreibweise in „built" („d" oder „t"?), erhält eine falsche Antwort und fragt dann „Wie viele d's?". Unmittelbar nach einer weiteren falschen Schülerantwort („drei") rutscht ihr heraus „D wie Dussel!". Sofort fragt der angesprochene Schüler „Meinen Sie mich?", was sie blitzschnell verneint. Diese Antwort akzeptiert der Schüler offenbar und der Unterricht geht mit der nächsten Vokabel weiter. Dieser Lehrer-Schüler Dialog dauert gerade mal vier Sekunden und wird von etlichen Betrachtern beim ersten Sehen des Videos nicht bemerkt.

Betrachter dieser Szene sind verblüfft, wie einer Lehrerin eine solche beleidigende Äußerung herausrutschen kann (an die sich übrigens die Lehrerin nach der Stunde nicht mehr erinnert hat). Sie schließen erst einmal aus, dass sie selbst in einer vergleichbaren Situation so unprofessionell auf einen Schülerfehler reagieren würden. Diese selbstsichere Einschätzung gerät ins Wanken, wenn sie dann auch die drei Minuten sehen, die der Szene unmittelbar vorausgehen. Auf die Fragen der Lehrerin nach den vier ersten Verben geben die wenigen Schüler/innen, die sich überhaupt melden, nahezu ausschließlich falsche Antworten. Gleich beim zweiten Verb verweist die Lehrerin einen Schüler aus dem Klassenraum („Raus!"), weil dieser über den Fehler eines Mitschülers laut lacht. Zwischendurch ruft sie weitere Schüler zur Ordnung. Betrachter werden dann nachdenklich, wie sie selbst in solchen Situationen angesichts der vielen enttäuschenden Schülerfehler reagieren würden. Darüber hinaus nötigt diese Szene zur Suche nach Alternativen für ein derart unproduktives Vokabelabfragen.

Auch in der folgend beschriebenen Szene reagiert ein berufserfahrener Lehrer auf einen ich ihn überraschenden Schülerbeitrag fragwürdig.

 **Unterrichtsszene „"„Rätselhafte Farbumschläge beim Chemieexperiment"** (aus HUB 42)

Die Schüler/innen einer 8. Klasse experimentieren im Chemieunterricht an ihren Gruppentischen mit Rotkohlsaft als Indikator. Gemäß Lehrbuch färbt er schwache Säuren wie Essig pink und schwache Laugen wie Seifenlauge grün. Beim Vortragen ihrer Ergebnisse nennen die ersten vier Gruppen genau diese Ergebnisse. Dagegen berichten die beiden letzten Gruppen von anderen Farbumschlägen bei ihren Experimenten. In einem Reagenzglas hat die Substanz unten eine andere Farbe als oben, was den Lehrer zu einem erstaunten „aha" veranlasst. Als dann aus der sechsten Gruppe eine Schülerin berichtet, in ihrem Reagenzglas habe die Flüssigkeit vier Farben, rutscht dem Lehrer eine kurze sarkastische Bemerkung heraus, mit der er die Schülerbeobachtung lächerlich macht.

### 10.4.1 Beispiel für eine Reflexion zu „Rätselhafte Farbumschläge"

Diese Videoszene hat eine Lehramtsstudentin im Rahmen einer Hausarbeit wie folgt kommentiert:

*1.1 Wie hätte ich mich in dieser Situation gefühlt?*

Ich wäre im ersten Moment über die erwartungswidrige Färbung überrascht gewesen und hätte mich verunsichert gefühlt, da ich spontan nicht gewusst hätte, wie sie zu erklären ist. Fragen wie „Wie soll als Ergebnis zusammengefasst werden?", „Wie schließe ich die Stunde ab?" und vor allem „Wie soll ich darauf eingehen?" wären mir während der gesamten Beobachtungszusammentragung nicht aus meinem Kopf gegangen. Ich hätte mich vermutlich gestresst und überfordert gefühlt, spontan eine gute Lösung zu finden.

*1.2. Ist die von der Lehrkraft praktizierte Vorgehensweise für mich akzeptabel? Welche Grundintention ist bei der Vorgehensweise der Lehrkraft vermutlich handlungsleitend gewesen?*

Die von der Lehrkraft praktizierten Vorgehensweisen sind für mich im Allgemeinen nicht akzeptabel!
Bei der Ergebniszusammentragung versucht der Lehrer dem Grund für die erwartungswidrigen Färbungen auf die Schliche zu kommen, indem er die Schüler fragt „Habt ihr das irgendwie durchgeschüttelt oder einfach nur eingefüllt?". Die Antwort der Schüler liefert keinen Hinweis auf mögliche Ursachen. Ein Schüler äußert allerdings eine Hypothese. Der Lehrer nimmt diese zwar erst lobend auf („Ja, gute Hypothese"), gibt den Schülern aber keinen weiteren Spielraum, um nach weiteren Fehlerquellen suchen zu

können. Dass ein Schüler ohne Aufforderung eine Hypothese äußert, sollte meiner Meinung nach für den Lehrer ein „Wink mit dem Zaunpfahl" sein, um gemeinsam nach weiteren Hypothesen zu suchen. Er hebt das unerwartete Phänomen zudem als vermeintlich positiv hervor, ohne dies im Weiteren tiefer gehend zu thematisieren: „Zweifarbig. Ja, das hat doch was" oder „Stark, oder? Eins, zwei, drei vier, fünf verschiedene Farben ...". Die Schüler könnten den Eindruck erlangen, dass dies so sein soll. Der Lehrer zeigt außerdem eine sehr zynische Verhaltensweise, die ich nicht angemessen finde. Er macht sich über das Ergebnis einer Gruppe lustig, indem er sie fragt: „Und sind auch Schneeflöckchen unten, innen drinnen runtergefallen, oder so was?". Das Ergebnis dieser Gruppe wird dadurch nicht gewürdigt. Ausschlaggebend dafür, dass er sich über das Ergebnis der Schülerin lustig macht, könnte seine Frustration darüber sein, dass die Ergebnisse nicht seinen Erwartungen entsprechen.

Bei der Ergebnisformulierung wird das unvorhersehbare Phänomen auf einmal außer Acht gelassen. Das widerspricht der zuvor vermeintlich positiven Hervorhebung der Beobachtungsergebnisse. Eine Schülerin liest das vom Lehrer „gewünschte" Ergebnis ohne die Berücksichtigung der Abweichungen vor. Der Lehrer bestätigt das Ergebnis: „Irgendwelche Einsprüche gegen das Ergebnis? Andere Vorschläge [wartet kurz]? Nicht der Fall. Klasse. Ja, ausgezeichnet [...]". Als ein Schüler einer Gruppe, in der die Farbabstufungen zu beobachten waren, würde ich mich verunsichert fühlen, da der Lehrer das Ergebnis meiner Gruppe plötzlich nicht mehr als richtig ansieht, hat er es doch vorher scheinbar positiv hervorgehoben. Dass er dann nur das vorgelesene Ergebnis für gültig erklärt, kann für diese Schüler nicht authentisch sein, denn sie haben schließlich etwas anderes beobachtet! Auch wenn kein Schüler explizit fragt oder Einwände äußert (Glück für den Lehrer!), bleiben sicherlich Unklarheiten bestehen.

Zum Abschluss der Szene greift der Lehrer das Thema „Unsicherheiten beim Experimentieren" auf, da einige Schüler bei der Ergebniszusammentragung nicht mehr wussten, in welches Reagenzglas sie was hinzugemischt hatten. Er lenkt den Fokus damit auf die allgemeine Durchführung des Versuchs und geht am Ende der Szene auch nicht mehr auf die erwartungswidrige Färbung ein. Handlungsleitend dafür, dass er das Phänomen weitgehend ignoriert, indem er keine weitere Hypothesenbildung fokussiert, und auch bei der Ergebnisformulierung die erwartungswidrige Färbung nicht berücksichtigt, könnte Folgendes sein: Der Lehrer kann sich die erwartungswidrige Färbung möglicherweise selbst nicht erklären. Er geht dem Phänomen aus dem Weg, um nicht als Unwissender vor der Klasse zu stehen (nicht vertretbar: nicht als „Unwissender" dastehen zu wollen geht zu Lasten von Unklarheiten auf Schülerseite). Er war auf ein einheitliches Ergebnis eingestellt und nicht offen für „Komplikationen", die womöglich von seinem eigentlichen Ziel der Stunde ablenken oder für die Schüler - seiner Ansicht nach - zu schwierig zu fassen wären (vertretbar, aber er hätte darauf hinweisen können). In diesem Zusammenhang könnte auch die Zeitplanung seine Handlung geleitet haben. Er hat dieses Versuchsergebnis und somit auch die Auseinandersetzung damit nicht eingeplant. Er wollte das Experiment in dieser Stunde abschließen und an seinem Plan festhalten (nicht vertretbar: Zeit sollte dem authentischen Lernen nicht im Wege stehen). Dem Lehrer könnte es zudem wichtiger gewesen sein, das Ergebnis (Fakten) aus dem Schulbuch zu übernehmen bzw. zu vermitteln. Die Alternativen, die Ergebnisse offen zu lassen bzw. diese zu diskutieren, kommen ihm deshalb nicht in den Sinn (nicht vertretbar: was bringen Standardergebnisse, wenn sie für die Schüler in der Handlung nicht sichtbar sind?). In Verbindung mit der Unsicherheit könnte er damit auch versucht haben, den Zeitpunkt seiner Entscheidung zu verzögern, um sich zu überlegen, wie er damit umgehen soll (erst vertretbar, um Zeit zum Überlegen zu gewinnen; dann nicht mehr vertretbar, da er es nicht weiter aufgreift und meiner Ansicht nach damit die falsche Entscheidung trifft).

*1.3 Hätte ich die Situation durch eine andere Vorplanung vermeiden können?*

Mit einer großzügigeren Zeitplanung hätte ich die Situation wahrscheinlich nicht vermeiden, allerdings entschärfen können. Ich hätte einplant, dass gerade Experimente in der Praxis häufig anders verlaufen als geplant, und möglicherweise mehr Zeit für die Klärung von unerwarteten Phänomenen in Anspruch nehmen. Das hätte mich in erster Linie nicht unter Druck gesetzt, das Experiment in dieser Stunde zu beenden. Zudem hätte es mir die Möglichkeit gegeben, das unerwartete Phänomen gemeinsam mit den Schülern weiter zu erörtern, ggf. indem wir das Experiment nochmals durchgeführt hätten. Insbesondere hätte es mir den Freiraum gegeben, mir als Lehrerin einzugestehen, nicht allwissend zu sein. Ich hätte Zeit

# 10 UNSTETIGE UNTERRICHTSSITUATIONEN BEWÄLTIGEN (F4)

gehabt, mich zur nächsten Stunde um eine Erklärung zu kümmern. Zudem hätte ich – wenn es auch aus der Szene nicht hervorgeht – mit einer detaillierten Aufgabenstellung zur Versuchsdurchführung mögliche Variablen, die das Ergebnis beeinflussen könnten (z. B. Wie viel Rotkohlsaft? Wie viel Waschpulver? Schütteln? Rühren? etc.), festlegen können, um potentielle Durchführungsfehler seitens der Schüler zu verhindern bzw. eine einheitliche Versuchsdurchführung zu erreichen.

*1.4 Wie hätte ich in dieser Situation vermutlich reagiert?*

Ich wäre im Allgemeinen offensiver mit der Situation umgegangen und dem unerwarteten Phänomen nicht aus dem Weg gegangen. Dies hätte folgende Änderungen im Vorgehen betroffen: Ich hätte weitere Hypothesen aufstellen lassen und in der nächsten Stunde den Versuch ggf. nochmals aufgegriffen. Gemeinsam mit den Schülern hätte ich aufgrund der Hypothesenbildung versucht, Versuchsfehler auszuschließen bzw. Ursachen und Erklärungen zu finden. Insbesondere hätte ich auch andere Ergebnisse akzeptiert, auch wenn sie nicht so im Schulbuch stehen oder entgegen meiner Erwartung sind. Anstatt der „idealen" Lösung würde ich es favorisieren, diese um einen Vermerk auf die unerwarteten Färbungen bei einigen Gruppen zu ergänzen und z. B. auch eine ungeklärte Frage formulieren lassen, um dieser in der nächsten Stunde nachzugehen. Im Gegensatz zu dem Lehrer hätte ich im Falle, dass ich keine Erklärung für das Phänomen parat gehabt hätte, dies den Schülern ehrlich gesagt, anstatt die Ergebnisse erst vermeintlich schön zu reden und diese dann nicht bei der Ergebnisformulierung zu berücksichtigen. Ich hätte mich einfach zur nächsten Stunde um eine Erklärung gekümmert. Letztendlich wäre es für mich auch ein wichtiger Aspekt gewesen, zu thematisieren, dass es bei Experimenten immer zu unerwarteten Ergebnissen kommen kann, die nicht immer mit den Ergebnissen im Schulbuch übereinstimmen.

## 10.5 Schüler unbeabsichtigt blamieren

Situationen, in denen einzelne Schüler entwürdigt oder blamiert werden, können sich auch ohne Zutun und Absicht des Lehrers ereignen, im ungünstigen Fall sogar, ohne dass ein Lehrer das zunächst mitbekommt — wie in folgender Szene.

 **Unterrichtsszene „Unbeabsichtige Blamage"** (aus HUB 42)

Im weiteren Verlauf der vorstehend skizzierten Chemiestunde zum Thema „Rotkohlsaft als Indikator für Säuren und Laugen" geht der Lehrer auf die merkwürdigen, erwartungswidrigen Farbumschläge ein, bittet die Schüler um Vermutungen und lässt eine Vermutung überprüfen („Die Flüssigkeit konnte sich nicht mischen, weil das Reagenzglas zu wenig geschüttelt wurde."). Er fordert eine Schülerin auf, vorn am Pult eines der ‚zweifarbigen' Reagenzgläser länger zu schütteln und dabei zu prüfen, ob ein einheitlicher Farbton entsteht. Die Schülerin beginnt widerwillig mit dem Schütteln, ihre Handbewegung löst hämisches Gelächter bei einigen Mitschülern aus, was wiederum sichtbar zur Verlegenheit bei der Schülerin führt.

### 10.5.1 Beispiel für eine Reflexion zu „Unbeabsichtigte Blamage"

Zur vorstehend beschriebenen Videoszene hat eine andere Lehramtsstudentin ebenfalls im Rahmen einer Hausarbeit wie folgt Stellung genommen:

217

*1.1 Wie hätte ich mich in dieser Situation gefühlt (wenn ich sie als Lehrkraft erlebt hätte)?*

Ich hätte mich in dieser Situation unwohl und unsicher gefühlt. Ich wäre irritiert gewesen, warum die Mitschüler von I. lachen. Lachen die Mitschüler über das Schütteln des Reagenzglases von I, obwohl sie es behutsam und vorsichtig über dem Waschbecken schüttelt, oder lachen sie aufgrund von unverständlichen Nebengesprächen zwischen einigen Mitschülern in der Klasse (Geräuschkulisse im Video).

*1.2 Ist die von der Lehrkraft praktizierte Vorgehensweise für mich akzeptabel? Welche Grundintention ist bei der Vorgehensweise der Lehrkraft vermutlich handlungsleitend gewesen?*

Der Lehrer reagiert erst sehr spät auf das Lachen und die allgemeine Unruhe in der Klasse. Während I. schüttelt, ist der Lehrer nicht auf dem Video sichtbar, daher lässt sich nur vermuten, was er in der Zwischenzeit tut. Meine Hypothese ist, dass er durch ein anderes Gespräch abgelenkt ist. Als Hinweis hiefür könnte sein Satz sein: „Holst du die Sachen rein?" Aus diesem Grund vermute ich, dass er die Unruhe (Lachen) in der Klasse spät bemerkt und darauf reagiert. Er versucht mit dem Wort „so" die Schüler aufzufordern, sich wieder auf das Wesentliche zu konzentrieren, nämlich die Beobachtungen zu formulieren, welche Färbung sich ergeben hat, nach dem Schütteln des Reagenzglases durch I.. Einige Schüler in der Klasse lachen aber weiter. Er kennt nicht die Gründe, warum in der Klasse gelacht wird. Dieses spricht er laut aus, in dem er eine Schüler direkt anspricht: „S., ich weiß nicht, was es jetzt so zu lachen gibt?" Diese angesprochene Schülerin verneint aber, dass sie lachen würde. Er wiederholt daraufhin ihre Aussage „Du lachst nicht" und wendet sich schließlich I. zu und fragt sie, was mit der Flüssigkeit passiert ist, nachdem sie das Reagenzglas geschüttelt hat. Einige Schüler lachen aber weiter, er unterbricht dieses nicht, stattdessen berührt er I. Ellenbogen mit seiner Hand und signalisiert ihr möglicherweise damit seine Aufmerksamkeit und Interesse an ihrer Aussage. Ich meine, er interessiert sich nicht wirklich für die Gründe, warum die Schüler nun lachen. Er hat sein Ziel vor Augen, indem er die von den Schülern zuvor genannte Hypothese überprüfen möchte, nämlich, wenn man das Reagenzglas, gefüllt mit Lauge und Rotkohlsaft, schüttelt, es sich einheitlich färbt und keine unterschiedliche Färbungen sichtbar sind. Seine Grundintention ist, den Besonderheiten der Färbung der Flüssigkeit im Reagenzglas nachzugehen. Meines Erachtens will sich der Chemielehrer nicht durch Nebenereignisse in der Klasse - hier Lachen - in seinem Unterrichtsverlauf ablenken lassen. Er stellt zwar an eine Schülerin die Frage, warum sie lache, nicht aber der ganzen Lerngruppe. Er gibt zu, dass er nicht weiß, warum gelacht wird, will aber meiner Meinung nach auch keine ausführlichen Antworten hierzu hören. Für mich ist seine Reaktion auf das Lachen nicht akzeptabel. I. fühlt sich in ihrer Rolle dort vorne nicht wohl. Sie fühlt sich blamiert, auch wollte sie nicht freiwillig das Reagenzglas schütteln, sondern wurde von ihrem Lehrer dazu aufgefordert, es zu tun. Warum er gerade sie auswählt, lässt sich aus der Szene nicht interpretieren. Da I. in ihrem Tun bereits zu Beginn unsicher auftritt, hätte meines Erachten der Lehrer sie in Schutz nehmen und den Sachverhalt aufklären müssen und Imke nicht als Schülerin dort vorne stehen lassen, über die sich Mitschüler lustig machen.

*1.3 Hätte ich die Situation durch eine andere Vorplanung vermeiden können?*

Ich denke, sofern er seine Versuchsanleitung zu Beginn der Stunde anders formuliert hätte, wäre ihm diese Situation erspart geblieben. Er muss das Reagenzglasschütteln mit I. durchführen, da die Beobachtungen der Schüler nicht denen entsprachen, die er sich zuvor überlegt hatte, bzw. wie diese im Lehrbuch stehen, nämlich, dass sich Rotkohlsaft und Lauge einheitlich grün verfärben. Nach der ersten Versuchsdurchführung konnten einige Schüler unterschiedliche Grünfärbungen der Flüssigkeit erkennen, folglich hat sich der Unterrichtsgegenstand gegen seine didaktische Zurichtung gesperrt bzw. verhält sich nicht so, wie vom Lehrer antizipiert bzw. wie im Lehrbuch beschrieben. Vermutungen hierfür wurden anschließend durch die Schüler geäußert. Eine Vermutung, dass Reagenzglas wurde zu wenig geschüttelt, wurde überprüft, indem er I. aufforderte, das Reagenzglas mit der Flüssigkeit zu schütteln. Sofern er den Schülern bereits in der Versuchsanleitung mitgeteilt hätte, dass die Flüssigkeiten im Reagenzglas geschüttelt werden müssen, hätten höchstwahrscheinlich alle Versuchsgruppen ein einheitliches Ergebnis erhalten und dem Lehrer wären andere Beobachtungen, als durch ihn geplant, nicht genannt werden.

# 10 UNSTETIGE UNTERRICHTSSITUATIONEN BEWÄLTIGEN (F4)

*1.4 Wie hätte ich in dieser Situation vermutlich reagiert (wenn ich diese Situation als angehende Lehrkraft zum Beispiel in einem Schulpraktikum erlebt hätte)?*

> Den Anfang der Szene hat der Lehrer für mich akzeptabel gestaltet. Er gibt den Schülern die Möglichkeit Vermutungen und Hypothesen über die unterschiedlichen Farbgebungen der Flüssigkeit im Reagenzglas in den unterschiedlichen Versuchsgruppen zu nennen. Im Anschluss daran möchte er eine Vermutung, die von einer Schülerin formuliert wurde mit einem Experiment überprüfen. Für dieses Experiment benötigt er einen Schüler, der ein Reagenzglas gefüllt mit Lauge und Rotkohlsaft erneut schüttelt. Dieses sollte sichtbar für alle Schüler vor der Klasse geschehen. Die Auswahl eines Schülers hätte ich anders gestaltet. Ich hätte die Schüler gebeten sich zu melden, wer freiwillig dieses kleine Experiment ausführen möchte und dann einen Schüler, der sich gemeldet hat, ausgewählt. Warum er gerade I. ausgewählt hat, bleibt für mich unklar. Aber es muss zuvor etwas passiert sein, denn der Lehrer sagte: „Wer war das mit…?", wählte anschließend I. aus, bat sie nach vorn, sich Gummihandschuhe anzuziehen und über dem Waschbecken das Reagenzglas zu schütteln. Bereits beim Aufruf des Namens I., beginnen die Schüler zu lachen. Der Lehrer reagiert darauf nicht, sondern lässt sie schütteln. Während sie schüttelt, wendet sich der Lehrer vom allgemeinen Unterrichtsgeschehen ab, ist auf dem Video nicht mehr zu erkennen, vermutlich unterhält er sich mit einer Person am Rande des Klassenraums. Das Gelächter in der Klasse ist nicht mehr in seinem Fokus. Als er sein Gespräch beendet hat, wendet er sich wieder I. zu. Ich hätte gleich zu Beginn versucht, das Lachen der Lerngruppe zu beenden und die Schüler zum konzentrierten Beobachten aufgefordert. Spätestens bei dem Satz „die Arme, man", hätte der Chemielehrer merken müssen, dass das Lachen der Schülerin I. galt, denn hier zeigt bereits ein Mitschüler Mitleid mit I.. Ich hätte unterbrochen und nachgefragt, warum gelacht wird. Dies tut der Lehrer zwar auch, aber meines Erachtens zu spät und erwartet auch keine ausreichende Erklärung. Ich hätte sofort wissen wollen, was zur Erheiterung der Klasse geführt hätte und nicht I. die peinliche Situation so lange alleine aushalten lassen. Als Beobachter der Szene bleibt sowohl für den Lehrer als auch für mich unklar, welche Assoziationen die Schüler entwickelt haben. Ich hätte über die Situation aber mit den Schülern reflektiert, denn für mich ist es ein Unding, dass Schüler sich untereinander auslachen. Ich meine, wenn ich dieses nicht geklärt habe, wird sich Imke nie wieder mit einem ruhigen Gefühl vor die Klasse stellen und etwas vormachen. Sie wirkt auf mich in ihrem Verhalten auch vor dem Lachen bereits unsicher und nicht sehr selbstbewusst. Für diese Stunde ist meine Vermutung, dass sie sich ganz aus dem Unterrichtsgeschehen zurückziehen wird. Wenn es wirklich nur eine lustige Assoziation gewesen wäre, hätte vielleicht auch Imke darüber lachen können, aber ich hätte sie nicht in dieser Unwissenheit verweilen lassen.

## 10.6 Lehrerinterventionen bei Konflikten, verspäteten Schülern und anderen Überraschungen

Die nachfolgend beschriebenen Videoszenen bieten einen starken Anreiz, die dort zu betrachtenden Lehrerreaktionen auf unerwünschte Entwicklungen sehr genau in den Blick zu nehmen. Da diese Lehrerreaktionen eng mit deren unterschiedlichen Unterrichtsstilen und persönlichen Eigenarten zusammenhängen, kommt es unter Betrachtern erfahrungsgemäß zu erheblichen Beurteilungsunterschieden derselben Szene. Der Austausch dieser Einschätzungen und ein Zusammentragen möglicher Reaktionsalternativen können zur wechselseitigen Bereicherung der jeweils eigenen Sichtweise beitragen und sollte im Vordergrund stehen. Einige Szenen werden dazu beitragen, dass eigene Repertoire in ähnlicher Weise zu erweitern. Andere Szenen dürften eher den Vorsatz bestärken, bestimmte Reaktionen bei sich selbst auf keinen Fall zuzulassen.

**Ein TIPP: Dramaturgische Pausen einbauen**

Wenn die in diesem Kapitel beschriebenen Szenen in Seminaren oder LFB-Kursen vorgeführt werden, kann es zur Förderung des Meinungsaustauschs hilfreich sein, die jeweilige Szene unmittelbar nach der unerwarteten Entwicklung zu stoppen, um erst einmal Vermutungen und Ideen zum weiteren Vorgehen auszutauschen. Erst danach wird Fortsetzung der Szene mit der jeweiligen Lehrerreaktion gezeigt.

Die im Folgenden beschriebenen Szenen entstammen mehrheitlich *Hannoveraner Unterrichtsbildern*, so dass es bei Interesse möglich ist, auch das Unterrichtsgeschehen vorher und im Anschluss an Szene zu betrachten und mehr über den jeweiligen Kontext dieser kurzen Unterrichtsausschnitte zu erfahren.

**Unterrichtsszene „Überraschungsabfällige Rollenspiele"** (aus HUB 03)

Im weiteren Verlauf der bereits vorgestellten Grammatikstunde zum Thema *simple past and past progressive*, nutzt die Lehrerin mehrere Medien (u.a. Folien, Lehrbuch, AB), um den erfahrungsgemäß ungeliebten Grammatikstoff attraktiver zu machen. Im Mittelteil der Stunde initiiert sie vier kurze szenische Spiele, zu denen sie erst zwei, dann drei und schließlich vier Schüler in den Innenkreis holt (erst mit einer Tageszeitung, dann mit einer Bravo, dann muss sich eine Schülerin auf den Schoß eines Schülers setzen) - mit ungewollten Nebeneffekten.

**Unterrichtsszene „Enthusiastisches Hilfsangebot"** (aus HUB 15)

Bei der Abschlussvorstellung eines in Gruppen angefertigten Eskimo-Dioramas wird von Schülerseite ein ergänzender Arbeitsschritt vorgeschlagen. Der studentische Lehrer fragt, wer das machen möchte, und sogleich hüpft ein Schüler wild mit seinen Armen gestikulierend durch die Klasse und ruft lautstark „Ich, ich, ich", um zu signalisieren, dass er diese Zusatzarbeit gern übernehmen möchte. Der Lehrer überlegt ganz kurz und sagt dann „Du möchtest heute, morgen und die beiden nächsten Wochen den Hof fegen – das finde ich prima." Der angesprochene Schüler setzt sich verdutzt auf seinen Platz zurück.

# 10 UNSTETIGE UNTERRICHTSSITUATIONEN BEWÄLTIGEN (F4)

**Unterrichtsszene „Rauswurf aus dem Stuhlkreis"** (aus HUB 26)

Im Mathematikunterricht einer 3. Klasse hat sich der Lehrer über einen Schüler im gesamten Stundenverlauf immer wieder geärgert. Bei der Bildung des abschließenden Stuhlkreises platzt dem Lehrer der Kragen: Der Schüler muss den Kreis verlassen und sich abseits setzen – unter dem Beifall einiger Mitschüler, die den Lehrer auffordern „Schlag ihn, schlag ihn" und „Der gehört in 'ne Irrenanstalt." Wenig später schickt der Lehrer ihn dann vor die Tür.

**Unterrichtsszene „Freundliche Begrüßung eines Nachzüglers"** (aus HUB 40)

Im Biologieunterricht einer 8. Klasse betritt ein Schüler den Raum erst 12 Minuten nach dem Klingeln. Die Mitschüler sind schon dabei, in Partnerarbeit ein Experiment aufzubauen. Der Lehrer geht auf den Schüler zu, begrüßt ihn freundlich mit Handschlag „Guten morgen. Wir haben schon mal anfangen." Der Schüler geht verblüfft zu seinem Platz, die Mitschüler wirken amüsiert.

**Unterrichtsszene „Letzte Verwarnung!"**

Der Lehrer zeichnet zwei geometrische Körper an die Tafel (Würfel und Pyramide) und stellt dann an alle die Frage: „Kann sich jemand vorstellen, warum wir das machen?" Es werden einige Vermutungen geäußert. Während der Lehrer ein Mädchen dran nimmt, macht ein Junge am Nachbartisch in deren Richtung eine obszöne Geste und grinst gemeinsam mit Sitznachbarn. Der Lehrer reagiert blitzschnell.

**Unterrichtsszene „Streit um ein Etui"** (aus HUB 35)

In einer 4. Klasse wird im Englischunterricht das Hörverstehen geübt. Die Lehrerin bittet nacheinander einzelne Schüler, eine von ihr auf Englisch gegebene Anweisung auszuführen, z. B. zu einem anderen Schüler zu gehen und ihn zu grüßen. Beim vierten Auftrag (ein Schüler bringt sein Etui einem anderen Schüler) passiert etwas Unerwartetes. Der Empfänger des Etuis will dieses nicht zurückgeben – ein Streit entbrennt. Der Schüler, der sein Etui nicht zurückbekommt, umfasst mit beiden Händen den Hals seines Mitschülers, so als wolle er ihn würgen. Die Lehrerin widersteht der Versuchung, die Rückgabe des Etuis mit einem Machtwort zu erzwingen. Vielmehr setzt sie den Unterricht zunächst mit einer weiteren Aufgabe zur ‚total physical response' fort. Während die Schülerin sie ausführt, kommt ihr nach kurzem Nachdenken eine Idee, wie sie die Rückgabe in die nächste TPR-Aufgabe einbauen kann. Ihre Idee geht auf und der Streit wird verträglich beigelegt.

>  **Unterrichtsszene „ Rauswurf beim Vokabelabfragen"**
>
> Nach der Begrüßung fragt die Lehrerin ca. 5 Minuten lang „Unregelmäßige Verben" ab, abwechselnd ausgehend vom deutschen oder vom englischen Infinitiv (to draw – singen – to sleep – trinken – u.s.w.). Sie fragt jeweils auch nach den Eigenarten der Schreibung (Veränderungen von Vokalen oder Konsonanten in den drei Formen). Etwa eine Minute nach Beginn, beim dritten Verb „to sleep", lacht ein Schüler hämisch, nachdem die Lehrerin einen Fehler einer Mitschülerin korrigiert hat. Er muss sofort die Klasse verlassen.

## 10.7 Der mögliche Ertrag einer videobasierten Beschäftigung mit Lehrerreaktionen in unstetigen Unterrichtssituationen

Die Beschäftigung mit Videoszenen, in denen unbekannte Lehrer/innen unerwartete Situationen mit mehr oder weniger Geschick zu bewältigen versuchen, hat sowohl für berufserfahrene Lehrer/innen wie auch für angehende Lehrer/innen in beiden Phasen der Ausbildung einen großen Reiz.

Mit den Vorschlägen in diesem Szenarium ist die Hoffnung verbunden, dass die Kombination aus mitfühlendem Betrachten von Lehrereaktionen auf unerwartete Entwicklungen und anschließendem Überdenken sowie Besprechen dieser Reaktionen eigenes zukünftiges Handeln nachhaltig beeinflussen kann (Grawe 2000). Das Betrachten problematischer Reaktionen von unbekannten Lehrern könnte eine gewissermaßen ‚imprägnierende' Wirkung haben, indem es die Bildung eines Vorsatzes fördert, sich selbst zukünftig in vergleichbaren Situationen zu kontrollieren. Möglicherweise kann so bereits einer Entstehung schematischer Wahrnehmungsmuster und problematischer Reaktionstendenzen prophylaktisch entgegengewirkt werden, noch bevor sie entstanden sind oder sich gar verfestigt haben. In ähnlicher Weise könnten ‚Fremdvideos', in denen man eindrucksvolle Beispiele für eine geschickte Stegreif-Planung sieht, dazu beitragen, das eigene Reaktionsrepertoire und die eigene Improvisationsfähigkeit zu erweitern. Beide Annahmen sind zwar plausibel, mit dem derzeitigen Kenntnisstand aber nicht zu belegen.

Ungeachtet dieser Forschungslücken stimmen die Einschätzungen aus Seminaren, schulinternen Fortbildungen und Lehrerfortbildungskursen zuversichtlich, weil die Teilnehmer/innen die Beschäftigung mit fremden Lehrerreaktionen als für sie selbst anregend bezeichnen. Teilnehmer/innen in Ausbildungsseminaren schätzen es als hilfreich ein, sich überraschende Unterrichtssituationen bereits in einem frühen Ausbildungsstadium anzusehen und über mögliche eigene Reaktionsweisen schon einmal nachzudenken. Da man nie wissen könne, was später beim Unterrichten auf einen zukommt, sei es gut, ‚eingefrorene' Situationen parat zu haben. Durch das Besprechen ungünstiger Situationen gewinne man Sicherheit. Man sei dann nicht mehr so sehr geschockt, wenn etwas Vergleichbares passiert, da man bereits weiß, dass es passieren kann. Auch unter berufserfahrenen Lehrer/innen lösen die Videoszenen intensive und nicht selten kontroverse Diskussionen darüber aus, wie man sich als Lehrer/in verhalten bzw. auf keinen Fall verhalten sollte.

Aber wie nachhaltig sind solche Anstöße? Sind sie noch nach Monaten (oder gar Jahren) wirksam? Diese Fragen sind derzeit nicht beantwortbar, weil die Lehrerbildung mit Seminaren dieser Art noch wenig Erfahrung hat und Folgewirkungen erstmal genauer untersucht werden müssten.

Um eigenen problematischen Reaktionstendenzen, die bereits eingeschliffen sind und die man an sich selbst nicht bemerkt, auf die Spur zu kommen, dürfte die Beschäftigung mit Fremdvideos wenig hilfreich sein. Wer bereits habitualisierte Reaktionstendenzen an sich selbst zur Kenntnis nehmen will, ist angewiesen auf die Rückmeldung eines vertrauenswürdigen Unterrichtsbeobachters oder besser noch auf ein Videofeedback mittels ‚Eigenvideos'. Dabei sind Hemmschwellen zu überwinden, denn es fällt nicht leicht, den eigenen Unterricht videografieren zu lassen, um die Aufzeichnung anschließend im Seminar oder Kollegenkreis zu betrachten. Beratungsgespräche auf der Basis von ‚Eigenvideos' sind angewiesen auf eine Gesprächsatmosphäre, die nicht so ohne weiteres herstellbar ist (Tipps dazu in Kapitel 17 Abschnitt 4).

# 11 Unterricht im Querschnitt am Beispiel *Unterrichtseinstiege* (Szenarium F5)

"Je planmäßiger die Menschen vorgehen, desto wirksamer vermag sie der Zufall zu treffen."
*Friedrich Dürrenmatt*

## 11.1 Die Grundidee

Dieses Szenarium bietet Gelegenheit, sich mit typischen und häufig wiederkehrenden Anforderungen an die Unterrichtsgestaltung auseinanderzusetzen, wie zum Beispiel dem Einstieg in ein neues Thema, dem Stellen eines Arbeitsauftrags, der Auswertung einer Gruppenarbeit. Für denselben Anforderungstyp können diverse Inszenierungsvarianten mit möglichst unterschiedlichen Vorgehensweisen als Videoszenen betrachtet werden. Im Unterschied zur längsschnittartigen Darstellung eines einzigen Unterrichtsvorhabens (s. die Gelenkstellen-Analyse: Szenarium F1) werden vergleichbare Etappen aus vielen Unterrichtsvorhaben im Querschnitt miteinander verglichen und auf ihre Vorzüge und Nachteile untersucht.
Eine exemplarische Erläuterung des Szenariums „Unterricht im Querschnitt" erfolgt anhand der Anforderungssituation *Unterrichtseinstieg*. An diese Unterrichtsphase werden vielfältige Erwartungen geknüpft, so dass sie in der schulpädagogischen und fachdidaktischen Literatur vergleichsweise große Aufmerksamkeit erfährt. Die Begleit-DVD enthält mehr als zwei Dutzend Videobeispiele von Einstiege unter Alltagsbedingungen (getrennt nach Primar- und Sekundarstufe). Sie geben Anregungen zur Erweiterung des eigenen ‚Einstiegs-Repertoires', zeigen aber auch, auf welche Fallstricke zu achten ist. Die Videoszenen eignen sich, um über das Potenzial dieser Einstiegsszenarien zu diskutieren — sei es in Ausbildungsseminaren, sei es im Rahmen kollegiumsinterner Fortbildungen.

Die (fach-)didaktische Literatur hält für die meisten typischen, häufig wiederkehrenden Anforderungen an die Unterrichtsgestaltung eine Vielzahl an Anregungen bereit, die auf dem Papier schlüssig und zumeist auch attraktiv erscheinen. Erst bei der Umsetzung solcher Empfehlungen im Unterricht zeigt sich dann, dass manches doch nicht so leicht gelingt. Bei der Betrachtung videografierter Inszenierungsvarianten wird deutlich, welche vorher nicht bedachten Widrigkeiten sich kontraproduktiv auswirken können.

Das gilt nicht zuletzt auch für das Thema ‚Unterrichtseinstiege', dem sowohl in der Literatur als auch in der Lehrerausbildung eine große — zumalen überschätzte — Bedeutung beigemessen wird.

## 11.2 Der Unterrichtseinstieg als typische didaktische Anforderung

Unterrichtseinstiege sind Abschnitte, in denen ein neues Thema begonnen wird. Sie dienen einer thematischen Öffnung, einer Einstimmung der Schüler auf den neuen Stoff. Zwar folgen Unterrichtseinstiege häufig direkt auf die Stundeneröffnung, können aber auch mitten in einer Stunde liegen, wenn ein vorausgegangenes Thema abgeschlossen wurde und noch Zeit bleibt, um etwas Neues zu beginnen. Je nachdem, wie viel Zeit für die Behandlung des neuen Themas vorgesehen ist, kann die Dauer von Einstiegsphasen variieren. Die (fach-)didaktische Literatur hält einen großen Fundus von ungewöhnlicher Einstiegsideen für alle Schulformen, Klassenstufen und Fächer bereit (Baer u.a. 1995; Frenzl 1994; Greving & Paradies 2007; Schmidt-Wulffen 2008; Schneider 2008; Thömmes 2005). Etliche der in diesen Beiträgen beschriebenen Einstiegsmöglichkeiten sind materialaufwändig; einige können nur mit erheblichem (Zeit-)Aufwand realisiert werden (bis hin zu mehreren Stunden). Solche auf den ersten Blick verlockenden Einstiegsszenarien bleiben nahezu ausschließlich Ausbildungsunterricht, Prüfungs- und anderen Vorführstunden vorbehalten. Im Schulalltag dauern Einstiege i. d. R. nur wenige Minuten, selten mehr als 10 Minuten.

Die didaktische Absicht, die ein Lehrer mit einem Unterrichtseinstieg verfolgt, kann ganz verschieden sein. Idealtypisch unterschieden werden können vier gut voneinander abgrenzbare Hauptfunktionen (vgl. Mühlhausen/Wegner 2010):

- **Motivieren:** Neugier wecken, ggf. Erstaunen erzeugen und längerfristig die Aufmerksamkeit sichern

  Die motivierende Wirkung gilt als wichtigste Funktion von gelungenen Einstiegen. Das anfangs Geheimnisvolle, Rätselhafte soll die Lernmotivation erwecken und möglichst dauerhaft wach halten. Den Schülern muss dabei nicht gleich klar werden, worum es im weiteren Verlauf gehen soll.

- **Orientieren:** Das zukünftige Thema ganz grob erläutern; Klären von Fragen u. Interessen (wechselseitig: Lehrkraft ⇔ Schüler)

  Die Schüler erhalten eine ungefähre Vorstellung vom Thema, aber noch keine genaueren Informationen über den kommenden Gegenstand. Im Idealfall erfolgt die Orientierung wechselseitig: Schüler bringen ihrerseits ihre Vorerfahrungen, Fragen und Interessen am genannten Thema ein. Ein orientierender Einstieg ist meist wenig aufwändig, kann aber mitunter Schüler trotzdem neugierig machen. Diese „motivierende" Nebenwirkung ist sogar dann nicht auszuschließen, wenn sie von der Lehrkraft gar nicht angestrebt wurde – wie auch umgekehrt ein als motivierend gedachter Einstieg bei den Schülern durchaus nicht immer als solcher ankommt.

- **Erläutern des Vorgehens:** Wie soll das Thema bearbeitet werden (Ablauf, Arbeitsformen, Ergebnisse, Ziele)?
Bei diesem Typus von Unterrichtseinstieg wird nur das weitere Vorgehen erläutert: Welcher zeitliche Ablauf ist vorgesehen? Was sind die Bearbeitungsschritte? Welche Arbeitsformen sollen zum Einsatz kommen? Welche Tätigkeiten werden wir ausführen? Welche Materialien und Hilfsmittel werden benötigt? Wie soll das Ergebnis aussehen?
Diese Erläuterungen können mündlich gegeben werden oder auch schriftlich, z. B. in Form einer etwas ausführlicheren Stundengliederung an der Tafel. Beim erläuternden Einstieg ist es unvermeidbar, dass die Schüler auch eine inhaltliche Orientierung erhalten. Gelegentlich ist ein erläuternder Einstieg sogar motivierend. Ähnlich wie der motivierende Einstieg ist auch der erläuternde Unterrichtseinstieg meist relativ unaufwändig und schnörkellos zu bewerkstelligen, weil die Lehrkraft das weitere Vorgehen vorab (hoffentlich) gut durchdacht hat und den Schülern dann nur noch mitzuteilen braucht. Allerdings gibt es Unterrichtskonzepte, bei denen die Ausarbeitung des unterrichtlichen Vorgehens gemeinsam mit den Schülern erfolgt, z. B. im Projektunterricht. Dann ist der Abstimmungsvorgang bereits selbst ein bedeutsamer Teil des Unterrichts (z. B. die drei Phasen ‚Projektinitiative – Projektskizze – Projektplan' nach Frey 2007), so dass es hier nicht gerechtfertigt ist, von einem bloßen Einstieg zu sprechen.

- **Informieren:** Sachinformationen zum Thema erarbeiten lassen
Der Einstieg wird bereits zur Erarbeitung des neuen Gegenstands genutzt, indem die Schüler während der Einstiegsphase Sachinformationen zum Thema erhalten oder sich selbst beschaffen (z.B. aus Büchern oder einer Internet-Recherche). Nach dieser ersten Sichtungsphase ergeben sich Schwerpunkte zur weiteren Vertiefung. Der informierende Einstieg bietet zwangsläufig immer eine inhaltliche Orientierung. Auch motivierend kann der informierende Einstieg sein, muss es aber nicht.

## 11.3 Unterrichtseinstiege auf dem Prüfstand

Unterrichtseinstiege erfüllen nicht zwangsläufig ihren Zweck, wie das die Erfolg verheißenden Empfehlungen in der didaktischen Literatur gern suggerieren. Ob ein Unterrichtseinstieg die in ihn gesetzte Erwartung erfüllt und seiner Funktion gerecht wird, kann erst nach dessen Realisierung geprüft werden. Sie gilt es daher, genauer in Augenschein zu nehmen.

Auf der Begleit-DVD zu diesem Band sind 25 videografierte Einstiege aus Unterrichtsvorhaben in der Primarstufe und der Sekundarstufe zu betrachten, die meisten davon mit detailliertem Wortprotokoll. Die beiden folgenden Tabellen geben eine Übersicht über die Klassenstufe, das Unterrichtsfach und das Stundenthema dieser Einstiege. Gegliedert sind beide Tabellen nach der vorrangigen didaktischen Funktion, die dem jeweiligen Einstieg zugedacht worden ist. Da bis auf einen alle Einstiege aus *Hannoveraner Unterrichtsbildern* entstammen (s. Spalte 4) und bis auf drei Ausnahmen veröffentlicht sind [28], kann auch Einblick in den weiteren Unterrichtsverlauf genommen werden. Jeweils in der letzten Spalte ist angegeben, wer den Unterricht durchgeführt hat (S = Student/in in der I. Ausbildungsphase / R = Anwärter bzw. Referendar/in in der II. Phase / L = Lehrer/in / M = Mentor/in / F = Fachleiter/in in der II. Phase).

| **M = Einstiege mit Motivationsabsicht** | | | | |
|---|---|---|---|---|
| 3. Klasse | Sachunt. | Die Saftmaschine | HUB 33 | L |
| 3. Klasse | Sachunt. | Warum schwimmen Boote? | HUB 37 | S |
| 3. Klasse | Deutsch | Der Koffersketch | HUB 08 | M |
| 3. Klasse | Deutsch | Wie-Wörter | – | S |
| **O = Einstiege, die eine grobe Orientierung geben sollen** | | | | |
| 3. Klasse | Sachunt. | Elektrischer Strom | HUB 10 | S |
| 3. Klasse | Deutsch + Sachunt. | Wegbeschreibung | HUB 02 | L |
| **E = Einstiege, die das Vorgehen zu erläutern beabsichtigen** | | | | |
| 1. Klasse | Deutsch + Mathematik | Der erste Wochenplan | HUB 04 | M |
| 3. Klasse | Sachunt. | Stationen Wasser | HUB 29 | S |
| 3. Klasse | Fächerübergreif. | Roboterbau | HUB 12 | S |
| **I = Einstiege, die informieren sollen** | | | | |
| 4. Klasse | Kunst + Sachunt. | Erstellen einer Homepage | HUB 23 | S |
| 1. Klasse | Mathematik | Tauschaufgaben | HUB 24 | M |

Tab. 16: 11 Videografierte Unterrichtseinstiege aus der Primarstufe

Bei jedem dieser Einstiege kann geprüft werden, ob die erhoffte(n) Funktion(en) aus Beobachtersicht erfüllt ist bzw. sind. Diskussionswürdig ist bei

---

[28] Eine Übersicht darüber, in welchen Buch- und Zeitschriftenpublikationen diese HUB veröffentlicht sind, enthält Anhang 1.

einigen Einstiegen auch, ob Aufwand und Ertrag in einem angemessenen Verhältnis stehen. Wenn ein Einstieg nicht überzeugt, ergibt sich die Frage nach einer besseren Alternative.

| M = Einstiege mit Motivationsabsicht | | | | |
|---|---|---|---|---|
| 7. Klasse | Geschichte | Besiedlung Nordamerikas | HUB 39 | M |
| 8. Klasse | Mathematik | Lineare Gleichungen | HUB 27 | R |
| 11. Klasse | Deutsch | Formmerkmale von Gedichten | HUB 30 | M |
| 8. Klasse | Biologie | Drei Gedächtnistypen | HUB 18 | S |
| O = Einstiege, die eine grobe Orientierung geben sollen | | | | |
| 5. Klasse | Kunst | Blumen malen a la van Gogh | HUB 44 | R |
| 7. Klasse | Deutsch | Was ist Freundschaft? | HUB 20 | S |
| 9. Klasse | Chemie | Redox-Reaktion | HUB 34 | F |
| 10. Klasse | Geografie | Auf englisch: costal landscape | HUB 38 | M |
| 8. Klasse | Biologie | Blattwaage | HUB 40 | M |
| E = Einstiege, die das Vorgehen zu erläutern beabsichtigen | | | | |
| 8. Klasse | diver. Fächer | Werkstattunterricht | HUB 16 | M |
| 5. Klasse | Kunst | Poster mit Kleisterfarbe | HUB 31 | M |
| 5. Klasse | Deutsch | Stationenlernen *Märchen* | HUB 43 | R |
| I = Einstiege, die informieren sollen | | | | |
| 5. Klasse | Welt- u. Umweltkunde | „Wie lebten Eskimos?" | HUB 15 | S |
| 5. Klasse | Deutsch | ottos mops | HUB 41 | M |

Tab. 17: 14 Videografierte Unterrichtseinstiege aus der Sekundarstufe

Nicht immer ist die Funktion, die ein Einstieg aus Sicht der Lehrperson hat, für den Betrachter nachvollziehbar. Und weder Betrachter noch Lehrer können sicher sein, dass die vermutete bzw. erhoffte Wirkung bei den Schülern tatsächlich erzielt wird.

### 11.3.1 Wie wirken Unterrichtseinstiege auf Schüler?

Ob ein Unterrichtseinstieg die Schüler tatsächlich informiert hat oder ob er motivierend wirkt, hat ein Lehrer nicht unbedingt in der Hand. Seine didaktische Konstruktion eines Einstiegs ist die eine Seite — dessen Wirkung auf die beteiligten Schüler eine ganz andere. Zugespitzt gesagt ist es fast unerheblich, ob die Lehrperson ihren Einstieg motivierend, orientierend, usw. konstruiert. Und es ist ebenso unerheblich, wie dieser Einstieg von Betrachtern aufgefasst wird. Entscheidend ist, wie der Einstieg bei den Schülern ankommt. Ein- und derselbe Einstieg wirkt durchaus nicht auf alle Schüler in der gleichen Weise. Nicht selten sind es nur wenige Schüler, die die mit einem Einstieg verbundene Funktion nachvollziehen. Schüler wissen aus langer Schulerfahrung, dass Lehrkräfte eine anfängliche Inszenierung nicht einfach nur um ihrer selbst Willen vorführen; sie fragen sich bereits während eines Einstiegs, was die Lehrkraft wohl damit bezweckt. Daher müsste man konsequenterweise die Schüler selbst nach der Wirkung eines Einstiegs fragen, und zwar genau genommen jeden Schüler einzeln. Das ist schwierig, denn man kann den Unterricht nach einer Einstiegsphase nicht einfach anhalten und die Schüler fragen, welchen Eindruck sie vom Einstieg hatten (wer sich motiviert fühlt; wer schon neue Informationen zum Thema erhalten; wer sagen kann, in welcher Weise die weitere Bearbeitung wohl erfolgen wird). Daher gibt es auch kaum empirische Untersuchungen über die Wirksamkeit von Unterrichtseinstiegen aus Schülersicht.

Aufschlussreich sind Studien, die in den letzten acht Jahren mit angehenden Lehrerkräften am Anfang der I. Ausbildungsphase durchgeführt worden sind (Mühlhausen & Wegner 2010). Die beiden Videoszenen „Währungstabelle" (Mathematik Klasse 8) und „Apfelsaftmaschine" (Sachunterricht Klasse 3) haben insgesamt mehr als 1600 Lehramtsstudierende gesehen (jeweils individuell dargeboten am PC). Sie sollten versuchen, sich in die Lage der Schüler zu versetzen, und angeben, wie dieser Einstieg auf sie wirkt und auf welches Thema er vermutlich einstimmen soll.

**Kommentare angehender Lehrer/innen zum Einstieg „Apfelsaftmaschine"**

Die Einschätzungen der befragten Lehramtsstudierenden zu diesem ungewöhnlichen Unterrichtseinstieg sind sehr kontrovers. Der Einstieg polarisiert:
- „Ein toller Einstieg, der die Schüler neugierig macht."
- „Der Lehrer motiviert die Schüler zum Nachdenken. Die durch den Einstieg geweckte Neugierde motiviert die Schüler, sich mit dem Experiment und dem Ergebnis zu beschäftigen und Fragen zu stellen."
- „Drittklässler sind mit diesem Einstieg völlig überfordert."
- „Hübscher Zaubertrick – aber was soll das in der Schule?"
- „Ich kann mir nicht wirklich vorstellen, dass irgendein Schüler weiß, worum es geht."
- „Motivation: endlich herausfinden, was das für ein Apparat ist! Erwartungen werden sicherlich geweckt, aber da ich das Thema nicht eingrenzen kann, fällt es mir auch schwer zu formulieren was mich an dem Thema weiterhin interessieren könnte."

## 11 Unterricht im Querschnitt (F5)

Eindrucksvoll sind auch die phantasiereichen Spekulationen zum mutmaßlichen Stundenthema, das die Studierenden aufgrund der Videoszene herausbekommen sollten. Eine Auswahl:
- „Umwandlung von Stoffen/Photosynthese/Chemie, da sich aus einer Sache mit Zugabe von etwas Anderem etwas Neues entwickelt"
- „Wie etwa eine Pflanze mit Hilfe von Wasser Fruchtzucker gewinnt/Lebensmittel im Bio-Unterricht/Obst und Gemüse"
- „Ich könnte mir gut vorstellen, dass die Kiste den Menschen darstellen soll und oben Wasser reinkommt (Wasserzufuhr durch den Mund) und unten gelbe Flüssigkeit rauskommt (Urinabgabe)."
- „Es könnte ein Kreislauf dargestellt werden, z. B. ein Blutkreislauf. Dies würde wiederum auf das Fach Biologie schließen lassen."
- „Schmecken/bzw. um die fünf Sinne/Sinnestäuschung: Einstieg zu Sehen, Schmecken und Riechen"
- „Thema Wasser/Wasser im alltäglichen Leben/Nutzbarkeit von Wasser"
- „Erstellen von Apfelsaft/Getränkeherstellung/Erstellung von Saftkonzentraten, wie ein Automat/Miniatur-Apfelsaft-Fabrik/so etwas wie: „... und Saft kommt nicht aus dem Tetra Pack?!"/Herstellung von Apfelsaft und die einzelnen Schritte, die erforderlich sind, um Apfelsaft trinkfertig herzustellen."
- „Gesunde Ernährung/Gesundheitserziehung: Wie wird Apfelschorle hergestellt? Ist sie genau so gesund wie herkömmlicher Apfelsaft oder sehr künstlich?"
- „Gewichte und Volumen"
- „Es fließt von oben durch das Gerät nach unten, dadurch wird die Erdanziehungskraft veranschaulicht."
- „Destillation/Mischverhältnisse, aus denen Nahrungsmittel entstehen/Wie sich Flüssigkeiten verhalten"
- „Wasserverdrängung/Fließwege des Wassers/Der Wasserhahn? Wie funktioniert die Versorgung über eine Wasserleitung?"
- „Wasserkreislauf: Wasser verändert sich darin (in Regenform, Meer, Tau etc.). Im Versuch verändert sich das Wasser auch und wird zu Apfelsaft."
- „Wasserpumpen/Funktion einer Kläranlage/Wasser als Antriebsstoff/ Flüssigkeit-Schwerkraft: Dass das Wasser durch die Erdanziehungskraft auf den Apfelsaft im Schlauch drückt und so am anderen Ende des Schlauchs Apfelsaft ins Glas fließt."
- „Automaten und Maschinen in unserer Umwelt/Innenleben von Maschinen/Hebelgesetze?"
- „Prinzip einer Toilettenspülung: Das nachgegossene Wasser spült den Apfelsaft aus dem Rohr heraus."
- „Vielleicht um die Veränderung von Substanzen, wenn man zwei verschiedene Substanzen miteinander mischt/Zapfanlage, Umwandlung von Flüssigkeiten/Wie hoch der Wasseranteil in Apfelsaft ist."
- „Hochzeit von Kanaa – Die Verwandlung von Wasser in Wein"
- „Es könnte Physik- oder Chemieunterricht sein bzw. Sachunterricht! Tja, gar nicht so einfach ..."
- „Ich hoffe, die Schüler haben das herausgefunden – ich leider nicht. Das ist jedenfalls mit Wasser verbunden, aber ..."

- „Es geht um Erfindungen im Allgemeinen/Kinder zum Forschen und Experimentieren anregen"
- „Das Thema dieser Stunde wird wahrscheinlich sein, dass nicht immer das passiert, was man vermutet."
- „Was vermute ich? Was nehme ich wahr? Was beobachte ich? Also darum, die Wahrnehmung und die Beobachtungsgabe der Kinder zu fördern und sie anzuregen, über das Gesehene nachzudenken."

**Kommentare angehender Lehrer/innen zum Einstieg „Währungstabelle"**

Auch bei diesem eher schlichten Unterrichtseinstieg gehen die Einschätzungen der befragten Lehramtsstudierenden extrem auseinander:

- „nicht altersgemäß, unglaubwürdig, merkwürdig, langgezogen, schleppend, wie im Kindergarten"
- „gut gewählt, lockert die ‚trockene' Mathematik auf, geht von einem Alltagsproblem aus"
- „Der Einstieg ist so gestaltet, dass den Schülern etwas gezeigt wird, dessen Bedeutung sie herausfinden müssen. Es wird sich auf interessante Weise an das Thema herangefragt. Dass der Lehrer so sympathisch und natürlich ist, ist gerade für ein Fach wie Mathematik, das ja nicht bei allen Schülern sehr beliebt ist, sehr von Vorteil.
- „So richtig geweckt worden wäre mein Interesse wahrscheinlich nicht, da ich ne Währungstabelle nicht so interessant finde. Aber die Bemerkung des Lehrers, dass er diese bei sich im Keller gefunden habe, hätte irgendwie dann doch mein Interesse geweckt."
- „Zuerst erzählt der Lehrer den Schülern diesen Quatsch mit der im Keller gefundenen Tabelle, von der er nicht weiß, was sie sein soll. Das ist so dermaßen unglaubwürdig, dass die Schülerinnen kichern. Dann redet er so gestelzt: ‚nicht so schüchtern ... ' und wieder kichern die pubertierenden Mädchen. Das wundert mich nicht. Er will zwanghaft Pepp in den Unterricht bringen, was aber künstlich wirkt."
- „Auf mich wirkt der Lehrer ziemlich lustlos und gelangweilt. Die abwehrende Körperhaltung, so interpretiere ich die verschränkten Arme vor seinem Körper, unterstreicht das noch. Ich wäre mir bei der Erklärung, er habe die Tabelle im Keller gefunden, in der 8. Klasse etwas ‚verarscht' vorgekommen, weil es definitiv nicht so ist. Ich habe außerdem das Gefühl, dass man genau das sagen muss, was er hören will."
- „Irgendwie empfand ich diesen Einstieg ziemlich banal, fast schon etwas peinlich. Nachdem der Lehrer die Tabelle aufgehängt hat, war für mich sofort klar, dass es sich um Währungen handelt (und wahrscheinlich allen anderen auch!). Deshalb erschien die Frage ‚Was ist das?' einfach merkwürdig."

Die breit gefächerten Spekulationen der Studierenden zum mutmaßlichen Stundenthema, legen die Vermutung nahe, dass auch die Schüler/innen nicht erahnt haben dürften, worauf der Einstieg hinauslaufen sollte. Bis auf vier Befragte sind alle weit entfernt vom tatsächlichen Thema (*Lineare Gleichungen*). Etwa ein Viertel aller Antwortenden vermutet als Thema entweder „Dreisatz" oder „Umrechnungen von Währungen/Devisenrechnung". Die übrigen Angaben verteilen sich auf Themen wie „Einführung in die Dezimalzahlen", „Wie man eine Tabelle liest", „Kommarechnung und Dezimalzahlen", „Prozentrechnung". Aber auch „Bruchrechnen", „Wurzelziehen" und „Berechnen von Verhältnissen, Längen und Größen" wird vermutet — mithin nahezu alle ‚Gemeinheiten', die die Mittelstufenmathematik auf Lager hat. Einige meinen sogar, dass es um die Vorbereitung des Themas „Börse/Wirtschaft" gehen könnte.

**11.3.2 Der Wirkung von Unterrichtseinstiegen nachgehen**

Lehrkräfte haben in ihrem Unterricht von Fall zu Fall die Möglichkeit zu prüfen, wie ihr Einstieg bei den Schülern angekommen ist. Anders als Unterrichtsforscher, die von außen — quasi als Fremdkörper – in den Unterricht kommen, können sie nach einer Einstiegsphase eine Überprüfung seiner Wirksamkeit ‚einbauen'. Lehrkräfte können mittels Befragung ihrer Schüler ermitteln, ob ihre an einen Einstieg geknüpften Erwartungen zutreffen:
- Wie ist das Einstiegsszenarium angekommen?
- Ist es gelungen, Schüler neugierig zu machen?
- Ist den Schülern die Bedeutung des Themas klar geworden?
- Wissen die Schüler, in welcher Weise das Thema bearbeitet werden soll?
- Über welche Informationen verfügen die Schüler nach der Einstiegsphase?

Solche Schülerbefragungen und Gespräche über die dabei zu Tage tretenden Einschätzungsunterschiede können überzogene Erwartungen über die Bedeutung von Einstiegen korrigieren. Sie tragen auch bei zu einer oft geforderten, aber nicht so oft praktizierten Feedback-Kultur im Unterricht.

## 11.4 Unterricht im Querschnitt — Weitere mögliche Analyseschwerpunkte

In derselbe Weise wie Unterrichtseinstiege können auch andere wiederkehrende typische Anforderungssituationen beim Unterrichten analysiert werden, z.B.
* ‚Zähe' Stundenanfänge
* Arbeitsaufträge verständlich formulieren und richtig stellen
* Gesprächsführung
* Organisation von Gruppenarbeit
* Zusammenfassung und Auswertung divergierender Arbeitsergebnisse
* Präsentation von Ergebnissen durch Schüler

Der Blick auf fremde Lehrer/innen, die ganz unterschiedlich mit solchen alltäglichen Anforderungen umgehen, ist anregend. Überzeugende Vorgehensweisen, die man selbst noch nicht kannte, tragen zur Erweiterung des eigenen Repertoires bei. Kritikwürdige Vorgehensweisen regen an zur Suche nach Alternativen.

# 12 Unterricht beobachten lernen (Szenarium F6)

"Jedes Ding hat drei Seiten: Eine, die du siehst, eine, die ich sehe, und eine, die wir beide nicht sehen."
*Inschrift in der Moschee der Gräberstadt "Nekropole Shohizinda" bei Samarkand/Usbekistan*

## 12.1 Grundidee des Szenariums „Unterricht beobachten"

> Niemand ist in der Lage, Unterricht so zu sehen und nachher so wiederzugeben, wie er „wirklich" war. Diese Erkenntnis ist nicht neu, dürfte aber Lehrer/innen kaum dazu veranlassen, an der eigenen Beobachtungsfähigkeit zu zweifeln. Eine Lehrerausbildung, die zur (Selbst-)Reflexion befähigen möchte, sollte möglichst frühzeitig vermitteln, wie begrenzt die eigene Beobachtungsfähigkeit ist und welche Möglichkeiten es gibt, Beobachtungsfehler zu verringern. Die in diesem Kapitel beschriebenen Übungen zielen darauf ab, die Tücken der Unterrichtsbeobachtung anhand kurzer Videoszenen mit eigenen Augen (und Ohren!) zu erleben.
>
> Die gemeinsame Beobachtung videografierter Unterrichtsszenen bietet Gesprächsanlässe über unterschiedliche Sehgewohnheiten und trägt dazu bei, ‚blinde Flecke' zu überwinden. Die Diskussion über kontroverse Beurteilungsmaßstäbe am fremden Videobeispiel kann auch in der Lehrerfortbildung Anstöße geben, die eigenen Beurteilungskriterien ohne Rechtfertigungsdruck und akuten Handlungszwang zu überdenken.

## 12.2 Die Tücken der Unterrichtsbeobachtung

Zu den schwierigsten mitlaufenden Anforderungen beim Unterrichten gehört es, das ständig wechselnde Geschehen fortwährend aufmerksam im Blick zu behalten, um ggfs. schnell und angemessen reagieren zu können. Aus diesem Grund wird in vielen Ausbildungsstandorten von angehenden Lehrern verlangt, dass sie im Rahmen ihrer Schulpraktika Übungen zur Unterrichtsbeobachtung[29] absolvieren. Das Kardinalproblem solcher Beobachtungsübungen im Klassenzimmer ist, dass die zu beobachtende Unterrichtswirklichkeit bereits während der Beobachtung ‚entschwindet' und hinterher nur noch als lückenhafte Erinnerung und in Form vager Protokollnotizen vorliegt. Hinterher gibt es kein Korrektiv, an dem man überprüfen könnte, ob die eigene Beobachtung zutreffend erinnert wird oder nicht. Wenn mehrere

---

[29] Die Bezeichnung Beobachten ist eigentlich unzutreffend (ebenso wie das englische / französische ‚observation'), denn gemeint sind immer die visuelle und die akustische Wahrnehmung.

Personen ein- und dieselbe Unterrichtsetappe beobachten, werden sie danach feststellen, dass sie in vielen Details nicht übereinstimmen. Das kann ganz verschiedene Ursachen haben, denn die individuelle Wahrnehmung ist immer abhängig von Vorerfahrungen und Sehgewohnheiten, dem Beobachtungsinteresse sowie dem räumlichen Blickwinkel des Beobachters. Vor allem angehende Lehrer/innen überschätzen ihre Beobachtungsfähigkeit auch aus einem weiteren Grund: „Der frische Blick eines neuen Beobachters kann den Zusammenhang verfehlen, weil er bestimmte Regeln, Rituale und Strukturen in einer Klasse übersieht." (Narr & Gebhard 1996).

Auch Experten haben jeweils eine eigene Perspektive und schließen damit — gelegentlich unbeabsichtigt — andere Perspektiven aus. Ihre allgemeinen Erfahrungen im Beobachten und ihre speziellen Kenntnisse von einer Klasse sind nützlich, weil sie so viel genauer auf die sie interessierenden Besonderheiten achten können (der Beratungslehrer achtet auf die Körpersprache des Lehrers, die Logopädin auf Sprachauffälligkeiten bei Schülern, der Englischdidaktiker auf die angemessene Umsetzung eines fachdidaktischen Konzepts). Aber diese Fokussierungen lenken den Blick weg von anderen Spezialaspekten. Zudem ist kein Experte gefeit vor beeinträchtigenden wahrnehmungspsychologischen Mechanismen (s. Kasten „Selbstüberschätzung, Beobachtungsfallen und Bewertungshypertrophie"). Selbst Ausbildern, deren tägliches Geschäft die Beurteilung von Unterricht ist, unterlaufen ähnliche Beobachtungsfehler wie Anfängern im Lehramtsstudium, wenn sie komplexe Unterrichtssituationen beobachten, in denen mehrere Stränge mit erwartungswidrigen Ereignissen schnell hintereinander ablaufen (vgl. Hüne & Mühlhausen 2007).

Bei ‚Live-Unterrichtsbeobachtungen' im Rahmen von Hospitationen können mehrere Beobachter ihre Beobachtungsnotizen hinterher austauschen und im Idealfall wechselseitig ergänzen. Aber wenn unvereinbare Tatsachenbehauptungen nebeneinander stehen, ist die Frage, wie es sich denn tatsächlich abgespielt hat, nicht zu klären. Die Wahrheitsfindung gerät leicht zur Rechthaberei oder wird per Status ‚geklärt', weil ein Korrektiv fehlt, anhand dessen der faktische Verlauf überprüft werden könnte.

Ein weiteres Manko von ‚Live-Unterrichtsbeobachtungen' ist, dass sie nicht taugen, um nachträglich die Feinheiten der Unterrichtsinteraktion bei schnellen Wortwechseln mit aussagebedeutsamer nonverbaler Körpersprache, Gestik, Mimik und stimmlicher Konnotation herauszuarbeiten. All das würde selbst den geübtesten Protokollanten überfordern und gelangt erst gar nicht in eine Protokollmitschrift.

## Selbstüberschätzung — Beobachtungsfallen — Bewertungshypertrophie
Von einer naiven zur reflektierten Unterrichtsbeobachtung

**1. Angehende Lehrer/innen tendieren dazu, die eigene Fähigkeit zur Unterrichtsbeobachtung und -protokollierung zu überschätzen.**

Viele angehende Lehrer/innen gehen ganz selbstverständlich davon aus, dass sie Unterricht so mitbekommen, wie er sich zuträgt (Motto „Ich war ja dabei."). Die Aufforderung von Ausbilderseite, die Beobachtungsergebnisse schriftlich festzuhalten, wird schon mal als Schikane empfunden. Wenn ihr nachzukommen ist (z.B. für Praktikumsberichte), fallen die sog. „Beobachtungsprotokolle" in der Regel dürftig aus. Wie lückenhaft und fehlerbehaftet solche Protokolle sind, bleibt ungeklärt, weil ein kritisches Korrektiv fehlt. Gelegentlich verstärken auch Ausbilder diese Selbstüberschätzung mit schlechtem Vorbild, indem sie in anschließenden Besprechungen den Eindruck vermitteln, eine Unterrichtsstunde anhand ihrer Aufzeichnungen im Wesentlichen ‚richtig' festgehalten zu haben. Auch sie unterschätzen die Einschränkungen beim gleichzeitigen Beobachten und Protokollieren (z.B. das Abgelenktsein vom Beobachten während des Schreibens, eine ablenkende Geräuschkulisse und Sichtbehinderungen).

**2. Das nachträgliche Gespräch dient oft nur dem Ziel, schnell eine oberflächliche Übereinstimmung in der Beurteilung des Gesehenen herzustellen.**

Bei Unterrichtsnachbesprechungen gilt eine detaillierte Abklärung darüber, was jeder gesehen bzw. behalten hat (und was nicht!), unausgesprochen als uncool: Weil jeder ja das Gleiche gesehen hat, braucht man nicht lange darüber zu reden. Ein Gespräch über den Unterricht bewegt sich meist ganz schnell daraufhin, das Gesehene zu bewerten. Die Sichtweise des Einzelnen ist eine Mixtur aus Situationsbeschreibungen, Interpretationen, Unterstellungen und Werturteilen. Wenn der Unterrichtende dabei nicht anwesend ist, gerät diese Bewertung fast immer zum Verriss — jeder Betrachter findet etliche ‚Haare in der Suppe' und hätte es natürlich besser gemacht (das gilt übrigens gleichermaßen für Seminare, Lehrerfortbildungskurse und erziehungswissenschaftliche Expertenrunden). Wenn der Unterrichtende bei der Stundenbesprechung anwesend ist, gewinnt meist eine wohlwollende Sichtweise die Oberhand („Alles ganz gut gelaufen."). Das mag für die Gesprächsatmosphäre günstig sein, ist jedoch mit Blick auf eine erfolgreiche Ausbildung dysfunktional.

**3. Weder Anfänger noch Ausbilder sind vor fünf Mechanismen gefeit, welche die Wahrnehmung von Situationen und Personen verfälschen.**

(1) Rahmung: Unzusammenhängende Einzelfakten werden zu einem plausiblen Ganzen zusammengefügt: eine Geschichte wird erfunden, in die die wahrgenommene Einzelheiten gut reinpassen — fiktionale Ergänzung unvollständiger Passagen, Verdrehen der Reihenfolge

(2) Wahrnehmungsstereotypien (=Voreinstellungen) prägen die Beobachtung

(3) Beobachtungslücken durch überforderte Aufnahmekapazität werden kompensiert durch Hinzuerfinden von plausiblen Fiktionen

(4) Vermengen von Beobachtung, Interpretation und Bewertung

(5) Wahrnehmungen werden ‚zurecht gerückt', damit sie das Selbstbild nicht stören

Tab. 18: Selbstüberschätzung — Beobachtungsfallen — Bewertungshypertrophie

Videobasierte Unterrichtsbeobachtungen sind hervorragend geeignet, um angehenden Lehrern einen Eindruck davon zu vermitteln, wie schwierig Interaktionsprozesse im Unterricht zu erfassen sind. Sie können dazu beitragen, die in der Lehrerausbildung verbreitete, naive Vorstellung zu überwinden, die eigene Wahrnehmung entspräche erstens weitgehend dem Geschehen und zweitens der Wahrnehmung anderer Beobachter, die denselben Unterricht betrachten.

Die videobasierte Beobachtung von Unterrichtsszenen ist auch für erfahrene Lehrkräfte gewinnbringend. Unterrichtsvideos können eine Art ‚Katalysator' sein, um sich in einer Fortbildungsrunde oder im Rahmen einer kollegiumsinternen SCHILF ohne Handlungs- und Entscheidungsdruck darüber auszutauschen,
- welche Vorstellungen von *Gutem Unterricht*, von geeigneten Konzepten bzw. Methoden im Teilnehmerkreis existieren;
- welche Normen und Regeln jeder Einzelne für wichtig oder weniger wichtig hält;
- wie unterschiedlich mit Regelverstößen oder Konflikten umgegangen wird.

Gerade weil nach der Betrachtung ein- und derselben Videoszene unter Veranstaltungsteilnehmern oft keine Einigkeit besteht, was gesehen wurde, und noch weniger, wie das Gesehene zu beurteilen ist, bieten solche Szenen einen starken Anreiz, um Gespräche darüber zu initiieren, was Unterrichtsqualität auszeichnet. Erst der gemeinsame Blick auf reales Unterrichtsgeschehen zeigt, wie unterschiedlich ein- und dieselbe Szene, Person oder Methode von mehreren Betrachtern beurteilt wird.

Gegen videobasierte Unterrichtsbeobachtungen werden insbesondere von Verfechtern einer ‚Vorort-Hospitation' Einwände vorgebracht, die m.E. nicht stichhaltig sind (s. Tabelle 19).

| Einwände gegen videobasierte Unterrichtsbeobachtungen | Gegenargumente |
|---|---|
| Das Gespür für die Lebendigkeit, Vielfalt und Komplexität realer Unterrichtssituationen kann so gar nicht erst entwickelt werden. | Das ist richtig und auch gewollt, weil bereits die mit diesem Medium transportierbare reduzierte Komplexität immer noch viel zu hoch ist, als dass ein Betrachter ihr gerecht werden könnte. |
| Die Kamera zeigt nicht den gesamten Unterricht, sondern nur einen willkürlichen Ausschnitt. | Diese Kritik spiegelt die Illusion, dass im Unterricht anwesende Betrachter nicht ebenso dieser willkürlichen Perspektivbegrenzung unterlägen. Der Unterschied ist nur, dass sie ihren Perspektivwechsel fortlaufend selbst organisieren, ohne sich dessen bewusst zu werden. |
| Im Unterricht hospitierende Betrachter bekommen viel besser mit, was dort passiert. | Bei Vorort-Hospitationen ist die Beobachter-Position in der Regel ungünstiger als die Kameraperspektive bei Unterrichtsaufzeichnungen. Beobachter sitzen fast immer an der hinteren Wand. Zwar bekommen sie die in ihre Richtung gesprochenen Lehreräußerungen mit, aber die in Gegenrichtung gesprochenen Schülerbeiträge dafür umso schlechter — und sehen diese vorwiegend von hinten. |
| Die Begrenzung auf einen kurzen Ausschnitt aus einer 45 Minuten-Stunde verhindert eine dem Kontext angemessene Interpretation, weil weder die Vorgeschichte noch das auf den Ausschnitt Folgende gezeigt werden. | Dieser Einwand träfe zu, wenn besagte Vor- und Folgegeschichte valide festgehalten werden könnten. Da aber bereits die konzentrierte Wahrnehmung eines 1 ½ Minutenausschnitts schwierig ist (Hüne & Mühlhausen 2007), fragt sich, warum es dann gelingen sollte, 45 Minuten präzise zu erinnern. |
| Der Unterricht wird durch die Kameraaufzeichnung erheblich gestört, Schüler und Lehrer verhalten sich unnatürlich. so dass ein völlig falscher Eindruck vom Unterricht entsteht. | Videografierte Lehrkräfte stimmen darin überein, dass sie eine Kameraaufzeichnung nach wenigen Anfangsminuten aufgrund des Handlungsdrucks vollständig übersehen. Das gilt auch für die meisten Schüler/innen; allerdings gibt es vereinzeln auch Interviewäußerungen von Schüler/innen, die sich durch die Kamera gestört gefühlt haben. Vermutlich hängt das mit einer unterschiedlich starken Involviertheit in das Unterrichtsgeschehen zusammen. |

Tab. 19: Unterrichtsbeobachtung auf Videobasis - Pro und Contra

## 12.3 Einmaliges Beobachten ohne spezifischen Beobachtungsauftrag

Je nachdem, welche Zielsetzung man mit einer Beobachtungsübung verbindet, ist der vorgegebene Beobachtungsauftrag mehr oder weniger spezifisch formuliert. Bei den in den Abschnitten 12.4. und 12.5 beschriebenen Beobachtungsübungen erhalten die Teilnehmer/innen gleich zu Beginn bzw. beim zweiten Durchgang ganz spezielle Aufträge.

Ganz andere Anforderungen stellt ein Typ von Beobachtungsübung, bei dem Betrachter dazu auffordert sind, individuell eine Unterrichtsszene möglichst detailliert und vollständig zu protokollieren. Bei einer solchen Übung wurde eine nur 90 Sekunden dauernde Unterrichtsszene in mehreren Veranstaltungen unter gleichen Bedingungen mehr als 200 Beobachtern (angehenden Lehrer/innen am Anfang und gegen Ende ihrer Ausbildung sowie Lehrerausbilder aus der I. und II. Phase) gezeigt. Die Beobachter waren aufgefordert, nach einmaliger Beobachtung der Szene ein möglichst genaues Protokoll zu verfassen. Obwohl diese Szene nur von sehr kurzer Dauer ist, ergibt die Auswertung von 207 Protokollen erhebliche inhaltliche und formale Unterschiede (vgl. Hüne & Mühlhausen 2007). Kaum zwei Protokolle entsprechen sich in ihren inhaltlichen Kernaussagen. Die Protokolle unterscheiden sich in Hinblick auf den Umfang der Angaben um den Faktor 11 (das knappste Protokoll besteht aus zwei, das längste aus 22 Zeilen) und sie unterscheiden sich vor allem in der Genauigkeit der Angaben (von vagen Andeutungen wie „Die Lehrerin sagt etwas." bis hin zu wortgetreuen Zitate). In vielen Protokollen werden Szenenteilen ausgelassen (einige Protokolle gehen nur auf die vordere Szenenhälfte ein, andere nur auf die hintere). Etliche Protokolle enthalten offenkundig falsche Tatsachenbehauptungen (Verwechslung von Personen, Vertauschen der Reihenfolge von Äußerungen und Handlungen). Einige Protokolle enthalten lyrische Ausschmückungen, die mehr über die Befindlichkeit des Protokollanten aussagen als über die Unterrichtsszene. Häufiger werden belegbare Angaben mit Interpretationen und Bewertungen vermengt.

Die Ergebnisse belegen eindrucksvoll, dass die Anforderung, eine Unterrichtsszene möglichst vollständig und detailliert zu erfassen, unerfüllbar ist. Die menschliche Beobachtungsgabe ist unfähig, komplexe Situationen „vollständig" zu erfassen. Das gilt nicht nur für unerfahrene Unterrichtsbeobachter, sondern auch für Ausbilder, die seit vielen Jahren professionell mit Unterrichtsbeobachtung befasst sind. Ihre Stärke ist gerade die fokussierte Beobachtung, bei der aufgrund spezifischer Fragestellungen auf ganz bestimmte

Vorkommnisse sehr genau geachtet wird, während andere Details der Szene ausgeblendet werden. Fehlt ein solcher spezifischer Beobachtungsauftrag, dann ‚kapituliert' jeder Beobachter vor der Komplexität einer Situation, indem er von sich aus frei flottierende Fokussierungen auf Detailaspekte vornimmt, die ihm — meist unbewusst — als interessant erscheinen.

Wie aspektbezogen, fehleranfällig und lückenhaft so gewonnene Beobachtungsergebnisse sind, wird den Betrachtern im Anschluss an die Übung deutlich, wenn sie Gelegenheit erhalten, die Szene noch einmal zu sehen und mit ihrem Protokoll zu vergleichen.

Beobachtungsübungen dieser Art sind (vor allem, aber nicht nur) für angehende Lehrer/innen unerlässlich, weil nur vermittels dieser gewollten Desillusionierung einer naiven Überschätzung der eigenen Beobachtungsfähigkeit entgegengewirkt werden kann.

## 12.4 Gezieltes Beobachten mit expliziten Aufträgen

Bei diesem Typ von Beobachtungsübung wird eine Videoszene mindestens einmal mit einer genau vorgegebenen Aufgabe betrachtet. Besonders reizvoll für angehende Lehrer/innen ist es, sich mit ‚frühen' Unterrichtsproben anderer unbekannter Anfänger zu befassen, weil diese vergleichsweise auffällige Fehler machen, gegen die man aber bei eigenen Unterrichtsversuchen auch nicht gefeit ist. Indem man bei Anderen auf diese Fehler aufmerksam wird, gelingt es eher, sie selbst zukünftig zu vermeiden.

Gut geeignet für eine gezielte Beobachtungsübung ist das HUB 20, in dem zwei Studierende in einer 7. Klasse im Deutschunterricht Team-teaching praktizieren (s. die Kurzbeschreibung zu diesem HUB auf Seite 172).

Eine Gruppe von Referendar(inn)en hat sich zunächst im Rahmen einer vorbereitenden Hausaufgabe mit den Besonderheiten dieser Stunden und dem Textauszug, der diesem Unterricht zugrunde lag, beschäftigt.[30] Dann wurden vier Beobachtungsaspekte festgelegt:
1. Wie erfolgt die Aufgabenstellung?
2. Was fällt bei der Gesprächsführung auf?
3. Was fällt bei der Körperhaltung der Unterrichtenden auf?
4. Was fällt bei der Teamarbeit auf?

---

[30] Mein Dank gilt dem Fachleiter Holger Schroers am Studienseminar Köln, der diese Beobachtungsübung mit einer kleinen Gruppe von Referendar/inn/en durchgeführt hat.

Danach wurde der Mitschnitt zweimal angeschaut, jeweils mit einer sich anschließenden Phase, in der Eindrücke notiert bzw. ergänzt werden konnten. Die schriftlichen Kommentare aller Teilnehmer im Wortlaut:

**Zu 1) Aufgabenstellungen**
- unklar formuliert -> warum den Zettel rausholen?
- es ist nicht klar, was sie machen sollen
- wird erst später aufgeführt
- keine Zeitvorgabe
- keine Konsequenz (kommt nach vorne, dann sammelt er selber ein und legt es vorne hin)
- Auswertung fehlt -> was passiert mit den Ergebnissen?
- Den Schülern ist nicht klar, auf was die Lehrenden hinauswollen:
    o Warum AB?
    o Aufträge werden während der Arbeitsphase verändert!
    o Textbezug wird erwartet, war aber nicht in der Aufgabenstellung
- unklarer Arbeitsauftrag in Einstiegsphase („Ihr sollt nicht schreiben, Freundschaft ist für mich Eis essen gehen mit Tobi, sondern – schreibt in Stichworten auf, was für euch Freundschaft ist.")
- Auftrag: SuS sollen Blätter in die Mitte d. Klassenraumes legen, dann sammelt er die Blätter ein; nur einzelne SuS führen den ursprünglichen Auftrag aus
- Unklare Aufgabenstellung (AB)
- Zeitangabe bei Assoziationsphase kürzen
- zu lang!!!
- doppelte Formulierungen
- unklar, z. B. Zeiteinteilung
- „Würden gern zum Ende kommen"
- Aufgabenstellung ungeeignet für Stundenziel
    o mehrere Aufträge hintereinander gestellt
    o immer wieder neue Aufträge, sodass unklar ist, welche Aufgabe bearbeitet werden soll
- Beginn -> „Was verbindet ihr mit Freundschaft?" Scheint eine allgemeine Frage zu sein! („Alles ist richtig!") -> doch Teamkollegin schränkt die Antwortmöglichkeiten direkt ein! („Schreibt nicht...")
- Übergang zwischen anfänglichem Sammeln und Lektüre wird Schülern unklar erscheinen! Lektüre ist nicht Thema der Stunde
- Zu viel Zeit für das Bereitlegen von Blättern geht verloren = Unruhe bei Schülern
- Zeitangaben für Arbeitsphase?
- Keine Angaben: Wie viele Wörter sollen notiert werden? Können mehrere Zettel verwendet werden? Besser: Pro Zettel ein Stichwort!
- Unklar bleibt: Sollen Schüler ihre Zettel nach vorne bringen, sortieren?
- Gut: zu Beginn der Stunde werden Assoziationen der Schüler zum Thema abgerufen

**Zu 2) Gesprächsführung**
- „Kann man das anders sagen?"
- Lehrerin spricht sehr viel, Schüler rechtfertigt sich
- Lehrerin geht nicht gut auf die Antwort ein, schneidet ein anderes Thema an: Kino mit der Mutter?
- Schüler sagen kaum etwas
- Fragestellung?
- Nach Frage wird nicht abgewartet

- Ja-/Nein-Fragestellungen
- Beispiele werden aufgeführt, die nichts zur Diskussion beitragen
- Wertschätzung der Schülerbeiträge?
- Was sollen die SuS bei der Auswertung d. Assoziationen anders formulieren?
- Sinn d. Assoziationen ist es, nicht zu unterscheiden zw. Tätigkeiten und Werten, die eine Freundschaft ausmachen – es sei denn, der Arbeitsauftrag ist deutlich und verlangt es
- Lehrerecho der Frau
- Keine Überleitung zum AB
- Unangemessenes Niveau der Sprache („Textbezüge", „Plädoyer")
- Beleidigende Ansprache: „Vielleicht fällt dir ja mal was Sinnigeres ein?"
- Umgangssprache („Das ist ja Banane.", „vollquatschen")
- Sinn d. UG darüber, ob man mit Freunden über seine Probleme redet?
- Bezug zur Frage, ob sich zwischen den Freunden im Buch etwas verändert hat?
- nicht zielführend
- wenig wertschätzende Aussagen wie „Ist jetzt egal"
- wenig strukturierend
- sorgt für Unruhe
- keine klaren Impulse
- kaum Schüler aktiviert
- Es ist nicht klar, wer von beiden Kollegen welche Rolle übernimmt! Er versucht sehr auf Schüler einzugehen und bezieht sie mit ein („Was würdet ihr denn dazu sagen?")
- Beim Notieren von Assoziationen zum Thema Freundschaft sollten besser keine weiteren Einschränkungen vorgegeben werden wie z.B. „Ihr dürft keine Tätigkeiten notieren."
- Verbindung der Unterrichtsphasen besser gestalten, nicht mit den Worten „Euch ist ja jetzt klar geworden, was wir mit dem Einstieg wollten...", sondern zusammenfassen und nächsten Arbeitsschritt erklären
- Möglichst keine Unterbrechungen in Arbeitsphasen
- Schroffe Zurückweisungen vermeiden („Kannst du jetzt mal etwas Sinnvolles beitragen?")
- Zwei inhaltlich gleiche Schüleräußerungen wurden unterschiedlich von Lehrerin bewertet, einmal zurückgewiesen, einmal gelobt (Frage war: „Welche Unterschiede seht ihr bei den Zetteln an der Tafel?")
- Als ein Schüler sich meldete und aufgerufen wurde, wurde die Aufgabenstellung noch ergänzt um die Bitte, Textbelege anzuführen. Dies ist für Schüler natürlich sehr unangenehm, da sie keine Zeit haben, ihre Antwort umzustrukturieren.
- Im Gespräch am Stundenende geht der Bezug zur Lektüre wieder verloren – Was ist eigentlich das Ziel der Stunde? Es sollte doch auf die Lektüre bezogen sein, oder nicht?
- Abschluss der Stunde ohne Ergebnis
- Stellenwert von Hausaufgaben wird gering geschätzt: „Das ist in der letzten Stunde untergegangen, ist aber nicht so schlimm..."
- Würdigung der Assoziationen kommt am Anfang zu kurz, schließlich hat doch jeder etwas notiert

**Zu 3) Körperhaltung der Unterrichtenden**
- Hände in der Tasche, gebückte Haltung
- Frau ist sehr schülerzugewandt -> stellt sich in den Raum
- zu wenig Impulssetzungen
- wirkt einschläfernd
- Körperhaltung überträgt sich auf das Verhalten der Schüler
- Begrüßung d. Mannes auf dem Pult sitzend

- Mann: fast ständig die Hände, zumindest eine, in der Tasche
- beim Blätter auf den Boden Legen: äußerst lässige Körperhaltung d. Mannes
- Stetes Umherschleichen d. beiden
- Fingerschnipsen
- lässig – Hand in der Tasche, Pullover über die Hände gezogen
- wirkt demotivierend
- Er hat immer eine Hand in der Hosentasche. Teilweise sitzt er auf dem Tisch. Er ist freundlich u. den Schülern zugewandt. Positiv: Sie gestikuliert mehr als er! Doch: Sie wirkt sehr kühl. Teilweise auch abweisend zu Schülern. ("sinnig" … „Also nein!")
- Merkmale der Unsicherheit bei beiden: gekrümmte Körperhaltung, durch die Haare fahren
- Er: Hände in den Taschen
- Beide gucken S. wenig an, sind häufig mit dem ganzen Körper abgewandt = Unruhe bei S., da sie sich nicht angesprochen fühlen

**Zu 4) Teamarbeit**
- Rollen sind nicht klar verteilt
- Die beiden L. ermahnen sich gegenseitig
- Sie läuft herum und berät, er hat keine Funktion
- Absprachen fehlen: Wer hängt was auf?
- Dominante Seite
- Team widerspricht sich
- Lehrer: alles nicht so schlimm
- Lehrerin: klarer in ihren Anweisungen
- Zeitvorgaben?
- Textbezug?
- Einstieg: keine Teamarbeit; Frau gibt Mann Tape, damit er ihr hilft, etwas anzukleben, aber er beobachtet die SuS
- Selten ist klar, wer gerade die Phase leitet, da beide stets im Vordergrund stehen u. in Gespräche der anderen eingreifen
- Mann fügt dem Arbeitsauftrag, den die Frau formuliert, noch etwas hinzu
- keine klare Struktur
- keine klare Aufgabenverteilung
- keine klaren Absprachen, z. B. führt die Studentin das Unterrichtsgespräch fort, während Student noch Blätter sortiert
- fallen sich gegenseitig ins Wort
- Teamarbeit funktioniert nicht gut. Sie reagiert sehr barsch, als er im Gespräch mit einem Schüler ist! Sie dominiert, er hat kaum Möglichkeiten sich einzubringen.
- Positiv -> Beide wirken bemüht, versuchen Beispiele zu finden, die den Schülern die Aufgabenstellung erleichtern soll.
- Doch ihre Reaktionen auf Kollegen und einige Schülerbeiträge können sehr „ernüchternd" und „abweisend" herüberkommen.
- Besser wäre eine klare Absprache über Aufgabenverteilung und getrennte Unterrichtsabschnitte der Lehrer gewesen
- Sie wirkt sehr dominant, weist ihn zurecht
- Beide ergänzen sich häufig gegenseitig und widersprechen sich sogar (Sie: „Beeilt euch bitte."; er: „Ihr habt aber jetzt auch genug Zeit…")

Auch wenn es u.U. als selbstverständlich erscheinen mag: Der Ertrag einer Beobachtungsübung steht und fällt mit der Zeit, die man den Beobachtern zum Aufschreiben ihrer Ergebnisse, danach zum Austauschen und schließlich zur Diskussion der nicht immer konsistenten Einschätzungen gewährt. Für diese Beobachtungsübung sollte man durchaus zweimal 90 Minuten ansetzen, da schon der Umfang aller sechs Videoszenen zusammen fast 20 Minuten ausmacht.

Noch größer ist der Zeitbedarf bei der folgenden Übungsvariante.

## 12.5 Die Beobachtungsfähigkeit ausdifferenzieren: Beobachten in mehreren Durchgängen

Bei diesem Typ von Beobachtungsübung wird eine Videoszene nacheinander dreimal mit jeweils unterschiedlicher Aufgabenstellung betrachtet. Die jeweiligen Beobachtungsergebnisse dienen als Grundlage für den nächsten Beobachtungsdurchgang. Der Zeitrahmen für diese Übung ist abhängig von der Dauer der betrachteten Einzelszene. Die Unterrichtsszene, die dem nachfolgend beschriebenen Beispiel zugrunde liegt, dauert gut 13 Minuten. Sie liegt auf der Begleit-DVD zu diesem Band als WBA-Übung bei (s. Kapitel 14.4). Die beiden ersten Durchgänge können in einer 90-minütigen Sitzung absolviert werden; der dritte Durchgang an einem Folgetag nimmt noch einmal ca. 45 Minuten in Anspruch.

Auch bei dieser Übung werden Betrachter anfangs mit der Fehleranfälligkeit ihrer Beobachtungen konfrontiert. Zugleich erfahren sie, wie andere Beobachter dieselbe Szene sehen, worauf sie achten und welche Kriterien sie zur Beurteilung heranziehen. Ziel dieser Beobachtungsübung ist es, über diese Unterschiede ins Gespräch zu kommen. Besonders geeignet für diese Übung sind videografierte Abschnitte mit komplexem, schnell wechselndem Geschehen — seien es Unterrichtsgespräche, seien es Phasen von Gruppenarbeit mit intensiver Interaktion.

Nach dem ersten Beobachtungsdurchgang ohne spezifischen Beobachtungsauftrag erfahren die Teilnehmer/innen, wie unterschiedlich sie dieselbe Szene beobachten und beurteilen (wer auf welche Details geachtet hat und wem welche Beurteilungskriterien wichtig bzw. nicht wichtig waren). Anhand dieser Differenzen wird besprochen, welche Maßstäbe die Teilnehmer heranziehen (und welche noch nicht) und welche Gütekriterien für Unterrichtsbeobachtung sie schon bzw. noch nicht berücksichtigen.

Im zweiten Durchgang werden die Teilnehmer/innen mit vorgegebenen Beobachtungsaufträgen zu einer Fokussierung auf — noch sehr allgemeine — Aspekte des Lehrerhandelns gezwungen, die arbeitsteilig zu beobachten sind. Obwohl die Szene jetzt schon zum zweiten Mal gesehen wird und jeder Teilnehmer nur einen einzigen, auf den ersten Blick einfachen Beobachtungsauftrag hat, kommt es erfahrungsgemäß bei der Ergebnisbesprechung wiederum zu erstaunlich unterschiedlichen, z.T. widersprüchlichen Aussagen über das (vermeintlich) Gesehene und dessen Beurteilung.

Im dritten Durchgang wird dann das Wortprotokoll zum Video eingeblendet. Die Videobetrachtung wird bei Bedarf von Zeit zu Zeit gestoppt, um einzelne Protokollpassage genau nachzulesen. Bei dieser dritten, ‚entschleunigten' Sichtung gelingt es, viele der vermeintlich widersprüchlichen Beobachtungsfakten aufzuklären. Zudem bemerken die Teilnehmer/innen erst dabei etliche Passagen, die zur Beantwortung der im zweiten Durchgang vorgegebenen Beobachtungsaufträge von Bedeutung gewesen wären, die sie aber bislang überhört/übersehen hatten.

### 12.5.1 Unterrichtsbeobachtung in drei Durchgängen - Ein Beispiel

Wie diese Beobachtungsübung ablaufen und welche Ergebnisse sie haben kann, wird beispielhaft vorgestellt an einer 13-minütigen Unterrichtsszene aus einer Geschichtsstunde in einer 7. Hauptschulklasse zum Thema *Besiedlung Nordamerikas durch europäische Siedler* (Ausschnitt aus HUB 39 auf der Begleit-DVD; s. ein Kurzporträt von dieser Stunde steht auf Seite 176). Weil in dieser Stunde erstmalig mit dem Geschichtsatlas gearbeitet wird, erhalten die Schüler/innen zunächst Gelegenheit, darin zu blättern und dabei möglichst selbst geeignetes Kartenmaterial zum Thema zu finden. Dann werden anhand von vier Karten Erkenntnisse über die Besiedlung des nordamerikanischen Kontinents im Unterrichtsgespräch erarbeitet. Dabei geht die Lehrerin auf Verständnisschwierigkeiten ein, die sich zum Teil aus fehlendem Vorwissen, z.T. aus Schwierigkeiten bei der Interpretation der Karten mit ungewöhnlichen Symbolen, rätselhaften farbigen Markierungen und einer unklaren Legende ergeben.

Die Videoszene ist für diese elementare Beobachtungsübung aus mehreren Gründen besonders geeignet:

* Die 13-minütige Szene zeigt einen auf den ersten Blick gänzlich unspektakulären Ausschnitt aus einem Unterrichtsgespräch, dem Betrachter gut folgen können.
* Das Unterrichtsgespräch verläuft in geordneten Bahnen, hat ein mäßiges, phasenweise sogar schleppendes Tempo und ist weitgehend frei von ablenkendem Nebengeschehen.

* Der fachliche Gesprächsgehalt stellt für angehende Lehrer/innen, auch für fachfremde, keine Hürde dar.
* Die Szene verlockt nicht nur unerfahrene Betrachter (erst recht ‚gestandene' Lehrerausbilder) zu einer negativen Bewertung. Kritisiert wird, dass es sich um einen einfaltlosen Frontalunterricht handelt, bei dem im fragend-entwickelnden Gespräch nur mit Buch und Tafel gearbeitet wird. Zudem wird an der Lehrerin eine wenig emphatische, monotone Stimme bemängelt und ihr insgesamt ein lustloses Auftreten attestiert, das auf die Schüler abfärben würde. Diese Urteile gründen auf impliziten Wertvorstellungen (Frontalunterricht ist schlecht; Lehrer sollten mit Enthusiasmus agieren), die in dieser Pauschalität fragwürdig sind. Übersehen wird zumeist, mit welchem Geschick die Lehrerin ein zielorientiertes Unterrichtsgespräch führt, an dem sich etliche Schüler beteiligen. Die Lehrerin ist mehrfach gefordert, ziemlich basale Verständnisschwierigkeiten von Schülern auszuräumen. Das geschieht so schnell hintereinander, dass selbst erfahrene Unterrichtsbeobachter nur wenige dieser Szenen hinterher erinnern können. Auch reagiert die Lehrerin auf die eine oder andere Störung so beiläufig, dass es Betrachtern der Szene meist nicht auffällt.

**Durchgang 1**
**Die Aufgabe für Durchgang 1:**
Vor dem ersten Betrachten der Szene erhält jeder Teilnehmer den Auftrag, den Unterricht möglichst genau zu beobachten. Anschließend finden sich jeweils zwei Teilnehmer zu einer Partnergruppe zusammen (das können die Sitznachbarn sein oder die Partnerwahl erfolgt zufällig, z.B. mit einer ‚Sprechmühle'):
1. Schritt: Jeder Partner A gibt seinem Gegenüber B ein pauschales Urteil in Form einer Ziffern-Zensur („Wie gut war dieser Unterricht?"). Der andere Partner B kommentiert nicht, sondern notiert diese Zensur nur. Dann gibt Partner B sein Urteil in Form einer Ziffern-Zensur ab und Partner A notiert diese Zensur.[31]
2. Schritt (bei einer Sprechmühle wechseln jetzt die Partnerkonstellationen):
    * A erhält den Auftrag, B mitzuteilen, was er bzw. sie an diesem Unterricht als positiv empfunden hat. B notiert diese Stichworte, nimmt aber selbst nicht dazu Stellung.

---

[31] Eine Beobachtungsübung mit einer Benotung zu beginnen, dürfte nach den bisherigen Ausführungen widersinnig erscheinen, hat aber einen gutem Grund — siehe die folgenden Seiten.

* Anschließend erhält B den Auftrag, A mitzuteilen, was er bzw. sie an diesem Unterricht als negativ empfunden hat? A notiert Stichworte, nimmt aber selbst nicht dazu Stellung.

Die Auswertung des 1. Durchgangs erfolgt zunächst durch eine Abfrage der von allen Teilnehmern erteilten Zensur, die an der Tafel oder via Beamer für alle sichtbar in einer Zensurenverteilung notiert werden.

Dann werden die Zettel mit den positiven und negativen Einschätzungen unter zwei Rubriken („Gut gefallen hat …. " / „Nicht gefallen hat …. ") an die Tafel oder Pinnwand geheftet. Die Zettel sollten weit genug auseinander hängen — möglichst über eine längere Wand verteilt, so dass alle Teilnehmer/innen sie im Vorbeigehen lesen können.

**Ein Beispiel für Ergebnisse aus dem 1. Durchgang (Videoszene *Geschichtsunterricht*)**

Bei der Zensierung der Unterrichtsszene gibt es erfahrungsgemäß große Unterschiede. In einem Seminar haben 24 angehende Lehrer/innen ihre Zensuren wie folgt verteilt:

Zensur 2: 4x /     Zensur 3: 6x /     Zensur 4: 8x /     Zensur 5: 6x

Auch bei den als positiv bzw. als negativ genannten Details gehen die Einschätzungen der 24 Teilnehmer/innen weit auseinander (fettgedruckte Passagen verweisen auf widersprüchliche Einschätzungen):

*Gut gefallen:* **Lehrerin ist geduldig und ruhig** / L. hat Schüler mit Namen angesprochen / S. sind interessiert / Fehlertoleranz / L. ist bemüht, jeden S. einzubeziehen / L. hat Stoff selbst erarbeiten lassen / Unterricht ist fächerübergreifend (Mathematik + Geografie)

*Nicht gefallen hat:* **Lehrerin wirkt langweilig, unenthusiastisch**, spricht zu leise / **ist mehr Erdkunde** / stellt eigene Methoden/Medien infrage / **L. hat zuviel geredet** / S. übersehen / L. hat S. nicht mit Namen aufgerufen / **Antworten vorgegeben** / sollte mehr loben / Kein klares Ziel erkennbar / Zwar gut gefragt, aber zu eng / **S. haben keinen Bezug zur Geschichte** / Drannehmen wg. Disziplinierung / Fragen „vom Himmel gefallen" / zu viel Wissen in zu kurzer Zeit / besser: große Weltkarte am Kartenständer oder Karten auf OHP-Folie zeigen

Nach einer Lesepause erfolgt zunächst eine Diskussion über die in der Regel verblüffende Verteilung der Zensuren. Die Teilnehmer begründen ihre unterschiedlichen Urteile und erläutern, welche Kriterien dafür ausschlaggebend waren. Nach und nach herausgearbeitet und als klärungsbedürftig markiert werden sowohl die widersprüchlichen Bewertungen eines ähnlichen Beobachtungseindrucks (z.B. „Lehrerin wirkt langweilig, unenthusiastisch" versus „Lehrerin ist geduldig und ruhig") als auch widersprüchliche Tatsachenbehauptungen („L. hat Schüler mit Namen angesprochen" und „L. hat Stoff selbst erarbeiten lassen" versus „L. hat S. nicht mit Namen aufgerufen" und „L. hat Antworten vorgegeben").

Im weiteren Verlauf dieser Diskussion werden die „Qualitätsmerkmale für die Unterrichtsbeobachtung" (s. unten) eingeblendet, um daran durchzugehen, welche elementaren Anforderungen bei der Unterrichtsbeobachtung zu beachten sind und welche davon die Teilnehmer im 1. Durchgang tatsächlich beachtet haben. Anhand eines Vergleichs ihrer Notizen können die Teilnehmer das individuell unterschiedliche Vorgehen nachvollziehen.

Aufmerksame Teilnehmer werden im Verlauf der Ergebnisbesprechung einen eklatanten Widerspruch zwischen dem Beobachtungs(!)auftrag (→Bewerten des Unterrichts) und der anschließenden Empfehlung (→Trennen zwischen Beobachten - Interpretieren - Bewerten) bemerken. Falls nicht, müssten sie jetzt darauf hingewiesen werden, dass diese paradoxe Zensierungs-Anweisung (einschließlich der zweiten Anweisung, Positives und Negatives zu notieren) mit dem Ziel erfolgt ist, ihnen die hochgradige Selektivität ihrer Beobachtungen, die eklatanten Widersprüche bei der Einschätzung desselben Sachverhalts und die relative Willkürlichkeit des abgegebenen Urteils vor Augen zu führen. Die kontroversen Teilnehmer-Einschätzungen sind gut geeignet, um darüber zu sprechen, welche Kriterien jeder Einzelne zur Beurteilung herangezogen hat — und welche (noch) nicht. Anfänger fokussieren ihre Beobachtungen oft auf Einzelsituationen des Unterrichts und legen dabei Bewertungskriterien an, die noch recht allgemein sind (n. Pabst & Mühlhausen 2007, 213):

---

**Qualitätsmerkmale für die Unterrichtsbeobachtung**

1. **Genauigkeit der Beobachtungsangabe**: z.B. detailgenaue Beschreibung; vergröbernde, aber tendenziell zutreffende Zusammenfassung; falsch dargestellte oder ausgelassene Details.
2. **Aufmerksamkeitsfokus**: Worauf liegt der Beobachtungsschwerpunkt, z.B. auf dem unterrichtlichen Gesamtgeschehen; auf bestimmten Situationen, Abschnitten, Ereignissen; auf Personen - etwa dem Lehrer, der „Klasse" insgesamt, einzelnen Schüler/innen, die sich am Unterricht beteiligen oder solchen, die sich nicht beteiligen?
3. **Trennung von Beobachtung, Interpretation und Wertung**: Wird bei den Angaben klar auseinander gehalten, was in einer Unterrichtsszene zu sehen bzw. hören ist, wie das gedeutet und wie es bewertet werden könnte? Oder werden Faktenbeschreibungen, deren Interpretation und Bewertung vermengt?

---

Sie leiten ihre Maßstäbe meist ab aus *common-sense-Vorstellungen* über guten Unterricht, wünschenswertes Lehrerhandeln bzw. ein wünschenswertes

Erscheinungsbild des Lehrers. Erst nach und nach werden Beurteilungskriterien aus *didaktischen Konzepten und Unterrichtstheorien* herangezogen (z.B. Vorstellungen über einen idealtypischen Aufbau, über Funktionen, die ein Unterrichtseinstieg erfüllen sollte, Maßnahmen zur Ergebnissicherung). Mit zunehmenden unterrichtstheoretischen Kenntnissen und wachsender unterrichtspraktischer Erfahrung kommen dann weitere Maßstäbe hinzu (s. Abb. 11 auf Seite 266).

Die Besprechung der Einschätzungen im 1. Durchgang verdeutlicht den Teilnehmern, dass sowohl ihre Beobachtungsfähigkeit als auch ihre Urteilsbildung entwicklungsbedürftig sind. Ein erster Schritt in diese Richtung erfolgt im 2. Durchgang, in dem der Beobachtungsauftrag eingegrenzt wird.

**Durchgang 2**
**Die Aufgabe für Durchgang 2:**

Vor der zweiten Betrachtung der Szene erhält jede/r Teilnehmer/in einen von vier Beobachtungsaufträgen (a bis d) und dazu eine (ggfs. farbige) Karte zum Notieren der Beobachtungsergebnisse. Zu beobachten sind vier recht grundlegende Aspekte des Lehrerhandelns, so dass die Aufgaben auch von angehenden Lehrern ohne spezifische schulpädagogische und fachdidaktische Vorkenntnisse bearbeitet werden können:

a) Notieren Sie, wie die Lehrerin mit Störungen umgeht (rote Karte)

b) Notieren Sie, wie die Lehrerin mit fehlerhaften Schülerbeiträgen und mit Unklarheiten von Schülerseite umgeht (blaue Karte)

c) Beschreiben Sie das allgemeine Auftreten der Lehrerin: Lehrersprache und Schriftbild an der Tafel (gelbe Karte)

d) Beschreiben Sie die Gestik, Mimik und die Körpersprache der Lehrerin sowie ihre Präsenz im Raum (grüne Karte)

Alternativ können auch jeweils zwei oder drei nebeneinander sitzende Teilnehmer/innen einen Auftrag erhalten und ihre Beobachtungen gemeinsam auf einer Karte notieren. Das halbiert die Anzahl der zu lesenden Karten — bei größeren Gruppen durchaus ein erwägenswerter Gesichtspunkt. Zudem kann diese Arbeitsphase durch Zusammenarbeit attraktiver werden — nachdem im 1. Durchgang die Beobachtung allein erfolgen musste. Nachteilig ist in dem Fall jedoch, dass die Diskussion über unterschiedliche Sehgewohnheiten und Beurteilungsmaßstäbe in die Kleingruppenarbeit verlagert wird und die dortigen Kontroversen bei der anschließenden gemeinsamen Ergebnisbesprechung möglicherweise nicht mehr zur Sprache kommen.

**Ein Beispiel für Ergebnisse aus dem 2. Durchgang (Videoszene *Geschichtsunterricht*)**
Die nachfolgend dargestellten Ergebnisse entstammen einer Seminarsitzung, in der die Teilnehmer/innen in Dreiergruppen bzw. einer Vierergruppe jeweils einen Beobachtungsauftrag übernommen hatten, so dass immer zwei Gruppen sich unabhängig von einander mit demselben Auftrag beschäftigt haben. Bei diesem 2. Durchgang fallen sowohl Unterschiede zwischen Gruppen mit jeweils gleichem Auftrag (fettgedruckte Passagen) als auch kontroverse Einschätzungen und einander widersprechende Tatsachenbehauptungen innerhalb derselben Gruppe auf (fett und kursiv gedruckt).

*a) Beschreiben Sie, wie die Lehrerin mit Störungen umgeht.*
   Gruppe 1: **Störungen werden von ihr ignoriert**
   Gruppe 2: **Keine auffälligen Unterrichtsstörungen zu erkennen**

*b) Beschreiben Sie, wie die Lehrerin mit fehlerhaften Schülerbeiträgen und mit Unklarheiten von Schülerseite umgeht.*
   Gruppe 1: *L. gibt Hinweise zur Verbesserung / wartet nicht ab / keine zweite Chance / richtige Antwort lässt sie von anderen Schülern geben / Rücksichtsvoll*
   Gruppe 2: Fehler werden nicht getadelt / *Konstruktiver Umgang mit Fehlern / Hilfestellung bei Unklarheiten*

*c) Beschreiben Sie das allgemeine Auftreten der Lehrerin: Lehrersprache + Schriftbild an der Tafel.*
   Gruppe 1: Lehrersprache: leise/ monoton/ gelangweilt/ unmotiviert /nicht dynamisch
   Schriftbild: deutlich geschrieben
   Gruppe 2: Lehrersprache: zu leise; teilweise undeutlich/ wirkt unmotiviert im Ausdruck
   Schriftbild: groß genug / deutlich / bei der Windhose hätten die Richtungen ausgeschrieben sein sollen / es fehlte, bei S.Antworten Stichpunkte zu notieren

*d) Beschreiben Sie die Gestik, Mimik und die Körpersprache der Lehrerin sowie ihre Präsenz im Raum.*
   Gruppe 1: wenig Blickkontakt / L. spricht Richtung Atlas / Monotone Sprache / Emotionslose Mimik, kein Lächeln / **L. dreht angesprochenem Schüler den Rücken zu** / Lustlos, keine „angemessene" Kleidung (langweilig → gesamtes Erscheinungsbild) teilweise unterstützende Gestik?!
   Gruppe 2: kaum Mimik / langsame Bewegungen / nur im Tafelbereich / „Schutz-Zone" (Tisch zwischen sich & Schülern) / **L. ist bemüht, S. nicht zu oft den Rücken zuzuwenden** / einzige Geste: Zeigefinger / L. zeigt keine Präsenz

Obwohl bei allen vier Aufträgen ausdrücklich keine Beurteilung, sondern nur eine Beschreibung gefordert wurde, sind viele Beobachtungen mit einem Werturteil verknüpft. Insgesamt ist der Anteil an nachprüfbaren Tatsachenbehauptungen, auf denen diese Urteile gründen erheblich größer als beim 1. Durchgang, aber noch immer widersprechen mehrere Aussagen einander. Die kontroversen Tatsachenbehauptungen resultieren vermutlich daher, dass einzelne Teilnehmer auf jeweils andere Belegsituationen achten. Sofern kontroverse Werturteile auf Tatsachenbehauptungen zu verschiedenen Situationen beruhen, können sie für sich genommen plausibel erscheinen und trotzdem zusammengenommen widersprüchlich sein.

Da die vier Beobachtungsaufträge im 2. Durchgang zwar recht elementare, zugleich aber für die Lehrer-Schüler-Interaktion sehr bedeutsame Aspekte des Lehrerhandelns fokussieren, ist es angezeigt, diesen Durchgang mit einschlägigen Literaturempfehlungen zu schließen (z.B. Ausgabe 11/2008 der Zeitschrift PÄDAGOGIK mit Aufsätzen zu den Themen *Lehrersprache, Körpersprache, Präsenz im Klassenraum*).

**Durchgang 3**

In diesem 3. Durchgang wird das detaillierte Wortprotokoll zusammen mit dem Video eingeblendet. Die Präsentation wird bei Bedarf an den Stellen gestoppt, an denen selbst bei diesem 3. Durchgang noch immer nicht zweifelsfrei geklärt kann, was gesprochen wurde bzw. was sich ereignet hat. Nicht nur für angehende Lehrer/innen ist es verblüffend, wie viele Details sie auch jetzt noch überhören und übersehen, die zur Beurteilung der Unterrichtsqualität unerlässlich sind. So ist es erst mit dem Wortprotokoll möglich, die beiden ersten Beobachtungsaufträge aus dem 2. Durchgang (a) Umgehen mit Störungen und b) Eingehen auf Verständnisschwierigkeiten) einigermaßen vollständig und präzise zu beantworten.

Die Anforderungen, die dieser kurze und auf den ersten Blick einfache Stundenausschnitt an die Lehrerin stellt, werden erst deutlich, wenn man herausarbeitet, mit welchen Lücken im Vorwissen und Verständnisschwierigkeiten der Schüler sie konfrontiert wird. Quasi aus dem Stand sieht sich die Lehrerin gefordert, auf diese Unklarheiten einzugehen, um die Ziele der Stunde doch noch zu erreichen (s. den umseitigen Kasten „Lehrziele, Verständnisschwierigkeiten und resultierende Anforderungen an die Lehrerin in der Szene *Besiedlung Nordamerikas*". Ob ihr das gelungen ist, kann anhand des Wortprotokolls relativ unstritttig herausgearbeitet werden.

Dazu können die Teilnehmer das Wortprotokoll entweder selbst arbeitsteilig (einzeln oder in Partnerarbeit) durchgehen, Belegstellen markieren und kommentieren. Dafür ist bei dieser 13-minütigen Szene eine mindestens 45-minütige Bearbeitungszeit anzusetzen. Alternativ dazu könnte mit weniger Zeitaufwand ein schon mit solchen Markierungen versehenes Protokoll gezeigt werden, in dem die für die Fragen a) und b) relevanten Passagen farbig unterschiedlich markiert sind.

> **Lehrziele, Verständnisschwierigkeiten und resultierende Anforderungen an die Lehrerin in der Szene „Besiedlung Nordamerikas"**
>
> Die Lehrerin ist während des Gesprächs bemüht, zwei Zielebenen im Blick behalten:
> Zielebene 1: Nutzung des Geschichtsatlasses
> * Gezieltes Nachschlagen im Atlas: Wie findet man etwas zu einer Frage?
> * Festlegungen bei Kartendarstellungen (z.B. Legende, Normierung der Himmelsrichtungen)
> Zielebene 2: Verlauf der Besiedlung Nordamerikas
> * Von woher kamen die Menschen nach Nordamerika?
> * Warum kamen sie über den Atlantik?
> * Wann kamen sie und wo ließen sie sich wann nieder?
> * Warum wurden die westlichen Staaten später als die östlichen gegründet?
> * Warum nimmt die Dichte von Osten nach Westen ab?
> * Warum dauerte die Besiedlung so lange?
> Wenn man das Wortprotokoll darauf ‚abklopft', welches Vorwissen die einzelnen Fragen den Schülern abverlangen und an welchen Stellen dieses Vorwissen bei einzelnen oder mehreren Schülern nicht oder nur rudimentär vorhanden ist, stößt man auf viele Unklarheiten, die besprochen werden müssen u.a.:
> * die Bedeutung der Kartenlegende:
>   - etwa die Symbolisierung von ‚Bevölkerungsdichte pro Quadratkilometer';
>   - Bedeutung der Zeichen ‚>' und ‚<'
>   - Bedeutung der farbigen Markierungen
> * unklare Begriffe wie „Dichte" und „pro Quadratkilometer"
> * Unklarheiten über Himmelsrichtungen und deren genormter Darstellung in Karten
> * Verwechslung von Lage und Namen der Ozeane (Pazifik und Atlantik)

Unabhängig vom Vorgehen sollte herausgearbeitet werden, dass einige der Erklärungsversuche der Lehrerin eher unglücklich erscheinen und wenig geeignet sein dürften, die Verständnisschwierigkeiten der Schüler auszuräumen.

Das ist der Zeitpunkt, an dem viele Betrachter der Szene ihre bereits eingangs geäußerte negative Einschätzung dieses Unterrichts bestätigt sehen und jetzt noch einen weiteren Vorwurf ‚draufsetzen': Die Lehrerin hätte doch eigentlich die Unklarheiten der Schüler antizipieren müssen und mit besseren Erklärungen darauf vorbereitet sein sollen. Diese Kritik ist beckmesserisch, selbstgerecht und unglaubwürdig angesichts der Tatsache, dass die meisten Betrachter diese Verständnisschwierigkeiten selbst erst im 3. Durchgang mit Hilfe des Wortprotokolls, also quasi ‚in Zeitlupe', entdeckt haben.

Eine noch weitergehende Kritik stellt das gesamte Unterrichtskonzept in Frage und verweist darauf, dass ein solcher fragend-entwickelnder Unterricht an sich schon unakzeptabel sei und durch ein moderneres Unterrichtskonzept (Stationenlernen, Gruppenpuzzle o.ä.) hätte abgelöst werden müssen, um den Schülern Gelegenheit zum selbständigen Lernen zu geben.

An dieser Stelle wäre ein Hinweis angebracht, dass es bei 28 vorzubereitenden Unterrichtsstunden pro Woche nicht immer möglich ist, sich vorher mit dem Unterrichtsgegenstand so intensiv auseinanderzusetzen, wie es erforderlich wäre, und dass aus demselben Grund methodisch durchaus wünschenswerte Alternativen eher die Ausnahme im Schulalltag sind.

## 12.6 Mit Beobachtungsübungen das Vorverständnis von schulpädagogischen Begriffe klären

Vorstellungen von Gutem Unterricht werden oft mit Begriffe wie „Selbstständiges Lernen", „Kooperation", „Kommunikation", „Schülermitplanung", „Entdeckendes Lernen" in Verbindung gebracht, ohne dass genauer geklärt wird, was darunter zu verstehen ist. Diese und viele andere Begriffe sind auslegungsbedürftig und werden in der schulpädagogischen Literatur in ganz unterschiedlicher Weise verwendet. Auch wenn in Lehr- oder Fortbildungsveranstaltungen diese Begriffe als Chiffre für Idealvisionen wünschenswerten Unterrichts eingebracht werden, sind die Vorstellungen der Gesprächsteilnehmer darüber, wie ein solcher Unterricht aussehen sollte, nicht selten heterogen, manchmal auch diffus.

Diese Unterschiede im Vorverständnis sind kaum aufzudecken, solange Klärungsversuche allein auf sprachlichen Erläuterungen gründen. Anhand bloßer Schilderungen von Unterrichtsszenen kann man sich oberflächlich leicht auf „Selbstständiges Lernen" oder „Kooperationsfähigkeit" als erstrebenswerte Ziele einigen, ohne genauer abklären zu müssen, was man darunter versteht. Erst der Bezug zu konkreten Unterrichtssituationen offenbart, wie weit die individuellen Vorverständnisse über diese Begriffe auseinander gehen können. Sind diese Differenzen erst mal anhand konkreter Unterrichtssituationen festgehalten, kann über solche Auslegungsdifferenzen auf höherem Niveau gestritten werden.

Beispielhaft soll dieser Klärungsprozess anhand von Ergebnissen aus zwei Veranstaltungen vorgestellt werden. Beobachtungsgegenstand war in beiden Fällen eine Unterrichtsszene mit Gruppenarbeit:
* im einen Fall ein in Kleingruppen durchgeführtes Schülerexperiment im Chemieunterricht der Mittelstufe,
* im anderen Fall ein Stationenlernen im Grundschul-Mathematikunterricht, bei dem eine Vierergruppe an einer Lernstation Aufgaben zur Volumenberechnungen bearbeitet.

Beide Szenen sind auf der Begleit-DVD vorhanden (als WBA-Übung, s. Kapitel 14) und können herangezogen werden, um wahlweise zu überprüfen, welches Vorverständnis Seminarteilnehmer von „Selbstständigem Lernen", von „Kooperationsfähigkeit" bzw. von „Schüleraktivierendem Lernen" haben.

### 12.6.1 Ein schüleraktivierendes Chemieexperiment?

Die ca. 8-minütige Szene (aus HUB 34) zeigt Ausschnitte aus einer ca. ¼-stündigen Gruppenarbeit im letzten Drittel einer Chemiestunde in einer 9. Klasse. Im Rahmen einer Einheit zum Thema *Redox-Reaktionen* soll experimentell überprüft werden, ob Eisenoxid mithilfe eines weiteren Metalls unter Wärmezufuhr in Eisen und Sauerstoff zurückverwandelt werden kann und welches von vier Metallen (Magnesium, Aluminium, Zink und Kupfer) sich dafür besonders gut eignet bzw. welches nicht. Acht Gruppen haben von der Lehrerin jeweils die Teile zum Bau eines Stativs, einen Bunsenbrenner, Reagenzgläser und Abstellkästchen, eine Greifzange, Eisenoxidpulver sowie jeweils eines der vier Metalle in Pulverform erhalten. Eine Begründung für die Wahl genau dieser Metalle erhalten die Schüler nicht. Im Entwurf begründet die Lehrerin die Auswahl damit, dass neben Kupfer, das die Redox-Reaktion nicht auslöst, die drei Metalle ausgesucht wurden, die bereits bei der Untersuchung der Reaktivität gegenüber Sauerstoff verwendet worden sind. Die Lehrerin hofft, dass die Schüler diesen Zusammenhang selbstständig erkennen. Ob die Umwandlung Erfolg hatte, sollen die Schüler mit einem Magneten prüfen (Eisen ist im Unterschied zu Eisenoxid magnetisch). In der Szene sind drei Gruppen nacheinander beim Experimentieren zu sehen: Gruppe 1 mit vier Jungen (Kupfer): Nach dem Versuchsaufbau und der Durchführung zeigt die Magnetprobe, dass kein Eisen entstanden ist. Gruppe 2 mit vier Mädchen (Magnesium): Die Gruppe erhitzt gerade die Probe, als das Reagenzglas platzt. Anschließend wird die Probe mit dem Magneten untersucht (positiv). Gruppe 3 mit drei Jungen (Aluminium): Ein Junge versucht durch Klopfen den im Reagenzglas verklumpten Inhalt auf ein Schälchen zu schütten — seine Versuche bleiben lange vergeblich.

Die Szene kann auf der Begleit-DVD zu diesem Band als WBA-Übung aufgerufen werden (s. Kapitel 14.5).

Tabelle 20 zeigt die Ergebnisse einer Beobachtungsübung zu dieser Szene mit 33 angehenden Gymnasiallehrern. Sie haben individuell (per anonymer Kartenabfrage) auf die Frage geantwortet, ob der gezeigte Ausschnitt schüleraktivierenden Unterricht zeigt oder nicht (jeweils mit Begründungen). Diese Beobachtungsübung fand statt, bevor sich die Seminarteilnehmer/innen eingehender mit dem Begriff *Schüleraktivierung* und seinen in der Literatur gegebenen Definitionen beschäftigt haben. Sie dient also dazu, das Vorverständnis der Seminarteilnehmer von „Schüleraktivierung" zu ermitteln.

| Schüleraktivierender Chemieunterricht? | | |
|---|---|---|
| **JA: 20x**<br>Warum: | **NEIN: 6x**<br>Warum nicht: | **JEIN: 7x**<br>Begründungen: |
| ⇨ alle Schüler sind beteiligt (arbeiten zusammen)<br>⇨ großes Interesse am Thema<br>⇨ emotionale Beteiligung (erstaunt sein, lachen…)<br>⇨ Spaß am Lernen | ⇨ nicht alle Schüler sind beteiligt (zu wenig Kommunikation)<br>⇨ einige Schüler sind abgelenkt | Mix aus<br><br>„Ja"-<br><br>und<br><br>„Nein"-Gründen |
| ⇨ Atmosphäre entspannt aber konzentriert | ⇨ Schüler sind unkonzentriert<br>⇨ zu laut | |
| ⇨ eigenständiges Arbeiten / Experimentieren<br>⇨ Lernen mit „Kopf und Hand"<br>⇨ Einzelarbeit und Gruppenarbeit | ⇨ überfordert mit der Aufgabe<br>⇨ Experiment / Aufgabe unorganisiert, unstrukturiert (z.B. Umgang mit dem Brenner)<br>⇨ Wo ist der Lehrer? → Anleitung fehlt!? | |
| ⇨ Gelerntes kann selbst erlebt werden und bleibt nachhaltig im Gedächtnis | ⇨ Was wird hier eigentlich gelernt? | |

Tab. 20: Divergierende Auffassungen über Schüleraktivierung

Wie im Beispiel aus dem vorausgegangenen Abschnitt enthalten auch hier einige Begründungen widersprüchliche Tatsachenbehauptungen (z.B. „Alle Schüler sind beteiligt / konzentriert" vs. „Nicht alle Schüler sind beteiligt/ unkonzentriert"), die durch Überprüfung geklärt werden können, sofern es gelingt, allseits akzeptierte Indikatoren für „beteiligt sein" bzw. „konzentriert sein" zu finden. Andere Widersprüche beruhen dagegen auf unterschiedlichen individuellen Maßstäben von *Aktivierung* („SuS arbeiten eigenständig" vs. „sind überfordert" / „Atmosphäre entspannt" vs. „zu laut" / „selbstständig" vs. „unorganisiert" / „Gelerntes bleibt besser haften" vs. „Was wird hier eigentlich gelernt?"). Diese Widersprüche zwischen den Kriterien führen direkt zur Diskussion von Fragen wie:

* Was macht eigentlich *aktivierendes Lernen* aus, welche Kriterien sind wichtiger, welche weniger wichtig oder sogar unbedeutsam?
* Wie viel Vorab-Organisation ist nötigt?
* Wie viel Unstrukturiertheit sollte ein Lehrer aushalten können?

Eine solche Diskussion kann ein Einstieg in eine vertiefende Auseinandersetzung über den Begriff *Schüleraktivierung* sein (s. Kapitel 3.2).

## 12.6.2 *Selbstständiges Lernen* an Stationen im Mathematikunterricht?

In einer 4. Grundschulklasse wird die *Volumenberechnung* mit einem Stationenparcour eingeführt (aus HUB 45). Die gut 5-minütige Szene zeigt eine Vierer-Gruppe, die an einer Station mittels Umschüttversuchen ausprobiert, wie viele Füllungen mit Bechern unterschiedlicher Größe (0,1 Liter / 0,2 Liter / 0,125 Liter/ 0,25 Liter/ 0,5 Liter) notwendig sind, um jeweils ein 1-Liter-Gefäß zu füllen. Da die Schüler/innen über das Ergebnis uneins sind, wird das Umschütten mehrfach wiederholt. Tabelle 21 zeigt die Ergebnisse einer Beobachtungsübung zu dieser Szene mit 37 angehenden Gymnasiallehrern, die per Kartenabfrage darauf geantwortet haben, ob der gezeigte Ausschnitt *Selbstständiges Lernen* zeigt (jeweils mit Begründungen).

| Selbstständiges Lernen an einer Mathematik-Station? | | |
|---|---|---|
| **27x JA Gründe:** | **4x NEIN Gründe:** | **6x JEIN Gründe:** |
| * SuS suchen alle selbst nach der Lösung (nicht alle mit der gleichen Intensität / der Junge mit dreifacher Wiederholung)<br>* SuS verhandeln über den Lösungsweg<br>* SuS arbeiten ohne L.intervention<br>* SuS probieren Verschiedenes aus<br>* SuS versuchen, Irrtümer und Fehler zu korrigieren<br>* SuS glauben nicht einfach dem anderen, sondern überprüfen<br>* Hypothese wird selbst aufgestellt u. eigenständig überprüft, dabei hitzige Diskussion<br>* Junge ist sich auch nicht ganz sicher<br>* Mädchen bemerken ihren Fehler<br>* beide ‚Parteien' versuchen ihren Standpunkt zu untermauern<br>* Fehler/strittige Ergebnisse bewirken eine Diskussion, die soziale Fähigk. fördert (miteinander streiten, Konflikte lösen)<br>* SuS erhalten durch eigenes Ausprobieren ein Gefühl für die Beziehung zwischen den Maßeinheiten<br>* auch die falschen Ergebnisse haben die SuS selbst erarbeitet<br>* die SuS erkennen, dass der Fehler auf Umschütt-Ungenauigkeiten (Wasserverlust) zurückzuführen ist | * Junge weiß bescheid, macht es den Mäd. vor (die lernen so nichts)<br>* Materialien u. Aufgabenstellung vom Lehrer vorgegeben<br>* das wiederholte Umschütten wird nicht als Addition verstanden<br>* aufgrund der Ungenauigkeit beim Umschütten ziehen sich einige SuS zurück<br>* die Mädchen sind verwirrt, falsches Ergebnis (11x 0,1 =1,0) bleibt im Kopf | * Verhältnisse zwischen den Gefäßen können praktisch erprobt werden<br>* Mädchen arbeiten selbstständig, auch wenn sie das Ziel nicht erreichen<br>* SuS haben sich die Aufgabe nicht selbst ausgedacht<br>* Volumenangabe stehen schon auf den Behältern<br>* Junge bestätigt nur sein Wissen; da der Junge alles vormacht, ist fraglich, was die Mädchen am Ende gelernt haben |

Tab. 21: Divergierende Auffassungen über *Selbständiges Lernen*

Auch bei dieser Szene sind die Unterschiede in den Tatsachenbehauptungen bemerkenswert („*Junge weiß bescheid, bestätigt nur sein Wissen*" **vs**. „*Junge ist sich auch nicht ganz sicher*" / „*Materialien und Aufgabenstellung sind vom Lehrer vorgegeben*" **vs**. „*SuS suchen alle selbst nach der Lösung*" / „*aufgrund der Ungenauigkeit beim Umschütten ziehen sich einige SuS zurück*" **vs**. „*die SuS erkennen, dass der Fehler auf Umschütt-Ungenauigkeiten (Wasserverlust) zurückzuführen ist*" **sowie** „*SuS versuchen, Irrtümer und Fehler zu korrigieren*" / „*Mädchen bemerken ihren Fehler*" **vs** „*die Mädchen sind verwirrt, das falsche Ergebnis bleibt im Kopf*").

Was der eine Beobachter für einen eindrucksvollen Lerneffekt bei dieser Szene hält:
\* „*SuS arbeiten ohne L.intervention*";
\* „*SuS glauben nicht einfach dem anderen, sondern überprüfen*";
\* „*beide ‚Parteien' versuchen ihren Standpunkt zu untermauern*";
\* „*Hypothese wird selbst aufgestellt und eigenständig überprüft, dabei gibt es hitzige Diskussion*";
\* „*auch die falschen Ergebnisse haben die SuS selbst erarbeitet*";
\* „*beide ‚Parteien' versuchen ihren Standpunkt zu untermauern*";
\* „*Fehler bzw. strittige Ergebnisse bewirken eine Diskussion, die soziale Fähigkeiten fördert (miteinander streiten, Konflikte lösen)*"

...... bemerkt der andere Beobachter überhaupt nicht oder hält es nicht für wichtig!

Dieser Vergleich verdeutlicht, wie unterschiedlich derselbe Sachverhalt beobachtet wird und wie unterschiedlich die Kriterien sind, die die einzelnen Teilnehmer/innen zur Bewertung der Szene anlegen. Wenn sie anschließend mit ihren kontroversen Tatsachenbehauptungen und den Unterschieden in ihren Bewertungen konfrontiert werden, ist eine fruchtbare Diskussion garantiert. Seminarleiter sollten bemüht sein, die widersprüchlichen Tatsachenbehauptungen aufzuklären, sich aber mit einer eigenen Bewertung zurückhalten, um die Diskussion nicht vorschnell in eine Richtung zu drängen. Das sollte nicht allzu schwer fallen, da es keine allgemeingültige Antwort auf die Frage gibt, was (gerade noch) *Selbstständiges Lernen* ist und was (schon) nicht mehr. Jede/r Lehrer/in wird die Frage, wie viel Selbständigkeit den eigenen Schülern zugetraut werden kann, anders beantworten. Dennoch dürften die Schüler in dieser Videoszene einige Lehrer/innen dazu ermutigen, den eigenen Schülern beim nächsten Unterrichtsversuch mehr Spielraum zu geben.

## 12.7 Der Ertrag von Beobachtungsübungen für Anfänger und für berufserfahrene Lehrer

Beobachtungsübungen tragen dazu bei, die unvermeidlichen Tücken bei Unterrichtsbeobachtungen mit ‚eigenen Augen und Ohren' zu erfahren. Angehende Lehrer/innen sollten in einer möglichst frühen Ausbildungsphase:

(1) erleben, wie individuell verschieden ihre Beobachtungen sind.
(2) merken, wie schwer es fällt, zu trennen zwischen dem, was sie beobachtet haben, ihrer Interpretation und ihrer Bewertung des Beobachteten.
(3) entdecken, dass eine Unterrichtsbeobachtung (und nachträgliche Diskussion darüber) sinnvoll ist, wenn man sich zuvor darüber verständigt, unter welche Perspektive — mit welcher Fragestellung — Unterricht beobachtet werden soll.
(4) sich über die eigenen Beurteilungsmaßstäbe im Klaren werden und sie nach und nach ausdifferenzieren.

Die Beobachtung kurzer Unterrichtsszenen ist auch für berufserfahrene Lehrer/innen ein geeigneter Einstieg, um über Unterrichtsqualität ins Gespräch zu kommen. Anhand bloßer Schilderungen oder verschriftlichter Beispiele wird man sich oberflächlich leicht einig, ob man z. B. einen Lehrer als rigide oder einfühlsam bezeichnet, einen Schüler für lustlos oder begriffsstutzig erklärt, eine Methode als effektiv einschätzt oder als Spielerei abqualifiziert. Erst der Blick auf gemeinsam erlebten Unterricht legt Auffassungsunterschiede offen, so dass über bevorzugte Konzepte und Methoden, über wünschenswerte Normen oder entbehrliche Regeln am anschaulichen Beispiel diskutiert werden kann. Die dabei nicht selten zu Tage tretenden Kontroversen über Vorstellungen und Maßstäben setzen Vereinheitlichungsbestrebungen Grenzen. Vorrangig kommt es bei einem solchen Austausch daher darauf an, den anderen Kollegen mit seiner ggfs. auf den ersten Blick befremdlichen Sichtweise besser zu verstehen, seine Gründe kennen zu lernen.

---

**Sich durch den Blick der Anderen bereichern lassen**

Eine diskursive Verständigung über unterschiedliche Sichtweisen, wie ein Lehrer sich im Unterricht präsentieren sollte (z.B. sein Auftreten, seine Sprache, seine Gestik und Mimik), kann zur wechselseitigen Bereicherung der jeweils eigenen Sichtweise beitragen, denn

* erst wenn man von anderen Betrachtern derselben Szene auf wichtige Details hingewiesen wird, die man selbst nicht beachtet hat, wird einem klar, wie gefiltert die eigene Beobachtung aufgrund von in der Regel nicht bewussten Fokussierungen ist;
* indem verschiedene Betrachter denselben Unterricht aufgrund unterschiedlicher Maßstäbe beurteilen, erscheint die eigene Perspektive nicht mehr nur als die einzig mögliche.

# 13 Über Unterricht reflektieren lernen (Szenarium F7)

„Jeder irrt! Nur: Jeder irrt anders." Friedrich Karl Waechter „Die elenden Vier"

## 13.1 Die Grundidee

> Wenn Lehrer/innen befähigt werden sollen, eigenen und fremden Unterricht selbstständig zu beurteilen, dann sollten sie im Rahmen der Lehrerausbildung auch Gelegenheit erhalten, diese Fähigkeit zu entwickeln. Dazu taugen die in der Ausbildung üblichen Unterrichtsanalysen nur bedingt, weil dabei Unterricht nach vorgegebenen Fragen untersucht wird und diese Untersuchung von Ausbilderseite strikt angeleitetet wird.
>
> In diesem Kapitel wird ein Szenarium vorgestellt, das angehenden Lehrerinnen und Lehrern ein selbstständiges Reflektieren über Unterricht ohne Vorgabe von Fragerichtungen und ohne Beteiligung von Ausbilderseite ermöglicht. Die Qualität dieses Reflexionsprozesses kann im Nachhinein von Ausbildern mit Hilfe eines speziellen Kriterienraster eingeschätzt werden.

## 13.2 Der Spagat zwischen angeleiteter Analyse und echter Reflexion

Die Fähigkeit zur Unterrichtsreflexion wird in der Literatur zur Lehrerausbildung als außerordentlich wichtig eingeschätzt. In den von der Kultusministerkonferenz 2004 beschlossenen „Standards für die Lehrerbildung" wird die Kompetenz zur „Reflexion von Lehr- und Lernprozessen" sogar als Kernaufgabe von Lehrer/innen an erster Stelle genannt.

Allerdings erhalten angehende Lehrer/innen im Rahmen ihrer Ausbildung nur selten Gelegenheit zum selbstständigen Reflektieren. Die Beschäftigung mit Lehr- und Lernprozessen erfolgt in der Lehrerausbildung nahezu ausschließlich in Form angeleiteter Unterrichtsanalysen auf der Grundlage vorgegebener Analysevorschläge, Kriterienraster und Fragenkataloge. Auch die in diesem Band vorgestellten Szenarien basieren überwiegend auf solchen Vorgaben. Solche Analysevorschriften können wichtige Anregungen geben, schränken aber damit gleichzeitig das selbstständige Nachdenken über Unterricht ein. Diese Spannung zwischen angeleiteter Analyse nach Vorgaben und selbstständiger Reflexion ist besonders ausgeprägt bei Stundenbesprechungen im Anschluss an Unterrichtsproben. Solche Nachbesprechungen werden gern als „Reflexion" bezeichnet, um zu unterstreichen, dass Auszubildende zur selbständigen Betrachtung ihres Unterrichts ermutigt werden sollen. Aber die für Reflexionsprozesse unabdingbare freie Bestimmung der Beteiligten darüber, was thematisiert wird, unterlaufen Ausbilder nicht selten, indem sie die zu besprechenden Unterrichtsausschnitte festlegen und Analysekategorien vorgeben.

Ausbilder stehen hier vor einem ähnlichen Dilemma wie Lehrer, die möchten, dass ihre Schüler zwar möglichst selbstständig — aber doch auch möglichst zügig — zum gewünschten Ergebnis kommen. Dass angehende Lehrer/innen zur Einschätzung von Unterricht Vorgaben benötigen — etwa didaktische Konzepte und Kategorien, die in der Seminararbeit vermittelt und in exemplarischen Unterrichtsanalysen angewendet werden, ist unbestritten. Andernfalls würden Auszubildende keine Anregungen zur Weiterentwicklung ihre Urteilsfähigkeit erhalten. Aber wenn die Auseinandersetzung mit Unterricht ausschließlich unter Anleitung erfolgt, so ist das kontraproduktiv für die Entwicklung der Fähigkeit zur selbstständigen Unterrichtsreflexion.

Um selbstständiges Reflektieren zu fördern, sollten Auszubildende ab und an Gelegenheit zu einer Unterrichtsreflexion erhalten, die diesen Namen verdient. Das nachfolgend beschriebene Szenarium ermöglicht angehenden Lehrer(inne)n ein solches Nachdenken und Diskutieren über Unterricht ohne Vorgaben und ohne Beteiligung von Ausbilderseite. Die Ergebnisse des Reflexionsprozesses werden dabei schriftlich festgehalten, so dass Ausbilder sich im Nachhinein ein Bild von der Qualität dieser Reflexion machen können. Dazu wird ein Kriterienraster vorgestellt, das geeignet ist, den Entwicklungsstand der Reflexionsfähigkeit zu beurteilen.

## 13.3 Ein Szenarium zur selbstständigen, mehrschrittigen Unterrichtsreflexion

Bei diesem Szenarium wird ein videografiertes und multimedial dokumentiertes Unterrichtsvorhaben von einer kleinen Gruppe in drei Durchgängen betrachtet. Die individuellen Einschätzungen jedes Durchgangs werden schriftlich festgehalten und dienen als Diskussionsgrundlage für den folgenden Durchgang. Indem mehrere Teilnehmer Stellung beziehen, bietet der Vergleich unterschiedlicher Einschätzungen einen Anreiz zur Diskussion. Die wiederholte Betrachtung des Unterrichtsvideos unter Rückgriff auf jeweils zusätzliche Informationen und mit jeweils differenzierteren Einschätzungen ermöglicht eine Korrektur und Ausdifferenzierung der individuellen Urteile.

### 13.3.1 Der Ablauf: Individuelle und gemeinsame Reflexion in drei Durchgänge

Berufsanfänger beschäftigen sich in einer kleinen Gruppe zu dritt oder zu viert mit einem Unterrichtsvorhaben in drei Durchgängen ohne externe Vorgaben:

*Durchgang 1:* Betrachtet wird die Videoaufzeichnung einer Unterrichtsstunde wie bei einer Hospitation (nur einmal ohne Wiederholung von Szenen). Anschließend verfasst jeder individuell und ohne Absprache eine schriftliche Stellungnahme. Aufgabenstellung: „Notieren Sie bitte die wichtigsten Eindrücke und Ihre Einschätzung von der Stunde (mit Begründung und falls möglich mit Belegen aufgrund ihrer Beobachtungsnotizen."). Diese Einschätzungen schicken sich die Mitglieder der Kleingruppe per e-mail zu.

*Durchgang 2:* Einige Tage später trifft sich die Gruppe ca. 2 bis 3 Stunden und diskutiert über diese individuellen Ersteinschätzungen. Dabei können Videoszenen von der Stunde beliebig oft betrachtet werden. Anschließend verfasst jeder eine zweite schriftliche Einschätzung, die wiederum innerhalb von 24 Stunden mittels e-mail an die anderen Gruppenmitglieder verteilt wird.

*Durchgang 3:* Ein bis zwei Wochen später erfolgt eine erneute Diskussion über das Unterrichtsvorhabens und die bisherigen Einschätzungen. Dabei werden auch weitere Unterrichtsdokumente ausgewertet. Aufgabenstellung: „Überdenken Sie Ihre Einschätzung aus der 2. Runde unter Hinzuziehung weiterer Informationen über die Stunde (Unterrichtsentwurf, Materialien, Arbeitsergebnisse, Kommentare von Schülern und Lehrkraft, Wortprotokolle)". Im Anschluss an diese ebenfalls ca. 2- bis 3-stündige Diskussion verfasst wieder jeder individuell eine dritte schriftliche Einschätzung, die wiederum via e-mail an alle Beteiligte verschickt wird.

Bei Bedarf (und wenn möglich) steht der Gruppe in allen drei Durchgängen ein Helfer zur Seite, der die Technik bedient (Projektion des Unterrichts über Videorecorder bzw. Notebook und ggfs. Beamer), die Diskussion in Durchgang 2 und 3 moderiert und in einem Protokoll festhält.

Da für den 3. Durchgang neben dem Unterrichtsvideo weitere Dokumente zur Verfügung stehen müssen, ist dieses Szenarium angewiesen auf multimediale Unterrichtsdokumente, wie sie in Form der *Hannoveraner Unterrichtsbilder* zur Verfügung stehen.

### 13.3.2 Der mögliche Ertrag

Der Zeitaufwand für dieses dreischrittige Vorgehen ist beträchtlich. Bei mehreren Erprobungen dieses Szenariums zur selbstständigen Unterrichtsreflexion haben die Teilnehmer/innen jeweils im Durchschnitt etwa sieben Stunden (allein und zusammen mit den anderen Gruppenmitgliedern) investiert, um sich mit einer einzigen Unterrichtsstunde auseinander zu setzen. Im Vergleich zur Dauer üblicher Stundenbesprechungen einschl. vorausgehender Hospitation (ca. 90 bis maximal 120 Minuten) ist das ein beträchtlicher Zeitaufwand. Lohnt dieser Aufwand? Hat es eine Einzelstunde überhaupt ‚verdient', dass man sich so lange mit ihr befasst? Diese Frage kann nur beantwortet werden, wenn man prüft, wie ein solcher Prozess der individuellen und gemeinsamen Auseinandersetzung mit einem Unterrichtsvorhaben die Gruppenteilnehmer schrittweise zu neuen Erkenntnissen und veränderten Urteilen führt. Das ist an anderer Stelle im Detail dargestellt (Pabst &Mühlhausen 2007). Die dort dokumentierten Einschätzungen und Analyseergebnisse zu drei Unterrichtsvorhaben erlauben eine eindeutig positive Antwort auf die obige Frage (aaO., 209f):

* Durch das Zusammentragen der individuellen Perspektiven werden die Besonderheit und zugleich die Beschränktheit der eigenen Perspektive bewusst. Keine Perspektive ist überflüssig, erst im Zusammentragen entsteht ein facettenreiches Bild, das der Komplexität einer Stunde gerecht wird.
* Kein Teilnehmer kann in Durchgang 1 die beim einmaligen Betrachten zwangsläufigen Beobachtungsfehler vermeiden. Aber weil die anderen Beteiligten Konträres behaupten und Strittiges durch nochmaliges Betrachten und Nachlesen der Wortprotokolle im 2. und 3. Durchgang überprüft werden kann, werden Beobachtungsfehler offenkundig.
* Implizite Beurteilungsmaßstäbe, wie sie von einigen Teilnehmern vor allem in Durchgang 1 herangezogen wurden, werden überdacht, weil das Urteil des Gegenübers auf anderen Maßstäben beruht oder besser begründet ist. Ansatzweise werden so die Maßstäbe selbst thematisiert.
* Zwar werden die Einschätzungen nicht in jedem Fall von Durchgang zu Durchgang differenzierter, aber bei allen Teilnehmern überwiegen in Durchgang 3 Urteile, die auf den Maßstabsebenen 2, 3 und 4 beruhen (s. Abb. 11 auf S. 264).
* Die Teilnehmer erfahren, wie trügerisch eine auf bloßem Betrachten basierende Einschätzung ist. Sie entdecken, dass zusätzliche Unterrichtsdokumente (neben dem Entwurf vor allem die Wortprotokolle, die Arbeitsergebnisse der Schüler/innen und die Kommentare der Beteiligten) unent-

behrlich sind, um Stundenstruktur und Besonderheiten einer Inszenierung herauszuarbeiten.
* Die Gruppendiskussionen in Durchgang 2 und 3 sind in positivem Sinn ‚hemmungslos'. Weder ist eine höfliche Rücksichtnahme auf die Gefühle des Unterrichtenden erforderlich, noch müssen eigene Gedanken aus taktischen Gründen zensiert werden. Dennoch wird der Unterrichtenden nicht niedergemacht, sondern — zumindest in den Durchgängen 2 und 3 — wird das Bemühen deutlich, Verständnis für seine besondere Lage zu entwickeln.
* Die Argumentation ist streckenweise heftig kontrovers, aber fair. Selbstprofilierungsanstrengungen unterbleiben. Ersichtlich wird um Verständnis für die eigene Einschätzung gerungen, aber es wird kein Kompromiss um jeden Preis gesucht — wenn Argumente nicht plausibel sind, bleibt es bei kontroversen Einschätzungen.

## 13.4 Ein Kriterienraster zur Beurteilung von Reflexionsqualität

Zur Beurteilung der Qualität von *Reflexionsprozessen über Unterricht* sind die in der Lehrerausbildung gebräuchlichen Kriterienraster zur *Unterrichtsbeurteilung* nur bedingt geeignet. Weil es um die Beurteilung einer Beurteilung geht, also um eine Beurteilung zweiter Ordnung, sind solche Kriterien zur unmittelbaren Unterrichtseinschätzung zu adaptieren und zu ergänzen. Da sich im Verlauf einer mehrschrittigen Reflexion sowohl die Beobachtung des Unterrichts selbst wie auch die zu seiner Beurteilung herangezogenen Kriterien verändern, sollte ein Kriterienraster auch diese Veränderungen erfassen (s. umseitige Abb. 11 „Kriterien zur Beurteilung der Qualität von Unterrichtsreflexion" n. Pabst & Mühlhausen 2007, 214).

**Zu I.** Die **Qualität der Unterrichtsbeobachtung** wird anhand von drei Teilkriterien geprüft:

I.1 **Genauigkeit der Beobachtungsangabe**: z.B. detailgenaue Beschreibung; vergröbernde, aber tendenziell zutreffende Zusammenfassung; falsch dargestellte oder ausgelassene Details.

I.2 **Aufmerksamkeitsfokus**: Worauf liegt der Beobachtungsschwerpunkt, z.B. auf dem unterrichtlichen Gesamtgeschehen; auf bestimmten Situationen, Abschnitten, Ereignissen; auf Personen — etwa dem Lehrer, der „Klasse" insgesamt, einzelnen Schüler/innen, die sich am Unterricht beteiligen oder solchen, die sich nicht beteiligen?

I.3 **Trennung von Beobachtung, Interpretation und Wertung**: Wird bei den Angaben klar auseinander gehalten, was in einer Unterrichtsszene zu sehen bzw. hören ist, wie das gedeutet und wie es bewertet werden könnte? Oder werden Faktenbeschreibungen, deren Interpretation und Bewertung vermengt?

---

**I. Qualität der Unterrichtsbeobachtung**

   I.1 Genauigkeit der Beobachtungsangaben
   I.2 Aufmerksamkeitsfokus
   I.3 Trennung von Beobachtung, Interpretation und Wertung

**II. Qualität der Einschätzungen**

   II.1 Zur Beurteilung herangezogene Maßstäbe
      M 1: Allgemeine Vorstellungen über gelungenen/misslungenen Unterricht, wünschenswertes/ungünstiges Handeln bzw. Auftreten des Lehrers
      M 2: Unterrichtstheoretisch begründete allgemeindidaktische Maßstäbe
      M 3: Vergleich zwischen vorgeplantem Unterricht und realem Verlauf
      M 4: Fachwissenschaftliche und fachdidaktische Vertretbarkeit
      M 5: Übergreifende Zielvorstellungen (Bildungsziele oder unterrichtskonzeptionelle Vorstellungen)
   II.2 Passung zwischen herangezogenen Maßstäben und Belegsituationen
   II.3 Kritisch-konstruktive Alternativvorschläge
   II.4 Einschätzungsänderungen von Durchgang zu Durchgang mit Qualitätsgewinn
   II.5 Metareflexive Äußerungen

---

Abb. 11: Kriterien zur Beurteilung der Qualität von Unterrichtsreflexion

**Zu II.** Die **Qualität der Einschätzung** hängt zum einen davon ab, welche Maßstäbe zur Bewertung herangezogen werden, zum anderen davon, wie diese Maßstäbe angewendet werden. *Stundenreflexionen* beginnen oft mit einer Fokussierung auf Einzelsituationen des Unterrichts. Weil dabei das Unterrichtsganze noch nicht in den Blick genommen werden kann, sind die Bewertungsmaßstäbe notgedrungen recht allgemein: Solche Maßstäbe können abgeleitet werden aus *common-sense-Vorstellungen über guten Unterricht, wünschenswertes Lehrerhandeln bzw. ein wünschenswertes Erscheinungsbild des Lehrers*. Allgemeine Maßstäbe können auch *aus didaktischen Konzepten und Unterrichtstheorien abgeleitet werden* (z.B. Vorstellungen über einen idealtypischen Aufbau, über Funktionen, die ein Unterrichtseinstieg erfüllen sollte, Maßnahmen zur Ergebnissicherung).

Mit zunehmend genauerer Kenntnis des Unterrichtsablaufs wird diese segmentierende Betrachtung nach und nach überwunden. Dann können Maßstäbe herangezogen werden, die den besonderen Charakteristika der jeweiligen Stunde gerecht werden. Die Stunde (oder einzelne Abschnitte) werden daraufhin bewertet, ob der gedachte Aufbau stimmig ist, ob der Unterricht fachlich vertretbar ist und ob er mit vorgeordneten Zielvorstellungen in Einklang steht.

II.1 Demzufolge können **Maßstäbe auf fünf Ebenen** unterschieden werden, die bei der Unterrichtsreflexion herangezogen werden:

**Maßstabebene 1**

Bei der Unterrichtseinschätzung werden Einzelaspekte herausgestellt (=Segmentierung) und mittels allgemeiner Maßstäbe beurteilt:

* **allgemeine Vorstellungen über gelungenen/misslungenen Unterricht** (z.B. Klasse ist zu laut, Schüler sind nicht motiviert, Gespräch ist schleppend, Abschnitt X dauert zu lang, unübersichtliches Tafelbild; das Ziel ist den Schülern unklar; der Einstieg motiviert nicht);
* **allgemeine Vorstellungen über wünschenswertes/ungünstiges Lehrerhandelns** (z.B. führt straff - wirkt gelangweilt, fragt ungenau, schreibt unleserlich an der Tafel, behandelt Schüler ungerecht);
* **Vorstellungen über ein wünschenswertes Auftreten des Lehrers** (z.B. unfreundlich - humorvoll – entspannt).

Derartige Einschätzungen sind mit ‚gesundem Menschenverstand' möglich, indem man sich z.B. in die beteiligten Schüler/innen hineinzuversetzen sucht. Ob derartige Einschätzungen angemessen sind, kann nur durch eine unterrichtstheoretische Analyse geklärt werden. So kann das Urteil „Es ist zu laut" unangemessen sein, weil es sich um im Rahmen der gewählten Unterrichtsmethode übliche Arbeitsgeräusche handelt, die den Urteilenden stören, weil ihm die Methode unbekannt ist. Ob Schüler sich wegen mangelnder Motivation nicht am Gespräch beteiligt haben, oder ob sie schlicht von den Fragen überfordert waren, kann nur aufgrund eines inhaltsanalytischen Vergleichs zwischen Lernvoraussetzungen, Zielen im Entwurf und dem Schwierigkeitsgrad der Fragen herausgearbeitet werden. Ob der Lehrer ein „Gespräch zu straff geführt" hat, kann erst geklärt werden, wenn zuvor festgelegt wurde, welche Indikatoren ein „zu straff geführtes Gespräch" auszeichnen.

**Maßstabebene 2**

Es bleibt wie in Ebene 1 bei der Beurteilung von Einzelaspekten, die aber schon unterrichtstheoretisch begründet wird durch ausdrückliche Bezugnahme auf **allgemeindidaktische Maßstäbe**; z.B. Vorgaben, wie Unterricht lehrzielorientiert anzulegen ist, welchen Aufbau er in Anlehnung an Phasenschemata (z.B. nach Heinrich Roth oder Ingo Scheller) aufweisen sollte, ob die Interdependenz der unterrichtlichen Strukturmomente (nach Wolfgang Schulz) beachtet wurde, welche didaktischen Funktionen bestimmten Unterrichtsphasen (z.B. Unterrichtseinstieg oder Ergebnissicherung) erfüllt haben und welche nicht.

**Maßstabsebene 3**

Die Bewertung bezieht sich auf den **Vergleich zwischen Vorplanung und tatsächlicher Umsetzung** (Übereinstimmung zwischen ursprünglicher Planung und tatsächlichem Ablauf oder Änderungen).

**Maßstabsebene 4**

**Aussagen zur fachwissenschaftlichen und fachdidaktischen Vertretbarkeit** der angestrebten bzw. vermittelten Inhalte und Ziele.

**Maßstabsebene 5**

Einschätzung des Unterrichts in Hinblick auf fach- und klassenstufenübergreifende **leitende Zielvorstellungen für Unterricht**, z.B.

* **Bildungsziele**, wie sie im gesetzlichen Bildungsauftrag oder in der bildungstheoretischen Diskussion im Kontext von Bildungsstandards und Kompetenzprofilen formuliert werden;
* **unterrichtskonzeptionelle Kriterien** (etwa *Entdeckendes Lernen, Differenzierung*, Merkmalen von *Projektarbeit*, Grundregeln eines *bilingualen Sachfachunterrichts*).

Ein Qualitätsfortschritt im Reflexionsprozess wäre zu erkennen, wenn nach anfänglicher Beurteilung auf der Maßstabsebene 1 später Maßstäbe aus den Ebenen 2 bis 5 zur Beurteilung herangezogen werden. Welche dabei angemessen sind, ist jeweils abhängig vom einzelnen Unterrichtsvorhaben.

II. 2 Ein weiteres Kriterium zur Einschätzung der Reflexionsqualität ist die **Passung zwischen den herangezogenen Maßstäben und den Situationen, die als Belegstellen genannt werden**: Ist der Maßstab auf die Situation anwendbar? Wie plausibel wird die Beurteilung formuliert und begründet (übertrieben pauschalisiert, vorläufig, bedächtig)?

II.3 Als drittes Kriterium gelten **kritisch-konstruktive Alternativvorschläge** zum betrachteten Lehrerhandeln.

II.4 Ein viertes Kriterium ist, ob begründete **Einschätzungsänderungen** gegenüber dem vorausgegangenen Durchgang vorgenommen werden (Werden neue Aspekte angeführt? Werden bereits genannte Aspekte bekräftigt, ergänzt, revidiert oder nur wiederholt? Hat die Reflexion den Aufmerksamkeitsfokus verändert?).

II.5 Schließlich sind **meta-reflexive Kommentierungen** zu den Veränderungen im eigenen Reflexionsprozess als fünftes Kriterium zu berücksichtigen; z.B. wenn die eigenen Einschätzungsänderungen zusammengefasst werden oder wenn der eigene Urteilsprozess kritisch kommentiert wird.

## 13.5 Der Stellenwert von selbstständiger Unterrichtsreflexion im Ausbildungsgang

Szenarien zur selbstständigen Unterrichtsreflexion wie das hier vorgestellte können die Ausbildung bereichern. Sie ermöglichen angehenden Lehrern eine anspruchsvolle Stundenreflexion ohne fremde Vorgaben. Die diskursive Diskussion ohne Lenkung und Bewertung trägt dazu bei, die sonst bei Stundenbesprechungen oft durchschlagenden Handicaps zu vermeiden, die eine echte Reflexion erst gar nicht zustande kommen lassen. Der hohe Zeitaufwand bei diesem mehrschrittigen Vorgehen erscheint angesichts des Ertrags nicht nur vertretbar, sondern zwingend geboten. Würde man gleich mit Durchgang 3 beginnen, also die Stunde mit allen Begleitdokumenten zeigen und die Möglichkeit zur Szenenwiederholung zulassen, würden Betrachter um zwei wichtige Einsichten gebracht: Die Erfahrung, dass die eigene Beobachtungsfähigkeit außerordentlich lückenhaft und fehleranfällig ist und die Erkenntnis, dass es neben den eigenen Beurteilungsmaßstäben noch etliche weitere gibt, die auch bedenkenswert sind.

Ein Kritikpunkt an diesem mehrschrittigen Szenarium könnte lauten: Betrachter schwimmen bei ihrer Reflexion im ‚eigenen Saft'. Ihre Einschätzungen sind nur so gut, wie sie schon fähig zum qualifizierten Urteil sind. Was aber, wenn niemand über Maßstabsebene 1 hinauskommt? Dem wäre der empirische Beleg entgegenzuhalten, dass bei den bisherigen Erprobungen dieses Szenariums die Teilnehmer sich in ihrem Beobachtungsfokus und in den herangezogenen Maßstäben so gut ergänzt haben, dass sie nach und nach zu beeindruckend differenzierten Einschätzungen gekommen sind. Allerdings waren auch einige Teilnehmer nach dem 3. Durchgang unzufrieden, dass sie am Ende keine Rückmeldung über die Güte ihrer Einschätzungen erhalten haben.

Diesem Einwand sollte entsprochen werden, indem die Teilnehmer an einem solchen Reflexionsprozess zum Abschluss eine Rückmeldung über die Qualität ihrer Reflexion erhalten. Das setzt voraus, dass die Ausbilder nach dem 3. Durchgang die schriftlichen Einschätzungen sowie die ggfs. vorhandenen Diskussionsprotokolle anhand des Kriterienraster auswerten. Dabei sollte der Eindruck vermieden werden, es gäbe eine „richtige" Stundeneinschätzung. Auch Ausbilder, die getrennt voneinander ein Unterrichtsvorhaben beurteilen, stimmen in ihren Bewertungen oft nicht überein. Zwar werden offensichtliche Entwurfsplanungs- und Inszenierungsfehler leicht entdeckt, aber schon eine unterschiedliche Gewichtung von Kriterien (z.B. im Hinblick darauf, welche der Maßstabebenen 2 bis 5 als mehr und welche als weniger bedeutsam angesehen wird) kann zu erheblichen Beurteilungsdifferenzen führen.

Kontraproduktiv für die mit dem Szenarium angestrebten Ziele wäre es daher, wenn Ausbilder zum Schluss das vermeintlich richtige Reflexionsergebnis wie eine kanonische Bewertung aus der Tasche ziehen würden.

# 14 Web-basierte Übungen zur Unterrichtsanalyse (Szenarium F8)

"Wir glauben, Erfahrungen zu machen, aber die Erfahrungen machen uns." *Eugene Ionesco*

## 14.1 Grundidee der WBA-Übungen

> Web-basierte-Übungen zur Unterrichtsanalyse (WBA-Übungen) sind konzipiert für Studierende in einem frühen Ausbildungsabschnitt der I. Phase und für Quereinsteiger in die II. Phase ohne didaktische Grundkenntnisse. Durch die Analyse kurzer Unterrichtsszenen am PC lernen angehende Lehrer/innen schulpädagogische Grundbegriffe auf komplexe Unterrichtssituationen zu beziehen. Die Videoszenen und Wortprotokolle regen zur differenzierten eigenständigen Analyse an.
>
> Das im deutschsprachigen Raum bislang einzigartige Konzept einer individuellen, scriptgesteuerten Unterrichtsanalyse ermöglicht eine Durchführung der Übungen auch mit großen Teilnehmerzahlen. Entwickelt wurden die ersten WBA-Übungen 2002 als begleitende Vertiefungsaufgaben zu einer Vorlesung mit mehreren hundert Teilnehmern. Die in einer Datenbank zusammengefassten Antworten werden in einer Excel-Tabelle abgerufen und dann inhaltsanalytisch ausgewertet. Die Teilnehmer erhalten die Möglichkeit, ihre Antworten mit kommentierten Musterlösungen zu vergleichen, die mehr oder weniger plausible Antwortvarianten enthalten. WBA-Übungen eignen sich unter bestimmten Voraussetzungen als anspruchsvolle Form von Studien- oder Prüfungsleistungen bei schulpädagogischen Modulen.

## 14.2 Aufbau und Ziele der WBA-Übungen

In jeder WBA-Übung steht jeweils ein thematischer Aspekt im Vordergrund, der zuvor mittels Literaturstudium oder im Seminar behandelt worden sein sollte; z.B. Gesprächsführung, Unterrichtseinstieg, Gruppenarbeit u.v.a.. Am Beispiel einer geeigneten Unterrichtsszene ist zu untersuchen, in welcher Weise der jeweilige thematische Aspekt im Video bedeutsam ist bzw. berücksichtigt wird. Während es in der 1. Ausbildungsphase ansonsten nur sehr eingeschränkt möglich ist, die dort vermittelten theoretischen Konstrukte mit den zumeist spärlichen Unterrichtserfahrungen der Auszubildenden zu verknüpfen, erleichtern solche videobasierte Übungen das Verständnis der abstrakten Kategorien, weil diese mit konkrete Unterrichtssituationen in Verbindung gebracht werden können. In den WBA-Übungen werden unterrichtsthe-

oretische Kategorien behandelt, die mit grundlegenden Anforderungen an die Lehrerarbeit verbunden sind, z.B.:
* die Analyse von Lehrzielen, die darauf vorbereiten soll, den eigenen Unterricht lehrzielorientiert zu gestalten;
* die Einschätzung der didaktischen Funktion von Unterrichtseinstiegen, die dazu beiträgt, ein eigenes Repertoire von Einstiegsvarianten mit verschiedenen Funktionen aufzubauen;
* die Beurteilung der Qualität von Arbeitsaufträgen, die darauf hin zu untersuchen sind, ob sie alle notwendigen Informationen enthalten und ob sie für die Schüler verständlich gestellt worden sind;
* die Analyse von Unterrichtsgesprächen in Hinblick auf die Gesprächsmoderation und die Frage- und Impulstechnik;
* die Untersuchung von Gruppenarbeit in Hinblick darauf, ob die Zusammenarbeit zwischen den Schülern dem eigenen Anspruch von Kooperation und ggfs. dem eigenen Verständnis von selbstständigem Lernen entspricht.

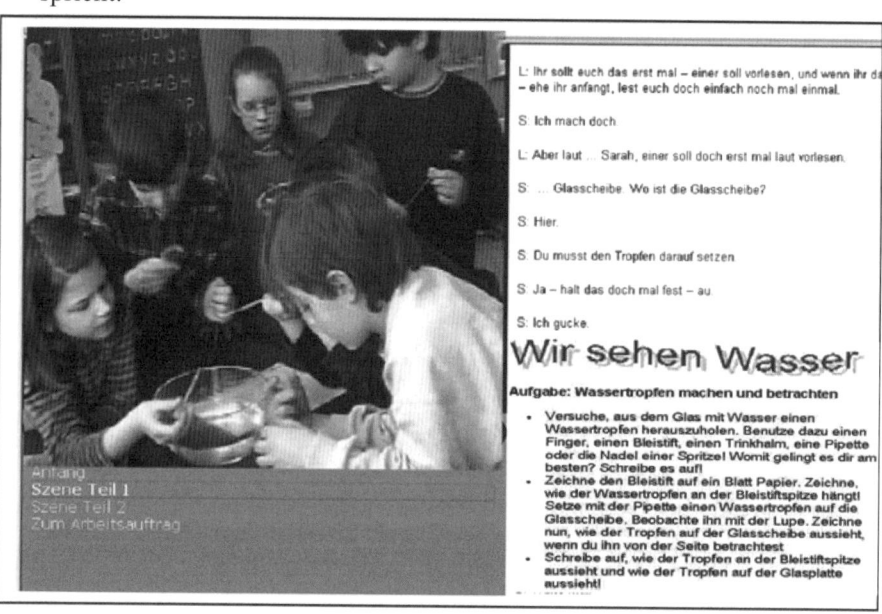

Abb. 12: Video und Wortprotokoll aus einer WBA-Übung „Analyse von Gruppenarbeit"

Thematischer Schwerpunkt einiger WBA-Übungen sind Unterrichtsziele und zwar neben unterrichtsfachlichen auch fachübergreifende Ziele, die bei

einer unterrichtsfachlich akzentuierten Betrachtung oft zu kurz kommen. So sind z.B. Einschätzungen zu geben über:
* den Grad der Selbständigkeit des Arbeitens beim Stationenlernen im Sachunterricht;
* die Zusammenarbeit bei Schülerexperimenten im Chemieunterricht;
* die gruppeninterne Regelung der Arbeitsteilung und das Austragen von Meinungsverschiedenheiten bezüglich des Vorgehens und der Interpretation von Ergebnissen in einer Mathematikstunde.

## 14.3 Nutzung der WBA-Übungen

Die WBA-Übungen zur Unterrichtsanalyse sind für das Betriebssystem Windows entwickelt worden (Version 98 SE, ME, 2000, XP, VISTA oder Windows 7). Auf dem PC muss ein Internetbrowser mit integriertem Flashplayer installiert sein (z.B. Mozilla Firefox, Internet Explorer 5.5 oder höher) und der PC muss einen Internetzugang haben.[1]

Nach dem Start einer WBA-Übung in einem Web-Browser werden die Unterrichtsszene, das Wortprotokoll und das Aufgabenformular in einer einfach zu bedienenden Oberfläche aufgerufen.

⇒ Jede WBA-Übung beginnt mit Informationen zum Unterrichtskontext, aus dem die zu analysierende Szene stammt. Nach Aufruf der Filmszene kann parallel zum laufenden Video das jeweilige Wortprotokoll aus der Szene gelesen werden. Nach dem Betrachten der Videoszene und des Wortprotokolls ist ein Formular aufzurufen, das die Analyseaufgaben sowie Textfelder zur Eingabe von Angaben zur Person und zur Beantwortung der Fragen enthält.

⇒ In dem Formular sind folgende Angaben zu machen: Institution (fakultativ), Name, Vorname und Email (an diese Adresse wird die vom Nutzer geschriebene Antwort geschickt).

⇒ Die Aufgaben sind schriftlich in den jeweils vorgesehenen Textfeldern zu beantworten und werden mit Klick auf den Schalter „absenden" an einen Web-Server abgeschickt. Alle Antworttexte werden dort für die Auswertung zusammengefasst.

⇒ Wer eine gültige Email-Adresse angegeben hat, erhält seine Antworten darüber zugeschickt. Wer keine Email-Adresse angegeben hat, erhält sei-

---

[1] Nach Auskunft einiger Nutzer laufen die neu entwickelten flash-basierten Übungen auch auf Apple-Rechnern mit bestimmten Konfigurationen. Das konnte allerdings nicht systematisch getestet werden, so dass Interessenten selbst erproben müssten, ob ihre Plattform geeignet ist.

ne Antworten nach dem Absenden direkt am Bildschirm und kann sie ausdrucken oder speichern.
⇒ Bei einigen WBA-Übungen steht auf der Schlussseite ein Hinweis, wo kommentierte Musterlösungen für die jeweilige WBA-Übung — sowohl schlüssige als auch aus Autorensicht weniger passende Antworten — zu finden sind. Auf diese Weise kann der Absolvent einer WBA-Übung seine eigenen Antworten mit den Musterlösungen vergleichen und erhält ein Angebot zur Selbstauswertung.
⇒ Registrierte Dozent(inn)en können die Antworten ihrer Seminarteilnehmer vom Server abrufen (siehe dazu Abschnitt 14.5 „WBA-open").

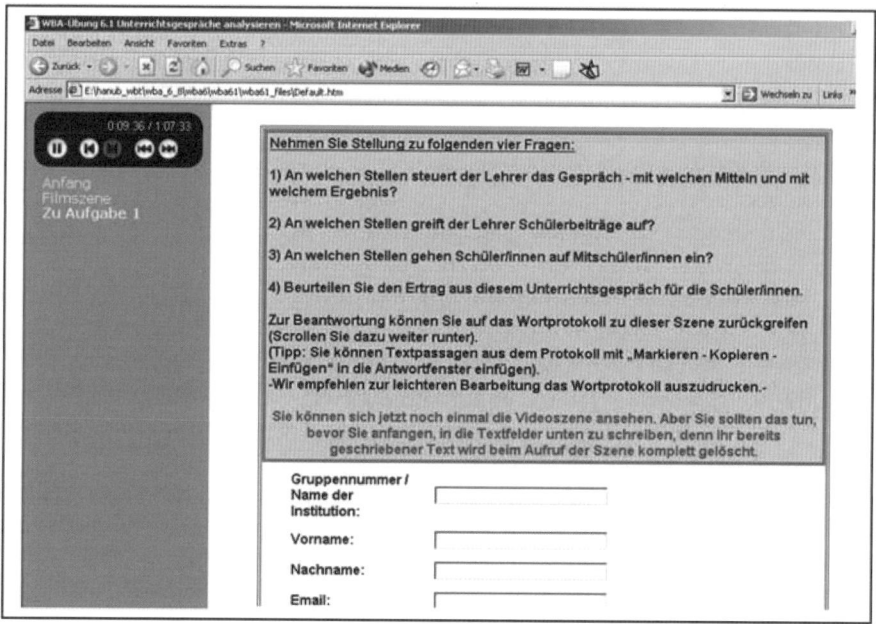

Abb. 13: Ausschnitt aus einem WBA-Aufgabenformular „Analyse eines Unterrichtsgesprächs"

Die Videoszenen und Wortprotokolle in den WBA-Übungen können beliebig oft betrachtet werden, so dass man sich über unklare Passagen, schnelle Wortwechsel oder schlecht zu Verstehendes durch wiederholtes Betrachten, Hören und Nachlesen vergewissern. Diese Art der Präsentation von Unterrichtsprozessen ist Voraussetzung für eine genaue Analyse.

WBA-Übungen sind eine Form der angeleiteten Unterrichtsanalyse, die es ermöglicht, Unterricht als komplexes Geschehen anschaulich ‚hineinversetzbar' zu erleben, um es dann fokussierend auf jeweils einen vorgegebenen schulpädagogischen Aspekt zu betrachten. In diesem perspektivischen Zuschnitt von Unterrichtswirklichkeit zu einer Art Wirklichkeitsextrakt liegt der ausbildungsdidaktische Vorzug gegenüber einer Hospitation vor Ort. Die Unterrichtssituationen sind mit Blick auf den zu behandelnden didaktischen Aspekt sorgfältig ausgewählt. Die Aufgabenstellung fokussiert die Betrachtung darauf. Im Vergleich mit Unterrichtsschilderungen in Textform sind sie ungleich komplexer und erfordern eine interpretative Komplexitätsreduktion, die für unerfahrene Unterrichtsbeobachter eine erhebliche eigenständige Leistung darstellt. Das ist ihr Vorzug gegenüber den üblichen, ausschließlich textbasierten Unterrichtsanalyseaufgaben, wie sie in vielen Schulpädagogiklehrbüchern zu finden sind.

Die Annäherung an das komplexe Phänomen Unterricht unter jeweils einer ausgewählten Perspektive und mit vorgegebener Analyseaufgabe verbessert im Wechselspiel einerseits die Fähigkeit, komplexe Unterrichtsprozesse zu beobachten, andererseits das Verständnis für den jeweils fokussierten schulpädagogischen Aspekt.

## 14.4 Auswertung der WBA-Übungen

WBA-Übungen verlangen eine differenzierte Beantwortung. Daher ist eine Auswertung in Form schlichter „falsch"- bzw. „richtig"-Urteile, wie sie bei multiple-choice-Fragen üblich sind, nicht möglich. Jeweils im einzelnen zu prüfen sind die Plausibilität der Argumente und die Stimmigkeit der angeführten Belegstellen. Erleichtert wird diese inhaltsanalytische Auswertung durch einen Vergleich der Teilnehmerantworten mit kommentierten Musterlösungen, die bereits viele mögliche Antwortvarianten enthalten. Der erhöhte Auswertungsaufwand wird mehr als wett gemacht durch die Attraktivität der Übungen im Vergleich zu multiple-choice-Fragen oder zur Analyse geschilderter Unterrichtsbeispiele.

## 14.5 Zugang zu den WBA-Übungen

Die Begleit-DVD zum Band „Erfolgreicher Unterrichten!?" (Mühlhausen & Wegner 2010) enthält 10 WBA-Übungen zu den Themen *Antinomien im Lehrerhandeln / Unterrichtsbeobachtung / Unterrichtseinstiege / Lehrzielanalyse / Gesprächsführung / Arbeitsaufträge stellen / Analyse von Gruppenarbeit*. Die Begleit-DVD zum Band „Unterrichten lernen mit Gespür" (Mühlhausen 2007b) enthält eine WBA-Übung zum Thema *Unterrichtsbeobachtung*. Die bislang entwickelten WBA-Übungen waren speziell für den MS-eigenen *Internet-Explorer* konzipiert. Da sie skriptgesteuert abliefen, mussten die Betrachtung der Videoszenen und die Beantwortung der Fragen jeweils in einem festgelegten Zeitraum erfolgen.

Inzwischen sind diese WBA-Übungen überarbeitet und mehr als 20 weitere WBA-Übungen entwickelt worden. Bei diesen insgesamt ca. drei Dutzend überarbeiteten bzw. neuen WBA-Übungen fallen die oben genannten Beschränkungen weg: Sie laufen in allen aktuellen Browsern mit JAVA-Script- und Flash-plug-in ohne Zeitbegrenzung.

Zwei neue, flash-basierte WBA-Übungen sind auf der Begleit-DVD zu diesem Buch im Pfad \WBA enthalten und können erprobt werden (die aufzurufende Datei durch Rechtsclick mit dem gewünschten Browser starten):

| aufzurufende Datei | Thema der WBA-Übung |
|---|---|
| ....\WBA65\index.htm | *Unterrichtsgespräche analysieren* am Beispiel einer 13-minütigen Szene - Hauptschule Klasse 7 Geschichte „Besiedlung Nordamerikas" |
| ....\WBA83\index.htm | *Gruppenarbeit beurteilen* am Beispiel einer 7 minütigen Szene - 9. Klasse Gymnasium Chemie "Experimente mit Redox-Reaktionen" |

## 14.6 WBA-open — Ein Angebot für Seminarleiter/innen

Ein in Vorbereitung befindlicher Band mit dem Arbeitstitel „Unterrichtsanalyse online" (Mühlhausen, J. & Mühlhausen, U.; voraussichtlich Mitte 2012) enthält alle ca. drei Dutzend WBA-Übungen in der neuen, flash-basierten Version. Beispielhafte Analyseergebnisse zu einzelnen Übungen zeigen, dass diese Form einer videobasierten Unterrichtsanalyse zu detailgenauer Betrachtung und präziser Argumentation anregt.

Für Seminarleiter/innen wird dieser Band die Möglichkeit bieten, auf die Antworten ihrer Seminarteilnehmer zuzugreifen (s. Kasten „WBA-open").

---

**WBA-open — Hinweise für Seminarleiter/innen**

Mit Veröffentlichung des o.a. Bandes erhalten Dozentinnen und Dozenten, die in der Lehrerbildung (I., II. oder III. Phase) tätig sind, die Möglichkeit, WBA-Übungen in ihrem Seminar für vertiefende Übungen und für Prüfungen zu nutzen. Seminarleiter/innen, die ihre Dozententätigkeit nachweisen, erhalten über ein Admin-Passwort ein Zugriffsrecht auf die Antwort-Datenbank des WBA-Servers. Somit können sie die Antworten ihrer Seminarteilnehmer in Form einer Excel-Tabelle runterladen und beurteilen.

Da jeder Seminarleiter ein eigenes Admin-Passwort erhält, ist sichergestellt, dass niemand sonst die Antworten dieser Seminarteilnehmer zu den Übungen einsehen kann. Jeder Seminarleiter sieht selbst natürlich auch nur die Angaben seiner Seminarteilnehmer/innen (und nicht von Seminarteilnehmern anderer Dozent/inn/en).

---

# 15 Vier Szenarien zur *Virtuellen Unterrichtshospitation* mit ‚Eigenvideos'

„Das Nachdenken über eigenen Unterricht fällt so schwer, weil die Reflexionsprozesse oft das Selbstverständnis betreffen. Manche Reflexion tut weh." *Studienseminarleiter Jochen Pabst*

## 15.1 ‚Eigenvideos' als wenig genutzte Chance für die Lehrerbildung

> ‚Eigenvideos' werden aufgenommen, um den videografierten Lehrkräften eine Reflexion bzw. Analyse ihres eigenen Unterrichts zu ermöglichen — sei es allein, sei es im Rahmen von Aus- und Fortbildungsseminaren, bei denen die Aufgenommenen anwesend sind. ‚Eigenvideos' werden nicht an Externe weitergeben und diese erhalten auch keine Möglichkeit, sich an den Gesprächen über die Aufzeichnungen zu beteiligen (Prinzip der *Geschlossenen Gesellschaft*). Nur wenn die Beteiligten später zustimmen, kann ein ‚Eigenvideo' als Grundlage zur Entwicklung eines Fremdvideos bzw. eines multimedialen Unterrichtsdokuments genutzt werden (s. Kapitel 16). Das ist aber nicht die ursprüngliche Zweckbestimmung und geschieht auch nicht so oft.

In der Vergangenheit war es Lehrern nur in seltenen Ausnahmefällen möglich, vom eigenen Unterricht ein Videofeedback zu erhalten. Die in den 70er Jahren an vielen Standorten der Lehrerausbildung mit hohem finanziellen Aufwand errichteten und betriebenen Studioklassen und Mitschauanlagen haben sich aus diversen Gründen so wenig bewährt, dass sie spätestens in den 90er Jahren stillgelegt oder umfunktioniert wurden. Dort wurden nur wenige, speziell ausgewählte Lehrkräfte als Modelle für gut vorbereiteten Vorzeigeunterricht einbezogen. Ebenso konnten jeweils nur ganz wenige Studierende eines Studienjahrgangs im Rahmen von Micro-teaching-Versuchen videografiert werden. Seit Beginn der 80er Jahre wurde gelegentlich auch Unterricht in Schulen zu Forschungszwecken aufgezeichnet, allerdings nur im Rahmen kleinerer Forschungsvorhaben, während z.B. die großen Schulvergleichstudien der 80er und frühen 90er Jahre nicht auf das Mittel der Unterrichtsvideografie zurückgegriffen haben. Die wenigen im Rahmen von Forschungsprojekten aufgenommenen Lehrer/innen haben nur in Ausnahmefällen (und dann als eher unbeabsichtigte Nebenwirkung) selbst vom Videofeedback profitiert (wie z.B. im Rahmen der in Kapitel 4 erwähnten Studie von Ilse Plattner 1988; s. S. 144).

Seit Mitte der 90er Jahre hat die Unterrichtsvideografie zu Forschungszwecken einen Auftrieb erhalten. Insbesondere im Zusammenhang mit nationalen und internationalen Vergleichsstudien zur Unterrichtsqualität ist die Unterrichtsaufzeichnung mit Videokameras zum unentbehrlichen Instrument empirischer Forschung geworden (s. die Übersichten bei Helmke 2003 u. 2009).

Im Unterschied dazu ist der Einsatz von ‚Eigenvideos' im Rahmen der Lehrerausbildung und als Bestandteil von Lehrerfortbildungsprogrammen bis heute eine Randerscheinung geblieben. Zwar werden in den letzten Jahren im deutschsprachigen Raum verstärkt Anstrengungen unternommen, um dieses Medium auch für die Aus- und Fortbildung von Lehrern zu nutzen. In einer stetig wachsenden, wenngleich immer noch recht überschaubaren Anzahl von Buch- und Webseiten-Veröffentlichungen werden abgeschlossene sowie derzeit noch laufende Projekt beschrieben, bei denen Möglichkeiten der Videografie für unterschiedliche Aus- und Weiterbildungszwecke erprobt werden (eine kommentierte Übersicht gibt Helmke 2009). An einigen deutschen Hochschulen existieren Videoportale, in denen vormalige ‚Eigenvideos' jetzt als Fremdvideos für Ausbildungszwecke genutzt werden (z.B. in Bielefeld, Hannover und Osnabrück). Diese Projektinitiativen beruhen in der Regel auf dem Engagement einzelner Lehrender an ihren jeweiligen Standorten und erreichen auch nur einen kleinen Teil der dort jeweils ausgebildeten Lehramtsstudierenden. Auch in einigen Ausbildungs- und Studienseminaren der II. Phase gibt — z.T. bereits seit etlichen Jahren — Ausbilderteams, die in ihrer Beratungstätigkeit die Unterrichtsvideografie in Eigeninitiative einsetzen. Pionierarbeit wurde in einigen Ausbildungs- und Studienseminaren in NRW geleistet (z.B. in Gelsenkirchen und Paderborn). Dort videografieren Seminarleiter/innen seit vielen Jahren sowohl Ausbildungsunterricht als auch die anschließenden Nachbesprechungen, um auch den Prozess der Beratung zum Reflexionsgegenstand zu machen (vgl. Dorlöchter u.a. 2006). Das Studienseminar Krefeld für Lehrkräfte an Berufskollegs hat 2009 erstmalig die Videografie als verpflichtenden Bestandteil ihres seminareigenen Ausbildungscurriculum eingeführt (s. Anhang 2).

Als verpflichtender Ausbildungsbestandteil in Studien- und Prüfungsordnungen ist die Auseinandersetzung mit ‚Eigenvideos' in Deutschland weder in der I. noch in der II. Phase vorgesehen (vgl. die Ergebnisse einer Befragung der Kultusministerien auf S. 332f). Von einer systematischen Einbindung der Arbeit mit ‚Eigenvideos', Fremdvideos und multimedialen Unter-

## 15 VIRTUELLE UNTERRICHTSHOSPITATION MIT EIGENVIDEOS

richtsdokumenten sind die Ausbildungscurricula der I. und II. Phase noch weit entfernt.

Auch in der dritten Phase der berufsbegleitenden Fortbildung ist die Unterrichtsvideografie eine Ausnahmeerscheinung. Obwohl die Idee nahe liegt, zur Verbesserung der Unterrichtsqualität ‚Eigenvideos' heranzuziehen, weil die Analyse und Reflexion dann direkt am eigenen Unterricht ansetzen könnte (vgl. Trautmann & Sacher 2010), sind die Vorbehalte hier besonders ausgeprägt.

Die geringe Verbreitung und zögerliche Nutzung von Unterrichtsvideografie in der Aus- und Fortbildung von Lehrern können schon seit vielen Jahren nicht mehr auf organisatorische Hemmnisse und technische Schwierigkeiten zurückgeführt werden, denn die Rahmenbedingungen für Videoaufzeichnungen von Unterricht sind mit modernen Digitalkameras inzwischen so einfach geworden, dass sie selbst mit geringen Vorkenntnissen unaufwändig und ohne längere Einarbeitung gelingen.

Ganz offensichtlich hat diese Zurückhaltung andere Gründe. Der Hauptgrund dürfte die Sorge von (potentiell) Aufgenommenen sein, dass sie es selbst nicht mehr in der Hand haben, in welcher Weise und mit welchen Absichten ihre ‚Eigenvideos' verwendet werden. Insbesondere, wenn es um Fortbildungen im Kollegiumskreis geht, bei denen der/die videografierte Kollege/Kollegin bekannt und bei der Besprechung anwesend ist, gelten in Hinblick auf ‚Eigenvideos' dieselben Vorbehalte wie für kollegiale Hospitationen (s. S. 31). Daher dürfte die Nutzung von ‚Eigenvideos' in der kollegiumsinternen Fortbildung eine Ausnahme bleiben, sofern günstige atmosphärische Bedingungen im Kollegium bzw. Teilkollegium gegeben sind. Grundsätzlich sind für Fortbildungen im Kollegium die in den Kapiteln 7, 8, 10 und 11 beschriebenen Szenarien besser geeignet, weil sie auf Fremdvideos zurückgreifen. Fortbildungen mit ‚Eigenvideos' bedürfen sorgsamer vorheriger Abstimmung der Teilnehmer darüber, was bei den Gesprächen zu beachten ist und wie mit den ‚Eigenvideos' zu verfahren ist. Eine ganz besondere Rolle kommt dabei dem Moderator zu (siehe dazu Kapitel 17 Abschnitt 4). Auch in der Lehrerausbildung ist der berechtigten Sorge der videografierten Studierenden und Referendare Rechnung zu tragen durch verbindliche und kontrollierbare Regelungen, die den Schutz der Aufgenommenen garantieren.

Ein weiterer Grund für die zurückhaltende Nutzung von ‚Eigenvideos' könnte sein, dass es noch zu wenige methodisch-didaktische Anregungen gibt, wie mit solchen Unterrichtsaufzeichnungen im Rahmen von Seminaren und LFB-Tagungen produktiv umgegangen werden kann. ‚Eigenvideos' werden nur dann in der Lehreraus- und Lehrerfortbildung zu etablieren sein, wenn überzeugend belegt wird, dass damit fruchtbare Anstöße zur Verbesserung des eigenen Unterrichts gegeben werden können.

Der folgende Abschnitt gibt einen Überblick über verschiedenen Einsatzmöglichkeiten von ‚Eigenvideos'. Anschließend werden für zwei Szenarien exemplarisch Vorgehensweisen, Ergebnisse und Rückmeldungen von beteiligten Lehramtsstudierenden, Referendaren und Ausbildern vorgestellt. Daran kann recht genau eingeschätzt werden, wie groß der Aufwand für alle Beteiligten ist und welcher Ertrag damit erreicht werden kann.

## 15.2 ‚Eigenvideos' in der Lehrerausbildung — Nutzungsmöglichkeiten im Überblick

‚Eigenvideos' können im Rahmen der Lehrerausbildung in vier Bereichen wertvolle Dienste leisten, wobei jeweils andere Ziele im Vordergrund stehen:

### a) Videoaufzeichnungen von Ausbildungsunterricht

Wenn Ausbilder Unterrichtsproben ihrer Auszubildenden aufnehmen, dienen solche Aufzeichnungen als Grundlage für die nachträgliche Besprechung des aufgenommenen Unterrichts — in der Regel in der Seminargruppe, in Ausnahmefällen auch nur allein mit dem angehenden Lehrer, der videografiert wurde (Motto: *Vormittags aufnehmen, möglichst unmittelbar danach ansehen und besprechen*).

Vorrangige Ziele:
* für alle Teilnehmer der Seminargruppe:
  + über implizite Vorstellungen von *Gutem Unterricht* und die eigene Interpretation der Lehrerrolle ins Gespräch kommen
  + Diskussion über Stärken und Schwächen des aufgezeichneten Unterrichts (je nach Stunde andere fachdidaktische, pädagogisch-psychologische und schulpädagogische Aspekte)
* für den/die aufgenommene(n) Unterrichtende/n selbst:
  + basale Stärken und Schwächen an sich selbst erkennen
  + Beratung über Stärken und handwerkliche Schnitzer bei der Durchführung von Unterricht erhalten

a1) Eine Sonderform der Aufzeichnung von Ausbildungsunterricht besteht darin, dass angehende Lehrer/innen sich bei ihren Unterrichtsproben von Freunden/Bekannten videografieren lassen oder sich notfalls selbst aufnehmen, um diese Aufzeichnung danach allein bzw. allenfalls mit Vertrauten anzusehen (in jedem Fall aber ohne

Ausbilder und Seminarteilnehmer). Vorrangiges Ziel ist es, Anstöße zur Selbstreflexion ohne Einmischung von anderer Seite zu erhalten.

**b) Videoaufzeichnungen von Ausbilder-Unterricht**
Ausbilder lassen ihren eigenen Unterricht aufnehmen und nutzen diese Aufzeichnung zur Besprechung. Ein Ziel dieses Typs von ‚Eigenvideos' kann sein, besondere Unterrichtskonzepte und -methoden im Sinne eines *best practice* zu veranschaulichen. Sich selbst videografieren zu lassen, ist auch unter Ausbildern nicht gerade verbreitet. In der Literatur gibt es abgesehen von wohlfeilen Empfehlungen nur sehr spärliche Hinweise darauf, dass dieses tatsächlich gemacht wird. Auch von den mittlerweile 48 Hannoveraner Unterrichtsbildern gibt es nur wenige, bei denen der Unterricht von Lehrerinnen und Lehrern erteilt wird, die selbst in der Lehrerausbildung als Mentor/inn/en mitwirken. Nur ein HUB zeigt die Stunde einer Fachseminarleiterin, die zunächst zur Besprechung im Fachseminar videografiert und später dann zur multimedialen Dokumentation freigegeben wurde. Offenbar fällt es selbst den Ausbildern nicht leicht, mit gutem Beispiel voranzugehen. Einen vorsichtigen Schritt in diese Richtung ist 2009 das Studienseminar für das Lehramt an Berufskollegs in Krefeld mit einer Vereinbarung gegangen, die dazu anregt, jeder Seminarausbilder/ jede Seminarausbilderin solle eine videografierte Unterrichtsstunde auf DVD zur Nutzung für die seminarinterne Arbeit zur Verfügung stellen (siehe Anhang 2 „Erste Überlegungen und Vereinbarungen für die Nutzung von Videografie in der Lehrerausbildung"). Allerdings wird darin eingeräumt, es müsse sich nicht unbedingt um eine eigene Unterrichtsstunde des Ausbilders selbst handeln, sondern es könne auch die Stunde einer Kollegin/eines Kollegen oder auch einer Referendarin/eines Referendars sein.
Ganz offensichtlich herrschen auch unter Ausbildern ganz ähnliche Bedenken wie bei ihren Auszubildenden, weil auch sie es letztlich nicht in der Hand haben, ob ihnen eine Stunde gelingt. Für eine glaubwürdige Lehrerausbildung sind derartige Vorbehalte kontraproduktiv. Wenn Auszubildenden im Video sehen, dass auch ihren Ausbildern *best practice* nicht so ohne weiteres immer gelingt, kann sie das vor einem überzogenen Erwartungsdruck schützen. Andererseits ist es fragwürdig, von den Auszubildenden einen Unterricht zu verlangen, den man sich selbst nicht zutraut.

c) **Videoaufzeichnungen von Unterrichtssimulationen**
Bei Unterrichtssimulationen in einer Seminargruppe schlüpft jeweils ein Seminarteilnehmer in die Lehrerolle und einige oder alle übrigen Seminarteilnehmer agieren als Schüler. Derartige Unterrichtssimulationen sind in mehreren Varianten möglich, z.B.:
* als Micro-teaching für einen vorher genau festgelegten, kurzen Unterrichtsabschnitt (z.B. eine Einführung in ein neues Thema, die Erläuterung eines Arbeitsblatts, die Kontrolle und Beratung während einer Gruppenarbeitsphase);
* mit oder ohne Rollenscripte, die genaue Anweisungen für die beteiligten ‚Schüler' enthalten;
* mit allen Seminarteilnehmern als ‚Schüler' oder nur mit einer kleinen Anzahl von 3 bis 4 Schüler-Darstellern, während die übrigen Seminarteilnehmer ‚hospitieren' (u.U. mit Beobachtungsaufträgen).

Die Videoaufzeichnung solcher Unterrichtssimulationen kann eine wertvolle Vorstufe zur Aufzeichnung realen Unterrichts sein.
Vorrangige Ziele, die mit diesem Typus von ‚Eigenvideos' verfolgt werden können, sind:
* für alle Teilnehmer der Seminargruppe:
  + Gewöhnung der Teilnehmer, speziell des Lehrer-Darstellers, an das Videografiert-Werden im ‚geschützten' Raum eines Seminars;
  + erleben, wie extrem unterschiedlich die Beobachtung ein- und derselben Szene ausfällt, obwohl alle live dabei sind.
  + durch zweifaches Beobachten (während der Simulation und nachher im Video) bemerken, was einem bei der Erstbeobachtung alles entgeht
  + über implizite Vorstellungen von *Gutem Unterricht und die eigene Lehrerrolle* ins Gespräch kommen;
  + die Lehrer- und Schüler-Darsteller fair kritisieren

* für den/die Unterrichtende/n selbst:
  + sich in der Lehrerrolle außerhalb der schulischen Ernstsituation erproben;
  + Kritik Anderer ertragen
  + basale Stärken und Schwächen an sich selbst erkennen.

d) **Videoaufzeichnungen von Unterrichtsnachbesprechungen**
Ausbilder nehmen die Nachbesprechung von Unterrichtsproben mit ihren Referendaren/Anwärtern auf. Diese Aufzeichnungen geben An-

stöße zum Nachdenken über eigene Ausbildungsgepflogenheiten, indem heikle Stellen bei Nachbesprechungen identifiziert werden — auch durch Rückmeldungen der an diesen Besprechungen beteiligten Anwärter/Referendare. Eine solche Reflexion kann dazu beizutragen, die nicht ganz einfache Gesprächsführung bei Unterrichtsbesprechungen zu verbessern. Im Zusammenhang mit der Entwicklung von *Hannoveraner Unterrichtsbildern* wurden 2001 und 2002 zwei Nachbesprechungen von Lehrproben aus der II. Phase videografiert (zu HUB 27 Mathematikunterricht 8. Klasse Gymnasium und zu HUB 28 Deutschunterricht 11. Klasse Gymnasium). Die Nachbesprechung zur Deutschstunde erfolgte in zwei Etappen, zuerst unmittelbar im Anschluss an den Unterricht und dann ein zweites Mal etwa 14 Tage später, nachdem die Referendarin ihren Unterricht im Video in einem zwischenzeitlich zu einem HUB verarbeiteten Unterrichtsdokument gesehen hatte. Diese zweistufige Nachbesprechung orientierte sich an drei Prinzipien (Teilnehmende Beobachtung / Gedankenstichprobe / Deutungsmusteranalyse). Sie wurde ebenfalls in einem HUB dokumentiert, um ein Beispiel für diese Art von Nachbesprechung festzuhalten.

Überlegungen zur Verbesserung von Nachbesprechungen mittels Videografie sowie Videobeispiele von Beratungsgesprächen enthält auch der Beitrag von Dorlöchter, Krüger, Stiller & Wiebusch in der Zeitschrift SEMINAR 4/2006.

## 15.3 Unterrichtsbesprechungen auf der Grundlage videografierten Ausbildungsunterrichts — Vorzüge und Hemmschwellen

Nachhaltige Anstöße zum Überdenken des eigenen Unterrichts erhalten angehende Lehrer/innen, wenn sie Aufzeichnungen ihres Unterrichts möglichst unmittelbar anschließend betrachten und mit Ausbildern besprechen. Eine für Schulpraktika in der I. Phase mit vertretbarem Aufwand mögliche Vorgehensweise praktiziert der Autor seit 1991 im Rahmen des 5-wöchigen Allgemeinen Schulpraktikums. Jede/r Schulpraktikant/in wird während des Praktikums jeweils zweimal aufgenommen, einmal in der 2. Praktikumswoche und einmal gegen Ende des Praktikums in der 4. oder 5. Woche. Da die Studierenden in der Regel als Dreiergruppen in einer Klasse und einer/m Ausbildungslehrer/in fest zugeordnet sind, werden an einem Vormittag zwei Unterrichtsstunde (a 45 Minuten) aufgezeichnet, innerhalb derer alle drei Studierenden jeweils eine längere Episode unterrichtet haben. Diese beiden

45-Minuten-Etappen werden dann am gleichen Tag nachmittags zusammen mit der/dem Mentor/in angesehen und besprochen. Um anschließend noch einmal die Aufzeichnung für sich allein betrachten zu können, erhalten die Studierenden die eigenen videografierten Stunden als Aufzeichnung auf Videoband bzw. in den letzten Jahren auf CD/DVD.

Diese intensive Auseinandersetzung der Praktikant(inn)en mit selbst erteiltem bzw. erlebtem Unterricht wird von den als Beratungslehrkräften beteiligten Mentor(inn)en als besonders wirksam beurteilt. Insbesondere diejenigen Mentor(inn)en, die zuvor bereits an herkömmlichen Praktika ohne Videofeedback mitgewirkt haben, berichten, dass ihre Praktikanten von der Betrachtung und Besprechung dieser Videos ungleich mehr profitiert hätten, als deren Vorgänger von den üblichen Besprechungen. Allerdings ist für eine videobasierte Nachbesprechung mehr Zeit zu veranschlagen als für eine herkömmliche Stundenbesprechung: Als grober Richtwert kann eine Relation von 1 zu 2 gelten (45 Minuten Video : 90 Minuten Nachbesprechung). Es ist nicht sinnvoll, die Zeit für die Nachbesprechung wesentlich kürzer anzusetzen, da in dem Fall entweder das Betrachten des Videos nur lückenhaft erfolgen kann oder die Besprechung zu kurz kommt. Dieser größere Aufwand beim Videografieren und der größere Zeitbedarf zur Besprechung wird mehr als wettgemacht durch den besseren Ertrag für die Auszubildenden.

Trotzdem sind die angehende Lehrer/innen zunächst nicht leicht davon zu überzeugen sind, dass ihnen eine Videoaufzeichnung von ihrem Unterricht persönlich etwas bringt. Zumindest anfangs überwiegt eine erhebliche Skepsis, die unter günstigen Umständen nach und nach weicht, wenn sich beim Unterrichten eine zunehmende Sicherheit einstellt und wenn erste Erfahrungen die Gewissheit bringen, selbst am meisten von den Videos zu profitieren.

Eine angehende Gymnasiallehrerin bringt diese ambivalente Haltung zum Ausdruck, nachdem sie sich selbst als ‚Lehrerin' bei einer Unterrichtssimulation im Video gesehen hat. Einerseits hätte sie trotz der Simulation noch immer Bedenken vor einer Aufzeichnung ihres Unterrichts, sieht aber andererseits wesentliche Vorzüge:

„Es würde mich sicherlich ganz schön viel Überwindung kosten, mich in dieser ungewohnten, irgendwie ja auch ‚ausgelieferten' Situation selber kritisch zu beobachten. Trotzdem ist mir bewusst, wie konstruktiv es sein kann, sich selber einmal im Klassenraum agieren zu sehen. Nur so kann man seine eigene natürliche Gestik und Mimik betrachten und feststellen, wie man auf andere (insbes. die SuS) wirkt. Ich hoffe, dass das unangenehme Gefühl dabei nach einer Gewöhnungszeit dann auch verschwindet und man auf die wesentlichen Aspekte besser achten kann. Immerhin ist dies schon ein sehr hohes Maß an Selbstkritik, die aber wohl für einen guten Lehrer unabdingbar ist."

## 15 Virtuelle Unterrichtshospitation mit Eigenvideos

Besonders in der II. Phase ist das Videografiert-Werden für die Anwärter/Referendare eine Belastung, weil die Einschätzung der Ausbilder über ihre Lehrproben ungleich bedeutsamer ist als die — in der Regel unbenotete — Beurteilung von Praktikumsunterricht in der I. Phase. Erst nach ‚überstandener' Videoaufzeichnung sind die meisten Lehramtsanwärter überzeugt von den Vorzügen. Eine Referendarin äußert sich im anschließenden Gespräch mit ihrem Seminarleiter (SL) über die Besonderheiten der videobasierten Unterrichtsbesprechung[33]:

> R: Es ist gut, beim ersten Sehen des Unterrichtsvideos gleich zu kommentieren. Die Ideen gehen sonst verloren, wenn wir es komplett angesehen hätten und dann erst kommentiert hätten. Es war so ausgesprochen produktiv. Ich habe so was noch nie gemacht.
> SL: Ich habe auch gute Erfahrung mit Videos: Man muss nicht so lange herumreden. Was gesagt wurde, ist im Wortlaut da. Die Sachverhalte sind klarer und unmittelbarer. Es ist weniger strittig, ob und was eine/r gesagt hat, jedenfalls zunächst und an der Oberfläche. Wir können dann eher zu den wichtigen Fragen kommen wie z.B.: Warum sagt er das (so)? Was bedeutet das? Hat er/ sie wirklich verstanden?
> R: Es fällt uns mehr auf, weil wir vieles im Unterricht nicht hören oder wahrnehmen oder die Eindrücke überlagern sich, Einzelheiten werden schnell wieder vergessen. Man kann nicht alles im Kopf behalten, was in einer Stunde geschieht.
> SL: Die meisten Referendar/innen, die sich im Video sahen, sagten, die ersten 5 bis 10 Minuten seien zum Teil erschreckend. Ging Ihnen das auch so?
> R: Es ist am Anfang seltsam. Man sieht die Schwächen deutlicher. Aber ich hätte es mir schlimmer vorgestellt. Ich habe keinen Schock bekommen.
> SL: Dazu haben Sie auch keinen Grund.
> SL: Viele sehen die Videos unter der Frage: Wie wirke ICH? Sie fragen mehr, wie kann ich meine Körpersprache verbessern? Wie die Stimmführung? Und der andere Schwerpunkt, den ich vertrete, Unterricht zu analysieren, das geht zu oft ins Leere, weil die Referendar/innen den Mitschnitt anders wahrnehmen.
> R: Ich habe nur in den ersten Minuten auf mich geachtet. Wie sehe ich überhaupt aus? Das ist ja auch so eine Sache. Wirke ich komisch, dass andere Leute, die sich das anschauen, denken, was ist denn das? Habe mich aber schnell daran gewöhnt. Dann allmählich konnte ich mich mit mir selbst identifizieren, dass ich das selbst bin. Ich habe auf mich selbst nicht wie eine Schauspielerin gewirkt, sondern konnte mich auf die Stunde konzentrieren und wie ich die Situationen erlebt habe.

So wie diese Referendarin achten angehende Lehrer/innen bei der Betrachtung ihrer ‚Eigenvideos' zunächst vor allem auf ganz basale Aspekte der eigenen Kommunikation und Interaktion, etwa auf Gestik, Mimik, Körper-

---

[33] Dieses Gespräch wurde geführt und aufgezeichnet vom ehemaligen Studienseminarleiter Jochen Pabst (Studienseminar Hildesheim) und ist Bestandteil eines HUB, in dem die Unterrichtsnachbesprechung zur o.a. Stunde ebenfalls videografiert wurde.

haltung, Raumregie sowie Auffälligkeiten der eigenen Stimme und der Gesprächsführung. Sich selbst wie eine fremde Person in einem Film sehen zu können, ist eine eindrucksvolle Erfahrung. Jeder, der das erste Mal eine Videoaufzeichnung von sich selbst in der Rolle des Unterrichtenden sieht, entdeckt in dieser Außenperspektive Eigenarten an sich, die er vorher nicht bemerkt hat (eine Erfahrung, die auch der Autor anlässlich der Videoaufzeichnung seiner Vorlesungen gemacht hat). Wer sich selbst im Video gesehen hat, wird seine Einschätzung darüber revidieren, wie er auf die Unterrichteten wirkt. Auch wird man auf bislang unentdeckte sprachliche, mimische oder gestische Eigenarten aufmerksam, die einen mindestens wundern, nicht selten auch stören. Sie im Video zu erleben, ist viel überzeugender, als ein bloßer Hinweis von Hospitierenden. Durch das Videofeedback fällt es auch leichter, die meisten störenden Eigenarten zukünftig zu vermeiden.

Ein oft von angehenden Lehrern gegen das Videografiert-Werden vorgebrachtes Argument lautet, es gehe dem Ausbilder nur darum, Beweise für die eigene Unzulänglichkeit des Aufgenommenen im Film festzuhalten. Tatsächlich ist nicht von der Hand zu weisen, dass Berufsanfänger bei ihren Unterrichtsversuchen viele, z.T. ganz elementare Fehler machen, die im Video offen gelegt werden und die bei der Nachbesprechung nicht unkommentiert bleiben dürfen. Daher überwiegen zumeist Fehleranalysen und das Positive wird eher knapp abgehandelt. Das macht Nachbesprechungen für alle Beteiligten schwierig und emotional belastend (übrigens nicht nur für die beurteilten Auszubildenden, sondern auch für die Ausbilder!). Diese Tendenz zum Negativen kann abgemildert werden, indem Nachbesprechungen nicht nur auf vermeintliche oder tatsächliche Schwachstellen fokussiert werden, sondern ausdrücklich auch positive Aspekte der Unterrichtsgestaltung in den Blick nehmen. Das kann z.B. in gleicher Weise geschehen wie bei der in Kapitel 12 beschriebenen Beobachtungsübung (s. Seite 247f).

Zur Besprechung von offensichtlichen Fehlern sind ‚Beweisvideos' nicht zwangsläufig nachteilig. Weil solche Fehler im Video festgehalten werden, können sie dem Unterrichtenden nachträglich Schwächen deutlich machen, die dieser sonst womöglich nicht glauben würden. Nachhaltig beeindruckt von einem solchen ‚Videobeweis' war eine Studentin, die in ihrem ersten Schulpraktikum eine Unterrichtsstunde in einer 3. Klasse erteilt hatte und dabei in einem ca. 5 Minuten dauernden Gespräch im Sitzkreis die Schüler/innen zusammentragen ließ, wie und wozu Menschen Wasser benutzen. Als nachmittags diese Szene in der kleinen Praktikumsgruppe (zusammen mit der Mentorin, zwei Mitpraktikanten und dem Autor als Hochschultutor) betrachtet wurde, war die unterrichtende Studentin überaus erstaunt, wie oft sie die Schülerantworten wörtlich wiederholt hatte (siehe das u.a. Wortprotokoll mit den unterstrichenen Passagen): Bei 13 von 21 Beiträgen in knapp zwei Minuten hatte sie ein ‚Lehrerecho' gegeben.

> L: So, wir haben ja eben 'nen Versuch gemacht ...   -   S: Pscht!
> L: ...mit Wasser, aber wir wissen ja auch, haben ja einiges anderes gelernt, was man noch so mit Wasser machen kann. Wisst ihr denn noch, was, was man sonst noch so mit Wasser machen kann?   -   S: Ich!   -   L: Lennart?
> S: Filtern!   -   L: Mhm. ...   -   S: Kochen.   -   L: Genau! Jonas?   -   S: Feuer löschen!
> L: Feuer löschen. Jonas?   -   S: Trinken!   -   L: Trinken   -   S: Blumen gießen   -   L: Mhm
> S: Tafel putzen   -   L: Bitte was?   -   S: Tafel putzen   -
> L: Tafel putzen – ja, das muss auch mal sein. Hhm, ehm, Jessica!   -   S: Fenster putzen!   -   L: Fenster putzen, genau.   -   S: ...   -   L: Lennart?   -   S: Dreckig machen   -   L: Mit Wasser kann man dreckig machen?   -   S: Nein, Wasser kann man dreckig machen.   -   L: Ach so! Jonas?   -   S: Körperpflege   -   L: Mhm. Sabrina?   -   S: Baden!   -   L: Baden.   -   S: Duschen!   -   L: Melden, ne! Tim, Du?   -   S: Duschen
> L: Lennart!   -   S: Haare waschen   -   L: Haare waschen. Jonas?
> S: Das ist Körperpflege.   -   L: Stimmt, gehört mit dazu. Jessica?   -   S: Zähne putzen   -   L: Zähne putzen. Sabrina?   -   S.: ...   -   L: Mhm. Annika?   S: Hände waschen!   -   L: Hände waschen, ja. L: Noch mal Lena!   -   S: Schwimmen!
> L: Schwimmen. Das sind ganz schön viele Sachen, ne?
> L: Annika.   -   S: Einen Teich kann man mit Wasser auffüllen!
> L: Euch fällt ja 'ne Menge ein. Was machen denn Eure Eltern mit Wasser im Haushalt auch? Habt Ihr glaube ich noch nicht gesagt! Max?
> S: Die Putzen! L: Mhm, und was noch? Max?   -   S: Abwaschen   -   L: Abwaschen! Ginda?   -   L: Blumen gießen!   -   L: Bitte?   -   S: Gießen   -   L: Gießen. Hhm!
> S: Also, Blumen gießen.   -   L: Lennart?   -   S: Man kann auch auf Toilette gehen, mit Wasser.   -   L: Ja, das hatten wir schon! Julian, meldest du dich? Ehm, Sabrina?
> S: Kochen.   -   L: Kochen   -   Hatten wir glaube ich auch schon, ne.

Die Verblüffung der Praktikantin über diesen Lapsus war deshalb so groß, weil eine Woche zuvor in der Praktikumsgruppe ausführlich über die vermeintlichen Vorteile und die faktischen Nachteile von ‚Lehrerechos' gesprochen worden war und sich diese Studentin danach für die gefilmte Vorführstunde fest vorgenommen hatte, kein ‚Lehrerecho' zu geben. Wie sie nach der Besprechung dieser Szene sagte, hätte sie ohne das Video niemandem geglaubt, so viele ‚Echos' in so kurzer Zeit gegeben zu haben.

Ein Referendar hat im Rahmen einer Lehrprobe im Mathematikunterricht einer Klasse ein neues mathematisches Konzept eingeführt. In der Besprechung wird er von seinem Seminarleiter darauf hingewiesen, dass er in einer längeren Gesprächsphase häufiger rhetorische Fragen und Floskeln („Alles klar?" „Das sollte jetzt klar sein!" „Noch irgendwelche Fragen?") verwendet hat, statt auf andere Weise abzuklären, ob einzelne Schüler noch Verständnisschwierigkeiten haben. Der Referendar nimmt das zunächst — wenig überzeugt, wie er später sagt — zur Kenntnis. Überzeugt wird er erst einige

Tage später, nachdem er Gelegenheit hatte, die Videoaufzeichnung von dieser Stunde (dokumentiert im HUB 27) zu betrachten.

Auch für berufserfahrene Lehrer kann es aufschlussreich sein, sich selbst im Video zu sehen. So staunt ein Grundschullehrer beim Betrachten einer Videoszene, die sechs Drittklässler bei einem Experiment während einer Stationenarbeit zeigt (Szene 3 in HUB 29), über seine unberechtigte Kritik an der Arbeitshaltung der Schüler/innen. Diese sind dabei, den schriftlich formulierten, auf einem Bogen notierten Arbeitsauftrag zu lesen, nachzuvollziehen und die Experimente durchzuführen. Der Lehrer tritt hinzu und kritisiert nach kurzem Hinschauen die Schüler, obwohl diese sich bemüht — so gut das in einer Sechsergruppe um eine kleine Schale herumstehend geht — auf die Aufgabe eingelassen haben. Der Eindruck, die Kinder würden unsachgemäß agieren, erweist sich bei genauer Betrachtung und bei Lektüre des Wortprotokolls als offenkundig falsch. Alle Schüler tragen dazu bei, den Auftrag auszuführen. Beim Betrachten des Videos ist der Lehrer über sich selbst erstaunt und stellt unumwunden fest, dass er die Szene falsch beurteilt hat und viel zu ungeduldig war.

Die wenigen Beispiele können nur andeuten, welches Potenzial ‚Eigenvideos' haben, um sich selbst als Unterrichtenden besser einzuschätzen. Alle mir bekannten Ausbilder, die diese Form der Unterrichtsbesprechung praktizieren, teilen die Einschätzung, dass ein darauf gestütztes Feedback zum eigenen Unterricht ungleich ertragreicher ist als Nachbesprechungen ohne Videoaufzeichnungen, und nehmen deshalb den Mehraufwand in Kauf.

Um die Bedenken von Berufsanfängern gegen das Aufnehmen ihres Unterrichts auszuräumen bzw. zumindest abzuschwächen, sollten sie bereits im Vorfeld von den Vorzügen überzeugt werden, bevor sie ihren Unterricht quasi auf dem ‚Präsentierteller' zur Diskussion stellen. Dazu sind mehrere Maßnahmen geeignet:

⇨ Zur Vorbereitung kann anhand einer Besprechung von Fremdvideos mit unbekannten Berufsanfängern demonstriert werden, dass viele Anfängerfehler ganz normal sind und dass sie leichter vermieden werden können, wenn man sie bei Anderen im Video gesehen hat.

⇨ Der/die videografierte Auszubildende erhält zuerst die Aufzeichnung, ohne dass jemand diese vorher angesehen hat, und sieht sie sich zu Hause erst einmal allein an. Für die anschließende Besprechung des Unterrichts im Seminar sucht sich der Aufgezeichnete selbst Ausschnitte aus, die zusammen 15 Minuten nicht überschreiten sollten.

## 15 VIRTUELLE UNTERRICHTSHOSPITATION MIT EIGENVIDEOS

⇨ Angehende Lehrer nehmen sich selbst beim Unterrichten auf, um das Video allein zu betrachten (ohne Ausbilder und andere Auszubildende). Bei dieser Variante der 'Eigenvideografie' ist die Sorge unbegründet, dass Dritte über den Unterricht ‚herziehen' oder das Video in sonst einer Weise nutzen, die den Interessen des Aufgenommenen zuwider läuft. Der bleibt im alleinigen Besitz der Aufnahme und entscheidet souverän darüber, wie er sie verwenden will. Ausbilder und andere Seminarteilnehmer dürfen das Video (oder Auszüge) nur mit Einverständnis des Aufgenommenen betrachten. Damit Auszubildende eine solche Möglichkeit als Angebot sehen, bei dem ihre Interessen verlässlich gewahrt bleiben, sind derartige Zusicherungen verbindlich schriftlich zu fixieren. Ein Formulierungsvorschlag enthält die 2009 vom Studienseminar für das Lehramt an Berufskollegs in Krefeld verabschiedete Erklärung „Erste Überlegungen und Vereinbarungen für die Nutzung von Videografie in der Lehrerausbildung" (s. den Auszug unten; Anhang 2 enthält die gesamte Vereinbarung):

> „Alle Referendarinnen und Referendare werden angeregt, bis zum Ende Ihrer Ausbildung mindestens eine eigene Unterrichtsstunde videografiert und unter verschiedenen Blickwinkeln und Qualitätsindikatoren betrachtet und für sich ausgewertet zu haben. Dabei kann die Referendarin/ der Referendar über das Setting selber entscheiden, d.h. darüber um welche Stunde es sich handelt (Unterrichtsbesuch, Gruppenhospitation, BdU, Ausbildungsunterricht) und wer filmt (FL/HSL, AL, Mitreferendar, selbst).
> Das Krefelder Ausbildungskollegium einigte sich für den Einsatz von Eigenvideos auf die Zielsetzung der Professionalisierung des „pädagogischen Selbst". Das Eigenvideo soll von den Akteuren mit dem Ziel der Objektivierung der Selbstwahrnehmung genutzt werden, wobei diese Selbstbetrachtung stets mit der Entwicklungsaufgabe der Professionalisierung des Lehrerhandelns verbunden sein soll.
> Das Eigenvideo befindet sich stets im Besitz der agierenden Referendarin/des agierenden Referendars (Ich allein bin mein eigener Beobachter.) und es besteht keine Verpflichtung dieses in die Seminararbeit einzubringen. Sollten Beratungswünsche oder weitergehende Begleitungswünsche seitens der Referendarin/ des Referendars entstehen, so kann diesbezüglich eine Seminarausbilderin/ ein Seminarausbilder angesprochen werden. Diese Aktivität geht immer von den Auszubildenden aus. ...."

Wenn Ausbildern diese Variante einer ausschließlich individuellen Videobetrachtung zu unverbindlich erscheint, könnte zusätzlich vereinbart werden, dass Auszubildende die Ergebnisse der individuellen Reflexion schriftlich festhalten und diese Notizen mit dem Ausbilder besprochen und ggfs. mit seinem Kommentar in ein Ausbildungsportfolio übernommen werden.

⇨ Eine andere Möglichkeit zur Vorbereitung ist die Videografie von Unterrichtssimulationen: Bevor angehende Lehrer/innen in der Schule beim Unterrichten ‚echter' Schüler aufgenommen werden, erproben sie die Lehrerrolle bei Unterrichtssimulationen im Seminar spielerisch und werden dabei videografiert. Seminarteilnehmern werden so die Vorzüge einer videobasierten Unterrichtsbesprechung außerhalb schulischer Ernstsituationen im wahrsten Sinn ‚vor Augen geführt'. Der folgende Abschnitt gibt Anregungen für drei Simulationskonzepte und stellt Einschätzungen von Teilnehmern an solchen Simulationen vor.

## 15.4 Videoaufzeichnungen von Unterrichtssimulationen

Die Simulation von Unterricht in Seminaren wird inzwischen vielerorts zur Vorbereitung auf das Unterrichten in schulischen und außerschulischen Ernstsituationen genutzt (z.B. in der Erwachsenenbildung und der betrieblichen Weiterbildung). Grundidee solcher Simulationen ist es, Seminar- bzw. Kursteilnehmer in eine Situation zu bringen, in der eine/r als Lehrer-Darsteller unterrichtet und die übrigen als Schüler-Darsteller (ggfs. einige auch als Beobachter und Protokollanten) an dieser Unterrichtsinszenierung teilnehmen. Unterrichtssimulationen zielen darauf ab, auf jeweils spezielle Anforderungen realen Unterrichts vorzubereiten. Mit verschiedenen Varianten von Unterrichtssimulation können unterschiedliche Ziele verfolg werden.

* Z.B. kann der Auftrag an den ‚Lehrer' darin bestehen, seinen ‚Schülern' ein Problem zur Lösung vorzugeben. Wie er dabei vorgeht, ist von ihm selbst zu entscheiden. Auch die ‚Schüler' erhalten keinerlei Anweisungen bis auf die Vorgabe, sich um die Problemlösung nach besten Kräften zu bemühen.
* Bei anderen Simulationen erhalten die ‚Schüler' Skripts, die vergleichbar mit Anweisungen in einem Drehbuch nach einem authentischen Vorbild geschrieben sind, um bestimmte Anforderungen an den Lehrer so realistisch wie möglich zu inszenieren (die ‚Schüler' sind angewiesen, zunächst erwartungsgemäß an der vom Lehrer gestellten Aufgabe zu arbeiten, dann aber nach und nach schülertypischen Nebentätigkeiten nachzugehen; z.B. findet einer seine Arbeitsutensilien nicht, zwei beginnen sich zu streiten, mehrere ‚Schüler' stellen d. ‚LehrerIn' ungewöhnliche Fragen u.ä.). Der ‚Lehrer' sieht sich gefordert, auf diese unvorhergesehene Ereignisse einzugehen.

# 15 Virtuelle Unterrichtshospitation mit Eigenvideos

Mit der Videografie solcher Simulationen ergeben sich zusätzliche Möglichkeiten des Feedbacks und der Reflexion bzw. Analyse dieses ‚Unterrichts auf Probe', die insbesondere für angehende Lehrerinnen von nicht zu unterschätzendem Wert sind.

Bevor auf diese Erträge eingegangen wird (s. 15.5 „Eigenvideos - Ein Blick in den Spiegel"), werden zunächst drei sehr unterschiedliche Simulations-Varianten vorgestellt, die mit einem vergleichsweise geringen Aufwand im Rahmen normaler Seminare (pro Woche 2-stündig) durchgeführt werden können. Exemplarisch vorgestellt werden nicht nur Vorbereitung und Durchführung dieser videografierten Simulationen, sondern auch, wie sie in den Seminaren besprochen wurden und wie die Teilnehmer/innen die Simulationen selbst und die videogestützten Reflexionen darüber einschätzen — einmal unmittelbar im Anschluss an die jeweilige Seminarsitzung, zum anderen im Abstand von einigen Wochen.

Alle für die vorgestellten Simulationsvarianten erforderlichen Materialien, Anweisungen und Auswertungsunterlagen befinden sich auf der Begleit-DVD im Pfad /simulation.

**Hinweise zur Kamera- und Präsentationstechnik**

Die technischen Voraussetzungen für die Videoaufzeichnung und deren anschließende Präsentation sind mittlerweile vielerorts gegeben und bedürfen eines minimalen Installationsaufwands, der nur wenige Minuten in Anspruch nimmt. Benötigt werden eine digitale Videokamera mit möglichst großem Weitwinkelwert (mindestens 36 mm bezogen auf eine Kleinbildkamera; besser noch: 32 mm oder kleiner; ggfs. ein Weitwinkelvorsatz nutzen) und ein Stativ. Je nach Qualität des eingebauten Mikrofons kann ein externes Zusatzmikrofon notwendig sein (zumindest dann, wenn die Motorgeräusche beim Zoomen störend auffallen); dafür wird eine Kamera mit Mikrofonschuh und Adapterbuchse benötigt).

Der Seminarraum benötigt als technische Ausstattung einen Beamer mit guten (!) Lautsprechern und eine Leinwand, damit die Videoaufzeichnung unmittelbar im Anschluss an die Simulation vorgespielt werden kann. Beim ersten Mal ist zu prüfen, ob die Anschlussmöglichkeiten für das Video- und das Tonsignal am Beamer mit denen an der Kamera übereinstimmen und ein entsprechendes Kabel vorhanden ist. Bei Kameras und Beamern, die nicht älter als 10 Jahre alt sind, dürfte das kein Problem sein. Da in vielen Beamern sehr schlechte Lautsprecher eingebaut sind, sollte das Tonsignal von der Kamera ggfs. über ein Paar gute separate Boxen ausgegeben werden (gut ist relativ: In Räumen mit Platz für ca. 50 bis 80 Teilnehmer sind schon Boxen für um die 100 € brauchbar; bei größeren Räume oder gar Hörsälen ist eine erheblich teurere Audioanlage unverzichtbar).

Für die Videoaufzeichnung ist die Kamera auf einem Stativ zu montieren und (immer!) auf der Fensterseite etwa auf halber Höhe der Raumseite zu positionieren, so dass das Außenlicht von hinten kommt und sowohl der Lehrer (vorn vor der Tafel) und möglichst viele Schüler zumindest im Profil zu sehen sind. Kameraschwenks sollten nur notwendig sein, wenn Schüler im hinteren Teil des Seminarraums ins Bild kommen sollen. Grundsätzlich sollten Kameraschwenks und Zoomen sehr sparsam erfolgen. Wie die Kamera bei den hier beschriebenen Simulationen positioniert war, geht aus den Fotos auf den nächsten Seiten hervor. Je nach räumlichen Bedingungen vor Ort können andere Standpunkte günstiger sein.

### 15.4.1 Erprobung in der Lehrerrolle Typ 1: Unterrichtssimulation mit allen Teilnehmern ohne Rollenscript und vergnüglichem Arbeitsauftrag

Bei dieser Unterrichtssimulation wird die ganze Seminargruppe einbezogen: ein/e Studierende/r übernimmt die Lehrerrolle (per Los oder auf eigenen Wunsch), die anderen Teilnehmer schlüpfen in die Schülerrolle. Die Aufgabe für die ‚Schüler' ist bei diesem Typ so zu wählen, dass sie ohne Vorkenntnisse von allen ‚Schülern' in wenigen Minuten bewältigt werden kann und dass der ausgeloste ‚Lehrer' nur eine ganz kurze Vorbereitung von zwei bis drei Minuten benötigt. Er verlässt kurz den Raum, wird vom Seminarleiter instruiert und erhält die Instruktion und ggfs. Materialien zum Austeilen für die Schüler. Die Anweisung an die übrigen Seminarteilnehmer lautet, sich für einen kurzen Zeitraum als Schüler/innen einer bestimmten Klassenstufe zu fühlen und gemäß den Anweisungen des ‚Lehrers' zu handeln (notwendig ist der Hinweis, die Schülerrolle nicht zu übertreiben!). Die Aufgabe sollte ansprechend sein und den ‚Schülern' Vergnügen bereiten, wie z.B. das mehrfach erprobte Beispiel „Papierflugzeuge bauen" (s. umseitige Abbildung).

Im Anschluss an die Simulationsphase sollte gut 30 Minuten Zeit sein, um die Videoaufzeichnung zu betrachten und auf Wunsch zwischendurch für Anmerkungen und Fragen zu unterbrechen. Hierbei sollte genügend Zeit eingeräumt werden, damit der ‚Lehrer' seine Handlungen kommentieren kann und von den Seminarteilnehmern eine Rückmeldung darüber erhält, was ihnen aufgefallen ist. Einschließlich der anfänglichen Einführung und Vorbereitung ist der Zeitaufwand bei dem Papierflugzeug-Beispiel mit ca. 45 Minuten zu bemessen.

**Erprobung in der Lehrerrolle mit Videofeedback - Typ 1
„Achtklässlern basteln Papierflieger für Erstklässler"**

*Instruktion für d. designierte(n) Lehrer/in [ draußen im Flur erhält sie bzw. er diese Instruktion auf einem Zettel zusammen mit Kopien vom u.a. Flugzeugmodell ]:*

„Sie müssen kurzfristig eine Vertretung in einer 8. Klasse übernehmen, weil die Fachlehrerin sich wegen einer Autopanne 15 Minuten verspäten wird.
Für solche Situationen haben Sie als stille Reserve einige Arbeitsblätter in Ihrer Ablage im Regal im Lehrerzimmer, darunter auch eine Anleitung für den Bau eines Papierfliegers. Sie vervielfältigen diesen Zettel und begeben sich in die 8. Klasse.
Dort erklären Sie den Schülern die kurze Vertretung und sagen: „Ich unterrichte ja auch in einer ersten Klasse, mit der ich gerne mal Wett- und Zielwerfen machen würde. Leider können die Kinder noch keine Flieger basteln." Würdet Ihr für die Erstklässler Papierflieger falten?"

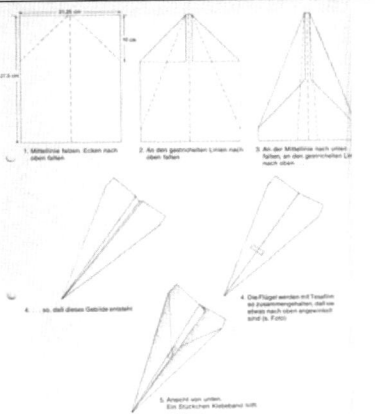

*Dieses und zwei weitere Faltmuster enthält die DVD im Pfad /Simulation.*

Sie stellen Ihren „Schülern" (8. Klasse) die o.a. Aufgabe. Als Muster können Sie die beiliegende Skizze eines Flugzeugmodells austeilen (sollte als Kopie in ausreichender Anzahl vorliegen). Das kommt bei den Schülern gut an, denn sonst müssen Sie in Vertretungsstunden immer rechnen, schreiben, etc. .
Insgesamt haben Sie und Ihre Schüler 15 Minuten Zeit (für Aufgabenstellung + Ausführung + ggfs. Erprobung der Flieger / Auswertung). Sie entscheiden vorher:
* wie Sie die Aufgabe stellen (nur grob mündlich wie oben oder mit zusätzlichen Erläuterungen bzw. schriftlichen Hinweisen an der Tafel);
* ob Sie die Modellskizze (in ausreichender Anzahl von Kopien) verteilen oder vorn am Pult im Bedarfsfall zum Abholen für die Schüler bereithalten, die keine eigene Idee haben;
* ob die Schüler allein arbeiten sollen oder zusammenarbeiten dürfen (oder müssen?);
* welche Hilfen Sie bei Nachfragen geben (und ob überhaupt).
Erfahrungsgemäß sind die ‚Schüler' nach 6 bis 8 Minuten fertig. Sie überlegen, wie Sie dann — spätestens nach 12 Minuten — diese Vertretungsphase abschließen."

*Während der ‚Lehrer' vor der Tür seinen Auftritt überlegt, instruiert der Seminarleiter die ‚Schüler' im Seminarraum, ihre Rolle als Achtklässler bei einem ca. viertelstündigen Vertretungsunterricht einzunehmen, und baut Stativ und Kamera auf. Im 1. Durchgang sollen die Schüler sich auf die Aufgabe einlassen; sie dürfen (echte!) Fragen stellen. Falls weitere Durchgänge mit jeweils einem anderen Lehrer stattfinden, können ggfs. einige ‚Schüler' vorher zu bestimmten Aktivitäten instruiert werden (Streit um einen Modellflieger / Ein Schüler ruft laut, er habe keine Lust und möchte etwas anderes tun / Die ersten, die fertig sind, probieren ihre Flieger schon aus).*

Abb. 14:   Beispiel für eine Unterrichtssimulation vom Typ 1

Zwei Fotos zeigen Szenen aus dieser Simulation während des Baus der

Flieger (oben) und beim Ausprobieren der Flugeigenschaften (unten).

**Abb. 15:** Szenenfotos von einer Unterrichtssimulation vom Typ 1

Studierende, die bei dieser Simulation die Lehrerrolle übernommen hatten, äußern sich anschließend:

* Da ich in die Rolle der Lehrerin schlüpfen durfte, fand die Unterrichtssimulation sehr ertragreich. Auch wenn das Basteln des Papierfliegers keine besonders herausfordernde Aufgabe war, war es doch spannend einmal als „Lehrerin" zu agieren und etwas zu vermitteln. Durch die Videoanalyse sieht man sich mal mit ganz anderen Augen und vieles fällt auf, was sonst im Verborgenen geblieben wäre. Die Klasse hätte sich noch unruhiger verhalten können und es hätte mehr Störfaktoren geben können, dies wäre realistischer gewesen.

## 15 VIRTUELLE UNTERRICHTSHOSPITATION MIT EIGENVIDEOS

Für die Schüler-Darsteller ist eher die Besprechung des Videos von der Simulation ertragreich, die Simulation selbst aber zumindest vergnüglich:

* Als Einstieg war die Unterrichtssimulation mit den Papierfliegern sehr gut gewählt. Es hat den Lernenden gezeigt, dass es nicht zu schwierig ist, als „Lehrer" an einen solchen Unterricht zu erteilen, und dass es durchaus Spaß machen kann, sich auszuprobieren. Ich hatte Spaß daran, den „Simulanten" zu beobachten und im Klassengeschehen mitzuwirken. Der „Lehrer" hat seine Aufgabe sehr gut gemeistert und mir und uns allen, so denke ich, gezeigt, dass man nicht zu schüchtern sein muss, an so einer Simulation teilzunehmen und dass es durchaus sinnig sein kann, sich der Simulation der Lehrerrolle zu stellen.

* Man konnte sich das erste Mal mit einer Simulation vertraut machen und konnte durch das Äußern eigener Kritik noch mal konkret erfahren, worauf es im Unterricht wirklich ankommt. Es ist auch wichtig, sich in die Rolle eines Schülers hinein zu versetzen und selbst zu begreifen, auf welche Ideen und Fragen so ein Schüler kommen kann und wie auch Arbeitsmaterial auf die Schüler wirkt. Ich habe dadurch gelernt, dass manche Dinge, die man für wichtig glaubt – z.B. die Aussprache bzw. das Vermeiden von Denkpausen beim Reden — plötzlich nicht mehr den Unterricht so sehr beeinflussen.

* Der „Papierflieger" brauchte nicht viel Vorbereitung. Angenommen wurde, dass die Aufgabe, einen Papierflieger zu basteln, allen „Schülern" schon bekannt war. Trotzdem war die Umsetzung der Aufgabe nicht für alle Schüler in gleichem Maße verständlich, denn es gab noch Fragen zur Anleitung. Das zeigte mir, dass etwas, das für den einen selbstverständlich oder trivial erscheint, für den anderen schwieriger sein kann. Außerdem war es interessant zu sehen, wie einfach kleine Fehlern zu übersehen sind (beim Helfen, oder selber machen). Möglicherweise hätte ich gleiche Fehler oder andere gemacht, die mir ohne die Videoaufnahme und die Kritik der Gruppe, nicht aufgefallen wären.

* Mein persönlicher Ertrag ergibt sich aus der Möglichkeit zunächst beobachten zu können, wie die Lehrerin den Rahmen ihres Unterrichts gestaltete und wie sie mit Problemen umging zum einen, und zum anderen die kurze Besprechung hinterher, die es mir ermöglichte, auf bestimmte Dinge aufmerksam zu werden (unangemessene Hilfestellung bei einem Schüler durch Abnehmen der Bastelaufgabe durch die Lehrerin), die mir vielleicht gar nicht aufgefallen wären.

### 15.4.2 Unterrichtssimulation Typ 2: Micro-teaching mit wenigen ‚Schülern' - Adressaten-angemessenes Problem - keine Rollenscripts

Bei diesem Simulationstyp beschäftigt sich eine kleine Gruppe von drei bis vier ‚Schülern' mit einem Problem, dass auch für sie als erwachsene Seminarteilnehmer eine echte Herausforderung darstellt. Die Aufgabe sollte nicht so leicht gelöst werden können wie bei Typ 1 und es sollte sich auch nicht um eine herkömmliche Unterrichtsaufgabe handeln, sondern um eine knifflige Denksportaufgabe mit Rätselcharakter. Die ‚Schüler/innen' brauchen sich nicht in eine bestimmte Klassen- bzw. Altersstufe hineinzuversetzen, sondern spielen sich selbst als Lernende. Da auch für den ausgelosten ‚Lehrer' die Lösung nicht auf der Hand liegt, bekommt er in diesem Fall die Instruktion und alle für seine ‚Schüler' erforderlichen Materialien ein bis zwei Tage vorher per e-mail zugeschickt und ist vorher informiert worden, dass er sich vorab kurz Gedanken über die Einführung der Aufgabe und die Herangehensweise bei der Lösung machen soll.[34]

Die kleine Anzahl von ‚Schülern' stellt sicher, dass die Interaktion für den ‚Lehrer' überschaubar bleibt und er sich in den individuellen Lernstand und die Lernhindernisse jedes einzelnen ‚Schülers' hineinversetzten kann. Die Schüler sind angewiesen, sich ganz auf die Aufgabenlösung zu konzentrieren, so dass der Lehrer auch bei diesem Simulationstyp (wie bei Typ 1) nicht auf schülertypische Störungen eingehen muss. Die Anforderung für den Lehrer besteht bei dieser Simulation darin, dass er weder vorhersehen kann, welche Richtung die Interaktion zwischen ihm und den ‚Schülern' sowie ggf. zwischen den ‚Schülern' untereinander nehmen wird, noch welche Schwierigkeiten auftauchen werden. Auf Lernschwierigkeiten, überraschende Fragen oder ungewöhnliche Vorschläge muss er improvisierend eingehen.

Die übrigen Seminarteilnehmer sind Beobachter, die entweder frei oder zu einem vorgegebenen Beobachtungsauftrag ihre Notizen schriftlich festhalten.

Bei diesem Simulationstyp ist ein Umbau des Seminarraums erforderlich, damit sowohl die Beobachter wie auch die Kamera einen freien Blick auf den Lehrer, die 3 bis 4 ‚Schüler', die Tafel und ggfs. mittels OHP projezierte Folien haben. Die ‚Schüler' nehmen nebeneinander an einem Tisch Platz (je nach Aufgabe müssen sie Schreibzeug mitbringen), der Lehrer steht seitlich daneben, so dass die Kamera die ‚Schüler' in etwa von vorn und ihn im Halbprofil aufnehmen kann (siehe das Szenenfoto auf der folgenden Seite).

Abbildung 16 enthält für drei Aufgabenbeispiele[35] (Labyrinth; 17 Kamele; Geheimbotschaft als Worträtsel) mit Anweisungen an den/die designierten Lehrer/in. Die Aufgaben sind so gewählt, dass sie in der Regel in wenigen Minuten gelöst werden können. Die Simulationsphase insgesamt (Einführung + Aufgabenstellung + Bearbeitung + ggfs. Ergebnisbesprechung) sollte nicht länger als 15 Minuten dauern, da sonst zu viel Zeit vergehen würde, die Szene im Video zu betrachten. Die Auswertung ist bei diesem Simulationstyp diffiziler als bei Typ 1, da viele Details zu beachten sind. Erfahrungsgemäß

---

[34] Bei einer dieser Simulationen hatte die designierte Lehrerin den Hinweis auf eine kurze Vorbereitung wohl überhört und am Vorabend fünf (!) Stunden damit verbracht, für ihre Problementwicklung eigens eine Powerpoint-Show zu konstruieren. Um eine solche Referendariatstypische Vorbereitungshypertrophie zu vermeiden, sollten designierte Lehrer/innen strikt angewiesen werden, zur Vorbereitung nicht mehr als 30 Minuten aufzuwenden.

[35] Die Labyrinth- und die Kamel-Aufgabe habe ich von Dieter Wiebusch (Studienseminar Paderborn) übernommen, dem ich für diese Anregung danke.

sind gut 30 Minuten nötig, um die Videoaufzeichnung zu betrachten (dabei ggfs. für Anmerkungen und Fragen zu unterbrechen) und zu besprechen.

## „Micro-teaching"
### Erprobung in der Lehrerrolle mit Videofeedback - Typ 2

Instruktion für d. designierte(n) Lehrer/in [ diese/r erhält die jeweilige Instruktion zur Vorbereitung 2-3 Tage vorher zusammen mit den Materialien ] :

*„Sie stellen Ihren 3-4 Schülern die auf beiliegendem Blatt beschriebene Aufgabe und bitten sie darum, sich damit zu beschäftigen und sie nach Möglichkeit lösen:*
* *wie die die Aufgabe einführen und begründen*
* *ob Sie die Aufgabe mündlich oder schriftlich stellen.*
* *welche Hilfsmittel Sie dabei nutzen möchten.*
* *welche Hilfsmittel Sie den Schülern zur Verfügung stellen.*
* *ob und wie die Schüler zusammenarbeiten.*
* *ob und welche Impulse, Hilfen, Lösungsschritte Sie vorgeben.*

*Insgesamt haben Sie und Ihre Schüler 15 Minuten Zeit (für Aufgabenstellung + Ausführung + ggfs. Ergebnisbesprechung)."*

*Aufgabenbeispiel 1*

### 17 Kamele

Es war einmal ein reicher Scheich im Morgenland. Er hatte 3 Söhne und als sich sein Leben dem Ende zuneigte, beschloss er sein Hab und Gut zu verschenken, außer seine ihm sehr ans Herz gewachsenen Kamelzucht. Diese vererbte er seinen 3 Söhnen und traf folgende Verteilung: Dem Ältesten gebührte nach alter Väter Sitte die Hälfte des Kamelbestandes, dem Zweitgeborenen stand ein Drittel zu und der Jüngste sollte ein Neuntel sein Eigen nennen dürfen. Der wertvolle Kamelbestand umfasste 17 Tiere. Als der Scheich verstorben war, und die Söhne ihr Erbe unter sich aufteilen wollten, standen sie vor einem Rätsel. Tage- und wochenlange Überlegungen brachten sie nicht weiter. Wie sollte man die 17 Kamele nach der väterlichen Vorgabe denn verteilen? Schließlich, der Verzweiflung nahe, suchten sie einen weisen Eremiten in seinem Zelt in der Wüste Gobi auf.
*Die Aufgabe ist nur mit dem kleinen Kniff des weisen Emirs zu lösen:*
Nach 3 Tagen und 3 Nächten qualvollen Wartens trat der weise Mann aus seinem Zelt hervor, überreichte ihnen sein einziges Kamel und verneigte sich tief mit den Worten: Dies ist die Lösung eures Rätsels. Die Söhne staunten nicht schlecht, verteilten ihr Erbe gerecht und gaben dem alten weisen Mann voller Hochachtung und Ehrerbietung sein Kamel zurück.

*Sie entscheiden, ob es die Aufgabe der Schüler sein soll, diese Lösung des Emirs selbst herauszubekommen, oder ob Sie die Lösung vorgeben und den Schülern die Aufgabe stellen, die Lösung mathematisch zu begründen.*

Aufgabenbeispiel 2

**Eine geheime Botschaft**

Eine wichtige Botschaft wurde gefunden, leider in einer Geheimschrift:
doderormomörordoderorisostotnonicochohtotdoderorgogärortotnoneror

Was heißt denn das bloß ?

Aufgabenbeispiel 3

**Ein Labyrinth zeichnen**

Sie stellen Ihren Schülern die Aufgabe, jeder solle ein Labyrinth auf einem DIN-A4 Blatt zeichnen.
Sie können die Vorlage links benutzen, müssen es aber nicht. Sie können diese Vorlage Ihren Schülern zur Anregung geben, müssen es aber nicht. Sie können auch den Lösungsvorschlag unten den Schülern ganz oder auszugsweise vorstellen.

Lösungsvorlage Lehrer

Sig Lonegren: Labyrinthe. Zweitausendeins, Frankfurt 1993.

Ein Labyrinth zu zeichnen, ist wirklich nicht schwer. Beginnen Sie mit einem Kreuz und zeichnen Sie einen Punkt ins Zentrum jedes der vier Quadranten:

4. Die grundlegende Form des klassischen Labyrinths

Beginnen Sie nun an der Spitze des Kreuzes, und ziehen Sie mit Ihrem Stift entweder eine Linie nach links oben und dann zum Punkt im linken oberen Quadranten oder nach rechts oben und dann zum Punkt im rechten oberen Quadranten. Für diese Übung wollen wir uns darauf einigen, nach rechts oben zu gehen:

5. Das Zeichnen eines klassischen Labyrinths – Schleife Eins

Dann zeichnen Sie vom entsprechenden Punkt im linken oberen Quadranten zum rechten Ende der horizontalen Linie:

6. Die Schleifen Zwei und Drei

Vom linken Ende dieser horizontalen Linie gehen wir zum Punkt im rechten unteren Quadranten.

7. Die Grundform des klassischen Labyrinths – linksläufig

Schließlich bewegen wir uns vom Punkt im unteren linken Quadranten um die ganze Zeichnung herum zum unteren Ende der vertikalen Linie. Solch ein Labyrinth heißt linksläufig, weil die erste Wendung beim Betreten des Labyrinths nach links geht. Wenn Ihr erster Strich beim Zeichnen des Labyrinths nach links oben gegangen wäre, hätten wir ein rechtsläufiges Labyrinth.

**Abb. 16:** Drei Beispiele für Unterrichtssimulationen vom Typ 2 (Micro-teaching)

## 15 VIRTUELLE UNTERRICHTSHOSPITATION MIT EIGENVIDEOS

Auch hier sollten zunächst ‚Lehrer' und ‚Schüler' Gelegenheit haben, sich zu äußern (Lehrer: Wie gefühlt? Erfolgreich unterrichtet? / Schüler: Wie gefühlt ? Was gelernt? Waren der Auftrag und die Impulse des Lehrers klar? Wie war die Zusammenarbeit mit den anderen Schülern?). Wenn der Umbau im Seminarraum vor der Sitzung erfolgen kann, ist es möglich, eine Simulationsphase einschließlich Auswertung in 45 bis 50 Minuten zu absolvieren. Sofern mehr Zeit zur Auswertung ist, können die übrigen Seminarteilnehmer auch jeweils einen der folgenden acht Beobachtungsaufträge übernehmen:

1) Beurteilen Sie die Gesprächsführung (Welcher Schüler kommt dran – welcher nicht?)
2) Wie beurteilen Sie die Hinführung d. L. zum Problem (seine Vorgaben, ggfs. sein Vormachen)?
3) Wissen die Schüler, was sie machen sollen? Arbeiten sie aufgabenorientiert?
4) Ist die inhaltliche Lenkung d. L. gerade richtig oder zuviel oder zu wenig?
5.) Fördert oder verhindert d. L. die Zusammenarbeit der Schüler?
6) Wie beurteilen Sie die L.reaktionen auf falsche und richtige Antworten (Lob und Tadel)?
7) Lässt d. L. Umwege und Irrwege zu oder führt er die Schüler sehr strikt.
8) Wie beurteilen Sie das Ergebnis, was haben die Schüler gelernt? (Nicht nur bezüglich kognitiven Wissens und Könnens, sondern auch hinsichtlich fachübergreifende Ziele: Zusammenarbeit geklappt? Wurde Frust vermieden? Blieb Neugier erhalten?)

Diese Protokollnotizen können bei der Besprechung herangezogen und/oder dem ‚Lehrer'-Darsteller mitgegeben werden.

Abb. 17:   Szenenfoto aus einer Micro-teaching-Simulation (Typ 2)

Studierende, die bei dieser Simulation in die Lehrerrolle geschlüpft waren, skizzieren, was es ihnen gebracht hat:

* Als Lehrende in der Simulation „Kamele" habe ich einen großen Ertrag davon. Mir konnten Fehler aufgezeigt werden, die mir vorher nicht bewusst waren und ich konnte, obwohl ich schon länger als Nachhilfelehrerin in einem Nachhilfeinstitut arbeite, noch mal erfahren, wie es ist, vor der Kamera zu stehen. Als ich vor der Tafel stand, ist mir besonders aufgefallen, wie schnell man sich beim Anschreiben vertun oder verrechnen kann. Vor allem aber, wurde mir bewusst, wie viel Arbeit es zum Teil kosten kann, Unterricht vorzubereiten. Noch mehr Nachhaltigkeit der Stunde könnte dadurch erreicht werden, dass der Dozent die Videos an die entsprechenden Lehrer weiterreicht [*dieser Anregung hat der Dozent später entsprochen*] und die Kritik, die geäußert wird, schriftlich verfasst wird (Selbstkritik ergänzen).

Beobachter und Schüler-Darsteller schildern den Ertrag dieser Art von Simulation mit anschließender Betrachtung und Besprechung des Videos:

* Die Unterrichtssimulation „Kamele" war sehr interessant, da sie deutlich gemacht hat, wie wichtig es ist sich auf den Unterricht vorzubereiten und wie aufwendig dies auch ist. Interessant waren auch die unterschiedlichen Zugangsweisen der Studenten, die beide den Kamel-Entwurf hatten. Auch das man sich an der Tafel schnell verschreiben kann und den Überblick verliert, war überraschend festzustellen. Bei der Labyrinth-Simulation fiel auf, dass es wichtig ist, dass der Lehrer hinter seinem Konzept steht, da er sich sonst unglaubwürdig macht. Interessant war dabei dass nicht immer alles so verläuft wie es geplant war.
* Mir wurde klar, wie viel Konzentration ein Lehrer benötigt und wie detailliert manche komplexeren Zusammenhänge vorbereitet werden müssen. Auch interessant war, dass die beiden Lehrer aus der Kamel-Gruppe unterschiedliche Lehrziele hatten. Die Kamel-Zusammenhänge wurden verständlich erklärt, wenn auch die komplette Auflösung der Aufgabe fehlte, um den Unterricht gelungen abzurunden. Die Labyrinth-Aufgabe war lehrreich, weil viele Dinge anders gelaufen sind, als geplant. Streckenweise zog sich der Unterricht und Schüler waren ohne Aufgabe. Wir konnten gut aus dieser Situation lernen.
* Beim Micro-Teaching hat mir die längere Vorbereitungszeit, die den Testlehrern zur Verfügung stand, gut gefallen. Sie ermöglicht eine genauere Planung des Ablaufs und sogar die Befassung mit evtl. auftretenden Problemen. Das anschließende Feedback ist sicherlich noch effektiver als bei der ersten Variante, da sich bei der intensiveren Vorbereitung auch schon Fragen zu anschließenden Beurteilung durch Andere ergeben, zu denen es in der Kürze einer spontanen Simulation vielleicht nicht kommen würde.
* Es war interessant, zu sehen, was alles bei einer Unterrichtsplanung bedacht werden muss, insbesondere die Zielsetzung: So war es beispielsweise möglich, den Schwerpunkt entweder auf die mathematische Lösung der Aufgabe oder das generelle Vorgehen bei der Problem-Analyse zu legen. [*Als kritischer Einwand:*] Die „Schüler" waren sehr ruhig und arbeiteten effektiv mit, zudem war die Schülergruppe mit vier Leuten sehr klein, was dem Schulalltag nicht allzu nahe kommt. Es sollten ruhig mehr ‚Schüler' sein, die sich auch unruhig verhalten, um dem Klassengeschehen gerechter werden zu können.
* Für mich als angehende Mathematiklehrerin war es natürlich sehr interessant, wie meine Kommilitonin an das Kamel-Problem rangegangen ist, welches ich ganz anders angegangen wäre, aber auf diese Art und Weise sehr kompetent und verständlich rübergebracht wurde. Zusätzlicher persönlicher Ertrag war das Kennenlernen des Micro-Teachings und es war interessant zu sehen, wie man etwas rüberbringt, wenn man selbst nicht von dem überzeugt ist, was man unterrichten muss (Labyrinth).
* Es war interessant, „typische Fehler" bei den Lehrenden zu sehen, die diese selber gar nicht bemerkten. Auch das Videofeedback war daher interessant. Da ich selber kein Lehrer war, war mein persönlicher Ertrag eher gering. Als Schüler in der „Labyrinth-Stunde" fand ich es interessant festzustellen, wie das Interesse sinkt, wenn die Lehrerin sich selber nicht richtig für das Thema interessiert/ sich nicht damit identifizieren kann.
* Ich fand es sehr hilfreich zu sehen, wie unterschiedlich Unterricht sein kann. Vor allem die Videoanalyse direkt danach hat noch Fehler aufgedeckt, die mir wahrscheinlich auch passiert wären (rumgehen, aber nix sagen etc. ).

### 15.4.3 Unterrichtssimulation Typ 3: Unterrichtsnahes Drehbuch für d. ‚Lehrer/in' und Rollenscripts für die ‚Schüler'

Dieser dritte Simulationstyp ist für den ‚Lehrer' der mit Abstand anspruchsvollste und am schwierigsten zu bewältigende. Den Simulationsbeispielen liegen Rekonstruktionen von Ausschnitten aus Alltagsunterricht zugrunde, der sich jeweils in ähnlicher Weise ereignet hat. Die didaktisch-methodischen Vorgaben für den ‚Lehrer' entsprechen denen zweier realer Unterrichtsstunden, in denen die echten Schüler tatsächlich in etwa so agiert haben, wie in den Rollenscripts für die Schüler-Darsteller beschrieben:
* In einer 8. Klasse wird ein Arbeitsblatt als Folie auf dem OHP erläutert (*Insekten auf der Sommerwiese*) und dann den Schülern zur Bearbeitung in Einzelarbeit ausgeteilt. Aufgabe des Lehrers ist es, zunächst das AB vorzustellen und dabei auf Fragen einzugehen, um dann nach dem Austeilen die Bearbeitung zu beraten und zu kontrollieren. Dabei muss er/sie auf unerwartete Schülerfragen zu Insekten eingehen, Streit zwischen Schülern schlichten und Schüler ermahnen, die nicht mit der Arbeit beginnen.
* Im Deutschunterricht einer 4. Klasse stellt d. Lehrer/in beim Thema Vorgangsbeschreibung eine Hausaufgabe ("Beschreibt, wie man KAFFEE KOCHT!"), die auf ungeahnten Widerstand bei den Schülern stößt (u.a. bitten zwei Schülerinnen d. Lehrer/in auf Knien, einen anderen Vorgang beschreiben zu dürfen).

Bei beiden Beispielen ist jeweils eine Klasse zu unterrichten. Beim „Kaffee kochen" gibt es für bis zu 22 Schüler ein Rollenscript, bei den „Insekten" für bis zu 16 Schüler. Es können aber durchaus jeweils noch einige Schüler mehr teilnehmen, die sich dann unauffällig verhalten sollten. Bis zu einer Seminargröße von 25 können dann alle Teilnehmer/innen als Schüler-Darsteller mitwirken. Denkbar ist aber auch, die Zahl der Schüler-Darsteller auf ca. 18 bis 20 zu begrenzen und den überzähligen Teilnehmern Beobachtungsaufträge wie beim Typ 2 zu geben. Die ‚Schüler/innen' müssen sich bei diesem Simulationstyp in die jeweilige Klassen- bzw. Altersstufe hineinversetzen. Einzelne ‚Schüler' haben zuvor vom Seminarleiter ein Skript erhalten, das sie anweist, während des Unterrichts genau festgelegte schülertypische Aktivitäten zu zeigen, auf die der ‚Lehrer' reagieren muss (z.B. Missfallenskundgebungen; provozierende Fragen und ernste Anliegen, die mit dem Unterrichtsthema mal mehr, mal weniger zu tun haben; ungewöhnliche Vorschläge und auch Arbeitsverweigerungen). Dem jeweils designierten ‚Lehrer' sollte die Aufgabenstellung wie bei Typ 2 einige Tage vorher bekannt sein, damit er sich darauf vorbereiten kann.

Die Anforderung für d. ‚Lehrer/in' besteht in beiden Beispielen zum einen darin, den Gang der Lektion entsprechend der vorgegebenen Unterrichtsplanung voranzubringen und dabei gleichzeitig auf die für ihn überraschenden Schülerbeiträge einzugehen. Da der Unterricht in Klassenstärke erfolgt, und sich viele unerwartete Schüleraktivitäten schnell hintereinander ereignen, hat d. ‚Lehrer/in' immer nur eine sehr kurze Bedenkzeit zum Reagieren.

Für die Videoaufzeichnung sind ggfs. Umstellungen im Seminarraum erforderlich, damit die Kamera einen freien Blick auf den ‚Lehrer' und die via OHP projezierten Folien hat und zugleich möglichst viele ‚Schüler' von vorn bzw. von der Seite aufnehmen kann (siehe das Szenenfoto auf Seite 304).

## 15 VIRTUELLE UNTERRICHTSHOSPITATION MIT EIGENVIDEOS

> **Erprobung in der Lehrerrolle mit Videofeedback - Typ 3**
> **„Simulation realitätsnahen Klassenunterrichts"**
>
> *Die mehrseitigen Materialien für beide Beispiele (Rollenscripts für die Schülerdarsteller, Folien und Arbeitsblätter) können aus Platzgründen nicht abgedruckt werden. Lehrerbildner/innen erhalten sie auf Anfrage kostenlos.*
>
> *Beispiel 1*
> **4. Klasse Deutsch „Vorgangsbeschreibung *Kaffee kochen*"**
>
> Die 22 ‚Schüler/innen' bei dieser Simulation erhalten vor Beginn der Simulation eine ausführlichere Information über das, was der Simulationsphase vorausgegangen war (als Kurzversion: Am Vortag haben die Schüler beschrieben, wie man ein Marmeladenbrot schmiert — nach einem 'Demonstrationsschmieren' durch die Lehrerin. Unmittelbar vor dem Unterrichtsabschnitt, der der Simulation vorausgeht, wird als weiterer Vorgang das Schuheputzen erst demonstriert und dann in Einzelarbeit von den Schülern beschrieben. Im Sitzkreis lesen einige Schüler ihre Beschreibungen vor.
> Die Simulation selbst beginnt in diesem Sitzkreis nach dem Vorlesen: Die Lehrerin stellt als Hausaufgabe, den Vorgang des Kaffeekochens zu beschreiben. Sie sieht sich daraufhin vielen Einsprüchen, Protesten, Bitten und Alternativvorschlägen der Schüler ausgesetzt, die sie aber alle ablehnt
> Jede/r einzelne Schüler/in erhält zuvor ein Namensschild mit einem Vornamen-Pseudonym und eine schriftliche Anweisung, wie er/sie auf die Hausaufgabe reagieren soll. Fast alle Schüler sollen eine deutlich sichtbar und/oder hörbar ablehnende Reaktion zeigen. Damit die Lehrerin die Möglichkeit hat, darauf zu reagieren, dürfen die Schüleräußerungen nicht zu schnell hintereinander erfolgen. Daher ist auf den meisten Instruktionskarten auch vermerkt, in welcher Reihenfolge und mit welchem zeitlichen Abstand die einzelnen Schüler intervenieren sollen.
>
> *Beispiel 2*
> **8. Klasse Biologie *„Insekten auf der Sommerwiese"***
>
> *Die Anweisung an den/die Lehrer/in lautet:*
> „Die heutige Unterrichtsstunde in ihrer 8. Klasse konnten Sie nicht gründlich vorbereiten (gestern hatten Sie für Ihre 10-jährige Tochter die Geburtstagsparty zu organisieren). Sie hatten schon vorgestern nach der letzten Stunde das Arbeitsblatt aus dem Bio-Buch { BIOLOGIE heute 7./8. Klasse Schroedel-Verlag 2000 } als Folie vervielfältigt (zum Erläutern am OHP) und 25 Kopien gemacht.
> Ihre sehr grobe Unterrichtsplanung sieht vor, dass Sie nach der Begrüßung eine ganz kurze Rückblende machen („Wie ihr wisst, befassen wir uns mit Tieren in unserer heimischen Natur. Zuletzt haben wir einige Waldtiere kennen gelernt, heute geht es um Insekten, die in unseren Wiesen leben.")
> Jetzt legen Sie Folie 1 auf den TP und erläutern die Aufgabe kurz. (Falls der TP defekt ist, teilen Sie das AB schon aus.) Sie legen dann Folie 2 kurz auf und weisen auf die Steckbriefe auf der Rückseite des AB hin, gehen aber nicht auf Details zu den einzelnen Insekten ein, sondern sagen auf Nachfragen, dass die Schüler/innen das selbst lesen sollen.
> Jetzt teilen Sie das AB aus (jedem eins). Sie sagen den Schülern, dass sie dafür 15 Minuten Zeit haben. Sie vergewissern sich, ob die Schüler verstanden haben, was sie machen sollen. Sie gehen auf alle Fragen und Anmerkungen ein, teilen dann (falls noch nicht geschehen, dass AB aus und sagen an, dass Einzelarbeit angesagt ist, sich die Schüler aber leise über die Aufgabe unterhalten können. Sie stehen anschließend vorn, gehen aber bei Fragen zum jeweiligen Schüler und sorgen ggfs. dafür, dass alle Schüler an der Aufgabe arbeiten."
>
> ---------    *Nach ca. 15 Minuten kommt ‚von der Kamera' das Signal zum Aufhören*    ----------

Abb. 18:    Zwei Beispiele für Unterrichtssimulationen vom Typ 3

Die Szene „Kaffeekochen" dauert einschließlich Vorspann ca. acht bis 10 Minuten, die Szene „Insekten auf der Sommerwiese" kann nach ca. 15 Minuten beendet werden. Bei der unmittelbar anschließenden Auswertung sollte genügend Zeit vorhanden sein, um auf viele Details eingehen zu können (mindestens 45 Minuten). Auch hier sollten zunächst ‚Lehrer' und ‚Schüler' Gelegenheit haben, sich zu äußern (siehe die Fragen bei Typ 2).

Abb. 19:   Szenenfoto aus einer Klassenraum-Simulationen vom Typ 3 (Insekten)

Drei ‚Lehrerinnen' skizzieren was ihnen diese Simulation gebracht hat:
* Als Lehrerin bei der Unterrichtssimulation „Insekten" habe ich gemerkt, wie schwierig es sein kann, alles mitzubekommen, was in einer Schulklasse alles so vor sich geht während einer Stunde. Meist bekommt man nur die „Störpole" mit, aber selten, das was leise geschieht bzw. wenn jemand gar nicht mitarbeitet. Man muss sehr aufmerksam sein und darf sich nicht aus seinem Konzept bringen lassen, sondern muss versuchen, die Unterrichtsstunde so zu gestalten, dass möglichst alle davon profitieren. Es ist gar nicht so leicht, auf unerwartete Fragen prompt, aber höflich zu reagieren, wenn man sich im Vorhinein nicht über solche Fragen bewusst war. Daher ist es wichtig, als Lehrkraft immer gut in der Materie zu stecken, um den Schülern zu zeigen, dass das Thema wichtig ist und man auch auf Fragen antworten kann. Dennoch muss man natürlich auf Störungen der Schüler eingehen und ihnen ihre Grenzen durch kurze Ermahnungen nahe legen, kann aber gleichzeitig nicht alles „störende" berücksichtigen, sondern muss auch versuchen, manches (aber natürlich das richtige) zu ignorieren, da es sonst kein Ende findet, meiner Meinung nach.

Eine andere Biologie-‚Lehrerin' erinnert sich an ganz bestimmte Situationen:
* Bei der Anmerkung „Es gibt gar keine Räuber bei den Insekten" musste ich tief Luft holen. So gut hatte ich mich nicht mit dem Thema auseinandergesetzt, wollte mir das aber nach Möglichkeit nicht anmerken lassen. Als der Schüler mit meiner Antwort zufrieden zu sein schien, machte ich innerlich jedenfalls drei Kreuze. Es machte mir Spaß, dass die Kommilitonen so gut mitmachten und die Position von Achtklässlern so realistisch einnahmen. Der Gedanke „Wenn die erstmal mit ihrer Aufgabe anfangen, ist dann Ruhe und du kannst dich etwas entspannen" war komplett realitätsfern, das verstand ich schnell. Also

machte ich mich auf in die Runde und freute mich über Meldungen und kleine Faulpelze. Ich merkte dabei, wie schwierig es ist, alle im Blick zu behalten und auch in der hintersten Reihe mein aufmerksames Auge deutlich zu machen. Auch eine ganz wichtige Erkenntnis für mich: Mein Schriftbild (vor allem an der Tafel) muss sich ändern! Da bin ich jetzt schon dran und hoffe, den Schülern im nächsten Praktikum keine Entschlüsselungsaufgabe beim Abschreiben von der Tafel mehr zu geben.

* Ich war beim Beispiel „Kaffee kochen" selbst Lehrerin. Dies war für mich sehr spannend und aufregend. Ich fand es sehr interessant, wie ich reagiert habe und was ich alles gesehen, aber auch nicht gesehen habe. Weiterhin ist mir klar geworden, dass man sich genau überlegen muss, welche Aufgaben man den Schülern mitgeben möchte und ob diese lebensnah und angemessen sind.

## Die Schüler-Darsteller und die Beobachter nennen teilweise andere Vorteile dieses Simulationstyps:

* Es war interessant und ertragreich zu erleben, was eine Klasse bei einem einfachen Arbeitsblatt zum Thema *Insekten* für Fragen aufwerfen bzw. was ein simples Arbeitsblatt für Problematiken aufwerfen kann. Es hat gut die Tatsache veranschaulicht, dass man als LehrerIn stets die Unterrichtsmaterialien bedacht auswählen sollte. Zusätzlich konnten wir beobachten, wie die Studentin, welche die Lehrerin simulierte, auf Schülereinwände bzw. Unterrichtsstörungen reagierte. Anhand der angeschlossenen Besprechung zur simulierten Unterrichtssequenz konnten wir die jeweilige Reaktion reflektieren und bezüglich ihrer Angemessenheit bewerten.

* Die Unterrichtssimulation „Insekten" war insofern lehrreich, als sie einem aufgezeigt hat, was man als Lehrer alles nicht mitkriegt. Es passiert während des Unterrichts so viel in der Klasse, dass es fast unmöglich scheint, alles wahrzunehmen oder auf alles einzugehen. Kaum hat man eine Frage beantwortet, kommt die nächste, dann stört ein Schüler, einer wird ungeduldig u.s.w. Außerdem hat mir die Simulation gezeigt, wie schwer es ist, wenn man als Lehrer alles unter Kontrolle haben will. Man kann nicht auf alle Störungen eingehen, aber auch nicht alles ignorieren. Dieser schmale Grat ist mir sehr bewusst geworden. Besonders dann, wenn viele Schüler durcheinander reden, ist es schwer, sinnvolle Beiträge hervorzuheben und Störungen zu unterbinden. Des Weiteren ist mir aufgefallen, dass es unmöglich ist, als Lehrer den Überblick über alles zu behalten. Es gibt immer Schüler, die nicht arbeiten oder anderweitig beschäftigt sind. Es ist schwer, diese aus der Masse der arbeitenden Schüler herauszufiltern. Ein weiterer wichtiger Punkt, der in der Unterrichtsimulation deutlich wurde, ist der, dass es sehr wichtig für einen Lehrer ist, seine Stunde gut vorzubereiten. Im diesem Beispiel hat die Lehrerin der Klasse ein Arbeitsblatt ausgehändigt, mit dem sie sich vorher nicht beschäftigt hatte. Daher konnte sie nicht auf alle Fragen der Schüler eingehen. Dies hat mir gezeigt, dass man der Klasse nur sinnvoll etwas beibringen kann, wenn man sich selbst mit dem Thema beschäftigt hat und die Aufgaben auch aus der Sicht der Schüler betrachtet. Außerdem ist es wichtig, dass man der Klasse erklären kann, aus welchem Grund sie bestimmte Dinge lernen müssen.

* Mein Ertrag der Unterrichtssimulation „Kaffee kochen" ist zunächst, dass ich ein Beispiel einer thematisch komplett verfehlten Arbeitsaufgabe kennen lernen konnte. Die Lehrerin gibt den Schülern die Aufgabe, den Vorgang des Kaffeekochens zu beschreiben. Im Hinblick auf die Tatsache, dass Schüler der 4. Klasse in der Regel noch nie Kaffe getrunken haben und diesen allenfalls als Getränk der Eltern kennen, erscheint diese Aufgabe den Schülern selbst als unpassend. Durch die entsprechenden Reaktionen habe ich zusätzlich einen Einblick in die verschiedenen Sichtweisen von Schülern bekommen. Diese eigenen Sichtweisen, welche an die individuellen Lebenswelten der Schüler geknüpft sind, werfen Fragen und Einwände auf. So ist es für eine Schülerin nicht nachvollziehbar, wieso sie den Vorgang des Kaffeekochens beschreiben soll, wo doch in ihrer Familie ausschließlich Tee getrunken wird. Eine andere Schülerin hingegen möchte lieber den Vorgang des Spagettikochens beschreiben, da dies ein Vorgang ist, den sie zuhause scheinbar oft beobachten konnte und der ihr vertraut scheint. Weiterhin war nun die Reaktion der Lehrerin interessant, nachdem diese die gehäuften Einwände der Schüler registriert und vielleicht selber das unangemessene Thema der Aufgabenstellung realisiert hat. Die Lehrerin der simulierten Un-

terrichtssequenz hielt standhaft an ihrer Aufgabenstellung fest. In der anschließenden Reflektion diskutierten wir jedoch noch andere Reaktionsmöglichkeiten. Als Fazit konnten wir festhalten, dass es nicht als Schwäche gilt, in solch' einem Fall den eigenen Fehler zu erkennen, zuzugeben und sich spontan auf eine andere Aufgabenstellung einzulassen, sondern dass dies eher für Professionalität steht.

* Von der Simulation „Kaffee kochen" war ich wirklich begeistert, denn sie hat einerseits Spaß gemacht, andererseits gibt sie aber auch Aufschluss über all die kleinen Nebenhandlungen, die man normalerweise gar nicht mitbekommt, die jedoch wichtig sind für die Ruhe in der Klasse. In der Lehrerrolle muss man schon einiges beherrschen, um die Kontrolle zu behalten. Dass ist allerdings gewollt und auch sinnvoll, da es der Realität am nächsten kommt. Die einzige Kritik, die ich bei dieser Simulation anbringe, ist die Versteifung auf das Kaffee-Kochen, da es den Handlungsspielraum des Lehrers sehr einschränkt.

### 15.4.4 Der Vorzug einer Durchführung der drei Simulations-Typen im Verbund

Die drei vorstehend beschriebenen Varianten von Unterrichtssimulationen sind zunächst unabhängig voneinander entwickelt und jeweils separat erprobt worden. Die zuletzt genannte Variante hat der Autor bereits Anfang der 90er Jahre in Seminaren und Lehrerfortbildungskursen erprobt und veröffentlicht (Mühlhausen 1992 und 1994) — damals noch, ohne die Simulationen im Video aufzunehmen. Im Jahr 2006 wurde der Typ 2 (Micro-teaching) auf Anregung von Dieter Wiebusch (Studienseminar Paderborn) hinzugenommen, der diese Art Simulation häufiger mit seinen Anwärtern im Rahmen einer Exkursionswoche ganz zu Beginn des Referendariats durchführt. Während bei ihm alle Anwärter im Laufe einer Woche Gelegenheit erhalten, einmal in die Lehrerrolle zu schlüpfen, können das in einem 90-minütigen Seminar maximal zwei Teilnehmer in zwei Simulationsdurchgängen. Das Micro-teaching erwies sich für Studierende der I. Phase bereits als eine recht hohe Herausforderung. Daher wurde ganz zuletzt der Simulationstyp 1 entwickelt, der alle Teilnehmer auf spielerische Art sowohl an die Anforderungen einer Simulation als auch an die ungewohnte Video-Situation heranführt. Inzwischen werden seit mehreren Semestern alle drei Simulations-Typen im Rahmen eines Seminars nacheinander durchgeführt. In drei bis vier aufeinander folgenden Sitzungen wird mit Typ 1 begonnen (1/2 Sitzung), in der nächsten Sitzung folgen zwei themenverschiedene Micro-teaching-Simulationen und in der dritten Sitzung ein weiteres Micro-teaching sowie eine Simulation vom Typ 3, deren Besprechung sich meist in die folgende, vierte Sitzung hineinzieht. Ggfs. wird in dieser vierten Sitzung noch das zweite Unterrichtsbeispiel vom Typ 3 durchgespielt.

Die Studierenden (sowohl die Lehrer- als auch die Schüler-Darsteller) empfinden die Steigerung der Anforderung an die Lehrkraft von Typ 1 nach

Typ 3 als hilfreich, um ‚portionsweise' nach und nach mit größeren Anforderungen konfrontiert zu werden:

\* Mir hat besonders gefallen, dass der Schwierigkeitsgrad in den 3 Simulationen nacheinander anstieg: Vertretungsunterricht – Microteaching – „realer" Unterricht. Besonders die letzte Simulation halte ich für sehr ertragreich. Die Möglichkeit des Videofeedback ist toll. So hat man auch im Nachhinein die Möglichkeit, den Fokus auf bestimmte Szenen oder Probleme zu legen oder sich selber überhaupt mal aus der Perspektive anderer zu sehen. Fand ich richtig gut. ☺

Nahezu alle Mitwirkenden betonen, dass alle drei Simulations-Typen in je spezifischer Weise aufschlussreich sind und bei der Vorbereitung auf ihren Praktikumsunterricht mit echten Schülern helfen.

### 15.4.5 (Selbst-)Reflexion der Unterrichtssimulationen als unverzichtbarer Abschluss

Den Abschluss dieser drei Simulationsrunden sollte ein Gespräch über die Vorzüge und Nachteile dieser eher ‚unakademischen' Art der Auseinandersetzung mit Unterricht bilden. Dieses Gespräch erfolgt günstigerweise erst einige Tage nach der letzten Simulation, so dass sich die Eindrücke gesetzt haben und in der Rückschau ein Vergleich der unterschiedlichen Simulations-Varianten möglich ist. Während die unmittelbar an die jeweilige Simulation anschließende Videobetrachtung und Besprechung sehr konkret am jeweiligen Geschehen bleibt, wird erst mit zeitlichem Abstand klar, was die spezifischen Vorzüge jedes einzelnen Simulationstyps sind und welche Vorzüge die Videografie von Unterrichtssimulationen insgesamt bietet. Damit ein solches Gespräch ertragreich ist, sollte es von allen Teilnehmenden vorbereitet werden, indem jeder eine individuelle schriftliche Einschätzung zu vier Fragen gibt (siehe SL_3_UntSim.doc auf der DVD im Pfad \simulation):

---

**Einschätzung der drei Unterrichtssimulationen mit Videoaufzeichnung**

**1. Unterrichtssimulation I Papierflieger**
 a) persönlicher Ertrag / b) Kritik / c) Verbesserungsvorschläge

**2. Unterrichtssimulation II Micro-Teaching** (Geheimschrift / Labyrinth / Kamele)
 a) persönlicher Ertrag / b) Kritik / c) Verbesserungsvorschläge

**3. Unterrichtssimulation III Biologie** („Insekten auf der Wiese" / „Kaffee kochen")
 a) persönlicher Ertrag / b) Kritik / c) Verbesserungsvorschläge

**4. Gesamtresümee**
 a) zu den Unterrichtssimulationen als solche
 b) zur Möglichkeit, die Unterrichtssimulation noch einmal im Video zu sehen und zu besprechen

---

Abb. 20:  Fragen zur Einschätzung der videografierten Unterrichtssimulationen

Aus den Antworten erstellt der Seminarleiter eine Zitat-Collage, die möglichst die ganze Bandbreite des Spektrums der Einschätzungen repräsentiert. Diese Collage erhalten alle Teilnehmer zwei bis drei Tage vor dem Gespräch.

Die Aufforderung zur schriftlichen Einschätzung ist für viele Teilnehmer erfahrungsgemäß ein willkommener Anstoß zur Selbstreflexion und zur differenzierten verallgemeinernden Urteilsbildung über dieses Szenarium. Zum einen wird über die eigenen Gefühle, Erfahrungen und Erkenntnisse berichtet, die jeder bei den drei Simulationsvarianten in den verschiedenen Rollen erlebt bzw. gemacht hat. Zum anderen werden allgemeine Vorzüge und Kritikpunkten zum Simulations-Konzept insgesamt und zum videogestützten Feedback genannt.

In ihrem Gesamtresümee zu den Unterrichtssimulationen als solche (Frage 4a) halten Teilnehmer/innen u.a. fest:

\* Unterrichtssimulation als solches sind sehr sinnvoll. Als angehender Lehrer steht man in solchen Situationen zum Teil das erste Mal als Lehrkraft vor einer Gruppe und kann damit erfahren, wie es ist, einen Unterricht zu leiten. Dabei bietet sich die Möglichkeit, eine fachliche Kritik zu erhalten und damit aufgezeigt zu bekommen, woran man an seinem Verhalten arbeiten muss.

\* Die Unterrichtssimulationen öffneten die Möglichkeit, Fehler zu entdecken, sie zu visualisieren, sich darauf aufmerksam zu machen, sie konstruktiv zu kritisieren, bzw. sie zu analysieren und Wege zu finden, sie zu vermeiden. Sie ermöglichen natürlich auch das „Positive" zu verstärken. Diesen „Unterricht" im Video nachträglich noch einmal in Ruhe anzusehen, finde ich sehr gut.

\* Ich halte Unterrichtssimulationen für sehr sinnvoll. Hier wird praktisch gezeigt wie Unterricht aussehen kann. Natürlich können diese Simulationen nur einen oberflächlichen Eindruck geben, da ja der reale Schulalltag doch kaum nachzuspielen ist, aber sie bieten eine gute Möglichkeit, um das erste Mal in die Lehrerrolle zu schlüpfen. Außerdem haben sie Theorie aufgelockert und Freude bereitet.

\* Unter der Beachtung dessen, dass die Freiwilligkeit der Testlehrer gegeben ist, sich dieser Aufgabe zu stellen, würde ich diese Einheit immer wieder begleiten wollen. Es integriert alle Teilnehmer weitaus stärker, sich über Handlungsmöglichkeiten Gedanken zu machen, als wenn das Beobachten ausschließlich fremder Lehrer auf dem Plan stände. Für diejenigen, die ihre Chance nutzen möchten, sich als Testlehrer zu Verfügung zu stellen, bietet es eine tolle Möglichkeit des eigenen Feedbacks und stellt damit eine tolle Vorbereitung auf ein Praktikum dar.

\* Grundsätzlich finde ich es sehr gut, dass wir als Lehramtstudenten auch mal die Möglichkeit bekommen uns selber vor einer Gruppe als Lehrende auszuprobieren. Das kommt in unserem Studium ansonsten viel zu kurz ( .... ). Leider konnten sich aber nur fünf Studenten als Lehrer ausprobieren. Schöner wäre es natürlich, wenn alle diese Möglichkeit bekommen würden. Die Unterrichtssimulationen sind aber leider nur bedingt realistisch, da sich die Studenten nur selten wie Schüler verhalten. Die Unterrichtssimulation III als annähernd realistische Situation fand ich daher am besten.

\* Erst war ich sehr skeptisch. Nun bin ich allerdings überzeugt, dass insbesondere Simulation III sehr hilfreich war (mehr noch für die „Lehrerin"). Mit einer solchen Simulation können eben auch mal schwierige, realistische Situationen praktisch geübt werden. Da es auch meiner Meinung nach sowieso viel zu wenig Praxis im Lehrerstudium gibt, kann so eine Simulation nur gut sein, da sie dem eigentlichen Unterricht noch am Nächsten kommt. Noch besser (aber leider in einem Seminar, wo so viele unterschiedliche Studienfächer aufeinander treffen nicht machbar!) wäre es, wenn die Stunden fachspezifisch und evtl. sogar selbst geplant wären.

\* Die Unterrichtssimulation birgt für mich Vor- sowie Nachteile und muss aus den verschiedenen Perspektiven der Teilnehmer betrachtet werden. Schwierigkeiten können im Bezug auf die schauspielerischen

Tätigkeiten der Lehrkraft und Schüler auftreten, da von ihnen verlangt wird, in eine andere Rolle zu schlüpfen. Vor allem für die Lehrkraft, die einerseits vor ihren Mitstudenten die Rolle der Lehrkraft übernehmen soll und andererseits von allen anderen beobachtet und innerhalb dieser Rolle bewertet wird. Es kann also passieren, dass sich der Student in dieser Position so unwohl fühlt, dass er in der Unterrichtssituation nicht wirklich zeigt was er kann und mit solchen Momenten negative Erfahrungen verbindet. Vor allem bei der Unterrichtssimulation „Labyrinth" ist mir bewusst geworden, dass wir die Studentin nicht nur danach beurteilen, wie sie mit Schülern und bestimmten Anforderungen des Unterrichts umgeht, sondern auch, wie sie vermag, sich auf ihre Rolle und Situation einzulassen. Anderseits birgt genau diese Tatsache auch Vorteile und kann uns Möglichkeiten bieten, uns hinsichtlich unserer Kompetenzen weiterzuentwickeln. Da das Unterrichten auch damit verbunden zu sein scheint, vor der Klasse eine bestimmte Rolle einzunehmen, sich in ihr wohl zu fühlen und diese mit einer gewissen Konstanz zu vertreten, kann eine Unterrichtssimulation helfen, sich darin zu erproben.

## Die Möglichkeit, Unterrichtssimulationen auf der Basis des Videos nachträglich noch einmal zu sehen und zu beurteilen (Frage 4b), bewerten nahezu alle Teilnehmer/innen aus mehreren Gründen als positiv:

* Diese Möglichkeit hat mir sehr gut gefallen, da einzelne (zum Teil sehr wichtige) Reaktionen in der reinen Beobachtung oft untergehen. Auch sehr gut für alle Teilnehmenden, die Situation noch einmal von Außen zu betrachten.
* ... dass man dann noch mehr sieht, als bei einer einmaligen Beobachtung. Man kann stoppen, spulen, wiederholen ... Besonders wenn man selbst vorher in der beobachtenden Situation war, kann man hinterher außerhalb der Interaktion das Ganze ganz anders analysieren.
* Meistens sieht man ja beim zweiten Mal noch mehr als beim ersten Mal, daher war die Möglichkeit das Video noch einmal zu sehen, sehr gut. Dann kann man genauer auf die Dinge achten, über die man nach dem ersten Anschauen gesprochen hat.
* Nur mit Hilfe der Videoaufnahme können sich die Beobachter auf verschiedene Aspekte des Unterrichts konzentrieren und diese genau unter die Lupe nehmen. Vor allem die Analyse von Interaktionszusammenhängen (wieso handeln bestimmte Schüler so? warum reagiert die Lehrkraft entsprechend? welche Auslöser?) kann bei einmaliger Beobachtung nicht erfolgen und wird erst durch ein nachträgliches Videofeedback ermöglicht.
* Die Möglichkeit, die Unterrichtssimulationen auf der Basis des Videos nachträglich noch einmal zu sehen und zu beurteilen, halte ich besonders für den „Lehrer" für eine tolle Sache. So fallen einem Dinge auf, die man sonst vielleicht nie sehen würde (Körpersprache, Reaktionen, Präsenz im Raum, was habe ich übersehen?). Man kann mal eine Perspektive bekommen, die man sonst nie hat. Für die „Schüler" ist die Nachbetrachtung zwar auch interessant, sie ist aber nicht so ertragreich wie für den Lehrer. Es fehlt allerdings die Möglichkeit später eine Unterrichtssimulation mit Videoaufnahme zu wiederholen, um evtl. Verbesserungen / Veränderungen am eigenen Verhalten festzustellen.
* Auch wenn es anfangs vielleicht befremdlich und unangenehm sein kann, sich selbst auf Video zu sehen, halte ich es doch für eine gute Möglichkeit, sich seiner eigenen Mimik und Gestik und damit verbunden seiner Wirkung auf andere klar zu werden und auch im Nachhinein auf Probleme der Unterrichtsführung aufmerksam zu werden, z.B. auf einen Schüler, der sich vergebens meldet.
* Neben dem mündlichen Feedback sich noch einmal auf der Basis des Videos nachträglich selbst erleben zu können, ist sehr wertvoll, um sich in seiner Wirkung auf Schüler besser bewusst zu werden. Das Angebot, es noch einmal mit nach Hause zu nehmen, finde ich toll. In einer ruhigen Sekunde, weg von der Aufregung, kann ich mir das unglaublich hilfreich vorstellen.
* Das Verfahren des Videografierens ermöglicht eine sehr differenzierte Rückmeldung, wie ich sie in meinen Praktika vermutlich nicht bekommen werde. Denn es ist sicherlich ein Unterschied, ein mündliches Feedback zu bekommen oder sich selbst beobachten zu können und dabei noch auf andere Dinge zu achten.

Zusammenfassend nennen Seminarteilnehmer/innen als Ertrag der Simulationen:
- ➢ Der Lehrer-Darsteller probiert sich im Unterrichten und beobachtet sich selbst während seines Unterrichts in Hinblick auf Stärken und Schwächen.
- ➢ Die Zuschauer profitieren davon, wenn der Lehrer-Darsteller Anforderungen geschickt löst (= positives Vorbild).
- ➢ Die Zuschauer profitieren auch von kleineren oder größeren Fehlern des Lehrer-Darstellers (= negatives Vorbild).
- ➢ Die nachträglichen Diskussionen sind ein Übungsfeld, um Kritik konstruktiv zu äußern und Kritik zu ertragen.
- ➢ Die aufgrund der Diskussionen zu Tage tretende Varianz bei Beobachtungen und Urteilen bereichert wechselseitig, zeigt aber auch, wie unterschiedlich die angelegten Maßstäbe sind.
- ➢ Mit Erstaunen wird die Differenz zwischen der Wahrnehmung von Kommilitonen in der Lehrer-Rolle durch Zuschauer und ihrer Selbstwahrnehmung zur Kenntnis genommen.
- ➢ Die Simulationen haben einige Teilnehmer als eine Art Prüfstein empfunden, wie sehr sie als Schüler-Darsteller noch dem Schüler-Ich verhaftet sind oder sich bereits mit Empathie in den Lehrer-Darsteller hineinversetzen konnten.

Als Vorzüge des Videofeedbacks werden hervorgehoben:
- ➢ Das Video ermöglicht eine sehr differenzierte Rückmeldung; beim zweiten Mal sieht man mehr, als bei einer einmaligen Beobachtung. Man kann stoppen und spulen und sieht somit vieles genauer.
- ➢ Im Video sieht man sich von Außen und dabei fällt einem an sich auf, was man sonst vielleicht nie sehen würde (Körpersprache, Gestik, Mimik, Präsenz im Raum, problematische Reaktionen). Man kann sich prüfen, inwieweit es einem schon gelingt, als ausdrucksstarke Lehrerpersönlichkeit aufzutreten.
- ➢ Erst das Video verdeutlicht bestimmte Probleme bei der Unterrichtsführung (übersehene Schülermeldungen).
- ➢ Das Video hilft dabei, sich seiner Wirkung auf Schüler bewusst zu werden.
- ➢ Das Video ermöglicht es Beobachtern, sich auf ganz bestimmte Aspekte des Unterrichts zu konzentrieren und diese genauer zu analysieren.

## 15.4.6 Unterrichtssimulationen zwischen Freiwilligkeit und Zwang

Die wenigen kritischen Einwände gegen Unterrichtssimulationen beziehen sich zumeist darauf, dass es schwierig sei, freiwillige Lehrer-Darsteller zu finden, weil sich niemand um diese Rolle reißt und allein schon die Aufforderung dazu Angst erregend ist:

* Das einzige Problem sehe ich in dem Zwang, dass sich immer jemand freiwillig als „Lehrer" zur Verfügung stellen muss. Vielen ist das unangenehm. Andererseits denke ich allerdings auch, dass es nicht schaden kann, so etwas einmal mitgemacht zu haben, vor allem weil anschließend im Seminar keinerlei Vorwürfe gemacht wurden."
* ... bin ich erleichtert, dass ich nicht in die Situation gekommen bin, im Seminar als „Lehrerin" vor der Kamera zu stehen. Ich schätze mich so ein, dass ich zwar relativ gelassen mit der Situation, vor einer Gruppe zu stehen, umgehen kann (wenngleich die Simulationen durch bestimmte „Problemsituationen" selbstverständlich eine neue Herausforderung dargestellt hätten). Doch das Gefühl, gleichzeitig gefilmt zu werden, wäre mir so unangenehm, dass ich mich vermutlich nicht auf die eigentlichen Herausforderungen konzentrieren hätte können, sondern von der Kamera äußerst abgelenkt gewesen wäre. Mir ist bewusst, dass ich auch in diesem Punkt noch dazulernen muss, vor allem, da sich das Video-Feedback um eine beliebte und, wie oben beschrieben, auch vorteilhafte Methode handelt.

Dabei wird die widersprüchliche Position vertreten, dass bei Simulationen die Lehrer-Rolle einerseits freiwillig gewählt sein sollte, andererseits aber „eigentlich jeder mal als Lehrer drankommen müsste". Einige Studierende fordern sogar, dass gerade diejenigen Kommiliton(inn)en mal in der ‚Lehrer'-Rolle agieren müssten, die es freiwillig nicht machen würden, weil gerade die es nötig hätten. Das zu erzwingen wäre jedoch unmöglich und schon ein Versuch in diese Richtung wäre kontraproduktiv, weil eine solche Nötigung Angst und Unsicherheit potenzieren würde.

Eine mögliche Lösung des Dilemmas kann darin bestehen, dass vorab alle Seminarteilnehmer jeweils ein Los ziehen, so dass für mehrere Simulationen jeweils mehrere Lehrer-Darsteller gelost sind. Vor jedem Simulations-Durchgang erhalten die jeweils dafür Gelosten die erforderlichen Instruktionen und Vorbereitungsmaterialien. Sie machen dann vorher untereinander aus, wer ‚Lehrer/in' wird. Bei jeweils vier bis sechs Gelosten pro Simulation ist es erfahrungsgemäß höchstwahrscheinlich, dass mindestens eine/r bereit ist, diese Aufgabe freiwillig zu übernehmen.

Viele Teilnehmer/innen weisen auf eine unabdingbare Voraussetzung für Simulationen hin: In der Seminargruppe muss bereits eine gute Atmosphäre vorhanden sein. Die Darsteller müssen sicher sein können, dass Fehler oder Ungeschicklichkeiten ihnen nicht ‚unter die Nase gerieben' werden und dass Kritik konstruktiv geäußert wird. Für den Fall, dass dieses nicht sichergestellt ist, können vor den Simulationen kurze Rollenspiele als vertrauensbildende Maßnahmen hilfreich sein. Zum Beispiel könnten zeitgleich an verschiedenen Orten (in mehreren Räumen oder zur Not auch auf Fluren) Dreier- oder Vierergruppen Alltagssituationen (z.B. eine Kontroverse im Lehrerzimmer; eine Elternberatung, Streitschlichtung zwischen zwei Schülern auf dem Pausenhof) nachspielen. Wenn allerdings auch dann niemand als Lehrer-Darsteller mitwirken mag, ist das ein deutlicher Indikator dafür, dass es nicht gelungen ist, eine günstige Atmosphäre herzustellen. Dann sollte man auf Simulationen verzichten.

## 15.5 ‚Eigenvideos' — Ein Blick in den Spiegel

Bei der Beschäftigung mit ‚Eigenvideos' fällt eine Besonderheit auf, ganz gleich, ob Berufsanfänger sich bei ihren ersten Unterrichtsversuchen betrachten oder erfahrene Lehrer ihren Unterricht im Video sehen. Im Fokus der Betrachtung ist vor allem die persönliche Seite des Lehrerhandelns und nicht so sehr die didaktische Seite der Unterrichtstätigkeit. Als videografierte Person ist man fasziniert davon, quasi von außen zu sehen und zu hören, wie man selbst ‚ist' (die eigene Sprache, die Körpersprache mittels Gestik und Mimik, die Bewegung im Raum). Interessant ist außerdem, wie man auf Unvorhergesehenes reagiert, das sich außerhalb der vorgezeichneten didaktischen Spur ereignet. Ebenso wie die videografierten Lehrer im echten Unterricht verfolgen auch die Lehrer-Darsteller bei den Simulationen im Video vor allem das eigene Agieren und Reagieren.

Schon Unterrichtssimulationen ermöglichen eine ungewöhnliche Selbsterfahrung, denn auch solche gespielten Situationen stellen so komplexe Anforderungen an Akteure, dass sie ihr Selbst nicht hinter einer Maske verstecken können. Erst recht aufschlussreich sind ‚Eigenvideos' von realen Unterrichtssituationen. Sie wirken wie ein Spiegel, in dem man sich selbst in der Interaktion in ganz ähnlicher Weise sehen kann, wie andere einen sehen. ‚Eigenvideos' ermöglichen es, dieses Außenbild mit dem Bild zu vergleichen, das man von sich hat, und führen nicht selten zu Dissonanzerfahrungen, die einen danach beschäftigen. So notiert ein studentischer Simulations-Lehrer hinterher: „Durch die Videoanalyse sieht man sich mal mit ganz anderen Augen und vieles fällt auf, was sonst im Verborgenen geblieben wäre." Ein Lehrer, der an einem universitären Videoprojekt teilgenommen hat, drückt diese eigentümliche Erfahrung so aus: „Wir begegnen uns in der Videografiesitzung mit unseren Licht- und Schattenseiten" (Hermsen 2010, 101). Sich durch ‚Eigenvideos' ein Feedback zu verschaffen, erfordert Mut. Man muss bereit sein zur Entblößung vor sich selbst und ggfs. auch vor Anderen, mit denen man ‚sein' Video betrachtet. Es ist eine Besonderheit von ‚Eigenvideos', dass die Kurs- bzw. Seminarteilnehmer die videografierte Person zweifach sehen, einmal als Objekt im Video und zugleich als Subjekt in der Runde der Teilnehmer, das wie sie selbst Betrachter ist. Indem ein Unterrichtender sich selbst im Video beim Unterrichten zusammen mit anderen Betrachtern zusieht, entsteht ein dreifaches Bild von ihm (Weiser 2005, 38f):

- „**Selbstbild**: Ich sehe mich selber (Identifikation, verleiblichte, zur Struktur gewordene Fremdattributionen), inneres Bild
- **Selbstbild im Kontakt mit Fremdwahrnehmung**: Ich sehe, wie andere mich sehen: Übereinstimmung ⇨ Erfahrung von Authentizität und Übereinstimmung Differenz ⇨ Abwehr oder Erweiterung des Selbstbildes
- **Fremdbild**: Ich werde von anderen gesehen (Identifizierungen, Attributionen, Zuschreibungen im kulturellen Kontext)"

Erfahrungen an der Universität Innsbruck, wo angehende Lehrer/innen verpflichtet sind, sich bei Unterrichtssimulationen im Rahmen eines Microteaching videografieren zu lassen, um daran eine schriftliche „Videoselbstanalyse" vorzunehmen, belegen nach Weiser, dass solche „Videoselbstanalysen" eine Brückenfunktion zwischen Selbst- und Fremdbild haben. Ihre Vorteile (Weiser 2005, 40):

- „Bei der Videoselbstanalyse erlebe ich eine andere Perspektive als jene des Handelnden. Ich sehe mich aus einer Außensicht, ich kann mich selbst von außen im Prozessgeschehen wahrnehmen und beobachten.
- Die zeitliche Distanz ermöglicht auch neue Perspektiven bei der Analyse, es besteht die Chance, die eigene emotionale Involvierung aus einem anderen Blickwinkel zu relativieren.
- Ich kann die Erinnerung meines inneren Erlebens mit einer analytischen, teilobjektivierten Außensicht in Beziehung setzen.
- Die Analyse zwingt mich vorerst nicht zur Konfrontation mit einer Fremdwahrnehmung. Es ist sozusagen eine Fremdwahrnehmung im „inneren Team" (Schulz von Thun, 2000).
- Die eigenen Werte und pädagogischen Konzepte werden nicht in Frage gestellt, ich bewerte mich anhand meiner eigenen Kriterien.
- Verpflichtende schriftliche Reflexionen zur Videoselbstanalyse fordern zur Auseinandersetzung mit der eigenen Außenwirkung heraus, lassen aber Form und Inhalt dieser Auseinandersetzung offen."

An der Universität Innsbruck ist die Vorstellung der Videos in Seminargruppen nicht verpflichtend, sondern freiwillig. Diese Rücksichtnahme gegenüber dem videografierten Lehrer-Darsteller hat den Nachteil, dass er u.U. keine Rückmeldungen darüber erhält, wie er von Anderen gesehen wird. Wie die vorstehend beschriebenen Teilnehmereinschätzungen aus den Hannoveraner Seminaren zeigen, ist aber gerade das Feedback von Anderen beim gemeinsamen Betrachten einer videografierten Simulation für die eigene Reflexion meist wertvoll. Man erlebt, welche Wirkungen man bei den ‚Schüler'-Darstellern und bei den Betrachtern auslöst. Man kann überprüfen, ob es Übereinstimmungen oder Divergenzen zwischen Selbst- und Fremdbild gibt, die dann je nach Gruppenkonstellation aneinander angeglichen oder in ihrer

Differenz verstärkt werden. Die Doppelrolle des Aufgenommenen als Filmakteur und Filmbetrachter vermag bei Mitbetrachtern (sofern in der Gruppe keine Spannungen bestehen und keine durch Hierarchie bedingten Zwänge die Interaktion stören) eine besondere Form von Empathie auszulösen: Was im Fremdvideo schnell als Schwäche oder Unzulänglichkeit des unbekannten Lehrers bewertet wird, wird hier erstmal tendenziell solidarisch begutachtet: Man fragt sich, ob man nicht selbst ähnliche sprachliche, gestische oder mimische Eigenarten zeigen würde und ob einem selbst bessere Reaktionen eingefallen wären als dem Akteur im Video (eine Studierende nach mehreren Simulations-Besprechungen: „Es integriert alle Teilnehmer weitaus stärker, sich über Handlungsmöglichkeiten Gedanken zu machen, als wenn das Beobachten ausschließlich fremder Lehrer auf dem Plan stände.").

Die Fokussierung auf die Person des Lehrers ist einerseits der große Vorzug von ‚Eigenvideos', hat aber noch einen weiteren Nachteil zur Folge, über den man sich beim Einsatz dieses Mediums klar sein sollte: Bei der Betrachtung von ‚Eigenvideos' sind unterrichtskonzeptionelle und unterrichtsstrukturelle Aspekte erst mal von nachgeordnetem Interesse. Im Vordergrund stehen sowohl für den agierenden Lehrer wie auch für die anderen Teilnehmer personale Merkmale des ‚Video-Selbst' (Weise aaO., 38) wie Stimme, Gestik, Mimik und Besonderheiten der Interaktion. Die didaktische Konstruktion ist allenfalls ein Nebenthema und kann nur dann in den Vordergrund der Auseinandersetzung gerückt werden, wenn das als Ziel der Videoanalyse ausdrücklich vereinbart und dafür genügend zusätzlich Zeit eingeplant wird.

Tendenziell besser geeignet für die Beschäftigung mit unterrichtskonzeptionellen und unterrichtsstrukturellen Fragen sind multimediale Unterrichtsdokumente mit Fremdvideos aus zwei Gründen: Zum einen, weil dort die Unterrichtenden unbekannt sind, so dass Selbstbild-Fremdbild-Differenzen keine Rolle spielen; zum anderen, weil auf Begleitdokumente wie Wortprotokolle und Schülerarbeitsergebnisse, die zur Beantwortung solcher Fragen unverzichtbar sind, zurückgegriffen werden kann, die bei ‚Eigenvideos' in der Regel nicht vorliegen. Dieser funktionale Unterschied zwischen ‚Eigenvideos' und Fremdvideos sollte im Blick bleiben, wenn man ‚Eigenvideos' zur Reflexion und Analyse von Unterricht einsetzt.

Ein Wechsel von einem eher personalen zu einem überwiegend didaktischen Fokus erfolgt dagegen zwangsläufig, wenn ‚Eigenvideos' in multimediale Unterrichtsdokumente umgewandelt werden (vgl. die Beispiele im folgenden Kapitel 16).

# 16 Vom ‚Eigenvideo' zum *Hannoveraner Unterrichtsbild*

„Es ist unmöglich, die Fackel der Wahrheit durch ein Gedränge zu tragen, ohne jemandem den Bart zu sengen." *Georg Christoph Lichtenberg*

## 16.1 Die Grundidee

Viele veröffentlichte Unterrichtsvideos sind ursprünglich nur zur internen Betrachtung in einem exklusiven Teilnehmerkreis aufgezeichnet worden. Die Entscheidung, solche ‚Eigenvideos' als Fremdvideos zu nutzen, fällt zumeist später, wenn das Video als Lehrmedium geeignet erscheint und die Beteiligten ihre Zustimmung zur externen Nutzung geben. Eine solche Aufbereitung eines Unterrichtsvorhabens zu einem Lehrmedium wird in der Regel von Experten für Unterrichtsanalyse mit entsprechender (fach-)didaktischer Kompetenz vorgenommen.

Für angehende Lehrer/innen kann es eine besondere Herausforderung sein, ein selbst konzipiertes Unterrichtsvorhaben hernach als multimediales Unterrichtsdokument zu rekonstruieren (mit angemessener Unterstützung bei den technischen Arbeiten). Indem sie überlegen, welche Einsichten externe Betrachter aus ihrem Unterrichtsvorhaben gewinnen könnten und wie es dafür als Lehrmedium zu präsentieren ist, nehmen sie bereits in der Ausbildung einen Perspektivwechsel vor, der sie zur vertiefenden Auseinandersetzung mit dem selbst durchgeführten Unterrichtsvorhaben veranlasst.

## 16.2 Die didaktische Rekonstruktion eines Unterrichtsvorhabens als Lernprozess mit Lehrintention

Gelegentlich erhalten Schüler vom Lehrer den Auftrag, sich Aufgaben für ihre Mitschüler auszudenken. Dazu müssen sie sich in die Lehrerperspektive hineinversetzen und beschäftigen sich auf diese Weise besonders intensiv mit der Aufgabenstellung. Dieser alte pädagogische Kunstgriff (praktiziert z.B. in der Freinet-Pädagogik, beim Wochenplan- und beim Werkstattunterricht) kann auf die Lehrerausbildung übertragen werden: Angehende Lehrer/innen werden zur Reflexion ihrer Unterrichtsversuche angeregt, indem sie ein eigenes Unterrichtsvorhaben anschließend als multimediales Unterrichtsdokument so aufbereiten, dass andere angehende Lehrer/innen sich gewinnbringend damit auseinandersetzen können. In einem Rollenwechsel vom ‚Unterrichts-Lehrling' zum ‚Produzenten' eines Lehr-Mediums wird der zuvor selbst erteilte Unterricht daraufhin geprüft, unter welcher Fragestellung er für

Externe interessant sein könnte. Dieser Rollenwechsel bewirkt einen Motivationsschub, sich mit dem eigenen Unterricht nachträglich intensiv und in selbstkritischer Distanz auseinanderzusetzen. Mit dem Rollenwechsel einher geht ein Perspektivwechsel, weil die Mitwirkung an der Entwicklung einer multimedialen Unterrichtsdokumentation es erforderlich macht, eine erwachsenendidaktische Perspektive einzunehmen: Was können unbeteiligte Dritte aus einer dokumentierten Planung und Inszenierung des eigenen Unterrichts lernen? Die Auseinandersetzung mit dem eigenen Unterrichtsvorhaben dient nicht mehr vorrangig der Selbstreflexion (wie bei den ‚Eigenvideos' im vorausgehenden Kapitel), sondern erfolgt grundsätzlicher in Hinblick auf pädagogische und didaktische Fragen von allgemeinem Interesse. Das eigene Unterrichtsbeispiel wird exemplarisch genutzt zur Beschäftigung mit der Frage, wie guter Unterricht gelingen kann bzw. wie offensichtliche Fehler bei der Unterrichtsplanung und -inszenierung vermieden werden können.

Als erwünschter Nebeneffekt dieser intensiven Auseinandersetzung mit dem eigenen Unterrichtsvorhaben entsteht unter günstigen Bedingungen ein multimediales Produkt, das dann auch von anderen Ausbildern in Lehrveranstaltungen und von anderen angehenden Lehrern veranstaltungsbegleitend oder im Selbststudium herangezogen werden kann. Dieser Weg vom ‚Eigenvideo' zum *Hannoveraner Unterrichtsbild* wurde in den vergangenen 11 Jahren mehrfach in drei verschiedenen Ausbildungskontexten beschritten:

- ❖ in Praktikumsgruppen mit Lehramtsstudierenden, die ihr erstes Schulpraktikum absolvierten;
- ❖ im Rahmen von Seminaren der II. Phase mit Referendar/inn/en;
- ❖ als Seminar-begleitende Arbeit in der I. Phase mit Lehramtsstudierenden.

Entstanden sind dabei rund ein Dutzend *Hannoveraner Unterrichtsbilder,* in denen Unterrichtsvorhaben aus Schulpraktika und Lehrproben multimedial dokumentiert sind. Vier dieser HUB sind auf der Begleit-DVD zu diesem Band enthalten (HUB 19, HUB 20, HUB 23 und HUB 47).

Obwohl es eigentlich als Selbstverständlichkeit nicht extra erwähnt zu werden brauchte: Alle Studierenden und Referendare, die bereit waren, ihre ersten Unterrichtsversuche filmen zu lassen, haben das freiwillig getan. Nach der Unterrichtsaufzeichnung haben sie das Video zunächst selbst gesehen und konnten dann ein Veto einlegen gegen eine weitere Verwendung, z.B. gegen die Vorstellung des Videos im eigenen Seminar oder vor fremden Teilnehmern sowie auch gegen eine weitere Ausarbeitung zu einem HUB als Lehrmedium. Von dieser Möglichkeit hat nur eine der gefilmten Personen

Gebrauch gemacht. Dass angehende Lehrer/innen den Mut aufbringen, ihre sehr frühen Unterrichtsversuche filmen zu lassen, um anderen Berufsanfängern Anregungen zu geben, kann nicht hoch genug geschätzt werden in Anbetracht der Tatsache, dass nur ganz wenige ‚gestandene' Lehrer/innen das Videografieren ihres Unterrichts zulassen.

Bei der Erstellung dieser multimedialen Unterrichtsdokumente im Ausbildungskontext hat sich eine Arbeitsteilung bewährt: Die Ausbilder übernahmen (z.T. zusammen mit weiteren Helfern) die Videografie und die multimediale Aufbereitung der Unterrichtsdokumente, so dass die Lehramtsstudierenden und Referendare sich ganz auf die Konzeption, Durchführung und Auswertung ihrer Unterrichtsversuche konzentrieren konnten. Diese Arbeitsteilung kann je nach Rahmenbedingungen unterschiedlich akzentuiert werden, wie die drei folgenden Beispiele zeigen.

An diesen Projektbeschreibungen wird auch deutlich, welche Fortschritte die PC- und Medientechnik in den letzten 12 Jahren gemacht hat. Noch Ende der 90er Jahre waren Spezialkenntnisse und eine recht teure Hard- und Software-Ausstattung erforderlich, um Unterricht in Form von multimedialen Lehrmedien zu dokumentieren. Inzwischen können solche Arbeiten auch mit einer normalen Video- und PC-Ausstattung für den Haus- bzw. Bürogebrauch verwirklicht werden.

## 16.3 Wechselseitige Beratung von Tandem-Gruppen mittels selbst erstelltem HUB

Die erste Initiative zur Erstellung von *Hannoveraner Unterrichtsbildern* als Bestandteil der schulpraktischen Ausbildung stammt aus dem Jahr 1999. Im damaligen *Projektorientierten Grundstudium* an der Universität Hannover haben Studierende im 2. Semester ihres Lehramtsstudiums für Grund- / Haupt- /Realschulen bzw. für Sonderpädagogik *Hannoveraner Unterrichtsbilder* in ihren Schulpraktikumsgruppen erstellt.

Angelegt war dieses Grundstudium als ein über die beiden ersten Semester konzipiertes Schuleingangspraktikum, bei dem jeweils 8 bis 9 Studierende als feste Gruppe von einem studentischen Tutor betreut wurden und einem Lehrer als Schulmentor zugeordnet waren. In der Klasse ihres Mentors haben die Studierenden von Oktober bis Juli jeweils dienstags zunächst zwei Unterrichtsstunden lang hospitiert bzw. nach und nach auch selbst unterrichtet, haben anschließend in der Schule mit Mentor/in und Tutor/in die gesehenen bzw. selbst erteilten Stunden besprochen und sich nachmittags mit dem Tutor (ab und an auch mit dem Mentor) für zwei bis drei Zeitstunden zusammengesetzt, um den Unterricht in der folgenden Woche zu planen und die dabei anfallenden schulpädagogischen Fragen zu bearbeiten (gestützt auf Literatur und spezielle Arbeitspapiere).

Dieses Eingangsschulpraktikum bot sich an, um das Konzept einer wechselseitigen Tandem-Beratung mittels videografiertem und multimedial dokumentiertem Unterricht zu erproben. Grundidee war, dass sich je zwei Grundstudiumsgruppen zu einer Tandem-Gruppe zusammenfinden, um

a) jeweils ein Unterrichtsvorhaben selbst zu konzipieren, zu erproben und eine Stunde daraus per Video aufzeichnen zu lassen und

b) jeweils zu einer videografierten Stunde aus einem Unterrichtsvorhaben ihrer Partnergruppe ein Feedback zu geben, indem sie es zu einem multimedialen Unterrichtsdokument mit Beratungsintention aufbereiteten.

Über die aufwändige Organisation und Koordination bei diesem Vorhaben informiert ein Schreiben des Autors an die beteiligten Tutor(inn)en von Anfang 1999:

„Bei dem Vorhaben geht es darum, daß jeweils zwei Grundstudiumsgruppen eng zusammenarbeiten, indem sie sich ihre Unterrichtseinschätzungen wechselseitig auf der Grundlage einer mit weiteren Unterrichtsdokumenten angereicherten Videoaufzeichnung vorstellen und damit gegenseitig beraten.

Zunächst wird der von Gruppe A konzipierte Unterricht aufgezeichnet und sodann von Gruppe B analysiert, kommentiert und mit meiner Unterstützung auf eine CD gebracht, die dann Gruppe A erhält. Entsprechend wird anschließend der in Gruppe B konzipierte Unterricht aufgezeichnet, der dann von Gruppe A analysiert, kommentiert und mit meiner Unterstützung auf eine CD gebracht und dann Gruppe B zur Verfügung gestellt. Die Mitglieder von Gruppe A reichern so mit ihren Einschätzungen und Bewertungen die Unterrichtsauswertung von Gruppe B an — und umgekehrt.

Dieses Vorhaben soll dazu beitragen, Studierende zu einer qualifizierten und selbständigen Unterrichtsreflexion zu befähigen.

**Vorgehen**

a) In Gruppe A wird eine Unterrichtsstunde (nur in begründeten Ausnahmen eine Doppelstunde) von einem — ggfs. auch von zwei — Studierenden gehalten und von/vom Tutor/in A mit einer Videokamera aufgezeichnet. Tutor/in A kopiert den Film noch am selben Tag im CIP-Pool {*damals der für alle Studierende täglich zugängliche Computerraum*} auf ein VHS-Band. Diese Aufzeichnung erhält anschließend Gruppe B zusammen mit allen Materialien (Unterrichtsentwurf, Arbeitsblätter, Schulbuchtexte, Beispiele für Schülerergebnisse). Alle Studierenden aus Gruppe B sehen sich die Aufzeichnung spätestens bis zum Donnerstag an (Empfehlung: einzeln oder in kleinen Gruppen im CIP-Pool). Danach treffen sich die B-ler spätestens am Donnerstag Nachmittag, analysieren diesen Unterricht, machen Vorschläge für die Digitalisierung interessanter Filmszenen und entscheiden, welche Begleitmaterialien für die CD aufbereitet werden sollten. Auf dieser Sitzung wird festgelegt, wer welche Arbeiten übernimmt (Protokollausschnitte erstellen, Arbeitsblätter einscannen, Überleitungen zwischen den Filmszenen sowie Fragen zur Unterrichtsanalyse schreiben, den Unterricht kommentieren - Aufwand: ca. 2

Stunden pro Mitglied). Die Arbeiten müssen bis Montag 15 Uhr abgeschlossen sein. In Ausnahmefällen ist es nach Rücksprache mit mir möglich, den auf die Filmaufzeichnung folgenden Dienstag dafür zu benutzen (anstelle des Treffens in der Schule).
Die/der Tutor/in ist verantwortlich dafür, daß alle notwendigen Dokumente in den verbindlich vorgegebenen Dateiformaten (dazu kommt noch eine Vorgabe) erstellt werden. Die Dateien werden dann so, wie sie sind, auf die CD gebracht. Eine Überprüfung bzw. Überarbeitung ist nicht mehr möglich. D. Tutor/in teilt mir jeweils bis Donnerstag 18.30 mit, welche Filmszenen ich digitalisieren soll (genaue Beschreibung der Anfangs- und Endstellen, weil die Zähler verschieden sind!) und welche Arbeiten in der Gruppe aufgeteilt worden sind. Jeweils am Montag Nachmittag (in Ausnahmefällen: am Mittwoch Nachmittag) werde ich die digitalisierten Filmszenen, die eingescannten Bilder und die Textdokumente auf einer CD zusammenfügen.
Diese CD erhält Gruppe A bis Dienstag Mittag, so dass sie sie beim turnusmäßigen Gruppentreffen am Dienstag Nachmittag im CIP-Pool oder ggfs. an einem privaten PC ansehen und besprechen kann. Gruppe A gibt der CD-produzierenden Gruppe B eine schriftliche Rückmeldung zu der mittels CD erhaltenen Unterrichtseinschätzung.
b) Analog zu dem unter a) skizzierten Vorgehen werden an einem kommenden Dienstag die beiden Gruppen ihre Rollen tauschen: In Gruppe B wird eine Unterrichtsstunde aufgezeichnet, die von Gruppe A analysiert, kommentiert und mit Unterstützung auf eine CD gebracht wird, die dann an Gruppe B zurückgeht.

**Bereitschaftserklärung**
Wegen des Aufwandes für die Projektverantwortlichen wird es voraussichtlich nur möglich sein, dieses Vorhaben in jeder Gruppe nur einmal zu realisieren. Daher werden in jeder Gruppe nur ein (maximal zwei) Studierende Gelegenheit haben, ihren Unterricht vorzustellen. Auf Wunsch erhalten die Unterrichtenden (und nur sie) als Anerkennung eine CD von "ihrem Unterricht". Grundsätzlich ist das Unterrichten freiwillig! Sollte sich in einer Gruppe niemand dazu bereit erklären, müßte vor Beginn des Sommersemesters diese Gruppe insgesamt ausgetauscht werden. Ich möchte bis Ende Januar von jeder Gruppe eine schriftliche Bestätigung (via Tutor/in) bekommen, daß sich a) in der Gruppe mindestens 2 Unterrichtende bereit erklärt haben, und daß b) alle Gruppenmitglieder wie beschrieben an dem Vorhaben mitwirken.

**Zeitplan**
Ab Mitte Mai wird jede Woche eine Videoaufzeichnung erfolgen. Nach Rücksprache in den mitwirkenden Gruppen werden wir bis Ende April einen ‚Fahrplan' festlegen, wann welche Gruppe zum Zug kommt. Die Gruppen sollten dafür auch schon die Termine für die Filmanalyse und die Einzelarbeiten (ggfs. am Wochenende) einplanen."

Von den im Sommersemester 1999 bestehenden 32 Grundstudiumsgruppen hatten sich damals acht Gruppen zur Mitwirkung bereit erklärt. Die vorstehende Beschreibung des Vorgehens lässt den Arbeitsaufwand für alle Beteiligten zur Herstellung von acht *Hannoveraner Unterrichtsbildern* in nur acht Wochen allenfalls erahnen.

Rückblickend ist der Erfolg dieses Vorhabens zwiespältig zu bewerten. Einerseits zeigen die von den Gruppen jeweils herausgearbeiteten Vorschläge für den Schnitt des Unterrichtsvideos, für Analysefragen und ihre Kommentare, dass die Studierenden sich eingehend mit dem Unterricht ihrer jeweiligen Partnergruppe beschäftigt haben. Auch waren nach übereinstimmenden Berichten der Tutor/inn/en die Diskussionen über den jeweiligen ‚Partner-Unterricht' überwiegend differenziert und trotz z.T. grundsätzlicher Kritik am Unterrichtsstil und/oder am Konzept zumeist fair. Andererseits zeigen die Fragen und Kommentare zum Unterricht (siehe z.B. die vier HUB auf der Begleit-DVD) eine nur mäßige Reflexionstiefe, die zwar für Studierende in ihrem zweiten Semester schon beachtlich ist, insgesamt aber die Frage nach der Verhältnismäßigkeit von Aufwand und Ertrag aufwirft. Im Nachhinein ist festzustellen, dass dieses Vorhabens in doppeltem Sinn zu früh kam:

* in einer zu frühen Phase des Studiums, in der noch kein ausreichendes unterrichtstheoretisches Fundament vorhanden ist, um Unterricht aufgrund didaktischer Kriterien einzuschätzen;
* in einer zu frühen Phase der Entwicklung und Verbreitung digitaler Technik: Für alle Beteiligten war der Aufwand zur Erstellung der Multimedia-CDs zum damaligen Zeitpunkt unverhältnismäßig hoch. 1999 hatten nur etwa 5 % der Zweitsemester Zugang zu einem PC, arbeiteten mit noch nicht besonders ausgereiften Software-Programmen und waren mit diesen Programmen in der Regel auch nicht sonderlich vertraut. Für den Schnitt und die Digitalisierung der Videos waren Ende der 90er Jahre trotz der nicht sonderlich guten Qualität des MPEG1-Formats mit gerade noch finanzierbarer semiprofessioneller Technik Rechenzeiten von 1 zu 30 anzusetzen (d.h. die Umrechnung von 8 Szenen mit insgesamt 30 Minuten dauerte gut 15 Stunden, wobei die damals noch häufigen PC-Abstürze während des Renderns und der Umcodierung noch nicht berücksichtigt sind). Die Menüführung zum einfachen Aufruf der auf der CD befindlichen Dokumente musste zu einer Zeit, in der Autorensysteme gerade erst entstanden und die heute etablierten Möglichkeiten der Webseiten-Programmierung mittels Java-script, HTML oder noch einfacheren Tools nicht mal angedacht waren, mit einer vergleichsweise komplexen Programmierumgebung erstellt werden.

Positiv hervorzuheben sind — vom Arbeitsaufwand einmal abgesehen — auf jeden Fall die entstandenen Produkte. An der Universität Hannover werden sie zusammen mit den anderen, zwischenzeitlich entstandenen *Hannoveraner Unterrichtsbildern* auf einem Web-Server vorgehalten und können von allen Studierenden und Lehrenden genutzt werden. Einige dieser acht *Hannoveraner Unterrichtsbilder* werden seither auch an anderen Standorten der Lehrerbildung zu Ausbildungszwecken herangezogen.

Das Konzept einer wechselseitigen Tandem-Beratung mittels videografiertem und multimedial dokumentiertem Unterricht könnte beim heutigen Stand der Video- und PC-Technik ungleich einfacher realisiert werden — eine entsprechende Betreuung z.B. bei Fachpraktika in einem fortgeschrittenen Ausbildungsstadium der I. Phase oder bei Fachseminaren in der II. Phase vorausgesetzt.

## 16.4 Die multimediale Unterrichtsdokumentation als Beratungsinstrument in der II. Phase

Eine andere Form der Beratung mittels multimedialer Unterrichtsdokumentation wurde zwischen 2002 und 2009 in Studien- bzw. Fachseminaren der II. Phase im Studienseminar Hildesheim und am IQSH Schleswig-Holstein praktiziert. Die Seminarleiter Jochen Pabst und Gerhard Kappe dokumentierten mit ihren Seminargruppen jeweils einzelne Unterrichtsvorhaben, die von einem Seminarteilnehmer konzipiert und als (nicht bewertete) Unterrichtsprobe durchgeführt worden waren, so dass daraus jeweils ein HUB erstellt werden konnte. Anstelle einer wechselseitigen Beratung zwischen Ausbildungsgruppen, deren Mitglieder sich nicht kennen, haben hier Teilnehmer derselben Seminargruppe ihre Einschätzungen untereinander und mit dem unterrichtenden Mitreferendar aus ihrer Gruppe ausgetauscht. Im Unterschied zu den sonst üblichen Nachbesprechungen von Lehrproben ermöglicht in diesem Fall die Videoaufzeichnung im Verbund mit den schriftlich vorliegenden Unterrichtsdokumenten (vor allem mit den Wortprotokollen und Arbeitsergebnissen der Schüler) einen viel genaueren Blick auf den Unterricht. Die Auswertung erfolgt in mehreren Schritten, anfangs unmittelbar anschließend in der üblichen Weise, dann anhand der Videoaufzeichnung und schließlich nach Fertigstellung der Unterrichtsdokumentation auf der Grundlage des HUB. Welchen Qualitätsgewinn eine solche schrittweise vertiefende Auseinandersetzung mit einem Unterrichtsvorhaben bringen kann, hat Jochen Pabst exemplarisch herausgearbeitet (Pabst 2007, 87): „Sowohl dem unterrichtenden Referendar als auch den Mithospitierenden gelingt es schrittweise, sich aus einer anfänglichen Befangenheit zu befreien, die für Unterrichtsnachbesprechungen typisch ist. Mit zunehmender Distanz, die durch das Medium gefördert wird, kann genauer hingeschaut werden. Alle Seminarteilnehmer — nicht nur die Referendare, sondern auch der Ausbilder — entdecken bei mehrmaligem Betrachten und Besprechen dieser Stunde Neues, ihre Interpretationen und Bewertungen verändern sich."

Zwei der in diesem Ausbildungskontext erstellten HUB sind seit mehreren Jahren veröffentlicht (HUB 27 und HUB 44), ein erst kürzlich entstandenes Projekt (HUB 47) liegt der DVD zu diesem Band bei.

## 16.5 Entwicklung, Erprobung und multimediale Dokumentation eines Unterrichtsvorhabens als Seminarkonzept

Neuland beschritten hat im Jahr 2009 meine Hannoveraner Kollegin Ina Rust im Rahmen eines Sachunterricht-Seminars mit angehenden Förderschullehrern und -lehrerinnen. Die Teilnehmer/innen haben ein Unterrichtsvorhaben ausgearbeitet, im Schulalltag erprobt, diese Erprobung dokumentiert und dann in Form eines HUB als Lehrmedium aufbereitet.

Ausgangspunkt war eine anfänglich noch sehr grobe Unterrichtsidee für eine Einheit „Gesunde Ernährung", aus der zunächst die Skizze für ein mehrstündiges Unterrichtskonzept mit Teilthemen, Abschnitten etc. erstellt wurde. Nachdem eine Förderschule Interesse signalisierte, konnte das Unterrichtskonzept zu einem Entwurf für die zur Erprobung vorgesehene Klasse zugeschnitten werden. Videografiert wurden dann gut zwei Stunden Unterricht, der abwechselnd von zwei Studierenden erteilt wurde, während zwei andere Studierende zusammen mit der Seminarleiterin und einer stud. Hilfskraft den Unterricht mit zwei Videokameras aufzeichneten. Die Auswertung unter fachdidaktischen und allgemeinen schulpädagogischen Aspekten erfolgte wiederum mit allen Seminarteilnehmern. Dabei wurde die inhaltliche Gestaltung der multimedialen Dokumentation einschließlich des Schnittkonzepts für die Videoszenen festgelegt. Die einzelnen Dokumente (Wortprotokolle, Szenenbeschreibungen, Richtlinienauszüge, Interviewtranskripte u.v.m.) wurden dann arbeitsteilig von einzelnen Seminarteilnehmern erstellt. Den Videoschnitt und die Umwandlung aller Dokumente in geeignete digitale Formate übernahm die Seminarleiterin zusammen mit der Hilfskraft. Schließlich wurden alle Video-, Text und Bild-Dokumente mit kleiner Unterstützung durch den Autor in die HUB-Oberfläche eingefügt.

Dieses Seminar ist ein überzeugendes Beispiel für die gelungene Verzahnung von unterrichtspraktischer Tätigkeit und deren analytischer Aufarbeitung in einem gemeinsamen Lernprozess. Die Seminarleiterin konnte ihre Studierenden zu einer bemerkenswert intensiven Mitarbeit motivieren. Hervorzuheben ist besonders das Engagement von vier Studierenden, die das mehrstündige Unterrichtsvorhaben vor und hinter der Kamera aufwändig vorbereitet und mit großem Engagement realisiert haben. Ertragreich ist dieses Seminar nicht nur für die beteiligten Seminarteilnehmer/innen, sondern auch im Hinblick auf das entstandene *Hannoveraner Unterrichtsbild* 46, das von der Autorin für eine separate Veröffentlichung vorgesehen ist und dann ebenfalls in der Lehrerausbildung eingesetzt werden kann.

Wertvoll ist dieses Projekt auch noch in weiterer Hinsicht: Die Seminarleiterin hat das gesamte Vorhaben in einem Bericht dokumentiert, der zur Zeit für eine Veröffentlichung vorbereitet wird (http://ina.rust.phil.uni-hannover.de/lehre-forschung/). Akribisch genau beschrieben sind darin alle Schritte von der Entwicklung des Unterrichtskonzepts im Seminar über dessen im Video festgehaltene Umsetzung in der Förderschulklasse bis hin zur Aufbereitung als multimediales Unterrichtsdokument. Der Bericht zeichnet den inhaltlichen Diskussionsprozess im Seminar über die Anlage des Unterrichts nach, zeigt die organisatorischen Anstrengungen auf, um eine Schule, eine Klasse und die Eltern für die Erprobung zu gewinnen, und geht insbesondere ein auf die technische Seite der Unterrichtsvideografie und die Erstellung des multimedialen Unterrichtsdokuments. Die minutiöse Dokumentation des Vorgehens vermittelt eine genaue Vorstellung vom zeitlichen Ablauf und vom Ineinandergreifen einzelner Arbeitsschritte. Die ausführlichen Hinweise zur Geräteausstattung, zur Kameranutzung, zum Vorgehen bei Videoaufzeichnungen im Klassenzimmer sowie zum Schneiden und Umwandeln der Videos am PC geben Lehrenden, die diesen Typus von Seminar selbst anbieten möchten, viele Anregungen.

## 16.6 Erstellung multimedialer Unterrichtsdokumente als Ausbildungskonzept

Die vorstehenden Beispiele zeigen, dass die Erstellung multimedialer Unterrichtsdokumente eine reizvolle und in mehrfacher Hinsicht ertragreiche Aufgabe im Rahmen der Lehrerausbildung sein kann. Insbesondere das von Ina Rust vorgestellte Seminarkonzept könnte „Schule machen" und andere Lehrende ermutigen, die Unterrichtsvideographie zukünftig stärker in die Lehre einzubeziehen.

Verschwiegen werden soll aber nicht, dass der Arbeitsaufwand sowohl für die angehenden Lehrer, die ihre Unterrichtsversuche als Projektgrundlage zur Verfügung stellen, als auch für die betreuenden Ausbilder noch immer erheblich ist. Unverändert aufwändig ist die (möglichst vollständige) Dokumentation eines Unterrichtsvorhabens — zumindest dann, wenn der Anspruch wie bei den HUB aufrecht erhalten wird, die einzelnen Entwicklungsstadien zu rekonstruieren (konzeptionelle Planung / Stundenentwurf einschl. der einbezogenen Materialien / Unterrichtsaufzeichnung im Video mit Wortprotokoll / als Text oder im Foto darstellbare Ergebnisse / Interviews mit Lehrkraft und Schülern). Deutlich einfacher und erheblich schneller zu bewerkstelligen ist inzwischen die Aufbereitung und Umwandlung der Video-, Audio-, Foto-, und Textdokumente in die entsprechenden Dateigrößen und -formate. Besonders zügig gelingt mit neueren PCs und entsprechender Schnittsoftware die Videobearbeitung (Digitalisierung, Schnitt, Nachvertonung, Untertitelung, Umcodierung); selbst beim Rendern von HD-Videos liegt der Zeitfaktor mit Core2- oder schnelleren Systemen bei höchstens 1:8 (bis runter auf 1:1 bei 4-Kern-Prozessoren und dafür ausgelegter Videosoftware). Stark vereinfacht ist auch die anfangs ebenfalls zeitaufwändige Programmierung eines Menüs, aus dem heraus die einzelnen Dokumente aufgerufen werden. Bei den ersten zwei Dutzend HUB-Projekten musste dieses Menü jeweils neu entsprechend den Gegebenheiten des jeweiligen Unterrichtsvorhabens programmiert werden. Aufbauend auf diesen Erfahrungen wurde eine flexibel handhabbare Oberfläche entwickelt, die seit Anfang 2000 wie ein Vorläufer heutiger content-management-Systeme eine freie ‚Befüllung' der verschiedenen Menü-Ebenen ohne Programmieraufwand ermöglicht. Inzwischen sind zwei HUB mit einer reinen HTML-Oberfläche und integrierten Flash-Videos erschienen (Mühlhausen 2010); weitere werden voraussichtlich folgen.

Trotz dieser Erleichterungen ist die Erstellung eines HUB bis heute eine zeitaufwändige Anstrengung geblieben. Vermutlich ist dieser Aufwand der Grund dafür, dass bis heute nicht so viele multimediale Unterrichtsdokumentationen veröffentlicht sind, die Informationen über das ‚nackte' Video hinaus bieten. ‚Angereicherte' Unterrichtsvideos stammen zumeist aus finanziell gut ausgestatteten Projekten, die einen Großteil des multimedialen Knowhows von der Videoaufnahme bis zur Erstellung des DVD-Datenträgers kommerziell einkaufen können. Weil bei Ausbildungsprojekten, wie sie in diesem Kapitel beschrieben sind, solche Mittel nicht zur Verfügung stehen, müssen die Beteiligten die erforderlichen Video- und PC-technischen Kompetenzen selbst mitbringen. Das ist angesichts der fortgeschrittenen Entwicklung der PC- und der Medientechnik inzwischen keine unüberwindbare Hürde mehr. Berührungsängste aufgrund komplizierter Technik sind nicht mehr gerechtfertigt, zumal es inzwischen an vielen Standorten der Lehrerbildung Einrichtungen für e-learning und Multimedia-Einsatz in der Lehre gibt, in denen Experten mit Rat und Tat zur Seite stehen (wie z.B. die E-learning-Service-Abteilung E.L.S.A. an der Leibniz Universität Hannover). Viele Studierende praktizieren die Videografie in abgespeckter Form via Handy und vielen anderen Digitalgeräten nahezu täglich zu privaten Zwecken und stellen ihre selbst erzeugten Videos für Freunde und Bekannte ins Netz. Dieses gestiegene Interesse und das damit einhergehende Know-how kann du sollte auch für Ausbildungszwecke genutzt werden.

# 17 Lehrer/innen auf dem Weg zum selbst verantworteten, guten Unterricht

## 17.1 Unterricht zwischen didaktischer Konstruktion und situativer Unstetigkeit

Lehrer/innen müssen ihren eigenen Weg zum *Guten Unterricht* selbst finden. Dafür können Lehrmethoden, fachdidaktische Ansätze und Unterrichtsprinzipien Anregungen geben. Aber sie sind kein Garant dafür, dass Unterricht gelingt. Für *Guten Unterricht* gibt es kein Patentrezept. Kein noch so hoch gepriesenes, vorgeblich praxisbewährtes Konzept ist gefeit gegen die Unstetigkeit von Unterricht. Den Verheißungen von Lehrplanentwicklern, Schulbuchautoren und Konstrukteuren (fach-)didaktischer Ansätze zum Trotz: Erfolgreicher Unterricht ist nicht allein, ja nicht einmal vorrangig eine Frage der didaktischen Konstruktion. Wirkungsmächtig jenseits von Konzepten und nachhaltig einflussreich für die pädagogische Interaktion sind die Lehrerreaktionen im „Moment eines Augenaufschlags" (van Manen 1995, 68).

Die Bedeutung der Lehrerpersönlichkeit, seines beruflichen Selbstverständnisses und seiner Haltung gegenüber Schülern wird — wie schon zu Zeiten der Herbartianer — kleingeredet. Angeblich ist der Lehrer gar nicht so wichtig, wenn er nur mit dem richtigen Konzept antritt: Anfangs mit Phasenlehren des Stundenaufbaus, später dann mit ‚teacher-proof-curricula' und *Didaktischen Modellen*, derzeit mit konstruktivistischen oder schüleraktivierenden Methoden und Erfolg verheißenden Unterrichtsmerkmalen. In dem Maß, in dem die Bedeutung der Vorplanung, der Konstruktion von Unterricht, überschätzt wird, wird die *situative Planung* während des Unterrichts als Gegenstand didaktischer Analysen ausgeblendet und bleibt auch in der Ausbildung eher unterbelichtet.

Wenn die in diesem Band vertretene Auffassung zutrifft, dass die Bewältigung unstetiger Situationen für Unterrichtserfolg mitentscheidend ist, dann führt kein Weg daran vorbei, sich mit den Einflussfaktoren zu befassen, die beim Versuch der Umsetzung von Entwürfen und Konzepten möglicherweise wirkungsmächtiger sind als diese: Die Qualität ihrer Inszenierung und das Umgehen mit überraschenden Entwicklungen. Genauestens in den Blick zu nehmen sind dazu der reale Unterrichtsprozess und seine Resultate. Zu prüfen ist einerseits, inwieweit die Unterrichtskonstruktion, also der Entwurf und ein diesem ggfs. zugrunde liegendes Konzept, den Unterrichtsprozess bestimmt oder warum die Konstruktion aufgrund einer fehlerhaften Inszenierung nicht so recht zum Zug kommt. Zu prüfen ist andererseits, wie während dieser Inszenierung unerwartete Entwicklungen in den vorgeplanten Verlauf einbrechen und Abweichungen von der antizipierten Konstruktion erforderlich machen. Diese Beurteilung der Beziehung zwischen Unterrichtskonstruktion und Unterrichtsprozess ist deshalb so anspruchsvoll, weil die Feststellung einer Entsprechung oder Diskrepanz zwischen antizipierter Konstruktion und tatsächlichem Verlauf für sich genommen noch kein Urteil über die Güte des Unterrichts ermöglicht:

* Die didaktische Konstruktion kann selbst bereits Mängel aufweisen, die erst während des Unterrichts auffallen.
* Selbst eine gut durchdachte und geeignete Konstruktion führt nicht zwangsläufig zu Unterrichtserfolg, denn beim Unterrichten gibt es viele Möglichkeiten, diese Konstruktion so fehlerhaft zu inszenieren, dass das Lernen behindert, manchmal sogar verhindert wird.
* Umgekehrt gelingt es Lehrern ab und an sogar, versteckte Mängel im Konzept oder einen schlecht ausgearbeiteten Entwurf noch während des Unterrichts durch geschicktes Improvisieren auszugleichen.

Die Frage, was Unterrichtsqualität ausmacht, ist deshalb so schwierig zu beantworten, weil alle diese Faktoren in ihren Wechselwirkungen zueinander beachtet werden müssen und dabei auch noch konkurrierende Ziele als Beurteilungskriterien changierend ins Blickfeld geraten und wieder verschwinden.

Aufgabe der Lehrerbildung kann es daher nicht sein, Lehrer/innen die Klärung dieser Frage abzunehmen und sie mit fertigen Ergebnissen zu ‚füttern'. Aufgabe der Lehrerbildung ist es vielmehr, Lehrer/innen dabei zu unterstützen, diese komplexe Beurteilung selbstständig vorzunehmen. Lehrer/innen können eine zugleich selbstbewusste und selbstkritische Haltung gegenüber ihrer eigenen Unterrichtstätigkeit entwickeln, indem sie:

❖ in die Lage versetzt werden, vermeintlich lernwirksame Konzepte auf ihr Potenzial ebenso wie auf ihre Schwachstellen abzuklopfen;

❖ Inszenierungsgewohnheiten anderer Lehrer/innen kennen lernen, um daraus eigene Ideen für eine Stegreifplanung zu gewinnen oder sich mit guten Gründen davon zu distanzieren;

❖ sich durch den ‚Blick von außen' beim Unterrichten selbst beobachten und sich so ungeschminkt mit ihrer eigenen Unterrichtstätigkeit auseinandersetzen.

Diese Suche nach dem eigenen Weg zum *Guten Unterricht* ist mit dem Ende der Ausbildung nicht abgeschlossen. Vielmehr fängt sie dann auf einem höheren Niveau erst richtig an und bleibt ein Berufsleben lang eine dauerhafte Anforderung.

## 17.2 Lehrerbildung ohne multimediale Unterrichtsdokumente — eine verschenkte Chance

Wenn die Auseinandersetzung über Unterrichtsqualität in Veranstaltungen der Lehreraus- und der Lehrerfortbildung nicht abstrakt bleiben soll, muss sie sich auf gemeinsam erlebten Unterricht beziehen. Auch für eine gemeinsame Unterrichtsreflexion im Kollegium sind konkrete Unterrichtsbeispiele eine unverzichtbare Grundlage.

Multimedial dokumentierte Unterrichtsvorhaben mit Fremdvideos bieten einen starken Anreiz, um ertragreiche Gespräche darüber zu initiieren, was Unterrichtsqualität auszeichnet. Ganz gleich, ob in einem Uni-Seminar mit Erstsemestern, in einer Fortbildungsveranstaltung mit berufserfahrenen Lehrern oder in einer Expertenrunde mit Lehrerausbildern: Der gemeinsame Blick auf ‚fremden' Unterricht wirkt wie eine Art Katalysator, um über die Frage ins Gespräch zu kommen, was *Guter Unterricht* ist. Der Einblick in die fremde Unterrichtspraxis gibt Anregungen in vielfältiger Weise:

- ❖ Erweiterung des eigenen Repertoires, indem man Unterrichtsmethoden, Unterrichtsstile und Bewältigungsstrategien nicht bloß auf dem Papier kennen lernt, sondern quasi live erlebt;
- ❖ Nachdenken über handlungsleitende Beweggründe in Unterrichtssituationen, in denen schnell reagiert werden muss;
- ❖ Anstöße zur Reflexion (un-)angemessener Reaktionen;
- ❖ Perspektivwechsel, wie der Unterricht vermutlich aus Schülersicht empfunden wird.

Unvermeidbar werden bei *Virtuellen Hospitationen* auch sensible Punkte angesprochen, die auf die jeweilige Lehrerpersönlichkeit zielen. Ein Vorzug multimedialer Unterrichtsdokumente ist es, dass eine solche Kritik gegenüber ‚Fremden' vorbehaltlos geäußert werden kann.

Bei Unterrichtsbetrachtungen kommt es erfahrungsgemäß oft zu beachtlichen Divergenzen, weil mehrere Betrachter ein- und dasselbe Vorgehen erstaunlich unterschiedlich beurteilen — nicht selten sogar unterschiedlich wahrnehmen. Die gemeinsame Auseinandersetzung mit multimedialen Unterrichtsdokumenten bietet die Chance, sich durch den Blick eines anderen

Teilnehmers bereichern zu lassen. Die Sichtweise des Gegenübers, wie ein Lehrer sich im Unterricht präsentieren oder wie er in bestimmten Situationen reagieren sollte, kann zur wechselseitigen Bereicherung der jeweils eigenen Sichtweise beitragen, denn
* erst wenn man von anderen Betrachtern derselben Szene auf wichtige Details hingewiesen wird, die man selbst nicht beachtet hat, wird einem klar, wie gefiltert die eigene Beobachtung aufgrund von in der Regel nicht bewussten Fokussierungen ist;
* indem verschiedene Betrachter denselben Unterricht aufgrund unterschiedlicher Maßstäbe beurteilen, erscheint die eigene Perspektive nicht mehr nur als die einzig mögliche.

Wenn Gespräche über Unterrichtsqualität für alle Beteiligten fruchtbar sein sollen, dann sollten sie nach Möglichkeit ergebnisoffen geführt werden. Insbesondere bei Diskussionen in Lehrerkollegien wäre es unrealistisch anzustreben, dass alle Lehrer/innen einer Schule nach demselben Konzept in ähnlicher Weise mit den gleichen Zielen unterrichten. Wenn schon unter Fachdidaktikern und Schulpädagogen keine Einigkeit besteht, was *Guter Unterricht* ist, und wenn auch in Kultusministerien ganz unterschiedliche Vorstellungen darüber herrschen, dann wird niemand erwarten können, dass sich Lehrerkollegien auf eine Version von *Gutem Unterricht* einigen.

Schon viel wäre gewonnen, wenn die Lehrer/innen einer Schule über ihre unterschiedlichen Vorstellungen ins Gespräch kommen. Dabei sollte nicht ‚von oben' verordnet werden, welches Beurteilungskriterium richtig, welches Unterrichtsziel wertvoller ist und welches Konzept auf keinen Fall infrage kommt. Mit solchen Vorgaben ‚stirbt' das kollegiale Gespräch, bevor es überhaupt in Gang gekommen ist. Schon die Klärung der Frage, welche Ziele wem wichtig sind, sollte Gegenstand des Gesprächs im Kollegium sein. Dabei dürften ganz unterschiedliche Erwartungen auf den Tisch kommen. Es ist wichtig, sich in einem Kollegium ohne Handlungs- und Entscheidungsdruck darüber auszutauschen. Ein solcher Austausch kann dazu beitragen, die Kollegin mit ihrer auf den ersten Blick befremdlichen Sichtweise besser zu verstehen. Wenn es darüber hinaus gelingt, sich in der einen oder anderen Frage einander anzunähern, um so besser. Das heißt nicht, dass es völlig beliebig ist, welche Positionen eingenommen werden. Vielmehr ist zu klären, bei welchen Punkten es für die gemeinsame schulische Arbeit wichtig ist, an einem Strang zu ziehen, und wo nicht unbedingt.

## 17.3 Lehrerausbildung ohne ‚Eigenvideos' — ein Anachronismus

Eine auf Video-Feedback gestützte Aus- und Fortbildung ist inzwischen in vielen sozialen Berufen etabliert, in denen die zwischenmenschliche Interaktion nicht nach eingespielten Mustern abläuft und man sich in beruflichen Anforderungssituationen auf Unvorhergesehenes einstellen muss, z.B.:
* Polizisten, die in Konfliktsituationen mäßigend wirken (z.B. bei Geiselnahmen, häuslicher Gewalt, Hooligans);
* Ärzte, die in Patientengesprächen Ängste abbauen und Vertrauen aufbauen;
* Pfarrer und Psychologen, die bei Gewaltverbrechen und Unfällen Angehörige und Helfer betreuen;
* Therapeuten, die mit offenen und latenten Spannungen konfrontiert sind.

Bei Tätigkeiten dieser Art sind die zwischenmenschlichen Interaktionen gekennzeichnet durch eine starke Emotionalität aller Beteiligten, nicht selten geprägt von Angst und Stress. Das macht den weiteren Verlauf anfällig für kaum vorhersehbare Verwicklungen. Angehörige der oben genannten Berufsgruppen werden seit vielen Jahren mit Videofeedback darauf vorbereitet, solchen Anforderungen mit sensiblem Gespür zu begegnen. Insbesondere lernen sie dabei, sich selbst im Video genau zu beobachten, die Wirkung ihrer Handlungen auf Andere besser einzuschätzen und zu kontrollieren, um zielangemessen zu reagieren.

Die Unterrichtstätigkeit von Lehrern weist viele Parallelen zu den o.g. Interaktionssituationen auf. Zwar sind Unterrichtssituationen nur in Ausnahmefällen von extremem Stress oder grenzenloser Wut gekennzeichnet, aber auch das Lehren und Lernen erfolgt nicht nach Schema F, sondern verläuft auf Umwegen, kommt in Sackgassen und muss ständig neu überdacht werden. Viele Lehrer/innen müssen fast täglich umgehen mit Enttäuschungen ihrer Schüler über Lernschwierigkeiten, mit ihren Versagensängsten und als entwürdigend erlebten Konkurrenzerfahrungen. Ebenfalls sehen sich Lehrer oft selbst mit Enttäuschungen in Hinblick auf ihre Arbeit konfrontiert, weil es nicht immer gelingt, lernunwillige Schüler zur Mitarbeit zu bewegen oder weil Schüler dieselben Fehler wieder und wieder machen. Gefordert sind in solchen Situationen Geduld, ein Gespür für situative Entwicklungen und ein Geschick, auf Unvorhergesehenes mit Fingerspitzengefühl einzugehen.

Um diese Fähigkeiten gezielt zu entwickeln, sind ‚Eigenvideos' in der Lehrerausbildung das erste Mittel der Wahl. Sie helfen, sich selbst besser einzuschätzen und Schwächen an sich selbst zu erkennen, denen man dann leichter entgegenwirken kann. Auch in der beruflichen Weiterbildung könnte ein systematisches Video-Feedback zur Verbesserung der Unterrichtsqualität beitragen. Wenn man wissen will, wie das eigene Handeln auf andere wirkt, oder wenn man unvermuteten persönlichen Eigenarten auf die Spur kommen will (etwa eingeschliffenen sprachlichen Gewohnheiten, gestischen und mimischen Manierismen), führt an ‚Eigenvideos' kein Weg vorbei. Nur Videos vom eigenen Unterricht machen aufmerksam auf impulsive ‚Bauchreaktionen' und blitzschnell, quasi-automatisch abgespulte Routinen, die möglicherweise Ursachen für eine ungünstige Lehrer-Schüler-Beziehung sind.

In der Lehrerausbildung der Universität Innsbruck ist die Videografie von Unterrichtssimulationen für angehende Lehrer/innen bereits in einem frühen Ausbildungsstadium Pflicht [siehe: http://www.uibk.ac.at/ils/lehre/lehrangebot.html am 22.3.2011 ]. Dort gilt als „ethisches Prinzip" des Lehrerseins (zitiert nach Weiser 2005, 41):

> „Wer sich 30 Jahre oder länger wöchentlich 20 Stunden den Schülern zumuten will, muss bereit sein, sich in der Videoanalyse zumindest eine Stunde selbst zuzumuten."

### 17.3.1 Unterrichtsvideografie in der deutschen Lehrerausbildung: Eine ernüchternde Bestandsaufnahme

Derzeit ist die deutsche Lehrerbildung weit entfernt davon, das Video-Feedback als Mittel zur Vorbereitung auf die bzw. zur Verbesserung der Unterrichtstätigkeit systematisch zu nutzen. Zwar haben die Kultusminister der 16 deutschen Bundesländer bereits 2004 in ihrem Beschluss über „Standards für die Lehrerbildung" die besondere Bedeutung von „Rollenspiel und an Unterrichtssimulationen", von einer „Analyse simulierter, filmisch dargebotener oder tatsächlich beobachteter komplexer Schul- und Unterrichtssituationen" und vom „Einsatz von Videostudien" für die Lehrerausbildung hervorgehoben (KMK 2004, 6).

Aber Papier ist geduldig. Die Videografie von Ausbildungsunterricht ist bis heute kein verpflichtender Bestandteil in den Curricula der Lehrerausbildung und selbst Empfehlungen sind rar, wie eine Umfrage des Autors unter den 16 Kultusministerien Anfang 2011 ergeben hat. Die Unterrichtsvideografie ist im Ausbildungsalltag ein seltenes, zufälliges Einsprengsel. Nur wenige Studierende in der I. Phase und auch nicht viele Anwärter bzw. Referendare in der II. Phase profitieren bislang davon.

**Befragung der 16 deutschen Kultusministerien zur Unterrichtsvideografie in der Lehrerausbildung (1/2011)**

Erhoben werden soll mit dieser Befragung, ob von kultusministerieller Seite die Videografie von Ausbildungsunterricht zum Zwecke der seminarinternen Analyse und Reflexion empfohlen oder verbindlich vorgesehen wird und ob ggfs. Modellversuche dazu bestehen oder geplant sind.

1. Ist in der/den Prüfungsordnung/en für Lehrämter zur **ersten Ausbildungsphase** an Universitäten/ Hochschulen die Videografie von Ausbildungsunterricht im Rahmen von Schulpraktika **verpflichtend vorgesehen**?
   ☐ Ja, und zwar (bitte Quellenangabe/Weblink - Dokument u. Seite):
   ☐ Nein

2. Wird von Seiten Ihres Kultusministeriums die Videografie von Ausbildungsunterricht in der **ersten Ausbildungsphase** an Universitäten/Hochschulen im Rahmen von Schulpraktika **empfohlen**?
   ☐ Ja, und zwar (bitte Quellenangabe/Weblink - Dokument u. Seite):
   ☐ Nein

3. Ist in der/den Prüfungsordnung/en für Lehrämter zur **zweiten Ausbildungsphase** die Videografie an Studien- bzw. Ausbildungsseminaren im Rahmen von Lehrproben oder von eigenverantwortlichem Unterricht **verpflichtend vorgesehen**?
   ☐ Ja, und zwar (bitte Quellenangabe/Weblink - Dokument u. Seite):
   ☐ Nein

4. Wird von Seiten Ihres Kultusministeriums die Videografie von Ausbildungsunterricht in der **zweiten Ausbildungsphase** im Rahmen von Lehrproben oder von eigenverantwortlichem Unterricht **empfohlen**?
   ☐ Ja, und zwar (bitte Quellenangabe/Weblink - Dokument u. Seite):
   ☐ Nein

5. Gibt es in Ihrem Bundesland **von kultusministerieller Seite aus initiierte Modellversuche** zum Einsatz der Unterrichtsvideografie in der Lehrerausbildung? (Wenn ja, bitte eine Quellenangabe bzw. Weblink)

6. Gibt es in Ihrem Bundesland **von kultusministerieller Seite aus Überlegungen** bzw. Planungen, solche Modellversuche einzurichten? (Wenn ja, bitte eine Quellenangabe bzw. Weblink)

Abb. 21: Fragebogen zur Videografie in der Lehrerausbildung 1/2011

| im Bundesland | Unterrichtsvideografie (= Eigenvideos) in der Lehrerausbildung | | | |
|---|---|---|---|---|
| | verpflichtend laut Ausbildungsordnung in der | | seitens des Kultusministeriums empfohlen in der | |
| | I. Phase | II. Phase | I. Phase | II. Phase |
| Baden-Württemberg | 👎 | 👎 | ☹[1] | ☹[1] |
| Bayern | 👎 | 👎 | ☹[2] | ☹ |
| Berlin | 👎 | 👎 | ☹ | ☹[3] |
| Brandenburg | 👎 | 👎 | ☹ | ☹ |
| Bremen | 👎 | 👎 | ☹[4] | ☹ |
| Hamburg | 👎 | 👎 | ☹ | ☹ |
| Hessen | 👎 | 👎 | ☹ | ☹ |
| Mecklenburg-Vorpommern | 👎 | 👎 | ☹ | ☹[1] |
| Niedersachsen | 👎 | 👎 | ☹ | ☹ |
| Nordrhein-Westfalen | 👎 | 👎 | ☹[5] | 🙂[1,6] |
| Rheinland-Pfalz | 👎 | 👎 | 🙂[7] | 🙂[8] |
| Saarland | 👎 | 👎 | ☹ | ☹[1] |
| Sachsen | 👎 | 👎 | ☹ | ☹ |
| Sachsen-Anhalt | 👎 | 👎 | ☹ | ☹ |
| Schleswig-Holstein | 👎 | 👎 | ☹ | ☹[9] |
| Thüringen | 👎 | 👎 | ☹ | ☹ |

Tab. 22: Antworten von 15 Kultusministern zur Videografie in der Lehrerausbildung

1) nicht ausdrücklich empfohlen, aber laut Angabe in „einigen"/„etlichen"/„vielen" Seminaren der I. bzw. II.Phase „durchaus genutzt"/„regelmäßig eingesetzt"/"verbreitet"/„gängige Praxis"
2) als Referenz genannt: www.edu.lmu.de/uni-klassen {dieser Link führt aber ins Leere und www.edu.lmu.de/ nur zu videografierten Vorlesungen !? [17.03.2011] }
3) nicht ausdrücklich in der Ausbildungsverordnung vorgesehen, aber als Empfehlung mündlich weitergetragen
4) an der Uni Bremen (eine Quelle wurde nicht angegeben)
5) in Planung mit der Einführung eines Praxissemesters
6) ein Expertenteam berät Seminare der II. Phase bei Einführung und Nutzung der Unterrichtsvideografie
7) in den Informationen zu den Schulpraktika empfohlen - s. www.schulpraktika.rlp.de
8) angeregt in einem Abschnitt des rheinland-pfälzischen Schulgesetzes
9) einige Angebote im Modulprogramm beinhalten die Arbeit mit Unterrichtsvideos

In keinem Bundesland ist die Unterrichtsvideografie in der I. oder der II. Phase verpflichtend vorgesehen. Mit einer Ausnahme wird in den Ausbildungsordnungen der I. und der II. Phase nicht einmal auf die Möglichkeit verwiesen, Ausbildungsunterricht zu videografieren, geschweige denn, eine Empfehlung dazu ausgesprochen. Nur im Schulgesetz von Rheinland-Pfalz gibt es einen entsprechenden Passus in § 67 Abs. 3[1], auf den in den Empfehlungen zur Gestaltung von Schulpraktika in der I. Phase ausdrücklich hingewiesen wird, um die Videografie von Ausbildungsunterricht anzuregen. Im Unterschied zu anderen Schulgesetzen, in denen für jedwedes Videografieren in Schulen die Genehmigungshürden hoch angesetzt werden, ist das Besondere an dieser Formulierung, die Widerspruchsregelung: Es ist zu widersprechen, anstatt dass schriftlich zugestimmt werden muss. Es ist jedoch zweifelhaft, ob dieser Empfehlung in der I. Phase überhaupt nachgekommen werden kann, da die Schulpraktika in Rheinland-Pfalz nicht mehr von den Hochschulen betreut werden, sondern von Lehrern, die dazu ohne Entlastung dienstverpflichtet werden, sowie von Seminarleitern aus der II. Phase (quasi im Nebenamt).

Insgesamt ist der Kenntnisstand der Kultusministerien über die Verbreitung der Unterrichtsvideografie in der 1. Phase empirisch wenig fundiert. In zwei Antwortschreiben wird eingestanden, dass man von Seiten des Ministeriums keinen Einblick in die Ausbildungspraxis an den Hochschulen des Landes habe. Das Kultusministerium in Thüringen teilt mit, die Unterrichtsvideografie sei zwar weder vorgesehen noch empfohlen, werde aber in beiden Phasen „durchaus genutzt" (was immer das heißen mag). Das Kultusministerium in Bremen verweist auf ein einschlägiges Vorhaben in einem Unterrichtsfach — leider ohne Quellenangabe. Auf einen Modellversuch zur Unterrichtsvideografie wird nur in Bayern hingewiesen, wobei der angegebene Weblink falsch ist (s. vorseitige Anmerkung 2). In Nordrhein-Westfalen ist geplant, die Unterrichtsvideografie mit einer 2014 in Kraft tretenden, neuen BA- und MA-Ausbildungsordnung zu berücksichtigen.

---

[1] „Für Zwecke der Lehrerausbildung, der Lehrerfortbildung und der Qualitätsentwicklung von Unterricht dürfen Bild- und Tonaufzeichnungen des Unterrichts erfolgen, wenn die Betroffenen rechtzeitig über die beabsichtigte Aufzeichnung und den Aufzeichnungszweck informiert worden sind und nicht widersprochen haben. Die Aufzeichnungen sind spätestens nach fünf Jahren zu löschen, soweit schutzwürdige Belange der Betroffenen nicht eine frühere Löschung erfordern."
[http://rlp.juris.de/rlp/gesamt/ SchulG_RP_2004.htm#SchulG_RP_2004_rahmen  am 22.3.2011 ]

Begründet wird der durchgängige Verzicht auf Vorgaben und selbst Empfehlungen für die I. Phase in einem kultusministeriellen Antwortschreiben mit dem Hinweis, dass es Aufgabe der lehrerausbildenden Hochschulen sei, die didaktisch-methodische Ausgestaltung des Studiums vorzunehmen. Daher werde im Kultusministerium die Notwendigkeit einer weitergehenden rechtlichen Regelung nicht gesehen und auch sonst würden ministerielle Vorgaben oder Empfehlungen nicht für notwendig gehalten. Diese Aussage ist nur bedingt richtig, denn die Kultusministerien machen mit den Prüfungsordnungen wirkmächtige inhaltliche Vorgaben, die auf die Organisation und auch auf die inhaltliche Ausgestaltung des Studiums erheblichen Einfluss haben (z.B. mit den detaillierten Kompetenz- und Kenntnisanforderungen für jedes Studienfach sowie mit exakten Vorgaben über Art und Umfang von Schulpraktika). Als ‚Abnehmer' der ausgebildeten Lehrer/innen müssten Kultusministerien an einer bestmöglichen Erstausbildung in den Hochschulen interessiert sein — und diese schließt nach dem Beschluss der KMK-Konferenz von 2004 die Unterrichtsvideografie ausdrücklich ein. Dass die meisten Kultusministerien nicht einmal Empfehlungen dazu geben, stellt der Lehrerausbildung in Deutschland kein gutes Zeugnis aus.

Noch erstaunlicher ist die Zurückhaltung der Kultusministerien in Sachen Videografie in der II. Phase, denn dort haben die Ministerien ungleich mehr Einwirkungsmöglichkeiten, um inhaltliche und methodische Vorgaben durchzusetzen. In keinem Bundesland gibt es eine Verpflichtung zur Unterrichtsvideografie, nur in Rheinland-Pfalz wird ausdrücklich empfohlen, diese Möglichkeit zur Verbesserung von Unterrichtsqualität zu nutzen (s.o.). Im Antwortschreiben aus Schleswig-Holstein wird auf ein Modulprogramm für die II. Phase verwiesen, bei dem Videos in einigen Modulen eine Rolle spielen. Allerdings wird aus der Antwort nicht klar, ob hiermit ‚Eigenvideos' gemeint sind oder Fremdvideos (wie einige *Hannoveraner Unterrichtsbilder*, die der Autor 2008 dem Videoserver des IQSH in Schleswig-Holstein für die seminarbegleitende Arbeit in der II. Phase zur Verfügung gestellt hat). In vier weiteren Bundesländern wird die Unterrichtsvideografie in der II. Phase nach ministeriellen Schätzungen genutzt. Die Angaben über den Verbreitungsgrad sind vage und basieren auf vermutlich recht optimistischen Schätzungen (so heißt es im Antwortschreiben aus Nordrhein-Westfalen, das sei „in fast 50% aller Studienseminare Praxis"). Allerdings ist NRW nach Kenntnisstand des Autors das einzige Bundesland, in dem ein kleines Team von Videoerfahrenen Ausbildern dienstlich damit betraut ist, Studienseminare auf Anfrage zu beraten.

Die Bestandsaufnahme dokumentiert einen nahezu vollständigen Verzicht auf Unterrichtsvideografie in der I. Ausbildungsphase und eine in wenigen Bundesländern zumeist nur ansatzweise praktizierte Nutzung in der II. Phase. Über die tatsächliche Verbreitung der Unterrichtsvideografie in der II. Phase liegen in keinem Bundesland empirisch belegte Zahlen vor, die Angaben beruhen ausschließlich auf Mutmaßungen.

Dass sieben Jahre nach den KMK-Empfehlungen die Unterrichtsvideografie in den meisten Bundesländern — wenn überhaupt — nur zögerlich genutzt wird und so gut wie keinerlei Anstrengungen zu ihrer Implementierung unternommen werden, ist ein Armutszeugnis für die deutsche Lehrerausbildung. Dieser Anachronismus kann angesichts der inzwischen einfachen Handhabung von Videoaufzeichnungen sowie der überall verfügbaren Abspiel- und Präsentationsmöglichkeiten nicht mehr mit organisatorischem oder technischem Aufwand begründet oder gar gerechtfertigt werden!

Es gibt eine Reihe anderer Gründe, die häufig gegen eine verpflichtende Videografie von Ausbildungsunterricht angeführt werden: Recht am eigenen Bild der aufgenommenen Lehrer und Schüler; aufwändiges Prozedere beim Einholen des Einverständnisses von Eltern und volljährigen Schülern; Mitbestimmungspflicht der Personalräte bei veränderten Ausbildungsvorgaben. Diese Bedenken sind ernst zu nehmen, aber für sie gibt es Lösungen, wenn man mit der Unterrichtsvideografie ernst machen wollte:

> Videos dürfen keine Tretmine für die Videografierten werden. Die Ängste der Aufgenommenen bezüglich einer unkontrollierten Weitergabe sind unbegründet, wenn ein Video nur im internen Kreis gezeigt wird und der Aufnehmende (in der Regel der/die Ausbilder/in) schriftlich zusichert, dass eine Weitergabe des Videos außer an den Aufgenommenen nicht erfolgt. (Diese Bedingung gilt im Übrigen auch für die Beschäftigung mit ‚Eigenvideos' bei der kollegialen *Virtuellen Hospitation*). Wenn man will, kann man vorsichtig anfangen: Mit Videoaufzeichnungen von Unterrichtssimulationen (s. 15.4) oder mit videografiertem Ausbildungsunterricht, den sich nur der Videografierte selbst zur individuellen Reflexion ansieht (s. die „Krefelder Vereinbarung" in Anhang 2).

> Eltern und Schüler sind nach den langjährigen Erfahrungen des Autors in den allermeisten Fällen davon zu überzeugen, dass die Unterrichtsvideografie für eine qualitativ gute Ausbildung von Lehrern sinnvoll ist. Bei entsprechender Erläuterung (Elternbrief, besser noch Elternabend) haben Eltern bzw. volljährige Schüler nur ganz selten Einwände. In solchen Fällen nimmt der jeweilige Schüler in der videografierten Stunde am Unterricht der Parallelklasse teil. Eine pauschale, unbegründete Ablehnung von

Elternseite ist bislang schon die Ausnahme und wird noch seltener, wenn die Videografie von Ausbildungsunterricht zum faktischen Standard in der Lehrerausbildung geworden ist.
➢ Auch Personalräte sind zu überzeugen, wenn die o.g. Sicherungen greifen.
➢ Das Interesse an einer Veröffentlichung von Videos, die im Rahmen von Ausbildungsunterricht entstanden sind, dürfte sehr bald gegen Null gehen, wenn die Videografie von Ausbildungsunterricht alltägliche Praxis in allen Ausbildungsstandorten wird, so dass überall Videomaterial für die Analyse und Reflexion zur Verfügung steht. Aber auch dann bedarf eine Veröffentlichung der ausdrücklichen schriftlichen Zustimmung aller Aufgenommenen.

Kultusministerien könnten ihre derzeit praktizierte Zurückhaltung aufgeben und Anreize schaffen für Ausbilder und Schulen, die mit gutem Beispiel voran gehen. Kultusministerien könnten auch dazu beitragen, Eltern davon zu überzeugen, dass die Videografie von Ausbildungsunterricht für eine gute Ausbildung angehender Lehrer/innen unentbehrlich ist. Derzeit sind in den meisten Bundesländern keine kultusministeriellen Anstrengungen in diese Richtung erkennbar. Im Gegenteil: Vielfach geben Bedenkenträger den Ton an und erschweren engagierten Ausbildern die Unterrichtsvideografie mit unnötig restriktiven Vorschriften.

Vorerst bleibt nur die Hoffnung, dass die beiden Bundesländer Nordrhein-Westfalen und Rheinland-Pfalz, in denen die Unterrichtsvideografie in der II. Ausbildungsphase bereits einen höheren Stellenwert hat, für die anderen Bundesländer ein Ansporn sind.

### 17.3.2 Ein Blick in die Zukunft der Lehrerausbildung: Unterrichtsvideos als Portfolio-Bestandteile

Wenn die Entwicklung in die oben skizzierte Richtung ginge, könnte die Beschäftigung mit ‚Eigenvideos' nach und nach zum festen Bestandteil der Ausbildung werden. Sofern das Portfolio-Konzept genutzt wird, böte es sich an, darin auch ‚Eigenvideos' in diversen Ausarbeitungsvarianten aufzunehmen. Solche Portfolio-Bestandteile werden schon seit längerem an der Universität Innsbruck verlangt. Neben „Videoselbstanalysen" aus Unterrichtssimulationen legen dortige Lehramtsstudierenden auch Videosequenzen ihres Ausbildungsunterrichts vor. Sie haben die Wahl, Ausschnitte aus ihren ‚Eigenvideos' zu einem „Entwicklungsvideoportfolio" zusammenzuschneiden, mit dem sie in Hinblick auf vorher festgelegte Aspekte Veränderungen in ihrer Unterrichtstätigkeit dokumentieren. Alternativ dazu können sie mit einer Video-Darstellung von „best practice" zeigen, wie es ihnen gelungen ist, ein bestimmtes „didaktisches pädagogisches Anliegen" zu realisieren (vgl. Weiser 2005, 41f).

Eine andere Möglichkeit der Anreicherung von Portfolios mit Unterrichtsvideografie sind die in Kapitel 16 dargestellten Gruppen-Projekte: In einem fortgeschrittenen Ausbildungsstadium wird ein Unterrichtsvorhaben in kleinen Seminar- oder Schulpraktikumsgruppen gemeinsam konzipiert, arbeitsteilig erprobt und daraus wird wiederum gemeinsam ein multimediales Unterrichtsdokument erstellt. Ein solches Projekt könnte angelegt werden als relativ selbstständiges, kooperatives Vorhaben, bei dem alle Gruppenteilnehmer an der Konzeption und Durchführung des Unterrichts ebenso beteiligt sind wie an der Dokumentation dieses Prozesses und der Reflexion seiner Ergebnisse. Das so entstandene multimediale Unterrichtsdokument ist nicht nur Bestandteil des Portfolios jedes Gruppenmitglieds, das an der Ausarbeitung mitgewirkt hat, sondern gleichzeitig eine Alternative zum bislang üblichen, papierbasierten Schulpraktikumsbericht.

Mit zunehmender Verbreitung der Unterrichtsvideografie in der Ausbildung wird es viele weitere Varianten für Videoportfolios geben.

## 17.4 Technisch-organisatorische und seminardidaktische Voraussetzungen für die *Virtuelle Unterrichtshospitation*

### 17.4.1 Der organisatorisch-technische Rahmen für die *Virtuelle Unterrichtshospitation*

Bei den in diesem Band beschriebenen Szenarien ist die multimediale Präsentation Gesprächsgrundlage. Daher ist ein funktionierender organisatorisch-technischer Rahmen eine nicht zu unterschätzende Gelingensbedingung. Hier ist der oder die Gesprächsleiter/in gefordert, die Voraussetzungen zu schaffen bzw. vorher zu prüfen. Wer bereits Erfahrungen mit Videopräsentationen in Veranstaltungen hat, kann die folgenden Hinweise getrost überspringen.

Wer nur Powerpoint-versiert ist, sollte sich unbedingt mit diesen besonderen Anforderungen bei multimedialen Darbietungen vertraut machen.

> **Räumlich-technische Rahmenbedingungen:** Wichtig ist eine gute optische und akustische Qualität bei der gemeinsamen Medienbetrachtung. Garanten für Frust sind lichtschwache Beamer und eine schlechte Audioqualität! Vorher (während der Veranstaltung ist es zu spät) sicherzustellen ist:
> - ein ausreichend lichtstarker Beamer; ggfs. muss der Raum abdunkelbar sein.
> - Beamerlautsprecher reichen meist nur für kleine Räume und eine kurze Distanz bis ca. 5 Meter; ggfs. sind Zusatzlautsprecher erforderlich.
> - Zu den PC-Beamer/PC-Lautsprecher-Verbindungen müssen geeignete Kabel vorhanden sein. Oft gelingt es erst nach mehreren Anläufen, dass Monitorbild auf den Beamer zu leiten.

Falls mit *Hannoveraner Unterrichtsbildern* gearbeitet werden soll, ist vorher sicherzustellen, dass diese auf allen PCs bzw. Notebooks installiert sind — wenn eine Arbeit in kleinen Gruppen in mehreren Gruppenräumen vorgesehen ist, auch auf Teilnehmer-PCs (zur erforderlichen Softwareausstattung s. die ausführlichen Hinweise in Anhang 4). Den Aufruf der Videos und Multimedia-Dokumente sollte man nach Möglichkeit nicht erst unmittelbar vor einer Veranstaltung testen, da dann die Zeit zum Ausbügeln unangenehmer Überraschungen meist nicht reicht.

Bei einigen Szenarien kann es sinnvoll sein, die Unterrichtsvideos individuell vorab schon einmal betrachtet zu haben. Bei einigen Fragen ist es zweckmäßig, zum besseren Verständnis auf schriftlich vorliegende Unterrichtsdokumente zurückgreifen zu können (z.B. Unterrichtsentwürfe, Protokolle eines Unterrichtsgesprächs oder Ergebnisse von Schülerarbeiten). Mehrere Szenarien sind längerfristig über mehrere Sitzungen angelegt, was in Ausbildungsseminaren der I. und II. Phase relativ einfach zu organisieren ist, bei der Konzeption von Fortbildungskursen und kollegiumsinternen Diskussionsrunden aber frühzeitig mit bedacht werden sollte.

> **Zeitliche Verabredung:** Bei allen Szenarien gilt für die einzelnen Sitzungen: Unter 90 Minuten lohnt es nicht anzufangen (zwei Stunden sind besser). Die Teilnehmer sollten sich verpflichten, über den ganzen Zeitraum dabei zu sein (nicht nur: Mal eben reinschauen).

> **Verstetigung statt ‚Eintagsfliegen':** Ein Diskurs über Unterrichtsqualität ist möglichst als längerfristiger Prozess mit mehreren Sitzungen anzulegen. Das ermöglicht ein zwischenzeitliches Ausprobieren von interessant erscheinenden Konzepten, Methoden und Bewältigungsstrategien, so dass in Folgesitzungen über dabei gemachte Erfahrungen gesprochen werden kann.

## 17.4.2 Sensible Gesprächsmoderation - Voraussetzung für eine erfolgreiche *Virtuelle Unterrichtshospitation*

Eine diskursive Verständigung über unterschiedliche Sichtweisen und Maßstäbe kann zur wechselseitigen Bereicherung der jeweils eigenen Sichtweise beitragen, sofern es gelingt, eine Gesprächsatmosphäre zu schaffen, die zur Darlegung unterschiedlicher Einschätzungen ‚verlockt'. Hier sind alle Gesprächsteilnehmer gefordert, vor allem aber der Moderator (s. Tab. 23).

**Experimentelle Organisationsformen:** Je nach Szenarium sind verschiedene Organisationsformen (Dauer, Sequenzierungen, Vor- und Nachbereitung) sinnvoll. Dazu enthalten die jeweiligen Kapitel Vorschläge, die je nach Bedingungen und Zielen abgewandelt werden können. Für die kollegiumsinterne Arbeit kann es sinnvoll sein, im Gesamtkollegium, in Teilkollegien (nach Fächern oder Jahrgängen) oder im Wechsel zu arbeiten. Anfängliche Verabredungen über den zeitlichen Ablauf, den organisatorischen Rahmen und die Themenschwerpunkte sind notwendig, sollten aber im weiteren Verlauf flexibel gehandhabt werden.

**Vereinbarung der Zielsetzung der *Virtuelle Unterrichtshospitation*:** Der Moderator stellt sicher, dass spätestens in der Anfangsphase geklärt wird (wenn es durch den Typ des Szenariums nicht ohnehin festliegt), ob es um eine Analyse unter vorher festgelegten Aspekten geht oder um eine Reflexion, bei der die Teilnehmer verabreden, welche Gesichtspunkte sie interessieren.

**Ergebnisoffenheit:** Das gemeinsame Nachdenken über Unterricht wirkt im Idealfall auf die Betrachter zurück (Re-flex = Rück-Beugung), in dem jeder daraus Konsequenzen für sein zukünftiges Handeln zu ziehen versucht – u. U. jeder andere. Es geht nicht um ein Belehren oder Instruieren, sondern um einen Austausch von Einschätzungen und Verbesserungsideen im Sinne eines Angebots.

**Strikt Trennung zwischen Beobachten, Interpretieren und Werten:** Damit über die unterschiedlichen impliziten Interpretationsfolien und Wertmaßstäbe diskutiert werden kann, sollte im Gespräch sorgfältig unterschieden werden zwischen:
- beobachten (Was ist in einer Unterrichtsszene als unstrittiges Faktum für alle Betrachter zu sehen bzw. hören?)
- interpretieren (Was sind Mutmaßungen über Handlungsmotive und Bedingungen, die vielleicht plausibel sind, aber nicht bewiesen werden können?)
- beurteilen (Was sind Bewertungen aufgrund von Maßstäben, die nicht notwendig geteilt werden müssen?)

**Gegenseitiges Zensieren vermeiden:** Wenn Gesprächsteilnehmer sich gegenseitig abwertend kommentieren, ist der Moderator als Mediator gefordert. Sofern heikle Fragen angesprochen werden, zu denen es im Kollegium oder Seminarkurs bekannterweise Kontroversen gibt, sind u. U. phasenweise andere Formen des Meinungsaustauschs als im Gesprächskreis angezeigt (z. B. die aus der Weiterbildung bekannten Schreibkonferenzen, Pinnwand-Foren, Fishbowl-Diskussionen).

**Zurückhaltung des Moderators:** Vor allem der Moderator darf, auch wenn es ihm schwer fällt, selbst nicht werten.

Tab. 23: Auf die Moderation kommt es an!

# 18 Das letzte Wort

wäre unangebracht bei einem Buch, dessen Titel schon darauf hinweist, dass der Gegenstand der Betrachtung niemals abgeschlossen sein wird. Vorgestellt wurden Möglichkeiten der Auseinandersetzung mit Unterricht, mit denen Lehrer/innen sich eine selbst verantwortete Auffassung von *Gutem Unterricht* erarbeiten können. Was *Guten Unterricht* ausmacht, ist nicht allgemeingültig zu beantworten, wohl aber, welche ungünstigen Bedingungen ihm zuwiderlaufen. Daher zum Schluss ein Blick auf eine bislang wenig ausgeleuchtete Gelingensbedingung für *Guten Unterricht*: die kultusministerielle Schulpolitik.

Die internationalen Schulvergleichstests haben die deutschen Kultusministerien in Erklärungsnot gebracht. Wenn die Alltagsweisheit „Not macht erfinderisch" zutrifft, dann waren die Kultusminister in den letzten Jahren in großer Not. Erfunden haben sie Steuerungsgruppen und Planungsstäbe, die wiederum Qualitätsmanagements, Controlling-Konzepte, Evaluationsstrategien, Inspektionsverfahren und viele andere Maßnahmen mit eindrucksvollen Bezeichnungen hervorgebracht haben. Vormalige *Lehrpläne* wurden zu *Kerncurricula*, aus vormaligen *Lehrzielen* wurden *Kompetenzerwartungen*. Erfunden wurden auch immer neue Berichts-, Dokumentations- und Protokollierungspflichten für Lehrer/innen und Schulleitungen, denen somit noch weniger Zeit bleibt für die Vor- und Nachbereitung ihres Kerngeschäfts, dem Unterricht.

Dagegen sind substantielle Verbesserungen rar. Wenn bei Schulinspektionen Mängel in der materialen oder personalen Ausstattung festgestellt werden, fehlt es an Ressourcen, sie zu beheben.

Auch die Dauerbaustelle *Lehrerausbildung* trägt nicht zur Verbesserung der Unterrichtsqualität bei. Die Umstellung auf Bachelor- und Master-Studiengänge hat die seit langem bekannten Schwachstellen der deutschen Lehrerausbildung weiter ‚ausgebaut': Die universitäre Erstausbildung dauert jetzt noch länger und hat noch weniger Bezug zur Schulpraxis. Die betreuungsintensive II. Phase ist entsprechend zusammengestrichen. In einigen Bundesländern wurden mit den Studien- und Ausbildungsseminaren sogar die einzigen Stellen abgeschafft, die angehenden Lehrern ein qualifiziertes Feedback auf ihre Unterrichtsversuche gegeben haben. Im Ergebnis ist die Lehrerausbildung in Deutschland so heterogen, so praxisfern und so unkoordiniert wie nie zuvor; sie verdient das Prädikat ‚organisierte Verantwortungslosigkeit' uneingeschränkt. Dafür dauert sie so lange und ist so teurer wie in kaum einem anderen europäischen Land. Und sie ist ineffektiv — nicht nur gemessen an den PISA-Ergebnissen.

Die Versäumnisse in der Ausbildung sind in der „Dritten Phase" der Berufsausübung nur schwer zu kompensieren, zumal auch die Aufwendungen für die Lehrerfortbildung seit vielen Jahren verringert werden.

Eine behutsamere Schulpolitik mit Augenmaß dürfte für die Verbesserung der Unterrichtsqualität eine wesentliche Voraussetzung sein. Bislang fehlen Qualitätsstudien über den (Miss-)Erfolg kultusministerieller Schulpolitik. Solange keine empirisch fundierten Empfehlungen vorliegen, sind Kultusminister gut beraten, sich bei ihrer Schulpolitik als Richtschnur am Kant'schen Imperativ in der Fassung von Loriot zu orientieren:

"Handle stets so, wie du, wenn du, dass du —

aber übertreib es nicht!"

# 19 Literatur

Adorno Theodor W. (1977): Tabus über dem Lehrberuf. In: ders.: Gesammelte Werke, Band 10.2, Frankfurt, S. 656-673.

Altrichter, Herbert; Posch, Peter & Welte, Heike (1996): Unterrichtsmethoden. In: CD-ROM der Pädagogik, Ausgabe; Schneider Verlag Hohengehren, Baltmannsweiler.

Arnold, Karl-Heinz; Hascher, Tina; Messner, Rudolf; Niggli, Alois; Patry, Jean-Luc & Rahm, Sibylle (2011): Empowerment durch Schulpraktika - Perspektiven wechseln in der Lehrerbildung. Verlag Julius Klinkhardt, Bad Heilbrunn.

Arnold, Rolf (2003): „Nun vergesst mal schön, was Ihr auf der Universität gelernt habt!" Plädoyer für das vernetzte Zusammenwirken unterschiedlicher Wissensformen in der Lehrerbildung, in: PÄDForum 3/2003, 164-167.

Arnold, Rolf (2007): Ich lerne, also bin ich - Eine systemisch-konstruktive Didaktik. Auer Verlag Heidelberg.

Baer, Ulrich u.a. (1995): Spielzeit – Spielräume in der Schulwirklichkeit. Friedrich Jahresheft 13. Friedrich Verlag, Velber.

Bauer, Roland (1997): Schülergerechtes Lernen in der Sekundarstufe 1: Lernen an Stationen. Cornelsen Scriptor Verlag, Berlin.

Bergmann, Klaus (2000): Multiperspektivität: Geschichte selber denken. Wochenschau Verlag, Schwalbach/Taunus.

Bettelhäuser, Hans Jörg (1980): Beurteilungs(r) -ast(e) rologie bei Unterrichtsbesuchen und Lehrproben. In: Gründer, K. (Hrsg.): Unterrichten lernen. UTB Schöningh, Paderborn; 51-62.

Bloom, Benjamin u.a. (1972) (Hrsg.): Taxonomie von Lernzielen im kognitiven Bereich. Beltz Verlag, Weinheim u. Basel.

Böhmann, Marc & Schäfer-Munro, Regine (2005): Kursbuch Referendariat. Beltz Verlag, Weinheim und Basel.

Bollnow, Otto Friedrich (1957): Existenzphilosphie und Pädagogik - Versuch über unstetige Formen der Erziehung. Kohlhammer Verlag, Stuttgart.

Bönsch, Manfred (2006): Allgemeine Didaktik - Ein Handbuch zur Wissenschaft vom Unterricht. Kohlhammer Verlag, Stuttgart.

Borries, Bodo von (1984): Zur Praxis „gelungenen" historisch-politischen Unterrichts. Ein quasi-empirischer Ansatz für Analyse und Beurteilung von Schulstunden. In: Geschichtsdidaktik Heft 9; 317-325.

Bredella, Lothar (1987): Die Struktur schüleraktivierender Methoden – Überlegungen zum Entwurf einer prozeßorientierten Literaturdidaktik. In: Praxis des neusprachlichen Unterrichts; 34. Jg.; 223-248.

Brehm, J.W. (1966): A theory of psychological reactance. Academic Press, New York.

Bremerich-Vos, Albert; Granzer, Dietlinde & Köller, Olaf (2008) (Hrsg.): Lernstandsbestimmung im Fach Deutsch - Gute Aufgaben für den Unterricht. Beltz Verlag, Weinheim und Basel; 29-49.

Brinkmann, Erika (1998): Zur Sache: Die Quadratur des Kreises oder die Illusion von der 'offenen Fibel'. In: Grundschulzeitschrift 12.Jg. Heft 6; 54-57.

Brophy, Jere E. (2000): Teaching. In: International Academy of Education (IAE) Brüssel & International Buero of Education (IBE) Genf (Hrsg.) [www.ibe.unesco.org am 22.1. 2006]

Brügelmann, Hans (1972): Offene Curricula. In: Zeitschrift für Pädagogik 18 Jg. Heft 1; 95-118.

Brüning, Ludger & Saum, Tobias (2006): Erfolgreich Unterrichten durch Kooperatives Lernen. Strategien zur Schüleraktivierung. Neue Deutsche Schule Verlagsgesellschaft mbH, Essen.

Buhren, Claus G. (2010): Kollegiale Hospitation: Methoden und Beispiele aus der Praxis. Wolters Kluver Verlag, Köln.

Busch, Matthias (2009): Anleitungen zur Unterrichtsplanung in sozialwissenschaftlichen Fächern - Bereichsrezension aktueller fachdidaktischer Planungskonzepte. In: Journal of Social Science Education Volume 8, Number 2, 2009, 124–145.

Clauß, Günter & Ebner, Heinz (1974): Grundlagen der Statistik für Psychologen, Pädagogen und Soziologen. Verlag Volk und Wissen, Berlin.

Dewey, John (1963): Erfahrung und Erziehung. In: Corell, W.: Reform des Erziehungsdenkens. Beltz Verlag, Weinheim, 27-100.

Dorlöchter, Heinz; Krüger, Ulrich; Stiller, Edwin & Wiebusch, Dieter (2006): Zwischen Standards und individueller Könnerschaft - videogestützte Kompetenzentwicklung in der Lehrerausbildung. In SEMINAR Lehrerbildung und Schule. hrsg. vom Bundesarbeitskreis der Seminar- und Fachleiter/inne e.V. 12. Jg. Heft 4; 23-38.

Engelbrecht, Alexander (2003): Kritik der Pädagogik Martin Wagenscheins. Eine Reflexion seines Beitrages zur Didaktik. LIT-Verlag, Hamburg.

Ertle, Christoph & Andreas Möckel (1981): Fälle und Unfälle der Erziehung. Klett-Cotta Verlag, Stuttgart.

Fischer, Dietlind (1982) (Hrsg.): Fallstudien in der Pädagogik - Aufgaben, Methoden, Wirkungen. Libelle Verlag Faude, Konstanz.

Frenzl, Walter (1994): Freude und Erfolg in der Grundschule durch Motivationsgeschichten. AuerVerlag, Donauwörth.

Giel, Klaus (1974): Probleme des Sachunterrichts. In: Arbeitskreis Grundschule (Hrsg.): Beiträge zur Reform der Grundschule. Sonderband Lernbereich Sachunterricht. Frankfurt/Main VII-XXXV.

Giel, Klaus u.a. (1974): Mehrperspektivischer Sachunterricht. Klett Verlag, Stuttgart.

Gies, Horst; Barricelli Michele & Toepfer Michael (2004): Geschichtsunterricht: Ein Handbuch zur Unterrichtsplanung. Böhlau UTB, Köln.

Giesecke, Hermann (1995): Wozu ist Schule da? In: Neue Sammlung, 35. Jg. Heft 3; 93-104.

Girg, Ralf (1994): Die Bedeutung des Vorverständnisses der Schüler für den Unterricht. Eine Untersuchung zur Didaktik. Verlag Julius Klinkhardt Bad Heilbrunn.

Gonschorek, Gernot & Schneider, Susanne: Einführung in die Schulpädagogik und die Unterrichtsplanung. Auer Verlag, Donauwörth 2009 (6. Aufl.; Erstaufl. 2000).

Grawe, Klaus (2000): Psychologische Therapie. Hogrefe-Verlag Göttingen; (2. Aufl.; Erstaufl. 1998).

Greving, Johannes/Paradies, Liane (2007): Unterrichts-Einstiege. Ein Studien- und Praxisbuch. (7. Aufl.; Erstaufl. 1996) Cornelsen Scriptor, Berlin.

Griese, Christiane (2004): Von Luther zur interkulturellen Pädagogik - Vom Schulmanagement zur Lehrerbildung. In Fachportal Pädagogik. [ http://www.fachportal-paedagogik.de/hbo/hbo_set.html?Id=438 am 16.2.1011 ]

Gudjons Herbert (2007): Frontalunterricht - neu entdeckt: Integration in offene Unterrichtsformen. Verlag Julius Klinkhardt, Bad Heilbrunn (2. Aufl., Erstaufl. 2003).

Gudjons, Herbert (2001): Handlungsorientiert lehren und lernen. Schüleraktivierung Selbsttätigkeit Projektarbeit. Verlag Julius Klinkhardt, Bad Heilbrunn (6. erw. Aufl.; Erstaufl. 1986).

Hasselhorn, Marcus & Gold, Andreas (2009): Pädagogische Psychologie - Erfolgreiches Lernen und Lehren. Kohlhammer Verlag, Stuttgart. (2. Aufl. Erstaufl. 2006).

Helmke, Andreas & Weinert, Franz Emanuel (1997): Unterrichtsqualität und Leistungsentwicklung - Ergebnisse aus dem SCHOLASTIK-Projekt. In: Weinert, Franz Emanuel & Helmke, Andreas (Hrsg.): Entwicklung im Grundschulalter. Beltz Psychologische VerlagsUnion, Weinheim; 241-251.

Helmke, Andreas (2003): Unterrichtsqualität erfassen, bewerten, verbessern. Kallmeyer Verlag, Seelze.

Helmke, Andreas (2009): Unterrichtsqualität und Lehrerprofessionalität. Klett-Kallmeyer Friedrich Verlag, Seelze.

Helsper, Werner (2003): Ungewissheit im Lehrerhandeln als Aufgabe der Lehrerbildung. In: Helsper, Werner; Hörster, Reinhard & Kade, Jochen (Hrsg.): Ungewissheit – Pädagogische Felder im Modernisierungsprozess. Velbrück Verlag Weilerswist; 142-161.

Helsper, Werner (2004): Antinomien, Widersprüche, Paradoxien: Lehrerarbeit – Ein unmögliches Geschäft. In: Koch-Priewe, Barbara; Kolbe, Fritz-Ulrich & Wildt, Johannes (Hg.): Grundlagenforschung und mikrodidaktische Reformansätze zur Lehrerbildung. Julius Klinkhardt Verlag, Bad Heilbrunn; 49-98.

Hentig, Hartmut von (1993); Die Schule neu denken : eine Übung in praktischer Vernunft ; eine zornige, aber nicht eifernde, eine radikale, aber nicht utopische Antwort auf Hoyerswerda und Mölln, Rostock und Solingen. Hanser Verlag, München.

Herbart, Johann Friedrich (1903): Pädagogische Schriften. Band I. Beyer & Mann, Langensalza.

Hermsen, Hans (2010): Innere Stimmen und äußere Rückmeldungen - Ein 2. Erfahrungsbericht. In: Trautmann, Matthias & Sacher, Julia (Hrsg.): Unterrichtsentwicklung durch Videofeedback: Besser kommunizieren lernen. Vandenhoek und Ruprecht Verlag, Göttingen; 89-104.

Heursen, Gerd (1995): Gebrochenes Herz. Didaktik zwischen Marginalität und Impulsivität. In: Neue Sammlung; 34. Jg.; 499-516.

Hiller, Gotthilf Gerhard (1973): Konstruktive Didaktik. Pädagogischer Verlag Schwann, Düsseldorf.

Hofer, Manfred (1986): Sozialpsychologie erzieherischen Handelns. Hogreve Verlag, Göttingen.

Hoffmann, Erich (2002): Spüren – Denken – Handeln. In: Pädagogisches Handeln. 6.Jg., Heft 3; 253-264.

Hoffmann, Erich (2005): Soll Stefan versetzt werden? Ein 'Plädoyer' für lebendig-vernünftige pädagogische Entscheidungsprozesse. In: Seminar: Heft 2,; 149-159.

Hüne, Hans Martin & Mühlhausen, Ulf (2007b): Die Tücken der Unterrichtsbeobachtung. In: Mühlhausen, Ulf (Hrsg.): Unterrichten lernen mit Gespür – Szenarien für eine multimedial gestützte Analyse und Reflexion von Unterricht. Schneider Verlag Hohengehren, Baltmannsweiler (2. Aufl.; Erstaufl. 2005); 171-208.

Ingenkamp, K. (1995): Die Fragwürdigkeit der Zensurengebung. Beltz Verlag, Weinheim (Erstaufl. 1974).

Izard, Caroll E. (1980): Human Emotions. Plenum Press, New York.

Janssen, Bernd (2008): Kreative Unterrichtsmethoden - Bausteine zur Methodenvielfalt - Wege zum guten Unterricht. (3. Aufl. Erstaufl. 2004) Westermann Verlag, Braunschweig.

Jürgens, Eiko (2005): Standards für schulische Bildung? In: APuZ Beilage zur Wochenzeitung ‚Das Parlament' Heft 12/2005; 26-31.

Kämper-van den Boogaart, Michael (2008): Unterrichtsplanung. In: Kämper-van den Boogaart, Michael & Baurmann, Jürgen (Hrsg.): Deutsch-Didaktik: Leitfaden für die Sekundarstufe I und II. Cornelsen-Scriptor Verlag, Berlin; 281-292.

Kempfert, Guy & Ludwig, Marianne (2008): Kollegiale Unterrichtsbesuche: Besser und leichter unterrichten durch Kollegen-Feedback. Beltz Verlag ‚Weinheim.

Kerschensteiner, Georg (1955): Die Seele des Erziehers. München. (Erstveröffentlichung 1921).

Kilpatrick, William Heard & Dewey, John (1935): Der Projektplan - Grundlegung und Praxis. (amerik. Erstveröffentlichung 1918) Herman Böhlaus, Weimar.

Kiper, Hanna & Mischke, Wolfgang (2004): Einführung in die Allgemeine Didaktik. Beltz Verlag, Weinheim.

Kiper, Hanna & Mischke, Wolfgang (2009):Unterrichtsplanung. Beltz Verlag, Weinheim.

Klafki, Wolfgang (1965): Studien zur Bildungstheorie und Didaktik. (7. Aufl.; Erstaufl. 1959) Beltz Verlag, Weinheim.

Klafki, Wolfgang (1985): Neue Studien zur Bildungstheorie und Didaktik – Beiträge zur kritisch-konstruktiven Didaktik. Beltz Verlag, Weinheim u. Basel.

Kösel, Edmund (1997): Modellierung von Lernwelten - Ein Handbuch zur subjektiven Didaktik. Verlag Laub, Elztal-Dallau.

Kounin Jacob (1976): Techniken der Klassenführung. Klett Verlag, Stuttgart.

Krapp, Andreas & Weidenmann, Bernd (2006) (Hrsg.): Pädagogische Psychologie: Ein Lehrbuch. Beltz Verlag PVU, Weinheim, (5. Aufl.. Erstaufl. 1986).

Krauthausen, Günter (1998): Lernen - Lehren - Lehren lernen. Zur mathematik-didaktischen Lehrerbildung am Beispiel der Primarstufe. Klett Grundschulverlag, Leipzig.

Kron, Friedrich (2008): Grundwissen Didaktik. UTB Verlag, Stuttgart; (5. Aufl.; 4. Aufl. 2004; Erstaufl. 1993).

Kultusministerkonferenz (2004): Standards für die Lehrerbildung - Bildungswissenschaften. Bonn KMK.

Kupetz, Rita (2007): Fallbasiertes Lernen mit Unterrichtsvideos. In: Herbold, Inga, Ulrike von Holdt, Marc Krüger, Than-Tu Phan Tan (Hrsg.): Lehren und Forschen mit neuen Medien an der Leibniz Universität Hannover. Shaker Verlag, Aachen; 50-56.

Lehmann, Christine (2007): Unterrichtsvorbereitung - ein didaktischer Denkprozeß. In: Noormann, Harry; Becker, Ulrich & Trocholepczy, Bernd (Hrsg.): Ökumenisches Arbeitsbuch Religionspädagogik. Kohlhammer Verlag, Stuttgart. (3. Aufl., Erstauflage 2004); 193-229.

Lenzen, Dieter (1976): Offene Curricula - Leidensweg einer Fiktion. In: Haller, H.-D. & Lenzen, D.: Lehrjahre in der Bildungsreform - Resignation oder Rekonstrktion. Jahrbuch für Erziehungswissenschaft. Klett Verlag, Stuttgart; 138-162.

Loska, Rainer (1995): Lehren ohne Belehrung. Leonard Nelsons Methode der Gesprächsführung. Verlag Julius Klinkhardt, Bad Heilbrunn.

Luhmann, Niklas & Schorr, Karl Eberhardt (1982): Das Technologiedefizit der Erziehung und die Pädagogik. In: Luhmann, N. & Schorr, K.E. (Hrsg.) Zwischen Technologie und Selbstreferenz – Fragen an die Pädagogik. Suhrkamp Verlag, Frankfurt/Main, 11-40.

Mattes, Wolfgang (2002): Methoden für den Unterricht : 75 kompakte Übersichten für Lehrende und Lernende. Schöningh Verlag, Paderborn.

McCourt Frank (2005): Teacher Man. Scribner New York. [ deutsche Ausgabe: Tag und Nacht und auch im Sommer. Luchterhand Verlag, München 2008 ].

Meyer, Hilbert L. (2009): UnterrichtsMethoden Band I und II. Scriptor Verlag, Frankfurt/M. (13. Aufl.; Erstaufl. 1987).

Meyer, Hilbert L. (2004): Was ist guter Unterricht? Scriptor Verlag, Berlin.

Meyer, Hilbert L. (2007): Leitfaden zur Unterrichtsvorbereitung. Scriptor Verlag, Berlin (Neuauflage; Erstaufl. 1979).

Meyer, Wulf-Uwe (1988): Die Rolle von Überraschungen im Attributionsprozeß. In: Psychologische Rundschau, 39. Jg.;136-147.

Mühlhausen, Ulf (1991): Gegenseitige Hospitation im Unterricht - Ein (un-) heimlicher von Lehrerinnen und Lehrern. In: Die Deutsche Schule; 83. Jg. Heft 2; 199-215.

Mühlhausen, Ulf (1992): Unterrichtsprobleme spielerisch erfahren - Ein Simulationsspiel für die Aus- und Fortbildung von LehrerInnen. In: Die Deutsche Schule; 84. Jg. Heft 2;189-200.

Mühlhausen, Ulf (1994): Überraschungen im Unterricht – Situative Unterrichtsplanung. Beltz Verlag, Weinheim.

Mühlhausen, Ulf (1997): Überraschungsoffene (situative) Unterrichtsplanung. In: Dieter Haarmann (Hrsg.): Wörterbuch Neue Schule - Die wichtigsten Begriffe zur Reformdiskussion. Beltz;171-178.

Mühlhausen, Ulf (1999): Das Schreckgespenst vom misslungenen Unterrichtsbeginn – Oder: Misslungene Unterrichtseinstiege gibt es nicht. In: Pädagogik Heft 3; 20–23.

Mühlhausen, Ulf (2007a): Unterrichtsvorbereitungen - Wie am besten? In: Daschner, Peter & Drews, Ursula (Hrsg.): Kursbuch Referendariat. Beltz Verlag, Weinheim (Erstaufl. 1997); 58-86.

Mühlhausen, Ulf (2007b) (Hrsg.): Unterrichten lernen mit Gespür – Szenarien für eine multimedial gestützte Analyse und Reflexion von Unterricht. Schneider Verlag Hohengehren, Baltmannsweiler (2. Aufl.; Erstaufl. 2005).

Mühlhausen Ulf (2008a): Abenteuer Unterricht - Wie Lehrer/innen mit überraschenden Unterrichtssituationen umgehen. Schneider Verlag Hohengehren Baltmannsweiler (2. Aufl.; Erstaufl. 2007).

Mühlhausen, Ulf (2008b): Schüleraktivierung im Schulalltag - Band 1: Ungewöhnliche Unterrichtsmethoden in der Sekundarstufe. Schneider Verlag Hohengehren, Baltmannsweiler.

Mühlhausen, Ulf (2008c): Schüleraktivierung im Schulalltag - Band 2: Ungewöhnliche Unterrichtsmethoden in der Grundschule. Schneider Verlag Hohengehren, Baltmannsweiler.

Mühlhausen, Ulf (2009): Unterrichtseinstiege und Stundenanfänge reflektieren und sinnvoll gestalten. In: Homeyer, Wulf (Hrsg.): Unterrichtsqualität sichern - Sekundarstufe. Ausgabe April 2009. Dr. Josef Raabe Verlag, Berlin.

Mühlhausen, Ulf (2010): Überraschungen sind Chancen! In: Homeyer, Wulf (Hrsg.): Unterrichtsqualität sichern - Grundschule. Ausgabe Mai 2010. Dr. Josef Raabe Verlag, Berlin.

Mühlhausen, Ulf & Wegner, Wolfgang (2010): Erfolgreicher Unterrichten?! Eine erfahrungsfundierte Einführung in die Schulpädagogik. (Begleit-DVD mit Videoszenen und Online-Übungen zur Unterrichtsanalyse); Schneider Verlag Hohengehren, Baltmannsweiler (3. Aufl.; Erstauflage 2006).

Mühlhausen, Jan & Mühlhausen, Ulf: Unterrichtsanalyse online. (in Vorbereitung; erscheint voraussichtlich 2012).

Muth, Jakob (1962): Pädagogischer Takt - Monographie einer aktuellen Form erzieherischen und didaktischen Handelns. Quelle & Meyer Heidelberg.

Myers, David G. (2002): Intuition – Its powers and perils. Yale University Press New Haven.

Narr, Roland (1982): Selbsterforschung von Schulklassen. In: Fischer, Dietlind (Hrsg.): Fallstudien in der Pädagogik - Aufgaben, Methoden, Wirkungen. Libelle Verlag Faude, Konstanz; 71-86.

Narr, Roland & Gebhard, Ulrich (1996): Szenen aus dem Schulalltag - zur Kommunikation im Klassenzimmer. In: Heckt, Dietlinde, H. & Jürgens, Eiko: Anders kommunizieren lernen. Westermann Verlag, Braunschweig; 70-85.

Niedersächsisches Kultusministerium (1998): Niedersächsisches Schulgesetz (in der Fassung der Bekanntmachung vom 3. März 1998).

Niedersächsisches Kultusministerium (2007): Verordnung über Masterabschlüsse für Lehrämter in Niedersachsen. Niedersächsisches Gesetz- und Verordnungsblatt 61. Jg. Nummer 33; 488-618.

Oehlschläger, Herwig (1976): Hochschulinternes Fernsehen und Lehrerausbildung. Holzberg Verlag, Oldenburg.

Pabst, Jochen (2007): Beraten mit Hannoveraner Unterrichtsbildern – Ein Erfahrungsbericht aus einem Studienseminar In: Mühlhausen, Ulf (Hrsg.): Unterrichten lernen mit Gespür – Szenarien für eine multimedial gestützte Analyse und Reflexion von Unterricht. Schneider Verlag Hohengehren Baltmannsweiler 2007b (2. Aufl.; Erstaufl. 2005); 87-116.

Pabst, Jochen & Mühlhausen, Ulf (2007): Reflexionsqualität entwickeln und beurteilen. In: Mühlhausen, Ulf (Hrsg.): Unterrichten lernen mit Gespür – Szenarien für eine multimedial gestützte Analyse und Reflexion von Unterricht. Schneider Verlag Hohengehren, Baltmannsweiler 2007b (2. Aufl.; Erstaufl. 2005); 209-240.

Perrig, Walter, J.; Wippich, Werner & Perrig-Chiello, Pasqualina (1993): Unbewußte Informationsverarbeitung. Huber Verlag, Bern.

Peschl, Falko (2006): Offener Unterricht. Band 1 und Band 2. Schneider Verlag Hohengehren, Baltmannsweiler.

Peterßen, Wilhelm H. (2009): Handbuch Unterrichtsplanung. Grundfragen - Modelle - Stufen - Dimensionen. Oldenbourg Verlag, München (9. Auflage; Erstaufl. 1982).

Plattner, Ilse E. (1988): Handlungsleitende Kognitionen bei Störungen der unterrichtlichen Kommunikation und daraus resultierende Belastungen und Bewältigungsversuche seitens der Schüler. Augsburger Berichte zur Entwicklungspsychologie und Pädagogischen Psychologie Nr. 30; Universität Augsburg; Augsburg.

Reich, Kersten (1996): Systemisch-konstruktivistische Didaktik. In: Voß, Reinhard (Hg.): Die Schule neu erfinden. Luchterhand Verlag, Neuwied u.a..

Reich, Kersten (2005): Konstruktivistische Didaktik. Beispiele für eine veränderte Unterrichtspraxis. In: schulmagazin Heft 3; 5-8.

Reichen, Jürgen (1982): Lesen durch Schreiben. Wie Kinder selbstgesteuert Lesen lernen. SABE Verlagsinstitut für Lehrmittel, Zürich.

Reusser, Kurt (2005): Situiertes Lernen mit Unterrichtsvideos. In: journal für lehrerinnenbildung. 5. Jg. Heft 2; 8-18.

Reuter, Lutz B. (2003): Erziehungs- und Bildungsziele aus rechtlicher Sicht. In: Zeitschrift für Pädagogik; 47. Beiheft 11/2003; 28-48.

Schaefer, Klaus (1985): So schaffen Sie den Schulalltag - Ein Überlebenshandbuch für Lehrer. Aschendorff Verlag, Münster.

Schaub, Fritz C. (2005): Videos im Fachspezifisch-Pädagogischen Coaching. In: journal für lehrerinnenbildung. 5. Jg. Heft 2; 26-30.

Schmidt-Wulffen, Wulf (1998): Schlüsselqualifikationen – Bildung für das Leben oder im Dienste der Wirtschaft In: Zeitschrift Praxis Geographie, 28. Jg. Heft 4; 14-19.

Schmidt-Wulffen, Wulf (2008): Motivation und Unterrichtserfolg durch Mitplanung von Schülern. Schneider Verlag Hohengehren, Baltmannsweiler.

Schneider, Gerhard (2008): Gelungene Einstiege - Voraussetzung für erfolgreiche Geschichtsstunden. Wochenschau Verlag, Schwalbach/Taunus (5. Aufl.; Erstaufl. 2005).

Schocker-von Dithfurt, Marita (2002): Unterricht verstehen. Erfahrungswissen reflektieren und den eigenen Unterricht weiterentwickeln. Goethe Institut München.

Schratz, Michael & Wieser, Ilsedore (2002): Mit Unsicherheiten souverän umgehen lernen – Zielsetzungen und Realisierungsversuche einer professionalisierenden LehrerInnenbildung. In: Altrichter, Herbert & Schratz, Michael (Hrsg.): Lehrerinnen- und Lehrerbildung braucht Qualität. Und

wie!? – Studien zur Bildungsforschung und Bildungspolitik. Band 25; Studienverlag Innsbruck und Wien; 13-43.
Schulz von Thun, Friedrich (2000): Miteinander Reden 3 - Das „innere Team" und situationsgerechte Kommunikation. Rowohlt Verlag, Reinbeck.
Schulz, Wolfgang (1965): Unterricht – Analyse und Planung. In: Heimann, P./ Otto, G. & Schulz, W. (Hrsg.): Unterricht – Analyse und Planung. Schroedel Hannover; 13-47.
Spinner, Kaspar H. (2005): Umgang mit Lyrik in der Sekundarstufe I. Schneider Verlag Hohengehren, Baltmannsweiler (6. Aufl.; Erstaufl. 1984).
Spranger, Eduard (1962): Das Gesetz der ungewollten Nebenwirkungen in der Erziehung. Quelle & Meyer Verlag, Heidelberg.
Staudte, Adelheid (1993) (Hrsg.): Ästhetisches Lernen auf neuen Wegen. Beltz Verlag, Weinheim-Basel.
Stern, Elsbeth (2006): Was wissen wir über erfolgreiches Lernen in der Schule? In PÄDAGOGIK 58. Jg. Heft 1; 45-49.
Stöcker, Karl (1960): Neuzeitliche Unterrichtsgestaltung – Methodische Führung und Wegweisung zu einer fruchtbaren Bildungsarbeit. Ehrenwirth Verlag, München.
Terhart, Ewald (1996): Berufskultur und professionelles Handeln bei Lehrern. In: Combe, Arno & Helsper, Werner (Hrsg.): Pädagogische Professionalität. Suhrkamp Verlag, Frankfurt/Main (stw 1230); 448-471.
Terhart, Ewald (2000) (Hrsg.): Perspektiven der Lehrerbildung in Deutschland. Abschlussbericht der von der Kultusministerkonferenz eingesetzten Kommission. Beltz Verlag, Weinhein/Basel.
Thömmes, Arthur (2005): Produktive Unterrichtseinstiege: 100 motivierende Methoden für die Sekundarstufen. Verlag an der Ruhr, Mülheim an der Ruhr.
Trautmann, Matthias & Sacher, Julia (2010) (Hrsg.): Unterrichtsentwicklung durch Videofeedback: Besser kommunizieren lernen. Vandenhoek und Ruprecht Verlag, Göttingen.
van Manen, Max (1995): Herbart und der Takt im Unterricht. Zeitschrift für Pädagogik, Beiheft 33; 61-80.
Voigt, Jörg (1984): Interaktionsmuster und Routinen im Mathematikunterricht. Theoretische Grundlagen und mikroethnographische Falluntersuchungen. Beltz Verlag, Weinheim Basel.

Wahl, D., Schlee, J., Krauth, J. & Murec (1983): Naive Verhaltenstheorien von Lehrern. Universität Oldenburg.

Wahl, Diethelm (1991): Handeln unter Druck - Der weite Weg vom Wissen zum Handeln bei Lehrern, Hochschullehrern und Erwachsenenbildnern. Deutscher Studienverlag, Weinheim.

Wallrabenstein, Wulf (1997): Offene Schule - offener Unterricht: Ratgeber für Eltern und Lehrer. (aktualisierte 34. - 37Aufl.) Rowohlt Verlag Reinbeck.

Weiser, Bernhard (2005): Vom Skilltraining zum Videoportfolio. In: journal für lehrerinnenbildung. 5. Jg. Heft 2; 36-43.

Wernet, Andreas (2006): Hermeneutik – Kasuistik – Fallverstehen. Grundriss der Pädagogik/ Erziehungswissenschaft. Band 24. Kohlhammer Verlag, Stuttgart.

Weyland, Ulrike & Wittmann, Eveline (2010): Expertise ‚Praxissemester im Rahmen der Lehrerbildung' I. Phase an hessischen Hochschulen. DIPF Berlin.

Wolfram, Claudia (2009): Manchmal war ich kurz davor aufzugeben. In: Zeitschrift PÄDAGOGIK 61.Jg. Heft 9; 19-21.

# Anhang 1 *Hannoveraner Unterrichtsbilder* Übersicht Stand 6/2011

Quellenangaben zu veröffentlichten HUB: siehe S. 357 - 361

| Nr. | Klassenstufe u. Schulform | Fach | Titel | Publ. |
|---|---|---|---|---|
| 1 | 3. GrS | fachübergr. | Projektwoche *Dinosaurier* | X |
| 2 | 3. GrS | Sachunt. | WEGBESCHREIBUNG | |
| 3 | 7. RS | Englisch | Grammatik | X |
| 4 | 1. GrS | übergreif. | Wochenplan | X |
| 5 | 10.Förd.S | Mathematik | Was ist ein Quadrat? | X |
| 6 | 3. GrS | Deutsch | Zusammengeseze Nomen u. ein Danaergeschenk | |
| 7 | 8. KGS-Gy | Mathematik | Unterbrechungen | |
| 8 | 3. GrS | Deutsch | Koffer-Sketch | X |
| 9 | 2. GrS | Kunst | Osterschmuck | |
| 10 | 4. GrS | Sachunt. | Stromkreis-Experimente | X |
| 11 | 4. GrS | Sachunt. | STROM-Leiter und Nicht-Leiter | X |
| 12 | 4. GrS | Sachunt. | ROBOTER | X |
| 13 | 4. GrS | fachübergr. | Lernen an Stationen ‚Leben in China' | |
| 14 | 1. GrS | Deutsch | Erstlesen/Erstschreiben: Vergl. zweier Konzepte | X |
| 15 | 5. OS | WUK | Leben in extremen Klimazonen - Eskimos | X |
| 16 | 8. KGS | übergreif. | Werkstattunterricht | X |
| 17 | 10. HS | Geschichte | II. Weltkrieg-Vorbereitung und Ursachen | |
| 18 | 8. HS | Biologie | Kurz-, Mittel- und Langzeitgedächtnis | |
| 19 | 4. GrS | Musik | Klangexperimente zum Stück ‚Das Aquarium' | X |
| 20 | 7. KGS-Gy | Deutsch | Was ist Freundschaft? | X |
| 21 | 1. GrS | Deutsch | Das Monster in Mamas Schrank | |
| 22 | 7. HS | GSW | Piranhas im tropischen Regenwald | |
| 23 | 4. GrS | Deut./Kunst | Entwerfen einer Homepage | X |
| 24 | 1. Kl GrS | Mathematik | Zwickmühle nach einem Rechenspiel | X |
| 25 | 1. Kl GrS | Deutsch | Wortpuzzle | |
| 26 | 3. Kl GrS | Mathematik | Umrechnen von Geldbeträgen | |
| 27 | 8. Kl Gym | Mathematik | Lineare Gleichungssysteme (II. Phase) [1)] | X |
| 28 | 11.Kl Gym | Deutsch | Sachtextanalyse Essays (II. Phase) [1)] | |
| 28b | 11.Kl Gym | Deutsch | Beratungsgespräch zu HUB 28 [1)] | |
| 29 | 3. Kl GrS | Sachunt. | Stationenlernen 'Experimente mit Wasser' | X |

| 30 | 11. Kl IGS | Deutsch | Formanalyse von Gedichten | X |
|---|---|---|---|---|
| 31 | 6. Kl IGS | Kunst | Körpersprache symbolisieren n. Keith Haring | X |
| 32 | 4. Kl. GrS | Sachunt. | Experimente mit elektrischem Strom | X |
| 33 | 3. Kl. GrS | Sachunt. | Luft- und Wasserphänomene [3] | X |
| 34 | 9. Kl. Gy | Chemie | Redoxreaktionen - Wie erhält man aus Eisenoxid Eisen ? [1] | X |
| 35 | 4. Kl. GrS | Englisch | The Snowman - Frühenglisch in der Grundschule [4] | X |
| 36 | 2. Kl. GrS | fachübergr. | Stationenlernen zum Thema Frühling [2] | X |
| 37 | 3. Kl. GrS | Sachunt. | Warum können Boote schwimmen? | X |
| 38 | 10. Kl. Gy | Geografie bilingual | ‚Costal features' Geografieunterricht auf Englisch [4] | X |
| 39 | 7. Kl. HS | Geschichte | Besiedlung Nordamerikas (erstmals mit Geschichtsatlas) | X |
| 40 | 8. Kl. IGS | Biologie | Wasserverbrauch von Pflanzen - Das Blattwaage-Experiment | X |
| 41 | 5. Kl. KGS | Deutsch | Ottos Mops – Ein Gedicht szenisch inszenieren | X |
| 42 | 8. Kl. IGS | Chemie | Rotkohl als Indikator für Säuren und Lauge | X |
| 43 | 5. Kl. RS | Deutsch | Lernen an Stationen - Grimmsche Märchen | X |
| 44 | 5. Kl IGS | Kunst | Darstellung von Blumen mit grafischen Elementen [5] | |
| 45 | 4. Kl. GrS | Mathematik | Stationenlernen – Volumenberechnung und -umrechnung | X |
| 46 | 2.+3. Kl. Förder-S. | Sachunterricht | 2.+ 3. Klasse Förderschule ‚Gesunde Ernährung' [6] | |
| 47 | 5. Kl. Gy | Mathematik | Das Aufstellen und Lösen von Gleichungen [5] | X |
| 48 | 2. Kl. GrS | fachübergr. | Wochenplanarbeit in einer Inklusions-Klasse | |

1) in Zusammenarbeit mit Jochen Pabst, Studienseminar Hildesheim
2) in Zusammenarbeit mit Dr. Wolfgang Wegner, Universität Hannover
3) in Zusammenarbeit mit Dr. Alexander Engelbrecht, Freiburg
4) in Zusammenarbeit mit Prof. Dr. Rita Kupetz, Universität Hannover
5) in Zusammenarbeit mit Dr. Gerhard Kappe, Institut für Qualitätsentwicklung an Schulen in Schleswig-Holstein, Kronshagen
6) in Zusammenarbeit mit Dr. Ina Rust, Universität Hannover

## Veröffentlichte HUB-Projekte (Stand 06/2011):

* Mühlhausen, Ulf & Pabst, Jochen: **"Reflexionsfähigkeit entwickeln und beurteilen"**. In: "Seminar – Lehrerbildung und Schule" – Heft 3/2004 "Unterrichtsreflexion", 60-80:
  - 💻 HUB 34   9. Klasse Gymnasium Chemie "Redoxreaktionen - Wie erhält man aus Eisenoxid Eisen?"

* Mühlhausen, Ulf: **"Hannoveraner Unterrichtsbilder - Szenarien für eine multimedial gestützte, diskursive Unterrichtsreflexion"**. In: Zeitschrift "Seminar – Lehrerbildung und Schule" – Heft 4/2004, 67-79:
  - 💻 HUB 35   4. Klasse Grundschule Frühenglisch *"The Snowman"*
  - 💻 HUB 38  10. Klasse Gymnasium Geografie "Costal features - Geografieunterricht auf Englisch"

* Mühlhausen, Ulf (Hrsg.): **"Unterrichten lernen mit Gespür** – Szenarien für eine multimedial gestützte Analyse und Reflexion von Unterricht." Schneider Verlag Hohengehren, Baltmannsweiler 2005 (2. Auflage 2007):
  - 💻 HUB 26   3. Klasse Grundschule Mathematik *"Umrechnen von Geldbeträgen"*
  - 💻 HUB 27   8. Klasse Gymnasium Mathematik *"Lineare Gleichungen"*
  - 💻 HUB 33   3. Klasse Grundschule Sachunterricht *"Luft- und Wasserphänomene"*
  - 💻 HUB 34   9. Klasse Gymnasium Chemie "Redoxreaktionen - Wie erhält man aus Eisenoxid Eisen?"
  - 💻 HUB 35   4. Klasse Grundschule; Frühenglisch *"The Snowman"*
  - 💻 HUB 38  10. Klasse Gymnasium; Geografie "Costal features - Geografieunterricht auf Englisch"

* Mühlhausen, Ulf: **"Virtueller Unterricht – Eine Brücke zwischen Unterrichtstheorie und Schulpraxis"**. In: Zeitschrift "Seminar – Lehrerbildung und Schule" – Heft 4/2006:
  - 💻 HUB 39   7. Klasse Hauptschule Geschichte *"Besiedlung Nordamerikas"*

* Mühlhausen, Ulf: „**Schüleraktivierung im Schulalltag - Band 1: Ungewöhnliche Unterrichtsmethoden in der Sekundarstufe**" Schneider Verlag Hohengehren, Baltmannsweiler 2008:
  - 💻 HUB 5   10. Klasse  Förderschule Mathematik „*Was ist ein Quadrat?*"
  - 💻 HUB 15   5. Klasse  Kooperative Gesamtschule Welt- und Umweltkunde „*Wie lebten Eskimos?*"
  - 💻 HUB 16   8. Klasse  Kooperative Gesamtschule „*Werkstattunterricht*"
  - 💻 HUB 30 11. Klasse  IGS Deutsch „*Formanalyse von Gedichten*" {2 Szenen}
  - 💻 HUB 31   6. Klasse  IGS Kunst „*Körpersprache symbolisieren*"
  - 💻 HUB 40   8. Klasse  IGS Biologie „*Wasserverbrauch von Pflanzen*"
  - 💻 HUB 41   5. Klasse Kooperative Gesamtschule Deutsch „*ottos mops – Ein Gedicht szenisch inszenieren*"
  - 💻 HUB 42   8. Klasse IGS Chemie „Rotkohlsaft als Indikator von Säuren und Laugen"
  - 💻 HUB 43   5. Klasse Realschule Deutsch „*Lernen an Stationen – Märchen*"

* Mühlhausen, Ulf: „**Schüleraktivierung im Schulalltag - Band 2: Ungewöhnliche Unterrichtsmethoden in der Grundschule**" Schneider Verlag Hohengehren, Baltmannsweiler 2008:
  - 💻 HUB 1   3. Klasse Grundschule „*Projektwoche Dinosaurier*"
  - 💻 HUB 4   1. Klasse Grundschule „*Der erste Wochenplan*"
  - 💻 HUB 10   4. Klasse Grundschule Sachunterricht „*Stromkreis-Experimente*"
  - 💻 HUB 11   4. Klasse Grundschule Sachunterricht „*Strom-Leiter und Nicht-Leiter*"
  - 💻 HUB 12   4. Klasse Grundschule Sachunterricht „*Roboterbau*"
  - 💻 HUB 14   1. Klasse Grundschule Deutsch „*Erstlesen/Erstschreiben - Vergleich zweier Konzepte*"
  - 💻 HUB 29   3. Klasse  Grundschule Sachunterricht „*Stationenlernen - Experimente mit Wasser*"
  - 💻 HUB 32   4. Klasse Grundschule Sachunterricht „*Experimente mit elektrischem Strom*"
  - 💻 HUB 37   3. Klasse Grundschule Sachunterricht „*Warum können Boote schwimmen?*"

💻 HUB 45  4. Klasse Grundschule Mathematik „*Stationenlernen - Volumenberechnung*"

* Mühlhausen, Ulf: „**Über Unterrichtsqualität ins Gespräch kommen - Virtuelle Hospitationen für die kollegiale Unterrichtsreflexion nutzen**" In: Bonsen, Martin (Hrsg.): „**Unterrichtsqualität sichern - Grundschule**". Ausgabe September 2008. Dr. Josef Raabe Verlag Berlin.
    💻 HUB 08  3. Klasse Deutsch *"Koffersketch"*
    💻 HUB 24  1. Klasse Mathematik *"Zwickmühle nach einem Rechenspiel"*
    💻 HUB 35  4. Klasse „*The Snowman - Frühenglisch in der Grundschule*"

* Mühlhausen, Ulf: „**Über Unterrichtsqualität ins Gespräch kommen - Virtuelle Hospitationen für die kollegiale Unterrichtsreflexion nutzen**" In: Bonsen, Martin (Hrsg.): „**Unterrichtsqualität sichern - Sekundarstufe**". Ausgabe September 2008. Dr. Josef Raabe Verlag Berlin.
    💻 HUB 39  8. Klasse Hauptschule „*Besiedlung Nordamerikas (erstmals mit Geschichtsatlas)*"
    💻 HUB 41  5. Klasse Kooperative Gesamtschule „*ottos mops – Ein Gedicht szenisch inszenieren*"
    💻 HUB 44  5. Klasse Gymnasium Kunstunterricht „*Darstellung von Blumen mit grafischen Elementen*"

* Mühlhausen, Ulf: „**Lernen an Stationen - Was verspricht das Konzept, was kann es halten - Stationenlernen an realen Beispielen erleben und diskutieren**" In: Homeyer, Wulf (Hrsg.): „**Unterrichtsqualität sichern - Sekundarstufe**". Ausgabe November 2008. Dr. Josef Raabe Verlag Berlin.
    💻 HUB 43  5. Klasse Realschule „*Lernen an Stationen - Grimmsche Märchen*"

* Mühlhausen, Ulf: „**Lernen an Stationen - Was verspricht das Konzept, was kann es halten - Stationenlernen an realen Beispielen erleben und diskutieren**" In: Homeyer, Wulf (Hrsg.): „**Unterrichtsqualität sichern - Grundschule**". (2009) Dr. Josef Raabe Verlag Berlin.
    💻 HUB 32  4. Klasse „*Stationenlernen – Experimente mit elektrischem Strom*"
    💻 HUB 36  2. Klasse „*Fachübergreifendes Lernen an Stationen zum Thema Frühling*"

* Mühlhausen, Ulf: **„Pro und Contra: Schülerexperimente im naturwissenschaftlichen Unterricht"** In: Homeyer, Wulf (Hrsg.): „Unterrichtsqualität sichern - Sekundarstufe". Ausgabe November 2009. Dr. Josef Raabe Verlag Berlin.
  - 🖥 HUB 42  8. IGS Chemie *„Rotkohlsaft als Indikator für Säuren und Laugen"*

* Mühlhausen, Ulf: **„Pro und Contra: Schülerexperimente im Sachunterricht"** In: Homeyer, Wulf (Hrsg.): „Unterrichtsqualität sichern - Grundschule". Ausgabe November 2009. Dr. Josef Raabe Verlag Berlin.
  - 🖥 HUB 37  3. Klasse *„Warum schwimmen Boote"*

Mühlhausen, Ulf: **Über Unterrichtsqualität ins Gespräch kommen - Szenarien für eine Virtuelle Hospitation mit multimedialen Unterrichtsdokumenten und Eigenvideos**. Schneider Verlag Hohengehren, Baltmannsweiler 2011
  - 🖥 HUB 19  4. Klasse Musik  *„Klangexperimente zum Stück 'Das Aquarium' "*
  - 🖥 HUB 20  7. KGS-Gymnasialzweig Deutsch  *„Was ist Freundschaft*
  - 🖥 HUB 23  4. Klasse Deutsch / Kunst *„Entwerfen einer Homepage"*
  - 🖥 HUB 31  11. Klasse IGS  Deutsch  *„Formanalyse von Gedichten"* {komplett mit 8 Szenen}
  - 🖥 HUB 38  10. Klasse Gymnasium; Geografie *„Costal features - Geografieunterricht auf Englisch"*
  - 🖥 HUB 39  7. Klasse Hauptschule Geschichte *„Besiedlung Nordamerikas"*
  - 🖥 HUB 47  5. Klasse Gymnasium Mathematik  *„Das Aufstellen und Lösen von Gleichungen"*

## Veröffentlichte Videoszenen aus HUB-Projekten und anderen Unterrichtsvorhaben

* Mühlhausen, Ulf & Wegner, Wolfgang: **„Erfolgreicher Unterrichten?! Eine erfahrungsfundierte Einführung in unterrichtliches Handeln."**. (Begleit-DVD mit Videoszenen und videobasierte Online-Übungen zur Unter-

richtsanalyse) Schneider Verlag Hohengehren, Baltmannsweiler 2006 (3. Auflage 2010).

* Mühlhausen Ulf: „**Abenteuer Unterricht - Wie Lehrer/innen mit überraschenden Unterrichtssituationen umgehen.**" Begleit-DVD mit 44 Videobeispielen und Unterrichtsdokumenten. Schneider Verlag Hohengehren Baltmannsweiler 2007 (2. Auflage 2008).

* Mühlhausen, Ulf: „**Unterrichtseinstiege und Stundenanfänge reflektieren und sinnvoll gestalten**" Begleit-DVD mit 11 Videoszenen. In: Homeyer, Wulf (Hrsg.): „Unterrichtsqualität sichern - Grundschule". (Ausgabe Mai 2009) Dr. Josef Raabe Verlag Berlin.

* Mühlhausen, Ulf: „**Unterrichtseinstiege und Stundenanfänge reflektieren und sinnvoll gestalten**" Begleit-DVD mit 14 Videoszenen. In: Homeyer, Wulf (Hrsg.): „Unterrichtsqualität sichern - Sekundarstufe". (Ausgabe Mai 2009) Dr. Josef Raabe Verlag Berlin.

* Mühlhausen, Ulf: „**Überraschungen sind Chancen!**" In: Homeyer, Wulf (Hrsg.): „Unterrichtsqualität sichern - Sekundarstufe". Ausgabe Mai 2010. Dr. Josef Raabe Verlag Berlin. (Begleit-DVD mit Videoszenen)

* Mühlhausen, Ulf: „**Überraschungen sind Chancen!**" In: Homeyer, Wulf (Hrsg.): „Unterrichtsqualität sichern - Grundschule". Ausgabe Mai 2010. Dr. Josef Raabe Verlag Berlin. (Begleit-DVD mit Videoszenen)


**Eine Kurzbeschreibung zu allen Hannoveraner Unterrichtsbildern finden Sie auf der DVD zu diesem Band sowie unter:**

http://hanub.de/publikationen/publiz_hub.pdf

# Anhang 2 Krefelder Vereinbarung zur Unterrichtsvideografie in der II. Phase

**Erste Überlegungen und Vereinbarungen für die Nutzung von Videografie in der Lehrerausbildung des Krefelder BK Seminars**
Stand: 18. August 2009

### Konzeptionelles

Das Krefelder Ausbildungskollegium entwickelt in gemeinsamer Arbeit und unterstützt durch Beiträge von Herrn Prof. Mühlhausen (Uni Hannover) das folgende (vorläufige) konzeptionelle Fundament für eine Unterstützung der Ausbildung durch Videografie. Im Konzept unterschieden wird die Nutzung von Eigenvideos („Ich bin drauf.") und Fremdvideos („Ich bin nicht drauf." - Die gefilmte Lehrerin/ der gefilmte Lehrer ist nicht Teil der Ausbildungsgruppe.)

### Zur Zielsetzung

Ziel des Einsatzes von Videografie in der Krefelder Lehrerausbildung soll die Bereicherung des Lernprozesses zum Aufbau einer umfassenden Handlungskompetenz der zukünftigen Lehrerinnen und Lehrer sein. Insbesondere steht dabei die Erweiterung der Analyse- und Reflexionskompetenz im Vordergrund.

### Arbeitsergebnisse und Vereinbarungen im Einzelnen

### I. Fremdvideos

Zur Zielsetzung des Einsatzes von **Fremdvideos** wurden von Herrn Prof. Mühlhausen sechs Szenarien vorgestellt (s. Skript www.hanub.de/DOCs_zur_Tagung_EIFEL.zip), die überwiegend der **Unterrichtsanalyse** dienen.
Eine sich anschließende Arbeitsgruppenphase von Fachleiterinnen und Fachleitern sahen die Fremdvideos insbesondere als ein Medium zur Darstellung/ Sichtbarmachung von Unterrichtsphänomenen (geplant oder ungeplant) und von unterschiedlichen didaktisch/methodischen Aspekten (z.B. Gruppenarbeit, Einstieg, Frage- und Impulstechnik).
Bei der Nutzung von Fremdvideos geht es nicht um die Bewertung eingesehenen Unterrichts und auch nicht um die Beratung des „Akteurs" (also vordergründig nicht um die Überprüfung des eigenen Lehrerhandelns). Unterrichtsszenen werden nach diesem Ansatz in der Seminararbeit genutzt, um konkrete fach- oder allgemeindidaktische Aspekte der Lehrerfunktionen Unterrichten und Erziehen zu analysieren. Den Mehrwert des Videoeinsatzes fasst die Arbeitsgruppe mit den Stichworten „Wiederholbarkeit", „Emotionale Distanz" und „Einfrieren von Situationen" zusammen.
Die Umsetzung dieser Nutzungsidee bedarf eines strukturierten Videobestandes, der Situationen des BK abbildet.
Dazu wurde mehrheitlich folgende **Vereinbarung** verabschiedet:
Jeder Seminarausbilder/ jede Seminarausbilderin stellt der Videogruppe des Seminars bis **Ostern 2010** eine videografierte Unterrichtsstunde (gebrannte DVD in die Fächer legen) zur Verfügung. Dabei kann es sich um eine eigene Unterrichtsstunde, die Stunde einer Kollegin/eines Kollegen oder auch einer Referendarin/eines Referendars handeln.

Damit diese Stunde in der Seminararbeit optimal genutzt werden kann, soll zu jeder Stunde ein Vorspann als Word-Datei mit folgenden Informationen mitgeliefert werden:
- Datum der Mitschau
- Thema der Stunde/ Klasse
- Angaben zum Akteur (Name, Status)
- Kurze Schilderung der Stunde/ des Vorhabens (Es handelt sich um ...)
- Benennung interessanter Elemente der Stunde (mit Schnittzeiten des Videos), die für Ausbildung signifikant zu nutzen sind.

Z.B. in Form einer kleinen Tabelle

| Sequenz | von Minute | bis Minute |
|---|---|---|
| Einstieg | 2 | 9 |
| Gruppenarbeit | 11 | 28 |

Falls vorhanden sollte ebenfalls der Entwurf an die Videogruppe weitergeleitet werden, da er bei der Analyse signifikanter Szenen in speziellen Fällen hilfreich sein kann.
Über den Einsatz der Fremdvideos in der Haupt- und Fachseminararbeit findet in der letzten Seminarkonferenz vor den Sommerferien 2010 ein evaluierender Austausch im Kollegium statt.

## II. Eigenvideos

Zur Zielsetzung des Einsatzes von **Eigenvideos** wurden von Herrn Prof. Mühlhausen fünf Szenarien vorgestellt (s. Skript, www.hanub.de/DOCs_zur_Eifel_Tagung.zip), die sowohl der **Einzelfallberatung** als auch der **Selbstreflexion** über den eigenen Unterricht oder die eigene Unterrichtsnachbesprechung dienen.
Das Krefelder Ausbildungskollegium einigte sich für den Einsatz von Eigenvideos auf die Zielsetzung der Professionalisierung des „pädagogischen Selbst". Das Eigenvideo soll von den Akteuren mit dem Ziel der Objektivierung der Selbstwahrnehmung genutzt werden, wobei diese Selbstbetrachtung stets mit der Entwicklungsaufgabe der Professionalisierung des Lehrerhandelns verbunden sein soll.
Das Eigenvideo befindet sich stets im Besitz der agierenden Referendarin/des agierenden Referendars (Ich allein bin mein eigener Beobachter.) und es besteht keine Verpflichtung dieses in die Seminararbeit einzubringen. Sollten Beratungswünsche oder weitergehende Begleitungswünsche seitens der Referendarin/ des Referendars entstehen, so kann diesbezüglich eine Seminarausbilderin/ ein Seminarausbilder angesprochen werden. Diese Aktivität geht immer von den Auszubildenden aus.
Zur Umsetzung dieser konzeptionellen Ideen wurde mehrheitlich folgende **Vereinbarung** verabschiedet:
Für die Arbeit am pädagogischen Selbst ist die Nutzung von Eigenvideos ein wichtiger Schritt.
Die **Ausbildungsgruppe 02.2009** im Krefelder BK Seminar wird zeitnah über die Zielsetzung der Nutzung von Eigenvideos informiert (Studienseminarleitung, Hauptseminarleitung). Alle Referendarinnen und Referendare werden angeregt, bis zum Ende Ihrer Ausbildung mindestens eine eigene Unterrichtsstunde videografiert und unter verschiedenen Blickwinkeln und Qualitätsindikatoren betrachtet und für sich ausgewertet zu haben. Dabei kann die Referendarin/ der Referendar über das Setting selber entscheiden, d.h. darüber um welche Stunde es sich handelt (Unterrichtsbesuch, Gruppenhospitation, BdU, Ausbildungsunterricht) und wer filmt (FL/HSL, AL, Mitreferendar, selbst). Sollte es Probleme im Umgang mit der Videokamera geben, so werden diese an einem Seminartag geklärt.

Selbstverständliche kann diese Vorgehensweise auch auf die **Ausbildungsgruppe 08.2008** übertragen werden.

Für die **zukünftigen Ausbildungsgruppen** Herbst 2010 und Februar 2011 fordert das Krefelder Ausbildungsprogramm verbindlich, dass jede Referendarin/ jeder Referendar bis zum Zeitpunkt des PEG ein Eigenvideo entsprechend angesehen und reflektiert hat. Die Verantwortung für die Umsetzung dieser Vereinbarung tragen die Fachleiterinnen und Fachleiter.

Die Vereinbarung ist entsprechend auf die Ausbildung von Berufswechslerinnen und Berufswechslern zu übertragen.

Hilfreich im Sinne des Abbaus von Vorbehalten wäre es, wenn sich die Fachleiterinnen und Fachleiter (entsprechend eines Vorschlags einer Arbeitsgruppe) am Intensivtag filmen ließen. Auch diese Unterrichtsmitschnitte wären zuerst einmal zu behandeln wie Eigenvideos und jeder Akteur kann über die weitere Verwendung selber entscheiden. Bei einem möglichen sequentiellen Einsatz in der Seminararbeit wäre darauf zu achten, dass nicht nur kritische Aspekte mittels des Videomitschnitts zur Analyse in den Raum gestellt werden.

## III. Resümee

Die Arbeit an einem Konzept zum Einsatz der Videografie in der Krefelder Lehrerausbildung hat begonnen, kann allerdings nicht als umfassend und abgeschlossen diskutiert gelten. Erste Schritte sind vereinbart und diese werden in adäquaten Zeiträumen im Kollegium evaluiert. Es gilt die Frage zu beantworten, nach welchen Kriterien (und/oder Erfahrungswerten) der Mehrwert des Einsatzes der Videografie in unserer Lehrerausbildung untersucht und festgestellt werden kann.

# Anhang 3 Webseiten zur Unterrichtsvideografie in der Lehrerbildung
[aufgerufen am 15.6.2011]

Die u.a. neueren Webseiten enthalten Empfehlungen sowie abrufbare Unterrichtsvideos, die bislang vermutlich noch nicht so oft zitiert wurden. Die kleine Sammlung ist (offensichtlich!) unvollständig und repräsentiert nicht die große, ständig wachsende Zahl von Weblinks zu diesem Thema. Hingewiesen sei auf die ausführliche Übersicht in Helmke (2009, 359ff).

http://www.studienseminar-koblenz.de/medien/wahlmodule_unterlagen/2009/ 272/01%20Videogest%FCtzte%20Unterrichtsreflexion%20(PPT).pdf
> Ein 36-seitiges PDF-Dokument informiert über die Nutzung von Eigen- und Fremdvideos zur Unterrichtsanalyse und -reflexion in der Referendarsausbildung am Studienseminar Koblenz.

http://www.teachers-ipp.eu/Videografie.html
> Abgerufen werden können einige Videosequenzen zum Thema „Konfliktmanagement: Grenzen, Regeln, Konsequenzen", die im Rahmen eines von der Europäischen Kommission geförderten Projekts am Studienseminar Bielefeld II und der Universität Bielefeld entstanden sind.

http://www.guterunterricht.de/guterunterricht.de/Unterrichtsvideos.html
> Abgerufen werden können sechs Unterrichtsvideos, die Beispiele für die "handwerklich" professionelle Gestaltung von Unterricht zeigen. Sie sind nicht zu verstehen als "perfekte Vorbilder" für guten Unterricht, sondern sollen zum Nachdenken über guten Unterricht anregen.
> Video 1: Gemeinsam und selbstständig lernen - Lernen an Stationen im Natur & Technik-Unterricht Klasse 5 (Haupt- und Realschule) Thema "Weltraum" Stationsarbeit mit Netbooks (Intel Classmate PCs)
> Video 2: Individualisierter Unterricht mit digitalen Medien - UnitPlans im Spanischanfangsunterricht - Klasse 7
> Video 3: Ethik - Klasse 10 - Thema: "Suizid"
> Video 4: Sachunterricht - Klasse 2 - Gruppenarbeit organisieren
> Video 5: Religion - Klasse 4 - Joseph und seine Brüder
> Video 6: Gemeinsam selbstständig lernen: Jahrgangsgemischtes Lernen a. d. Grundschule Morsum Sylt

http://de.sevenload.com/sendungen/Chemieunterricht-Realschule
> Betrachtet werden können 12 Stunden einer Unterrichtseinheit zum Thema "Vom Alkohol zur Carbonsäure", die in einer 10. Klasse der Realschule auf der Karthause in Koblenz durchgeführt wurden. Begleitende Materialien zum Unterricht gibt es bei: http://www.vonalten.com

http://cms.uni-kassel.de/unicms/fileadmin/groups/w_530000/AG_-_Unterrichtsvideos.pdf
> Unterrichtsvideos in der Kasseler Lehrerbildung: Das Projekt "Unterricht unter der Lupe" stellt auf einer internetbasierten Plattform Unterrichtsvideos und Begleitmaterialien aus videografiertem Unterricht zur

Verfügung, die sowohl für die 1. Phase als auch für die 2. Phase der Kasseler Lehrerbildung herangezogen werden. Die Angebote beziehen sich in der Regel ausschließlich auf Sekundarunterricht und auf das Fach Mathematik. Dabei werden unterschiedliche Schulfächer und Schulstufen einbezogen. Es ist geplant, allen Lehrenden in der Lehrerbildung (über den FB 01 hinaus) eine Nutzungsmöglichkeit zu eröffnen und die Videos auch in der Ausbildung der Mentorinnen und Mentoren, die unsere Studierende in den Schulpraktika betreuen und beraten, zu nutzen.

# Anhang 4 Hinweise zum einmaligen Setup, zur Nutzung und zum Aufbau der Hannoveraner Unterrichtsbilder

| Hard- und Softwareausstattung: |
|---|
| HUB laufen unter dem Betriebssystem Windows (98 SE, ME, 2000, XP oder VISTA) - mit mindestens Pentium-III- oder vergleichbarem Prozessor. Erforderliche Software:<br>• ein Medienabspieler, der die Formate MPEG 1, WMV (8 und 9) und ggfs. auch Flash (für die WBA-Übungen) abspielen kann;<br>• das Programm WORD für WINDOWS in der Version 8 oder höher;<br>• ein Bildbetrachtungsprogramm für Dateien des Typs .JPG;<br>• zum Aufruf der HUB aus dem Anfangsmenü ein Web-Browser. |

| Unnötige ‚Fallstricke' vermeiden |
|---|
| 1. Vor dem Erststart eines HUB ist ein einmaliges SETUP notwendig (ca. 1 Minute; detailliert erläutert in der LIESMICH.DOC auf jeder DVD).<br>2. Hinweise in der LIESMICH.DOC beachten:<br>• zur Wahl des geeigneten Videoabspielers<br>• wie Videosequenzen „always on top" abgespielt werden<br>• wenn die Videos nicht angezeigt werden (Nachinstallation von Video-Codecs)<br>• zur Arbeit mit TEXTDOKUMENTEN (ausdrucken und verändern)<br>3. HUB-Projekte mit Bildschirmauflösung 800 x 600 nutzen<br>4. Beschleunigter Start der HUB-Projekte: Vorher irgendein Word-Dokument starten und im Hintergrund laufen lassen<br>5. Die Windows-Taskleiste zeitweise ausblenden: START - Einstellungen - Taskleiste: Häkchen bei „Taskleiste automatisch ausblenden" und bei „Taskleiste immer im Vordergrund halten"<br>6. Jedes HUB wird im Explorer gestartet durch Doppelklicken auf startxx_V.exe (xx ist die Nummer des jeweiligen HUB)<br>7. ggfs. Windows-Warnung beim Aufruf von HUB-Projekten und Videos ignorieren |

### Aufbau der HUB-Projekte auf der Begleit-DVD:

Inhaltsangabe: hub\DOC\*inhalt.doc*
Unterrichtsentwurf: hub\DOC\**entwurf.doc**
Richtlinienvorgaben: hub\DOC\**richtlinien.doc**

ggfs. Arbeitsblätter, Buchauszüge u.ä.:
   hub\DOC\ *dokument1.doc bis dokument4.doc*
   sowie auch unter hub\GRAFIK\ *dokument1.jpg bis dokument4.jpg*

Eine Übersicht über die einzelnen Szenen: hub\DOC\ *verlauf.doc*

Die einzelnen **Videoszenen**:
   hub\ MPG\szene1.mpg u.s.w. (bzw. hub\WMV \szene1.wmv ...)

Eine Kurzbeschreibung zu den einzelnen Videoszenen:
   hub\DOC\ *szene1.doc bis szene8.doc*

**Wortprotokolle** zu den einzelnen Videoszenen:
   hub\DOC\ ggfs. pro Szene 1 bis max 3 Seiten Protokoll
   (Festformat: *protokollxa.doc protokollxb.doc*, *protokollxc.doc* oder
   unbegrenzt langes Protokoll *protokollx.doc*

ggfs. **Kommentare** von Schüler und vom Lehrer:
   hub\DOC\ *kommbeteil.doc* und *kommandere.doc*

ggfs. **Arbeitsprodukt**e von Schülern (bis zu 9)
   als Texte: hub\DOC\*produkt1.doc* ....
   oder als Bilder: hub\GRAFIK *produkt1.jpg* ....
   oder Klänge hub\WAV\ *produkt1.wav* ...

Außerdem ggfs. weitere Texte, z.B. unterrichtstheoretische Bezüge
unter hub\DOC\Exkurs *exkurs.doc* / Literatur *literatur.doc* / bis zu 3 weitere Texte
**sonstiges1. doc** bis **sonstiges3.doc**

Ulf Mühlhausen und Wolfgang Wegner
# Erfolgreicher Unterrichten ?!
Eine erfahrungsfundierte Einführung in unterrichtliches Handeln
3. Aufl., 2010. 293 Seiten. Kt. Begleit-DVD mit Videoszenen und Online-Übungen zur Unterrichtsanalyse. ISBN 9783834007117. € 19,80

Was macht erfolgreichen Unterricht aus? Dieser Frage wird anhand von 13 schulpädagogischen Themenschwerpunkten nachgegangen, mit denen sich Lehrer/innen nach Ansicht der Autoren gründlich auseinandersetzen sollten. Neben Themen, die Berufsanfänger meist ohnehin brennend interessieren (z. B. „sichere" Unterrichtsentwürfe, motivierende Unterrichtseinstiege, angemessenes Umgehen mit Störungen), werden Aspekte behandelt, die weniger in deren Blickfeld liegen (etwa der schulische Bildungsauftrag und schulrechtliche Grundlagen, Differenzierungsmöglichkeiten, Rituale und Regeln, Leistungsbeurteilung) und solche Aspekte, die auch in schulpädagogischen Einführungen meist nur knapp gestreift werden (z. B. die Bedeutung der Lernumgebung, eine effektive Unterrichtsorganisation, Tücken der Unterrichtsbeobachtung).

Berufsanfänger empfinden eine Auseinandersetzung mit Unterricht „am Schreibtisch" oft als wenig gewinnbringend, weil ihnen die dabei unvermeidlich ins Spiel zu bringenden theoretischen Kategorien mangels eigener Unterrichtserfahrung fremd oder zumindest wenig vertraut erscheinen.

Diesem Manko wird hier entgegengewirkt, indem schulpädagogische Begriffe und Unterrichtskonzepte auf der beiliegenden DVD mit Videoszenen veranschaulicht werden und anhand von Web-basierten-Analyseübungen am PC vertieft werden können. Dabei ist jeweils ein thematischer Aspekt (u. a. Einstiege, Gesprächsführung, Arbeitsaufträge, Gruppenarbeit) auf eine videografierte Unterrichtsszene zu übertragen. Die Videoszenen, Wortprotokolle, Analysefragen und Textfelder für Antworten werden skriptgesteuert in einer übersichtlichen Oberfläche eingeblendet, so dass zur Ausführung nur rudimentäre PC-Kenntnisse erforderlich sind. Darüber hinaus enthält die DVD Anregungen für schulische Erkundungsprojekte sowie beispielhafte Ergebnisse solcher Projekte.

Mit Hilfe der Videobeispiele, Analyseübungen und Erkundungsprojekte können die unterrichtstheoretischen Kategorien erfahrungsfundiert nachvollzogen, d.h. mit mittelbar und unmittelbar erlebtem Unterricht in Beziehung gesetzt werden.

 **Schneider Verlag Hohengehren**
**Wilhelmstr. 13; D-73666 Baltmannsweiler**

Ulf Mühlhausen
# Abenteuer Unterricht
Wie Lehrer/innen mit überraschenden Unterrichtssituationen umgehen
2. Aufl., 2008. 284 Seiten. Kt. ISBN 9783834004925. € 19,80
Begleit-DVD mit Videobeispielen und Unterrichtsdokumenten.

Derzeit haben erstaunlich optimistische Vorstellungen von einer Steuerbarkeit des Unterrichts Konjunktur. Eine von TIMMS, PISA und anderen Studien enttäuschte Schulpolitik versucht den nationalen Makel wettzumachen durch administrativ verordnete Reformen, die unter hohem Erfolgsdruck stehen. Vielerorts gebildete Planungsstäbe, Steuerungsgruppen und Kompetenzzentren sind aufgerufen, 'zukunftsweisende' Konzepte vorzulegen, die Qualität, Effektivität und Nachhaltigkeit schulischer Bildung sichern sollen. Aber ist schulischer Lernerfolg generalstabsmäßig planbar, wie Kultusministerien das erhoffen? Ist Unterricht planerisch so leicht in den Griff zu bekommen, wie das auch viele didaktische Theorien suggerieren? Je näher man auf Unterricht zugeht, desto deutlicher wird, wie gering die Determinationskraft von vorausgehender Planung ist. Jenseits von bildungspolitisch herstellbaren Rahmenbedingungen und gegen curriculare Ansprüche werden vor Ort kaum berechenbare Faktoren wirksam, die über Erfolg oder Misserfolg von Unterricht entscheiden.

In wie vielfältiger Weise das Unerwartete selbst in gründlich vorbereiteten Unterricht 'einbrechen' kann, zeigen 222 Unterrichtsbeispiele, 45 davon als Videoszenen auf der DVD. Die daraus resultierenden Anforderungen an die Lehrkräfte sind mitunter recht verzwickt und ihre Reaktionen durchaus nicht immer pädagogisch vertretbar. Wovon lassen sich Lehrer/innen in Situationen leiten, in denen das vorentworfene Stundenkonzept seine handlungsleitende Funktion einbüßt? Forschungsbefunde und Erklärungsversuche hierzu gibt es nur wenige und sie sind erstaunlich widersprüchlich. Ihre kritische Prüfung ermöglicht die Skizze zu einer Theorie des Lehrerhandelns im Unterricht, die der verblüffenden Varianz vorfindbarer Reaktionstendenzen gerecht wird. Auch wenn eine fundierte Forschung zu diesem Problemkomplex erst am Anfang steht, so hat die Lehrerbildung die schwierige Aufgabe, Lehrer/innen besser als bisher auf die unstetige, nicht im Voraus planbare Seite des Unterrichtens einzustellen.

 **Schneider Verlag Hohengehren**
**Wilhelmstr. 13; D-73666 Baltmannsweiler**

# Neuauflage 2011
## Unterrichten lernen mit Gespür

Szenarien für eine multimedial gestützte Analyse und Reflexion von Unterricht. Mit DVD-Beilage mit multimedialen Unterrichtsdokumenten.
Hrsg. von **Ulf Mühlhausen**.
3. Aufl., 2011. 240 Seiten + 1 DVD. ISBN 9783834009395. € 24,—

Die Analyse und die Reflexion von Unterricht sind zentrale Aufgaben der Lehrerbildung, die im Ausbildungsalltag allerdings oft zu kurz kommen. In Stundenbesprechungen nach Unterrichtsversuchen ist die Befangenheit der Beteiligten meist so groß, dass es kaum gelingt, die notwendige Distanz zu entwickeln. Wenn Unterricht in Seminaren zur Diskussion steht, fehlt die gemeinsame Erfahrungsgrundlage. Außerdem wird dort in den zumeist geschilderten Unterrichtsbeispielen die Komplexität von Unterricht auf die jeweilige Darstellungsabsicht reduziert. Diese Art der Präsentation von Unterricht hilft angehenden Lehrern nicht, eine Fähigkeit zu entwickeln, die sie bei der Bewältigung alltäglichen Unterrichts dringend benötigen: Komplexitätsreduktion durch eigenes Beobachten und selbstständiges Interpretieren.

Um das Verständnis angehender Lehrer/innen für Unterrichtsprozesse zu vertiefen, bedarf es geeigneter Dokumentationsformen und attraktiver ausbildungsdidaktischer Szenarien. In diesem Band stellen Lehrerausbilder/innen aus der I. und II. Phase Szenarien zur Unterrichtsanalyse und -reflexion mit Hilfe besonderer multimedialer Unterrichtsdokumente vor: *Hannoveraner Unterrichtsbilder* zeigen Unterrichtsvorhaben in ihrer Entwicklung vom zugrundegelegten didaktischen Konzept über den Entwurf, dessen Umsetzung in Videoszenen mit Wortprotokollen bis hin zu den Resultaten. Sie enthalten die im Unterricht eingesetzten Medien sowie Einschätzungen der beteiligten Schüler/innen und Lehrkräfte sowie Vorschläge zur Analyse und beispielhafte Ergebnisse.

Die beiliegende DVD enthält sechs in diesem Band vorgestellte HUB-Projekte sowie eine Web-basierte Übung zur Unterrichtsbeobachtung. Ausbilder haben damit die Möglichkeit, diese Multimediadokumente in der eigenen Seminararbeit einzusetzen und das Potenzial der vorgestellten Szenarien selbst zu prüfen.

 **Schneider Verlag Hohengehren**
Wilhelmstr. 13; D-73666 Baltmannsweiler

Ulf Mühlhausen
## Schüleraktivierung im Schulalltag
Band 1: **Ungewöhnliche Unterrichtsmethoden in der Sekundarstufe**
2008. II, 190 Seiten + 1 DVD. Kt. ISBN 9783834003218. € 18,—

## Schüleraktivierung im Schulalltag
Band 2: **Ungewöhnliche Unterrichtsmethoden in der Grundschule**
2008. 152 Seiten + 1 DVD. Kt. ISBN 9783834004529. € 18,—

Was ist *Schüleraktivierung* und wie kann sie im Schulalltag gelingen? Die schulpädagogische Literatur hält viele Vorschläge bereit, die ein aktives Lernen ermöglichen sollen. Einige von ihnen werden in diesem Band betrachtet: Stationenlernen, Werkstattunterricht, Schülerexperimente im naturwissenschaftlichen Unterricht, szenisches Spiel im (Fremd-)Sprachunterricht, ästhetisches Lernen, Lernen durch Rekonstruieren von Lebensweltszenarien sowie eher ungewöhnliche Varianten von Unterrichtsgesprächen.

Als Konzepte 'auf dem Papier' erscheinen solche Unterrichtsideen meist schlüssig, aber ob sie sich im Unterrichtsalltag bewähren, ist damit noch nicht geklärt. Hier werden die o.a. Vorschläge in zweifacher Weise vorgestellt: Als didaktische Konzepte und anhand von Unterrichtsbeispielen, in denen diese Konzepte unter den Normalbedingungen des Schulalltags umgesetzt werden. Auf der Begleit-DVD sind diese Vorhaben in 10 *Hannoveraner Unterrichtsbildern* multimedial dokumentiert, vom Planungsstadium (Richtlinienvorgaben, Entwurfsskizze) über den Unterrichtsverlauf (Videos und Wortprotokolle) bis hin zu Arbeitsergebnissen und Einschätzungen der Beteiligten. Auch wenn im Einzelfall strittig sein mag, ob diese Unterrichtsbeispiele überhaupt geeignete Repräsentanten für das jeweilige Konzept sind, so schärft der Vergleich zwischen Konzept und Umsetzungsbeispiel sowohl den Blick für die singuläre Unterrichtsqualität als auch für die Stärken und Schwächen des jeweiligen Konzepts.

Welches Potenzial die einzelnen Konzepte für eine *Schüleraktivierung* haben und welche Facetten von *Schüleraktivierung* jeweils angesprochen werden, wird unter Zugrundelegung einer eingangs vorgenommenen Bestimmung dieses häufig herausgekehrten, aber meist wenig präzise gefassten Unterrichtsprinzips untersucht. Dabei zeigt sich eine große Übereinstimmung mit dem sog. *handlungsorientierten Lernen*. Im Schlusskapitel wird dafür plädiert, diese unnötige und irritierende Überlappung zu vermeiden.

 **Schneider Verlag Hohengehren**
**Wilhelmstr. 13; D-73666 Baltmannsweiler**